NextStage
［ネクステージ］

英文法・語法問題

4th EDITION

入試英語頻出ポイント218の征服

瓜生 豊／篠田重晃 編著

はじめに

「大学入試に必要な知識をきちんとした解説とともに１冊にまとめた参考書があればいいのだが」，私たちの耳に届いたこの声から，本書のプロジェクトは出発しました。プロジェクト・スタートと同時に，今度は私たちの側から積極的に先生方のご意見を伺い，生徒諸君のアイディアを集約するという時期を経て，本書の基本コンセプトは徐々に固まり，１年半の月日をかけ，ようやくここに完成の日を迎えるに至りました。なお，私たちがこの間内々に使ってきた**「スーパー整理本」**という符丁が，本書の性格を端的に言い表したものと言えるかもしれません。

さて，私たちが本書の中で具体的に目指した諸点は，以下の通りです。

① 入試に必要な情報はすべて網羅する。
② 可能な限り体系的な理解ができるような構成とする。
③ 学習意欲を持続できるメリハリのきいた紙面構成を志す。
④ 様々な学力の生徒が，多様な使い方ができる工夫を心がける。
⑤ 理解し身につけるというプロセスを支えるために，書籍として現在可能なことはすべて試みる。

その結果にはいささか自負するところがあります。上記諸点についてはそれぞれ以下のような形で実現できたのではないか，そしてそれがそのまま**〈本書の特長〉**と言えるのではないかと考えます。

❶ センター試験・中堅大学では**「差をつける」**レベルまで，難関大学では**「合格ラインに到達できる」**レベルまでの情報量になっています。

❷ 体系的理解が可能なように**全218のPointを設け**，内容を明示することで，**獲得目標が明らかな構成**となっています。また各Point内の問題配列にも細心の注意を払っています。

❸ 整理 00 欄，考え方欄，問題レベルの表示，解説中の‼注意や＋プラスなど，情報を理解しやすい紙面構成となっています。

❹ **見開き２ページで構成**し，問題文の訳や解答もその中に含めています。赤のチェックシートも用意し，問題に取り組んでいる際に目に入らないよう，**解答はチェックシートをかぶせると消える**ようになっています。

❺ ❹でも述べましたが，赤字部分はチェックシートをかぶせると消えます。解説部分や 整理 00 欄は，原則として，**前後の黒字部分の内容から確定できる英語表現を赤字**としています。チェックシートを使って，知識の確認などに大いに役立ててください。また **Part 4** の**「会話表現」**と **Part 6** の**「アクセント・発音」の部分にはCDを用意**しています。効果的に活用し，能率的な学習につなげてください。

本書の情報量は，英文読解・英作文も含めて大学入試に十分対応できるものとなっています。言いかえれば，英文読解や英作文は，本書で得られた知識を駆使する能力が問われる分野だとも言えます。もちろん，そのための訓練も必要ですが，何よりも本書の内容はその前提です。本書の内容をマスターすれば，英文読解や英作文でも学習効率が飛躍的に上昇するはずです。本書を利用される諸君が，まずはこの１冊に全力を傾注し，合格への最短距離を軽やかに駆け抜けられることを期待します。

最後になりましたが，本書の完成に向けて，様々なご意見をお寄せいただいた先生方と，予期せぬアイディアを次々と出してくれた生徒諸君にこの場を借りて御礼申し上げます。

1999年秋

編著者記す

4th edition の刊行にあたって

これまで多くの先生方や生徒諸君に使っていただいてきた本書ですが，このたび時代に合わせて問題の差し替え，追加を行い，4th edition を刊行します。

共著者　篠田重晃は2013年１月22日に57歳で逝去しました。篠田重晃は，障がいがあり病気と闘いながらも，共著者である瓜生豊とともに良書の提供に努めてきました。今回の4th edition の刊行は，瓜生豊と桐原書店編集部が，故篠田重晃の遺志であるその企画趣旨を尊重して行いました。

今後も「スーパー整理本」が受験生の頼もしい味方になることを切に祈っています。

2014年秋

編著者記す

本書の構成

Part 1「文法」, Part 2「語法」, Part 3「イディオム」, Part 4「会話表現」, Part 5「単語・語い」, Part 6「アクセント・発音」の６つの**Part**から構成されています。細かい項目は「もくじ」を参照してください。

問題について

問題の答え方

設問指示文はつけていませんので，以下の要領で解答してください。

① **客観４択空所補充**　空所に適当な選択肢の語句を入れます。

② **語句整序**　英文の(　)内に複数の語句がある場合には，語句を並べかえて，正しい英文を作ります。

③ **連立完成**　(a)の英文とほぼ同意になるように(b)の空所に適語を入れます。４択問題の場合もあります。

④ **正誤指摘**　英文に下線①～④が引かれているものに関しては，誤った箇所を指摘し，正しい形に直します。

⑤ **適語補充**　日本文が与えられ，英文に空所がある場合は，日本文の意味になるように空所に適語を入れます。

問題文・選択肢

問題文や選択肢については英米のネイティブ・スピーカーと協議の上，入試問題を変更したものもあります。また選択肢は，統一をはかるため，５択問題・３択問題などは４択問題に変更しました。

解答・解説について

解答

左ページの問題の解答は右ページの下にあります。

問題の解説

解説は次の順に示しています。

①問題のポイント　②難易の表示　③解説

なお，原則として，解説中の[　]は言いかえができることを，また(　)は省略ができることを表しています。

解説中の使用記号

▶　問題に対する核心的解説を表しています。

▶　問題英文の表現や誤答の根拠などの，付加的な解説です。

!!注意　使用上あるいは知識として注意すべき点を表しています。

＋プラス　該当問題のポイントとともに押さえておく内容を表しています。

難易度の表示

以下の基準で３段階の難易度を表示しています。

基本　「中学英語＋α」程度の知識で正答が出せると思われる問題。

標準　高校で学習する内容。高３の２学期終了時までに修得しておくべきレベルの問題。

発展　大学入試時点でもかなりの比率で誤答が出ると思われるレベルの問題。

英文読解，英作文に役立つ問題の表示

特に入試英文読解や英作文に役立つ問題について表示しています。

読解　入試英文読解に役立つ問題。

英作　入試英作文に役立つ問題。

整理 00 欄

文字通り，知識を「整理」して覚えた方がよいと思われる内容をまとめています。入試英語という観点からすれば「最もオイシイ」箇所と言えます。

考え方 欄

数は多くありませんが，考え方を理解する上で紙面を必要とするものは  欄として独立させました。

さくいん

巻末に「英語さくいん」「日本語さくいん」を載せているので，活用してください。該当個所がすぐわかるように，原則として問題番号と対応させるようにしています。

もくじ

Part 1　文法

第1章　時制

第2章　態

第3章　助動詞

第4章 仮定法

第5章 不定詞

第6章 動名詞

第7章 分詞

第8章 比較

第9章 代名詞

第10章 関係詞

第11章 接続詞

第12章 前置詞

第13章 主語と動詞の一致

第14章 疑問文と語順

第15章 否定・省略・強調

第16章 時制の一致と話法

Part 2 語法

第17章 動詞の語法

第18章 形容詞・副詞の語法

第19章 名詞の語法

Part 3 イディオム

第20章 頻出基本イディオム70

第21章 動詞を含むイディオム

第22章 形容詞・副詞を含むイディオム

第23章 名詞を含むイディオム

Part 4 会話表現

Part 5 単語・語い

Part 6 アクセント・発音

第30章 発音問題頻出単語

Next Stage

Part 1 文法

英語学習において，文法はその土台となるべき項目である。まずはその土台を固める作業から開始しよう。本書の中で文法パートは，「理解する」ことが重視される部分であると言える。したがって，解説部分も他のパートと比べて多くなっている。しっかりと解説を熟読し，内容理解に努めよう。特に第10章「関係詞」は，英文読解・整序問題・英作文などでも中心テーマとなる箇所である。考え方を理解し，それを駆使できるようになってほしい。

第1章 時制

Point 001

1 Glen and Wilma usually (　　　) their washing on weekends.
□□□
① are done　② do　③ have been doing　④ have done　〈近畿大〉

2 "What did you do last night?"
□□□
"I watched TV, practiced the piano, and (　　　) my homework."
① did　② have done　③ would do　④ do　〈桃山学院大〉

3 If you turn left and go straight, you (　　　) the station on your right.
□□□
① are found　② found　③ have found　④ will find　〈大阪国際大〉

Point 002

4 When Tom came home, Mary (　　　) a book in the living room.
□□□
① has read　② is reading　③ reads　④ was reading　〈京都産大〉

5 I (　　　) for a trading company in Tokyo at this time next year.
□□□
① have been working　② will be working
③ have worked　④ was working　〈名城大〉

Point 003

6 Listen! I (　　　) a funny noise outside.
□□□
① hear　② am hearing
③ had been hearing　④ had heard　〈高崎経大〉

7 We (　　　) each other since we met in junior high school six years ago.
□□□
① were known　② were knowing
③ have known　④ have been knowing　〈北陸大〉

1 グレンとウィルマは，たいてい週末に洗濯をします。
2 「昨日の夜は何をしましたか」
「テレビを見て，ピアノの練習をして，宿題をしました」
3 左に曲がってまっすぐ行けば，右手に駅が見えるでしょう。
4 トムが帰宅したとき，メアリーは居間で本を読んでいました。
5 来年の今ごろは，私は東京の商社で働いているでしょう。
6 聞いて！　外で変な音が聞こえる。

Point 001 基本(現在・過去・未来)時制の用法

1 現在時制 基本

▶**現在の習慣，事実や不変の真理**などは現在時制で表す。本問は現在の習慣。

2 過去時制 基本

▶**過去のある時点での動作・状態・事実**などは過去時制で表す。

3 未来時制 基本

▶**未来の事柄**は，原則として **will do** の形で表す。なお，本問の if 節は**条件の副詞節**なので，**未来のことでも現在時制**で表している（➡Point 008，009）。

Point 002 進行形の用法

動作がある時点で進行していることを表す場合，進行形(be doing)を用いる。進行形にできる動詞は一般に動作動詞と呼ばれる。

4 過去進行形 基本

▶when 節が示す**過去の時点**で，read という**動作が進行中であることを表す**過去進行形の④ was reading を選ぶ。

5 未来進行形 基本

▶at this time next year「来年の今ごろ」という**未来の時点**で，work という**動作が進行中であることを表す**未来進行形の② will be working を選ぶ。

Point 003 原則として進行形にしない動詞

一般に状態・知覚・感情を表す動詞は進行形にしないものが多い。

6 **hear**「…が聞こえる」ー通例，進行形にはしない 標準

7 **know**「…を知っている」ー通例，進行形にはしない 標準

整理 1 原則として進行形にしない動詞

- **belong**「所属する」
- **be**「…である」
- **contain**「…を含む」
- **consist**「成り立つ，ある」
- **exist**「存在する」
- **have**「…を持っている」
- **possess**「…を所有する」
- **resemble**「…に似ている」
- **see**「…が見える」
- **hear**「…が聞こえる」
- **know**「…を知っている」
- **like**「…を好きである」
- **love**「…を愛する」
- **smell**「…のにおいがする」
- **taste**「…の味がする」

＊**have** は「…を食べる」などの意味では進行形にできる。
＊**smell** が「…のにおいをかぐ」の意味の場合，**taste** が「…の味見をする」の意味の場合は進行形にできる。
＊**listen**，**look**，**watch** は進行形にできる。

7 私たちは6年前に中学で出会ったころからの知り合いだ。

1② 2① 3④ 4④ 5② 6① 7③

Point 004

8 "Are John and Mary still living in New York?"
□□□ "No, they (　　　) to Dallas."

① are just moved　② had just moved
③ have just moved　④ will just move 〈センター試験〉

9 Next Sunday he (　　　) in Kobe for three years.
□□□
① has stayed　② stays
③ will stay　④ will have stayed 〈東北学院大〉

10 When we arrived at the hotel, the wedding (　　　) already.
□□□
① started　② starts　③ had started　④ has started 〈芝浦工大〉

11 When I went back to the town I (　　　) eight years before, everything was different.
□□□
① was leaving　② have left　③ had left　④ was left 〈大阪大谷大〉

Point 005

12 Sandy (　　　) in the library when I saw her two hours ago.
□□□
① has studied　② was studying
③ has been studying　④ is studying 〈北里大〉

8 「ジョンとメアリーは，まだニューヨークに住んでいるの？」
「いいえ，二人はダラスに引っ越したところです」
9 今度の日曜日で，彼は３年間神戸に住んだことになります。
10 私たちがホテルに着いたときには結婚式はもう始まっていた。
11 ８年前に離れた町に戻ってきたとき，すべてが違っていた。
12 ２時間前に見かけたときには，サンディは図書館で勉強していた。

Point 004 現在完了・未来完了・過去完了の用法

8 現在完了(**have[has] done**) 標準

▶現在完了は，**現在を基点にして，それまでの完了・結果，経験，(状態の)継続**を表す。本問は完了・結果を表す用法。

9 未来完了(**will have done**) 標準

▶未来完了は，**未来のある時点を基点にして，それまでの完了・結果，経験，(状態の)継続**を表す。

▶本問は next Sunday という未来の時点を基点にして，それまでの「3年間」にわたる stay という状態の継続を表している。

10 過去完了(**had done**) 標準

▶過去完了は，**過去のある時点を基点にして，それまでの完了・結果，経験，(状態の)継続**を表す。

▶本問は when 節で示された過去の時点を基点にして，それまでに wedding が start「始まる」という動作が完了したことを表している。

11 大過去－**had done** 標準

▶**2つの過去の事柄があって，一方が他方より「前」であったことを表す場合，大過去という**が，形は過去完了と同じ **had done** を用いる。

▶本問では「私が(町に)戻った」時点よりも，「私が(町を)離れた」時点の方が「前」であることを示している。

▶the town の後には目的格関係代名詞 which[that] が省略されている(➡277)。

Point 005 現在完了と併用不可の表現

現在完了はあくまでも現在を中心とする表現なので，明確に過去を表す副詞(句・節)などと併用することはできない。

12 **when I saw her two hours ago**－現在完了と併用不可 英作 標準

▶**when I saw her two hours ago** は明確に過去を表す表現なので，過去時制になる。本問では過去進行形を選ぶ。**yesterday**，**last week**，**last year**，**when I was a child**「私が子どものころ」なども明確に過去を表す表現。

＋プラス 「今しがた／たった今」の意味の **just now** も過去時制で用い，現在完了とは併用できない。この点もよく問われる。なお，just と now がそれぞれ単独であれば，現在完了との併用が可能である。

8 ③　9 ④　10 ③　11 ③　12 ②

13 I ①haven't seen Tom ②for ③a long time. When ④have you seen him last? 〈流通経大〉
□□□

Point 006

14 空港まで友だちを見送りに行ってきたところです。
□□□ I have just (　　　) to the airport to see my friends off. 〈立命館大〉

15 Mary is absent today. She (　　　) to Hokkaido.
□□□
① comes　② has been
③ has gone　④ has arrived 〈上智大〉

Point 007

16 I (　　　) for a present for my teacher since last week, but I can't find one.
□□□
① had been looking　② have been looking
③ am looking　④ was looking 〈関東学院大〉

17 We (　　　) for nearly thirty minutes when the train arrived.
□□□
① had been waiting　② have been waiting
③ have waited　④ will have waited 〈獨協大〉

18 We (　　　) each other since we entered this college.
□□□
① are knowing　② knew
③ have known　④ would know 〈東北学院大〉

13 私はトムに長い間会っていません。あなたが最後に彼に会ったのはいつですか。
15 今日，メアリーは休んでいる。彼女は北海道に行ったのだ。
16 先週以来，私は先生への贈り物を探しているのだが，いまだに見つけられない。
17 列車が到着したとき，私たちは30分近く待ち続けていた。
18 この大学に入って以来，私たちは知り合いである。

13 疑問詞 **when**「いつ…するのか」―現在完了と併用不可 英作 標準

▶**疑問詞 when で始まる疑問文では，原則として現在完了は用いない**。現在までの「いつ」の時点かを問うなら，過去時制を用いる。

Point 006 現在完了の have been to A と have gone to A

14 **have been to A**「㋐**A**に行ってきたところだ，㋑**A**に行ったことがある(主として英)」 標準

15 **have gone to A**「㋐**A**に行ってしまって(ここには)いない，㋑**A**に行ったことがある(主として米)」 標準

▶問題 14, 15 とも㋐の用法。「Aに行ったことがある」の意味では have been to A ／ have gone to A のいずれも用いるので，焦点となるのは㋐の用法と考えてよい。

Point 007 完了進行形(have been doing)の用法

動作動詞(進行形にできる動詞)で，現在または過去・未来のある時点を基点として，それまでの動作の継続を表す場合，完了進行形を用いる。

16 現在完了進行形(**have[has] been doing**) 標準

▶since last week「先週以来」という表現があることから，現在を基点に look for という動作動詞でこれまでの継続を表す必要がある。よって，現在完了進行形の② have been looking を選ぶ。

17 過去完了進行形(**had been doing**) 標準

▶when 節で示された過去の時点を基点に，wait という動作動詞でそれまでの継続を表すのだから，過去完了進行形の① had been waiting を選ぶ。

18 継続―完了進行形を用いない場合 標準

▶**know は進行形にしない動詞**(➡7，Point 003)。よって現在を基点にしてそれまでの**状態の継続を表すには現在完了を用いる**。③ have known が正解。

▶進行形にしない動詞(➡p.17【整理1】)は，当然のことながら完了進行形で用いられることはない。よって have been knowing という形も不可。

13 ④ have you seen → did you see **14** been **15** ③ **16** ② **17** ① **18** ③

Point 008

19 I'll be at home watching TV until (　　　).
□□□
① you come back　　② you be back
③ you will be back　　④ you will have been back　〈拓殖大〉

20 When I (　　　) a thousand English words, will I be able to read an English newspaper?
□□□
① am learning　　② have learned
③ will have learned　　④ will learn　〈東北学院大〉

Point 009

21 Can you give me a call when you (　　　) at the airport?
□□□
① arrive　② arrived　③ will arrive　④ are arrived　〈中央大〉

22 Mr. Tanaka is out now, and I don't know when he (　　　) in the office.
□□□
① will be back　　② is back
③ is being back　　④ be back　〈愛知大〉

23 We will go to the open market tomorrow if the weather (　　　) nice.
□□□
① will have been　② is　③ were　④ had been　〈東洋大〉

24 She is not sure if he (　　　) to today's welcome party for the overseas students.
□□□
① comes　② had come　③ will come　④ would come　〈日本大〉

25 Will you ①<u>hand</u> this message ②<u>to her</u> when she ③<u>will come</u> ④<u>home</u>?
□□□
〈流通経大〉

19 あなたが戻ってくるまで，私はテレビを見ながら家にいます。
20 英単語を1,000個覚えたら，英字新聞が読めるでしょうか。
21 空港に着いたら私に電話してもらえますか。
22 タナカさんはただ今外出中で，いつオフィスに戻られるか，私にはわかりません。
23 もし天気がよければ私たちは明日，青空市に行くつもりです。
24 彼女は今日の海外留学生歓迎会に彼が来るかどうかよく知らない。
25 彼女が帰宅したら，このメッセージを手渡してくれませんか。

Point 008 ⋮ 時・条件の副詞節―未来のことでも現在時制

19 **until** 節 ── 未来のことでも現在時制 標準

▶接続詞 until / before / after / as soon as などで導かれる節は**時の副詞節**になるので，**未来のことでも現在時制**を用いる。

20 時・条件の副詞節 ── 未来完了は用いず現在完了 標準

▶**時・条件の副詞節**では未来完了は用いず，現在完了を用いる。

▶主節の前に用いられる when 節は副詞節。文中で用いられる場合の見分けは次の Point 009 参照。

Point 009 ⋮ 文中で用いられる when 節／ if 節の見分け

文中で用いられる when 節／if 節は必ずしも副詞節とは限らない。その見分けについては，**【整理2】**の内容を正確に押さえておこう。

21 **when** 節「…するとき」── 時の副詞節。未来のことでも現在時制 標準

22 **when** 節「いつ…するか」── 名詞節。未来のことは未来時制 標準

23 **if** 節「もし…すれば」── 条件の副詞節。未来のことでも現在時制 標準

24 **if** 節「…するかどうか」── 名詞節。未来のことは未来時制 標準

25 時の副詞節の **when** 節なので，未来時制ではなく現在時制 標準

整理 2 文中で用いられる when 節／if 節の見分け

A when 節の場合

(1) **副詞節「…するとき」**── when は接続詞。(➡21, 25)

(2) **名詞節「いつ…するか」**── when は疑問副詞。when 節は文中で，主語，目的語(➡22)，補語，前置詞の目的語になる。

(3) **形容詞節「…するA (Aは先行詞)」**── when は関係副詞(➡Point 078)。以下の when 節は先行詞 the time を修飾。

The time will come when she *will regret* what she has said.
(彼女が自分の言ったことを後悔するときが来るだろう)

＊(3)の形容詞節では，will の重複を避けるため，when 節に現在時制を用いることもある。よって，文法問題で焦点となるのは(1)副詞節と(2)名詞節の場合の見分けと考えてよい。

B if 節の場合

(1) **副詞節「もし…すれば」**── if は条件の副詞節を導く接続詞。(➡23)

(2) **名詞節「…するかどうか」**── if は名詞節を導く接続詞。通例，動詞の目的語で用いられる。(➡24)

19 ① **20** ② **21** ① **22** ① **23** ② **24** ③ **25** ③ will come → comes

Point 010

26 Last year I gave him a book for his birthday, but at the party next week I (　　　) him a CD.
□□□
① am going to give　　② give
③ have given　　④ will have given　〈京都産大〉

27 私たちが立ち去ろうとすると，ちょうどマシューがあいさつしてきた。
□□□
We were (about / Matthew / said / leave / to / when) hello.
〈成蹊大〉

Point 011

28 私の母が亡くなってから10年になります。
□□□
(a) Ten years (　　　) (　　　) (　　　) my mother died.
(b) It (　　　) (　　　) ten years (　　　) my mother died.
(c) My mother (　　　) ten years (　　　).
(d) My mother (　　　) (　　　) (　　　) for ten years.　〈福井工大〉

29 本格的な休暇をとって３年になる。
□□□
It's (a / had / I / real / since / three / vacation / years).　〈中部大〉

26 昨年は彼の誕生日に本をあげたが，来週のパーティーではCDをあげるつもりです。

Point 010 ⋮ 未来を表す be going to do / be about to do の用法

26 **be going to do**「…するつもりだ」 標準

▶「**㋐…するつもりだ(主語の意志)，㋑…しようとしている(近い未来)，㋒…しそうだ(主観的判断)**」の3つの意味があるが，本問は㋐の用法。

27 **be about to do**「まさに…するところだ」 読解 標準

‼注意 文構造どおりに訳すと「マシューがあいさつしてきたとき，私たちは立ち去ろうとするところだった」となるが，「**be about to do+when 節**」は本問のように主節から訳される場合が多い。

Point 011 ⋮「Sが…してから〜になる」の表現

整理 3 「Sが…してから〜になる」の表現

以下はほぼ同じ意味の表現として押さえておこう。

(1) **時間(〜)+have passed since S+過去時制…**
(2) **It has been[is]+時間(〜)+since S+過去時制…**
(3) **S+過去時制…+時間(〜)+ago.**

28 「**S**が…してから〜になる」の書きかえパターン 英作 標準

▶(a)〜(c)は上記の【**整理3**】の(1)〜(3)を完成させればよい。

▶(d)の **have been dead for A**「死んでAの期間になる←死んだ状態がAの期間続いている」は，現在完了で継続を表す用法。英語独特の表現として押さえておこう。本問は My mother が主語なので has been dead となる。

29 **It is**+時間+**since S**+過去時制**…** 英作 標準

▶【**整理3**】の(2)のパターンを使って英文を完成させる。

---

26 ① **27** about to leave when Matthew said **28** (a) have passed since (b) has been, since (c) died, ago (d) has been dead **29** three years since I had a real vacation

第2章 態

Point 012

30 □□□ "This temple is beautiful. How old is it?"
"It (　　　) in 1343."
① was built　② built　③ was building　④ build　〈北海学園大〉

31 □□□ The music at the dance was very loud and (　　　) from far away.
① can hear　② can have heard
③ could be heard　④ could be hearing　〈九州産大〉

32 □□□ The temperature in the refrigerator ①should kept low so that the food ②there ③will not ④go bad.　〈駿河台大〉

Point 013

33 □□□ I have to find a policeman as soon as possible because my bag (　　　).
① has been stealing　② has been stolen
③ has stolen　④ was being stolen　〈京都産大〉

34 □□□ While the presentation (　　　) the teachers were taking notes.
① was being given　② has been given　③ was giving　④ gave
〈松山大〉

Point 014

35 □□□ On his way home, Taro was (　　　) a stranger.
① spoken at　② spoken to by
③ spoken by　④ spoken with by　〈千葉工大〉

36 □□□ 彼はアラスカへ行ったまま，連絡がありません。
He has never (been / for / from / he / heard / left / since) Alaska.　〈北海学園大〉

30 「この寺院は美しいですね。建てられてからどのくらい経つのですか」
「この寺院は1343年に建てられました」
31 ダンスパーティーの音楽は，とても音が大きくて，遠くからでも聞こえた。
32 冷蔵庫の中の温度は，中の食べ物が腐らないように，低く保たれなければなりません。
33 私のバッグが盗まれたので，できるだけ早く警官を見つけなければならない。

Point 012 ⋮ 受動態の基本 / by A の省略 / 「助動詞＋be done」

受動態は，能動態の目的語を主語にして，動詞を be done で表し，能動態の主語は原則として by A の形で be done の後に置く。

30 受動態の基本／**by A** の省略 基本

▶It（＝This temple「この寺院」）が主語であること，および build「建てる」が他動詞であることから受動態の形を選ぶ。

▶**受動態では，㋐動作主が一般的な人の場合，㋑動作主が不明の場合，㋒動作主が明らかな場合は，by A が省略される。**本問は㋑の場合で，by A が省略されている。

31 助動詞がある場合の受動態－「**助動詞＋be done**」 基本

32 **should kept → should be kept** 

▶助動詞がある場合の受動態だから，① should kept を should be kept にする。なお，助動詞の後には動詞の原形が来るのであって，keep の過去（分詞）形の kept が直後に来ることはない。

▶本問の so that S will[may / can] do ...の形は「Sが…するために」という目的を表す表現（➡**371**）。

Point 013 ⋮ 完了形の受動態／進行形の受動態

33 完了形の受動態－**have been done** 

▶④ was being stolen は過去進行形の受動態。「私のバッグが盗まれつつあったので」では前半の文意とつながらない。

34 進行形の受動態－**be being done** 標準

Point 014 ⋮ 群動詞の受動態

35 群動詞の受動態の考え方 基本

▶**成句表現で1つの動詞と同じ働きをするものを群動詞というが，群動詞を受動態にする場合，その群動詞を1つの固まりとして考える。**したがって，A spoke to B「AはBに話しかけた」であれば，その受動態はB was spoken to by A となる。

36 群動詞の受動態／完了形の受動態／**by A** の省略 標準

▶群動詞 **hear from A**「Aから便りがある」（➡**758**）の受動態，完了形の受動態（➡**33**），by A の省略（➡**30**）という3つのポイントを含んだ出題。

34 プレゼンテーションが行われている間，教師たちはメモを取り続けた。
35 家に帰る途中，タロウは見知らぬ人に話しかけられた。

30 ①　**31** ③　**32** ① should kept → should be kept　**33** ②　**34** ①　**35** ②　**36** been heard from since he left for

Point 015

37 To tell the truth, I'm not much (　　　) in your story.
□□□ ① interest　② interesting　③ interestingly　④ interested

〈東京経済大〉

38 彼女は帰宅の途中でにわか雨にあった。
□□□ She was caught (a / in / on / her / way / shower) home.

〈東洋大〉

37 実を言うと，僕は君の話にあまり興味がないんだよ。

Point 015 by 以外の前置詞と結びつく be done 表現

be done の表現には，by 以外の前置詞と結びついて，成句的な意味を表すものがある。この種の表現は，受動態というよりも，過去分詞を形容詞として考え，全体をイディオム表現ととらえる方が自然である。

37 **be interested in A**「**A**に興味がある」 標準

38 **be caught in A**「**A**(雨や交通渋滞など)にあう」 標準

整理 4 by 以外の前置詞と結びつく be done 表現

- **be interested in A**「Aに興味がある」
  Paul *is interested in* astronomy.
  (ポールは天文学に興味がある)
- **be known to A**「Aに知られている」
  The song *is known to* all Japanese.
  (その歌はすべての日本人に知られている)
- **be covered with A**「Aにおおわれている」
  The top of the desk *was covered with* dust.
  (その机の上はほこりでおおわれていた)
- **be caught in A**「A(雨や交通渋滞など)にあう」
  We *were caught in* a traffic jam during rush hour on Friday.
  (私たちは金曜日のラッシュアワーで交通渋滞にあった)
- **be satisfied with A**「Aに満足している」
  They *were satisfied with* their new house.
  (彼らは新しい家に満足していた)

---

37 ④ **38** in a shower on her way

第3章 助動詞

Point 016

39 "Have you seen Jim?" "No, but he (　　) be at his desk."
□□□ ① may ② ought ③ must not ④ can't 〈桃山学院大〉

40 (a) He wished me success.
□□□ (b) "(　　) you succeed!" he said to me.
① May ② Wanting ③ Had ④ Wished 〈亜細亜大〉

41 He (　　) be over thirty; he must still be in his twenties.
□□□ ① may ② must ③ can't ④ oughtn't 〈東北工大〉

42 The boy solved the problem faster than anybody else. He
□□□ (　　) be very intelligent.
① had better ② must ③ ought ④ can't 〈京都産大〉

43 Hurry! The meeting starts at seven. We (　　) be late.
□□□ ① needn't ② don't have to ③ have to ④ mustn't 〈聖学院大〉

Point 017

44 I couldn't go out with my friends last night because I (　　)
□□□ finish my homework.
① had to ② must ③ must have ④ might 〈京都産大〉

45 You (　　) go to university today because all the lectures are
□□□ cancelled.
① don't have to ② may ③ ought to ④ should 〈東北学院大〉

46 その応募者の人となりを知るには，30分間面と向かって話すだけでよい。
□□□ In order to know the applicant, we have (　　) (　　) talk
with her face to face for half an hour. 〈明海大〉

39 「ジムを見ましたか」「いいえ，でも彼は自分の席にいるかもしれません」
40 (a) 彼は私がうまくいくことを祈った。
(b)「あなたがうまくいきますように！」と彼は私に言った。
41 彼は30歳を超えているはずがない。まだ20代に違いない。
42 その少年は，他の誰よりも速くその問題を解いた。彼はとても頭がよいに違いない。
43 急いで。会議は7時に始まります。遅れてはいけません。
44 宿題を終わらせなければならなかったので，昨晩は友だちと外出できなかった。
45 すべての講義が中止になったので今日は大学に行く必要はない。

Point 016 ⋮ may / can / must の用法

助動詞の基本問題は，与えられた英文の文意から正答を選ばせるものが多い。

39 **may**「…かもしれない」─文意から判断 基本

40 **may**─祈願文で用いる 標準

▶**May＋S＋原形…(!)** の形で「Sが…でありますように」という意味を表す。

‼注意 かなり形式ばった堅い表現なので，日常的には使わない方がよい。

41 **can't[cannot]**「…のはずがない」─文意から判断 基本

42 **must**「…に違いない」─文意から判断 基本

43 **mustn't[must not]**「…してはいけない」─文意から判断 基本

整理 5 may / can / must の用法

(1) **may**
㋐「…かもしれない」(➡39)
㋑「…してもよい」
㋒(否定文で)「…してはいけない」
㋓(May＋S＋原形…(!) の形で)「…でありますように」(➡40)

(2) **can**
㋐「…できる」
㋑「…でありうる」
㋒(疑問文で)「はたして…だろうか」
㋓(否定文で)「…のはずがない」(➡41)
㋔「…してもよい(＝may)」

(3) **must**
㋐「…に違いない」(➡42)
(⇔ cannot「…のはずがない」)
㋑「…しなければならない」
(⇔ need not「…する必要はない」)
㋒(否定文で)「…してはいけない」(➡43)

Point 017 ⋮ have to do の用法

44 **have to do**「…しなければならない」 

▶「…しなければならない」の must do は，**have to do** に言いかえられる。

▶ただし，must は過去形のない助動詞なので，一般に現在時制以外では使わない。過去の文脈では **had to do** を，また未来の文脈では **will have to do** を使うことになる。本問は過去の文脈なので① had to を選ぶ。

45 **don't have to do**「…する必要はない」 標準

▶否定形の **don't have to do** は「…する必要はない」の意味になり，must not do「…してはならない」ではなく **needn't[need not] do**「…する必要はない」の同意表現となる。

46 **have only to do**「…しさえすればよい」 標準

▶have to do に only が入りこんだ **have only to do** は「…しさえすればよい←…だけしなければならない」の意味になる。

---

39 ① **40** ① **41** ③ **42** ② **43** ④ **44** ① **45** ① **46** only to

Point 018

47 □□□ You (　　　) leave your heavy clothing here as it is warmer there.

① don't have to　② has to　③ won't　④ should　〈京都学園大〉

48 □□□ 彼はそんな失礼なことを彼女に言うべきではない。

He (not / ought / say / to) such a rude thing to her.　〈四天王寺大〉

Point 019

49 □□□ We (　　　) call him "Sir."

① don't need　② not need　③ need not to　④ needn't　〈龍谷大〉

50 □□□ 彼を不必要に傷つけるような提案を，私たちはあえてする気はない。

We (　　　) not suggest something that would unnecessarily hurt him.　〈名城大〉

51 □□□ How dare you (　　　) to me like that!

① speaking　② to speak　③ spoken　④ speak　〈北海学園大〉

Point 020

52 □□□ If you (　　　) introduce me to Mr. White, I'll be much obliged.

① shall　② are　③ will　④ to　〈横浜商大〉

53 □□□ She (　　　) not give up smoking, although I told her to many times.

① must　② need　③ should　④ would　〈西南学院大〉

47 そこはもっと暖かいので，厚手の服はここに置いていくべきです。
49 彼を「サー(卿)」と呼ぶ必要はありません。
51 よくも私にあんなふうに言えるね！
52 もし私をホワイトさんに紹介してくださるおつもりであれば，たいへんありがたいのですが。
53 私は彼女に何回も喫煙をやめるように言ったのだけれど，彼女はやめようとはしなかった。

Point 018 ⋮ should do / ought to do の用法

47 **should do**「…すべきである」─文意から判断 標準

48 **ought not to do**「…すべきでない」 標準

整理 6 should do と ought to do

(1) **should do / ought to do** ㋐「…すべきだ」(➡47), ㋑「当然…するはずだ」
(2) **should not do / ought not to do**「…すべきでない」(➡48)
＊(1)の㋑「当然…するはずだ」の用例は，以下を参照。
He has left home now. He *should*[*ought to*] get to the office in an hour.
(彼は，今，家を出たところです。1時間で会社に着くはずです)

Point 019 ⋮ 助動詞としての need と dare

いずれも一般動詞としても用いるが，疑問文・否定文では助動詞として使うことができる，と整理しておく。

49 **needn't[need not] do**「…する必要はない」 標準
▶文法的に正しい形を選ぶ。need を一般動詞として使うなら don't need to do に，助動詞として使うなら needn't[need not] do になる。

50 **dare not do**「あえて…しない」 標準
▶否定文で dare を助動詞として使った形にする。

51 **How dare you do …![?]**「よくも…できるね」 標準
▶定式化された表現として押さえる。

Point 020 ⋮ 主語の意志を表す will / 過去形 would

52 **If S will do …**「もしSが…しようとするつもりなら」 発展
▶**主語の意志は will で表す。過去形は would** である。Point 008，009 で時・条件の副詞節では未来のことでも現在時制を用いると述べたが，主語の意志を表す will は時・条件の副詞節でも用いる。

53 **would**─過去の主語の意志を表す 標準
!!注意 過去形の would は否定文で用いることが多い。
＋プラス この **will / would** は，主として否定文で，無生物主語でも用いるので注意。
This door *will*[*would*] not open.
(このドアはどうしても開かない[開かなかった])
▶told her to の to は**代不定詞**と呼ばれるもので，ここでは to give up smoking の内容を表している(➡119)。

---

47 ④ **48** ought not to say **49** ④ **50** dare **51** ④ **52** ③ **53** ④

Point 021

54 □□□ "Why don't you come along with me?"
"I (　　　) rather stay here."
① will ② could ③ must ④ would 〈東京家政大〉

55 □□□ できれば，この宿題は明日に持ち越したくない。
I would (　　　) not leave this assignment till tomorrow. 〈立命館大〉

56 □□□ "I tripped on the stairs and fell. I've hurt my ankle badly."
"You (　　　) go and see a doctor right away."
① are better ② do better ③ had better ④ would better
〈学習院大〉

57 □□□ We (　　　) bother Father now. He seems to be very busy.
① don't have better ② had better not
③ had no better ④ had not better 〈京都産大〉

Point 022

58 □□□ I suppose this is where an old church (　　　) be.
① was used to ② used to ③ would often ④ was kept 〈学習院大〉

59 □□□ She (　　　) often come to see us when she was a child.
① has ② should ③ would ④ would have 〈玉川大〉

Point 023

60 □□□ The street is all wet; it (　　　) during the night.
① must have rained ② should rain
③ cannot have rained ④ may rain 〈立命館大〉

54 「私と一緒に行かない？」
「ここにいる方がいい」
56 「階段でつまずいて転んだんだ。くるぶしをひどく痛めてしまったよ」
「すぐに医者に診てもらった方がいいわ」
57 今はお父さんに面倒をかけない方がいいね。とても忙しそうだから。
58 ここは，かつて古い教会があったところだと思います。
59 彼女は子どものころよく私たちの家に遊びに来ました。
60 通りがすっかりぬれている。夜のうちに雨が降ったに違いない。

Point 021 ⋮ would rather (not) do と had better (not) do

いずれも否定形の not の位置に注意すること。

54 **would rather do**「むしろ…したい」 標準

▶Why don't you do …? は「…したらどう？」という提案を表す表現（➡**461**）。

55 **would rather not do**「むしろ…したくない」 標準

▶**would rather do** の否定形は，**would rather not do** になる。

56 **had better do**「…した方がよい」 英作 基本

!!注意 you が主語の場合，押しつけがましさが加わることがあるので，通例目上の人に対しては用いない。

57 **had better not do**「…しない方がよい」 標準

▶**had better do** の否定形は，**had better not do** になる。正誤指摘問題で問われることも多い。

Point 022 ⋮ used to do と would (often) do

58 **used to do**「以前は…だった」 標準

▶**used to do** は，現在と対比させて，過去の事実・状態「以前は…だった」，過去の習慣的動作「…するのが常だった」を表す。本問は過去の状態を表す用法。

59 **would (often) do**「よく…したものだ」 標準

▶**would (often) do** は過去の習慣的動作を表す。

▶なお，**would (often) do** には，現在と対比させて過去の事実・状態を表す用法はない。したがって，問題 **58** で ③ would often は入らないことも確認しておこう。

Point 023 ⋮ must have done / can't have done / may have done

まずは，それぞれの表現の意味を正確に押さえる。この種の問題も，与えられた英文の文意から正答を選ばせるものが多い。

60 **must have done**「…したに違いない」 標準

▶③ cannot have rained「雨が降ったはずがない」は文意から不可。

---

54 ④ **55** rather **56** ③ **57** ② **58** ② **59** ③ **60** ①

61 The thief (　　　) through this window. It's much too small.
□□□
① can't have escaped　② must have escaped
③ mustn't escape　④ should have escaped 〈京都橘大〉

62 I (　　　) the movie, but I don't remember whether I have.
□□□
① should not have seen　② need not have seen
③ may have seen　④ cannot have seen 〈千葉工大〉

63 Tom (　　　) there yesterday, but we didn't see him.
□□□
① should be　② might have been
③ may not have been　④ must be 〈國學院大〉

Point 024

64 Why did you try to fix the computer by yourself? You (　　　) for help before you gave up.
□□□
① should ask　② should have asked
③ would ask　④ would have asked 〈明治大〉

65 I (　　　) an e-mail from Jane in the morning but it hasn't come yet.
□□□
① could have received　② must have received
③ ought to have received　④ may have received 〈東邦大〉

66 I hurt my back. I (　　　) that heavy box up two flights of stairs.
□□□
① should be carrying　② should carry
③ should have carried　④ should not have carried
〈京都橘大〉

67 あんな寒い夜に彼女を待たせておくべきではなかった。
□□□
You (to / not / kept / have / ought) her waiting on such a cold night. 〈明海大〉

68 (a) There was no need to buy me an expensive birthday present, but you did.
□□□
(b) You (　　　) (　　　) (　　　) me an expensive birthday present. 〈明治大〉

61 泥棒はこの窓から逃げたはずがない。この窓はあまりに小さすぎます。
62 私はその映画を見たかもしれないけれど，見たかどうか覚えていない。
63 トムは昨日，そこにいたかもしれませんが，私たちは彼には会いませんでした。

61 **can't[cannot] have done**「…したはずがない」 標準

62 **may have done**「…したかもしれない」 標準

63 **might have done**「…したかもしれない」 標準

整理 7 must have done / can't have done / may have done の意味

いずれも，現在の視点から，過去の事柄に対する推量を表す表現。

(1) **must have done**「…したに違いない」(➡60)
(2) **can't[cannot] have done**「…したはずがない」(➡61)
(3) **may[might] have done**「…したかもしれない」(➡62, 63)
＊might have done は「(ひょっとして)…したかもしれない」の意だが，may have done とほぼ同意と考えてよい。

Point 024 ⋮ should[ought to] have done / needn't have done

64 **should[ought to] have done**「…すべきだったのに」 標準

65 **ought to[should] have done**「…したはずだ」 標準

66 **should not have done**「…すべきでなかったのに」 標準

67 **ought not to have done**「…すべきでなかったのに」 標準

68 **needn't[need not] have done**「…する必要はなかったのに」 標準

整理 8 should[ought to] have done / needn't have done などの意味

いずれも，「…だったのに(実際は逆だった)」の意味を表しうる表現。

(1) { **should have done** ⓐ「…すべきだったのに(実際はしなかった)」(➡64)
　　 ought to have done ⓑ「当然…した[している]はずだ」(➡65) }
(2) { **should not have done**「…すべきでなかったのに(実際はした)」(➡66, 67)
　　 ought not to have done }
(3) **needn't[need not] have done**「…する必要はなかったのに(実際はした)」(➡68)

64 どうして一人でコンピュータを修理しようとしたの？ あきらめてしまう前に助けを求めればよかったのに。
65 午前中にジェーンからメールを受け取るはずだったのだが，まだ届いていない。
66 私は背中を痛めてしまった。あの重い箱を持って 2 階分の階段を上がるべきではなかった。
68 (a) 私に高価な誕生日のプレゼントを買う必要はなかったのに，あなたは買った。
(b) あなたは私に高価な誕生日のプレゼントを買う必要はなかったのに。

61 ① **62** ③ **63** ② **64** ② **65** ③ **66** ④ **67** ought not to have kept
68 needn't have bought

Point 025

69 It is necessary that every member (　　　) inform himself of the rules of the club.
□□□
① would　② should　③ might　④ could　〈大阪産大〉

Point 026

70 You (　　　) be too careful in your choice of friends.
□□□
① aren't　② don't　③ can't　④ ought not to　〈神田外大〉

71 I know it's not important, but I can't help (　　　) about it.
□□□
① but to think　② think　③ but thinking　④ thinking　〈亜細亜大〉

72 彼女は出て行かざるをえなかった。（1語不要）
□□□
She (not / should / could / but) leave.　〈関西大〉

73 (a) It is only natural that he should complain about the treatment.
□□□
(b) He (　　　) (　　　) complain about the treatment.　〈北海学園大〉

74 やって来そうなわずかな客のために店を開けておくよりは，閉めてしまう方がましだ。
□□□
We might as (close / open / shop / the / keep / it / as / well) for the few customers we are likely to get.　〈中央大〉

75 "Oh, we just missed the bus! Shall we wait half an hour for the next one?"
□□□
"It's so nice today. We (well / as / walk / might)."　〈玉川大〉

69 すべてのメンバーが，クラブの規則を知っておく必要があります。
70 友だちを選ぶ際には，いくら注意してもしすぎることはない。
71 それが重要ではないのはわかっていますが，私はそれについて考えずにはいられません。
73 (a) 彼がその扱いに対して不平を言うのは当然だ。
(b) 彼がその扱いに対して不平を言うのももっともだ。
75 「ああ，バスに乗りそこねてしまった。次のバスまで30分待つことにする？」
「今日はとても天気がいいわ。（バスを待つより）歩く方がいいわ」

Point 025 ⋮ that 節で should を用いる場合

69 It is necessary that S (should)＋原形 標準

▶**It is … that** 〜の構文で，補語に「必要・要求」などを表す形容詞が来る場合，**that** 節中は原則として「**S＋should＋原形**」(主としてイギリス用法)，または **should** を省略して「**S＋原形**」(主としてアメリカ用法)になる。

＋プラス 「要求・提案」などを表す動詞の目的語となる **that** 節も，原則として「**S＋should＋原形**」または「**S＋原形**」となる(➡Point 138)。

整理 9 「that＋S(＋should)＋原形」の形を従える形容詞・動詞

(1) 形容詞
necessary「必要な」
essential「不可欠な」
desirable「望ましい」
important「重要な」
right「正しい」 など

(2) 動詞
demand「要求する」
order「命令する」
propose「提案する」
suggest「提案する」
recommend「勧める」
request「懇願する」 など

＊過去時制でも **that** 節中の「**should＋原形**」または「**原形**」は変化しないことに注意。

Point 026 ⋮ 助動詞を用いた慣用表現

70 cannot … too 〜「どんなに〜しても…しすぎることはない」 標準

71 can't help doing「…せざるをえない」 標準

72 cannot but do「…せざるをえない」 標準

＋プラス **can't[cannot] help doing＝can't[cannot] but do＝can't[cannot] help but do** と整理して押さえること。

73 may well do「…するのももっともだ」 標準

▶**may well do** には「㋐…するのももっともだ，㋑おそらく…するだろう」という2つの意味がある。本問は㋐の用法。

＋プラス ㋑の用法は以下を参照。
It *may well* rain tonight.(おそらく今晩雨が降るだろう)

74 might[may] as well do … as do 〜 標準

▶「〜するくらいなら…する方がよい／〜するのは…するようなものだ」という意味。「…」と「〜」を逆にしないこと。

75 might[may] as well do「…する方がいいだろう」 英作 標準

▶had better do(➡56)よりもやわらかい婉曲的な表現。

---

69 ② **70** ③ **71** ④ **72** could not but(should 不要) **73** may well
74 well close the shop as keep it open **75** might as well walk

第4章

仮定法

Point 027

76 Tom would answer the phone himself if he (　　　) at home.
□□□ ① is　② were　③ would be　④ would have been 〈摂南大〉

77 If my sister were here, she (　　　) me on what to do to solve
□□□ this problem.
① has advised　② will advise
③ would advise　④ will have advised 〈獨協大〉

78 その知らせを聞いたらメアリーはどうするだろうか。
□□□ (would / do / if / heard / Mary / what / she) the news? 〈帝京大〉

Point 028

79 If I (　　　) more time then, I could have checked my report
□□□ again.
① have　② would have　③ had　④ had had 〈学習院大〉

80 If we had known your new address, we (　　　) to see you.
□□□ ① came　② will come
③ would come　④ would have come 〈名古屋女子大〉

76 もし家にいれば，トム自身が電話にでるだろう。
77 もしここに姉がいれば，この問題を解くためにどうしたらいいか助言してくれるのに。
79 もしそのときもっと多くの時間があったならば，私はもう一度，報告書の内容を確認することができただろう。
80 もし私たちがあなたの新しい住所を知っていたら，あなたに会いに行ったでしょう。

Point 027 仮定法過去の基本形

仮定法の「法」とは動詞の形を表す文法用語であり，動詞の使い方が何よりも重要なポイントになる。

整理 10 仮定法過去の基本形

If+S+動詞の過去形…, S′+would / could / might / should+動詞の原形〜.

（If+S+動詞の過去形…, ＝従節　S′+would / could / might / should+動詞の原形〜. ＝主節）

「もしSが…するなら，S′は〜するだろう(に)」

＊**従節中の be 動詞は原則として were を用いる。**(現在では，単数扱いの主語の場合 was も使われる)

＊主節中の助動詞に should を用いるのは，原則として1人称の主語(I, we)の場合のみ。

76 仮定法過去―従節の形 標準

▶**仮定法過去**の基本形は，**現在の事実と反対の仮定や実現の可能性の低い仮定**を行い，それに基づく推量を表す。

▶本問は，仮定法過去の従節なので，動詞の過去形を選ぶ。

77 仮定法過去―主節の形(**would do**) 標準

78 仮定法過去の疑問文 標準

▶what で始まる疑問文なので What would S do …? の語順になる。

Point 028 仮定法過去完了の基本形

整理 11 仮定法過去完了の基本形

If+S+動詞の過去完了形(had done)…,

（従節）

S′+would / could / might / should+have done 〜.

（主節）

「もしSが…したなら，S′は〜しただろう(に)」

＊主節の助動詞に should を用いるのは，原則として1人称の主語の場合のみ。

79 仮定法過去完了―従節の形 標準

▶**仮定法過去完了**の基本形は，**過去の事実と反対の仮定**を行い，それに基づく推量を表す。

▶本問は仮定法過去完了の従節なので，動詞の過去完了形を選ぶ。

80 仮定法過去完了―主節の形(**would have done**) 標準

---

76 ② **77** ③ **78** What would Mary do if she heard **79** ④ **80** ④

Point 029

81 If I had been told so then, I (　　　) happier now.
□□□ ① would be　② will be　③ am　④ have been　〈千葉工大〉

82 If I (　　　) a computer last year, I'd still be using my old
□□□ typewriter.
① hadn't bought　② haven't bought
③ shouldn't buy　④ wouldn't buy　〈センター試験〉

Point 030

83 Even if the sun (　　　) in the west, he would not change his
□□□ mind.
① would arise　② were to rise
③ might raise　④ were to rouse　〈関西外大〉

84 I don't think he will stop by my office. But if he (　　　) while
□□□ I'm out, give him more information.
① came　② will come
③ should come　④ had come　〈聖マリアンナ医科大〉

Point 031

85 Jim wishes he (　　　) better grades, but he isn't willing to study
□□□ harder.
① got　② have got　③ gets　④ has　〈学習院大〉

86 I wish I (　　　) enough money to buy the house around this
□□□ time last year.
① had　② could have　③ had had　④ should have　〈明治大〉

87 金曜日までには仕事を終えていただきたいのですが。
□□□ I (would / wish / finish / the work / you / by / Friday).　〈東海大〉

81 もし私がそのときそのように言われたならば，今はもっと幸せでしょうに。
82 もし昨年コンピュータを買わなかったならば，私はまだ古いタイプライターを使っているでしょう。
83 たとえ太陽が西から昇っても，彼は意見を変えないでしょう。
84 彼が私のオフィスに立ち寄るとは思わない。だが，万一，私がいない間にやって来たら，さらに情報を教えてあげなさい。
85 ジムはもっとよい成績がとれればいいのにと思っているが，もっと一生懸命勉強しようという気はない。
86 去年の今ごろ，その家を買うだけのお金があったらよかったのになあ。

Point 029 仮定法過去・過去完了の併用形

81 仮定法過去・過去完了の併用形 標準

▶主節と従節において，仮定法過去と仮定法過去完了が併用されることがある。本問では，従節に仮定法過去完了を用いて過去の事実と反対の仮定を行い，主節に仮定法過去を用いて現在の事実と反対の推量を行っている。従節の then，主節の now という副詞に着目すること。

▶仮定法の基本を押さえたなら，今度はパターン化して考えることから脱却して，文意から判断していくという姿勢を持つことも大切。

82 併用形―**if** 節の **last year** に着目 標準

Point 030 If S were to do ... / If S should do ...

83 **If S were to do ...** 標準

▶「**If S were to do ..., S′+would / could / might / should＋動詞の原形〜.**」の形は，一般に**未来の事柄に対する仮定**を表す。

▶文頭の Even if ... は「たとえ…でも」の意味を表す。

84 **If S should do ...** 標準

▶**If S should do ...** の形も，一般に**未来の事柄に対する仮定**を表す。ただし，この表現は主節に，「**would など＋動詞の原形**」の他に，「**will など＋動詞の原形**」，さらには**命令文**が来る場合もある。本問は命令文が用いられている。

Point 031 S wish＋S′＋仮定法

整理 12 S wish＋S′＋仮定法の従節の動詞の形

(1) **S wish＋S′＋動詞の過去形（仮定法過去）...**
「SはS′が…すればよいのにと思う（現在の事実と反対の事柄の願望）」

(2) **S wish＋S′＋動詞の過去完了形（仮定法過去完了）...**
「SはS′が…すればよかったのにと思う（過去の事実と反対の事柄の願望）」

85 **S wish＋S′＋動詞の過去形 ...** 標準

▶本問は，現在の事実の反対を想定しているので仮定法過去の形が来る。

86 **S wish＋S′＋動詞の過去完了形 ...** 標準

▶過去の事実の反対を想定しているのだから，仮定法過去完了の形が来る。

87 **S wish＋S′＋would do ...** 発展

▶これからのことに対する願望を表すためには，「**S wish＋S′＋would do ...**」の形を用いる。これは，未来を表す助動詞 will を用いた will do が，仮定法過去の形，すなわち would do になったと考えればよい。

---

81 ①　**82** ①　**83** ②　**84** ③　**85** ①　**86** ③　**87** wish you would finish the work by Friday

Point 032

88 If ( ) there were forty-eight hours in a day!
□□□ ① only ② merely ③ little ④ greatly 〈九州産大〉

89 ラジオをつけないでほしいのですが。
□□□ I (didn't / you / would / turn / rather) on the radio. 〈駒澤大〉

Point 033

90 It is time she ( ) to think about her future.
□□□ ① begin ② begins ③ is beginning ④ began 〈九州国際大〉

91 彼は，まるでオーストラリアのことは何でも知っているかのように
□□□ 話します。
He talks (knew / if / everything / he / as) about Australia.
〈京都学園大〉

Point 034

92 If ( ) not for his faults, I would marry Paul at once.
□□□ ① it is ② it were ③ there are ④ there were 〈京都産大〉

93 (a) Without his help, I could not have succeeded.
□□□ (b) If it ( ) ( ) ( ) for his help, I could not have succeeded. 〈鹿児島大〉

88 1日が48時間あればいいのに！
90 彼女はもう自分の将来について考えてもいいころだ。
92 もし彼に欠点がなければ，私はすぐにでもポールと結婚するでしょう。
93 (a) (b) 彼の助けがなかったら，私は成功することはできなかったでしょう。

Point 032 ⋮ If only＋仮定法 …! / S would rather＋S′＋仮定法 …

88　If only＋仮定法…!「…であれば[あったら]いいのだが」 標準

▶㋐「**If only＋S＋動詞の過去形(仮定法過去) …!**」
で，現在の事実と反対の事柄に対する話者の願望を表し，
㋑「**If only＋S＋動詞の過去完了形(仮定法過去完了) …!**」
で，過去の事実と反対の事柄に対する話者の願望を表す。

▶「**If only＋仮定法…!**」は，「**I wish＋仮定法…**」の**同意表現**と考えてよい。

89　S would rather＋S′＋仮定法… 発展

▶「**S would rather＋S′＋仮定法過去／仮定法過去完了…**」という定式化した表現がある。これは「**S wish＋S′＋仮定法過去／仮定法過去完了…**」(➡p.43【整理12】)とほぼ**同意**の表現。本問は仮定法過去を用いた形。

＋プラス **would rather** の助動詞用法は問題 54，55 参照。

Point 033 ⋮ It is time＋S＋仮定法過去 / as if＋仮定法

90　It is time＋S＋仮定法過去 標準

▶「**It is time＋S＋動詞の過去形(仮定法過去) …**」の形で，「Sは…してもよい時期[時間]だ」の意味を表す。定式化した表現として覚えておく。

＋プラス It is **high** time …「当然…してもよい時期[時間]だ」
It is **about** time …「そろそろ…してもよい時期[時間]だ」

91　as if＋S＋仮定法過去 標準

▶㋐**as if＋S＋動詞の過去形(仮定法過去) …**「まるでSは…するかのように」
㋑**as if＋S＋動詞の過去完了形(仮定法過去完了) …**「まるでSは…したかのように」

＋プラス **as though** も **as if** と**同意**で用いられる。なお，現在では **as if / as though** の後に直説法が用いられることもある。

Point 034 ⋮ if it were not for A / if it had not been for A など

92　if it were not for A「もし**A**がなければ」 標準

▶慣用化した仮定法過去の表現。

93　if it had not been for A「もし**A**がなかったら」 標準

▶**if it were not for A** の仮定法過去完了の形。なお，両者とも **without A / but for A** の副詞句で表現することができる。本問の(a)は，仮定法過去完了で without A を用いたもの。

---

88 ① **89** would rather you didn't turn **90** ④ **91** as if he knew everything **92** ②
93 had not been

94 □□□
(a) He recommended me, so I got a promotion.
(b) (　　　) (　　　) his recommendation, I would not have got a promotion. 〈昭和女子大〉

Point 035

95 □□□ (　　　) in your place, I would not forgive him for betraying you.
① I were　② If were I　③ Were I　④ Were if I 〈北海学園大〉

96 □□□ (　　　) he read my letter then, he would have understood me.
① If　② Were　③ Did　④ Had 〈実践女子大〉

97 □□□ (　　　), the government would have to act swiftly.
① If a serious crisis will arise
② A serious crisis were to arise
③ Were a serious crisis to arise
④ Were a serious crisis arisen 〈松山大〉

98 □□□ (　　　) you notice any suspicious bags, please inform the conductor.
① Could　② Might　③ Should　④ Would 〈青山学院大〉

99 □□□ あのときマイケルが助けてくれなかったら，私は留学をあきらめていたことだろう。
(for / been / had / at / Michael's help / not / it) that time, I would have given up the idea of studying abroad. 〈神戸学院大〉

100 □□□ A better bridge could have been built (　　　).
① if they didn't assist us　② had it been not for their help
③ having had them help us　④ had they offered assistance
〈東海大〉

94 (a) 彼が私を推薦したので，私は昇進した。
(b) 彼の推薦がなかったら，私は昇進しなかっただろう。
95 私があなたの立場ならば，あなたを裏切ったことについて彼を許したりしないだろう。
96 そのとき彼が私の手紙を読んでいたならば，私のことを理解しただろう。
97 もし重大な危機が発生するとすれば，政府はすばやく行動しなければならないだろう。
98 不審なバッグにお気づきの際は，車掌までお知らせください。
100 もし彼らが援助を申し出ていたならば，もっとよい橋が建設されていただろう。

94 **but for A**「もし**A**がなかったら／もし**A**がなければ」 標準

▶(b)は仮定法過去完了なので，if 節で表すなら，If it had not been for his recommendation となる。また，If he had not recommended me とも表現できる。

Point 035 接続詞 if の省略

仮定法の条件節に倒置形を用いて，接続詞 if を省略することがある。ただし，仮定法過去の場合は，be 動詞 were の場合のみで，一般動詞の場合は，現在では倒置による if の省略は行われない。

95 **If I were in your place → Were I in your place** 標準

96 **If he had read … → Had he read …** 標準

▶文内容からして仮定法過去完了なので，① If を入れた仮定法過去の条件節の形は不可。

97 **If S were to do … → Were S to do …** 標準

▶問題 83 でテーマ化した If S were to do … を，**Were S to do** … という if を省略した倒置形で表す。

98 **If S should do … → Should S do …** 標準

▶問題 84 でテーマ化した If S should do … を，**Should S do** … という if を省略した倒置形で表す。

▶本問では主節に命令文が来ていることに注意。

99 **If it had not been for A → Had it not been for A** 標準

▶語群に if がないことに注意。問題 93 でテーマ化した If it had not been for A を，**Had it not been for A** という if を省略した倒置形にする。

100 複雑な形―主節の後で用いられる場合 読解 標準

▶仮定法過去完了の条件節を，if を省略して倒置形で表したもので，問題 96 と同じパターン。ただし，主節の後で用いられている。

▶②は not の位置が誤りで，文意も合わない。had it not been for their help なら文法的に正しい表現になるが（➡99），そうしたとしても「彼らの助けがなかったら，もっとよい橋が建設されていただろう」という不自然な文意となる。

!!注意 if を省略して倒置形で表した条件節が主節の後で用いられるパターンは，英文読解の上でも極めて重要。

---

94 But for 95 ③ 96 ④ 97 ③ 98 ③ 99 Had it not been for Michael's help at
100 ④

Point 036

101 もう少し努力していれば，彼は試験に受かっていただろうに。
□□□ (if / more / little / a / effort / with), he would have passed the examination.（1語不要） 〈成蹊大〉

102 I wrote to my parents; (　　　) they would have worried about me.
□□□
① if　② likewise　③ otherwise　④ therefore 〈関西学院大〉

103 注意深いセールスパーソンならそんなもめごとは避けることができただろう。
□□□ A (salesperson / avoided / careful / have / could) the trouble. 〈九州産大〉

104 (a) To see us walking together, they would take you for my sister.
□□□ (b) If (　　　) us walking together, they would take you for my sister.
① they have seen　② they saw
③ they would see　④ they will see 〈中央大〉

105 "I didn't go to class yesterday because my car broke down."
□□□ "You (　　　) mine. I wasn't using it."
① could borrow
② could have borrowed
③ may borrow
④ may have borrowed 〈センター試験〉

102 私は両親に手紙を書いた。そうしなければ，両親は私のことを心配しただろう。
104 (a) (b) 私たちが一緒に歩いているのを見たら，彼らはあなたを私の姉[妹]だと思い違いをするだろう。
105 「車が故障したので，昨日私は授業に行きませんでした」
「私の車を借りることができたのに。私は車を使っていなかったから」

Point 036 ⋮ 条件節の意味を表す表現

この種の仮定法は，動詞表現に仮定法の主節の形が残っているので，それを手がかりに読みとる必要がある。

101 副詞句 **with A**「もし**A**があれば」に仮定の意 標準

▶仮定法では，if 節の意味を他の表現で表すことがある。本問では **with A**「もしAがあれば」の形にして，副詞句に if 節の意味を含ませる。

+プラス **but for A=without A**（➡93，94）も副詞句に if 節の意味を含ませているという点では同じ。

102 **otherwise**「さもなければ」に仮定の意 標準

▶仮定法の文脈での **otherwise** は，前述の内容を受けて，その反対の仮定をする表現として用いられる。「**そうしなかったら／さもなければ**」の意味で，本問の場合は「両親に手紙を書かなかったならば」という意味が含まれている。

103 主語に仮定の意 標準

▶**主語に仮定の意味が含まれる場合がある**。本問はその形を作る。

▶条件節を使えば，設問の英文は以下のようになる。

If he[she] were a careful salesperson, he[she] could have avoided the trouble.

104 不定詞に仮定の意 標準

▶(a)の To see us walking together の不定詞に「私たちが一緒に歩いているのを見れば」という仮定の意味が含まれている。

+プラス 問題 101 〜 104 のパターン以外で，**分詞構文に条件節の意味が含まれる場合**を見ておこう。

The same thing, ***happening in a large hotel***, would amount to disaster.

（同じことが，大きなホテルで起これば，大惨事になるだろう）

105 条件を表す表現のない仮定法 発展

▶**仮定法でありながら条件を表す表現が一切なく，話者の意識の中でのみ「…するならば」「…するとしても」といった気持ちが働いている場合がある**。本問の場合，「私に頼んでいたら」といったニュアンスが言外にあり，仮定法過去完了の主節の形を選ぶ。

▶この種の客観式の選択問題では消去法的発想も重要。①「借りることができた」，③「借りるかもしれない／借りてもよい」，④「借りたかもしれない」では文意がつながらない。

---

101 With a little more effort（if 不要） **102** ③

103 careful salesperson could have avoided **104** ② **105** ②

第5章 不定詞

Point 037

106 私の計画は，家を買う前に車の支払いを済ませることです。
□□□ My plan (for / to / paying / finish / is) my car before I buy a house. 〈千葉工大〉

107 For the first time in his life, Mike didn't know what (　　　).
□□□ ① do　② to do　③ done　④ doing 〈京都産大〉

108 その男を罰するのは間違っていると，私たちは考える。
□□□ We (the / think / to / man / wrong / it / punish). 〈西南学院大〉

Point 038

109 このエプロンには物を入れるポケットがありませんね。
□□□ This apron has no (things / put / in / pockets / to). 〈東洋大〉

Point 039

110 テストはすべて合格だ，と君に言えてうれしい。
□□□ (you / happy / tell / am / to / I) that you have passed all the tests. 〈中京大〉

107　生まれて初めて，マイクは何をすべきかわからなかった。

Point 037 ⋮ 名詞用法の不定詞

文中で名詞の役割をする，すなわち主語・動詞の目的語・補語になる不定詞は，名詞用法の不定詞と呼ばれる。

106 名詞用法の不定詞 基本

▶be 動詞の補語となる名詞用法の不定詞句を作る。

107 疑問詞＋**to do** 基本

▶**「疑問詞＋to 不定詞」**は，文中で名詞句になる。本問では know の目的語。

108 **S＋V＋it＋C＋to do** 英作 標準

▶**「S＋V＋O＋C」の第 5 文型で，名詞用法の不定詞を目的語とする場合，必ず形式目的語の it を用いて，不定詞を後置し，「S＋V＋it＋C＋to do」の形にする。**整序問題で頻出のパターン。

＋プラス 名詞用法の不定詞が主語となる場合は，そのまま文頭に置くこともあるが，形式主語の it を用いて，「頭デッカチ」を避けることが多い。

To speak French is very difficult.

＝*It* is very difficult *to speak French*.

（フランス語を話すのはとても難しい）

Point 038 ⋮ 形容詞用法の不定詞

直前の名詞を修飾する不定詞は，形容詞用法の不定詞と呼ばれる。

109 形容詞用法の不定詞ー前置詞が残る場合 標準

▶put things *in* A「物を A に入れる」という表現を前提に，A to put things *in*「物を入れる A」という名詞 A を修飾する形容詞用法の不定詞句を作る。前置詞 in が残ることに注意。

Point 039 ⋮ 副詞用法の不定詞

副詞用法の不定詞は，主として動詞を修飾するものを言うが，その表す意味を整理しておくこと（➡p.52【整理13】）。

110 副詞用法の不定詞ー感情の原因 基本

▶感情の原因「…して（うれしい，悲しい，など）」を表す副詞用法の不定詞句を作る。

---

106 is to finish paying for **107** ② **108** think it wrong to punish the man
109 pockets to put things in **110** I am happy to tell you

111 The story of Anne's terrible accident was painful (　　　).
□□□
① of listening　② to be listened
③ to have listened to　④ to listen to 〈星薬大〉

112 (a) I woke up and found that I was in the hospital.
□□□
(b) I woke up to (　　　) (　　　) in the hospital. 〈大阪大谷大〉

113 I went to your house in the rain, (　　　) find that you were out.
□□□
① as to　② enough to　③ only to　④ so to 〈北海学園大〉

Point 040

114 The theater's staff members told us (　　　) during the performance.
□□□
① don't open the door　② not opening the door
③ not to open the door　④ not to opening the door
〈広島工大〉

115 安楽に暮らしたいと思うのが人情です。
□□□
It is (an / a person / easy / lead / natural for / to / to / want) life. 〈東北福祉大〉

116 父親がそのことについて話さないのが一番よいと彼は思った。
□□□
He (father / it / his / to / about / thought / not / speak / best / for) it. 〈富山大高岡短大部〉

整理 13　副詞用法の不定詞の意味と用法

(1) **感情の原因**(➡110), (2)**形容詞の意味の限定**(➡111), (3)**結果**(➡112, 113) 以外に, 以下の3つの意味と用法を押さえておこう。

(4) **目的「…するために／…する目的で」**
We must study hard *to pass the exam.*
(その試験に受かるためには一生懸命勉強しなければならない)

(5) **判断の根拠「…するなんて／…するとは」**
He must be rich *to have such a luxury car.*
(そんな高級車を持っているなんて, 彼は金持ちに違いない)

(6) **条件「…すれば」**
To hear her talk, you would take her for a Japanese.
(彼女が話すのを聞けば, 君は彼女を日本人だと思うだろう)

111 アンの悲惨な事故の話は, 聞いていてつらかった。
112 (a) (b) 目が覚めると, 私は自分が病院にいることに気づいた。
113 雨の中を君の家に行ったのに, 結局君は留守でした。
114 劇場の職員が私たちに上演中はドアを開けないように言った。

111 副詞用法の不定詞ー形容詞の意味の限定 標準

▶「**A is＋形容詞＋to do**」の形で，「**Aは…するには〜だ**」の意で用い，不定詞が形容詞を修飾し，その意味を限定する用法がある。

▶この場合，主語が不定詞句の目的語となる関係があり，一般に，形式主語 It を用いて，「**It is＋形容詞＋to do A**」の形で言いかえられる。

▶本問の場合，形式主語 It を用いて言いかえると以下のようになる。
It was painful to listen to the story of Anne's terrible accident.

112 副詞用法の不定詞ー結果 英作 標準

▶副詞用法の結果を表す不定詞は，主に次の3つの表現で用いられる。
㋐ **wake (up)[awake] to find[see] ...**「目が覚めると…だと知る」
㋑ **grow up to be ...**「成長して…になる」
㋒ **live to do ...**「…するまで生きる(←生きて…する)」

▶これ以外の表現では使わない方がよい。本問は㋐のパターン。

▶文の主語 I と find の目的語が同一人物であるから，再帰代名詞の myself を使うこと。me は不可(➡**267**)。

113 副詞用法の不定詞ー逆接的結果 **only to do** 標準

▶**only to do** で，「(〜したが，)結局…だった」という逆接的結果を表す用法がある。本問の場合，以下のように言いかえることができる。
I went to your house in the rain *but* (*I*) *found* that you were out.

!!注意 問題 **110** 〜 **113** 以外の副詞用法の不定詞も，左頁の**【整理13】**で確認すること。

Point 040 ⋮ 不定詞の用法上の注意すべき点

114 不定詞を否定する語ー**not[never] to do** 標準

▶不定詞を否定する語 **not / never** は不定詞の直前に置く。

115 不定詞の意味上の主語ー**for A to do** 標準

▶**不定詞の意味上の主語を明示する場合は，「for＋(代)名詞」を不定詞の直前に置く。**本問では，形式主語の it を用いた It is ... for A to do の形を作る。

116 **S＋V＋it＋C＋for A to do** 発展

▶「S＋V＋it＋C＋to do」(➡**108**)の形に，不定詞の意味上の主語 for A を組み込む。

▶not to do の否定形の不定詞(➡**114**)にも注意。

---

111 ④ **112** find myself **113** ③ **114** ③ **115** natural for a person to want to lead an easy **116** thought it best for his father not to speak about

117 □□□
(a) He was careless to make the same mistake.
(b) ( ) ( ) careless ( ) him to make the same mistake. 〈実践女子大〉

118 □□□
(a) It seemed that he had finished his homework.
(b) He seemed ( ) his homework.
① to finish ② to have finished ③ finishing ④ finished
〈桜美林大〉

119 □□□
The boys decided to fight, but the girls begged them ( ).
① not to ② to not ③ not ④ no 〈東京国際大〉

Point 041

120 □□□
その本はあまりに難しすぎて，私たちには理解できなかった。
The book was ( ) difficult ( ) ( ) to understand.
〈鹿児島大〉

121 □□□
John is only thirteen. He is ( ) to get a driver's license.
① not old enough ② not too young
③ too old ④ young enough 〈センター試験〉

122 □□□
He is ( ) vote for such a dishonest candidate in the election.
① enough intelligent not to
② intelligent enough not to
③ intelligent to not enough
④ not enough intelligent to 〈慶應義塾大〉

123 □□□
(a) Would you be kind enough to direct me to the library?
(b) Would you be ( ) kind ( ) to direct me to the library? 〈専修大〉

117 (a) (b) 同じ間違いを犯すなんて，彼は不注意だった。
118 (a) (b) 彼は宿題を終えてしまっていたようだった。
119 少年たちは戦うことに決めたが，少女たちはそうしないように彼らに懇願した。
121 ジョンはまだ13歳です。車の免許を取れるほどの年齢ではありません。
122 彼は，選挙であのような不誠実な候補者に投票しないくらいに聡明である。
123 (a) (b) すみませんが，図書館への道を教えてくださいませんか。

117 It is＋人の性質・性格＋of A to do 

▶It is ... to do の形式主語構文で，「人」を不定詞の意味上の主語として使い，**人の性質・性格を表す語が補語に来る場合，It is ... of A to do の形になる**。一般にこの形は，(a)のように **A is ... to do** の形に言いかえることができる。

整理 14 It is ... of A to do のパターンで用いられる形容詞

- **careless**「不注意な」
- **clever**「利口な」
- **wise**「賢い」
- **kind**「親切な」
- **foolish**「愚かな」
- **polite**「礼儀正しい」
- **rude**「無作法な」
- **considerate**「思いやりがある」
- **cruel**「冷酷な」
- **stupid**「愚かな」

など

118 完了不定詞(**to have done**)の用法 標準

▶**完了不定詞(to have done)は，文の述語動詞の時点よりも「前」であることを表す**。現在時制と完了不定詞とが用いられている場合，完了不定詞が「過去」の内容を表しているか，「現在完了」の内容を表しているかは，文脈によって決まる。

119 代不定詞 標準

▶**前に出てきた動詞表現の反復を避けるため，to だけを用いて不定詞の内容を表す用法がある**。これを代不定詞という。不定詞を否定する語は不定詞の直前に置く(➡**114**)ので，**否定の代不定詞は not to となる**。本問はその形を問うたもので，the girls begged them not to (fight) と考えればよい。

Point 041 不定詞を用いた慣用表現

120 too ... to do「とても…なので〜できない／〜するには…すぎる」標準

▶to understand の前に，不定詞の意味上の主語(➡**115**)を表す for us を入れる。

121 ... enough to do「〜するほど…／とても…なので〜する」標準

▶正答以外の選択肢は，文法的に誤りではないが，文意が合わない。

122 ... enough not to do「〜しないほど…／とても…なので〜しない」発展

▶**enough が形容詞・副詞を修飾する場合，その語の後に置く**ことに注意。その点から①，④は不可。

123 so ... as to do ＝ ... enough to do 標準

▶**so ... as to do** は，**... enough to do**(➡**121**)の同意表現として押さえる。

---

117 It was, of **118** ② **119** ① **120** too, for us **121** ① **122** ② **123** so, as

124 ( ) go safely through this jungle of life, you must equip yourself with the proper weapons.
□□□

① Whoever ② So that
③ For the purpose of ④ In order to 〈長岡造形大〉

125 Please pack your suitcases and leave here immediately ( ) miss the next bus.
□□□

① not so as to ② as you don't
③ not because you ④ so as not to 〈神奈川大〉

Point 042

126 "Peter hunts rabbits."
□□□ "Yes, I have watched him ( )."

① to doing that ② to be done that
③ do that ④ to do that 〈関西外大〉

127 The bus driver did not come, and we were made ( ) for over half an hour before we got on the bus.
□□□

① wait ② to wait ③ waited ④ waiting 〈日本女子大〉

128 "I'm worried about Anna. She's really been depressed lately. ( ) in her room all day."
□□□ "That sounds serious."

① All is she stay ② She does all is stay
③ All she does stay is ④ All she does is stay 〈日本大〉

124 この人生というジャングルを安全に通り抜けるためには，あなたは適切な武器を身につけなければなりません。
125 次のバスに乗り遅れないよう，荷物をまとめてすぐにここを出てください。
126 「ピーターはウサギ狩りをするね」
「うん，彼がそれをするのを見たことがあるよ」
127 バスの運転手がやって来なかったので，私たちはバスに乗るまでに30分以上も待たされた。
128 「アンナのことが心配なんだ。最近本当に落ち込んでいるんだ。彼女がすることと言えば，1日中自分の部屋にいることだけだ」
「それは深刻そうだな」

124 in order to do / so as to do「…するために」 標準

▶「目的」を表す副詞用法（➡p.52【整理13】の(4)）であることを明示するには，**in order to do** や **so as to do** の形を用いる。

▶③は for the purpose of *doing* という動名詞を従えた形で「目的」を表す用法。本問では空所の後に動詞の原形が来ているので不可。

!!注意 **so as to do**「…するために」と問題123の **so ... as to do**「〜するほど…」を混同しないこと。

125 so as not to do / in order not to do「…しないように」 標準

▶不定詞を否定する語は不定詞の直前に置く（➡114）ので，**so as not to do / in order not to do** の形で「…しないように」の意味を表す。問題124の表現の否定形。

Point 042 ⋮ 原形不定詞の用法

126 原形不定詞を用いる場合 標準

▶**感覚動詞（see，hear，feel，watch，look at，listen to など），使役動詞（make，have，let）の目的格補語となる不定詞は原形不定詞になる。**つまり「**V+O+do**」の形になる。

127 原形不定詞→受動態では **to** 不定詞 標準

▶**原形不定詞は，受動態になると to 不定詞となる。**

128 All she does is＋原形不定詞 発展

▶主語となる部分に「動詞の do」が用いられる場合，それに続く be 動詞の補語には to 不定詞／原形不定詞のいずれも用いられる。本問の④は原形不定詞を用いたもの。

▶all の後には関係代名詞 that が省略されている。

＋プラス **All S have to do is＋原形不定詞［to 不定詞］＝ S have only to do**「Sは…しさえすればよい」（➡46）は頻出パターン。

All you have to do is (*to*) *clean* your room.

＝*You have only to clean* your room.

（君は自分の部屋を掃除しさえすればよい）

124 ④　125 ④　126 ③　127 ②　128 ④

Point 043

129 その国際会議は，明後日，開催される予定です。
□□□ The (after / be / conference / day / held / international / is / the / to) tomorrow. 〈愛媛大〉

130 The key (not / was / be / found / to) anywhere. 〈奥羽大〉
□□□

131 われわれは，現代の世界でうまく生き，また職場で成功するつもりなら，学び続けなければならない。
□□□ (keep / live and work / learning / if we are / we must / to) successfully in today's world. 〈東海大〉

Point 044

132 危険なことはもちろんのこと，この探検には金がかかる。
□□□ This expedition will be expensive, to say (　　　) of the danger. 〈学習院大〉

133 Lying is a bad habit, to say the (　　　) of it.
□□□ ① least　② worst　③ less　④ worse 〈青山学院大〉

134 (　　　) to say, world peace is desirable for all people.
□□□ ① When it comes　② Why don't you
③ Needless　④ Quite a few 〈西南学院大〉

整理 15　独立不定詞

- **to tell (you) the truth**「本当のことを言うと」
- **to be frank with you**「率直に言えば」
- **to be sure**「確かに」
- **to begin [start] with**「まず第一に」
- **needless to say**「言うまでもなく」(➡134)
- **strange to say**「奇妙な話だが」
- **to make matters worse**「さらに悪いことには」
- **so to speak [say]**「言わば」
- **to do A justice**「Aを公平に評すると」
- **to say the least (of it)**「ひかえめに言っても」(➡133)
- **not to say A**「Aとは言わないまでも」
- **to say nothing of A**
  ＝**not to speak of A**
  ＝**not to mention A**
  「Aは言うまでもなく」(➡132)

130 そのキーはどこにも見つけられなかった。
133 ひかえめに言っても，うそをつくことは悪い習慣です。
134 言うまでもなく，世界平和はすべての人たちにとって望ましい。

Point 043 「be+to 不定詞」の用法

129 be+to 不定詞―予定・運命 読解 標準

▶「**be+to 不定詞**」の形で，**予定・運命**「…する予定だ／…することになっている」を表す用法がある。本問はこの形を作る。

!!注意 主語の後に「be+to 不定詞」の形が続いて「Sは…すること」(➡106) と訳せなければ，いわゆる「be+to 不定詞」の用法だと考えてよい。

130 be+to 不定詞―可能 標準

▶「be+to 不定詞」の形で，**可能**「…できる」を表す用法がある。ただし，この用法は，本問のように否定文で，不定詞は to be done の受動態の形で用いられる場合が多い。

131 be+to 不定詞―意図・目的 読解 標準

▶通例，if 節中に「be+to 不定詞」の形を用いて，**意図・目的**「…するつもりなら／…するためには」を表す用法がある。本問は，if 節中に意図・目的を表す「be+to 不定詞」を作るのがポイント。

+プラス 「be+to 不定詞」は，(1)予定・運命，(2)可能，(3)意図・目的の他に，(4)**義務・命令**を表す用法もある。以下の例を参照。

You *are to come* home by seven.（7時までには帰ってらっしゃい）

Point 044 独立不定詞

副詞用法の不定詞のひとつだが，完全に成句化したものなので，左頁の【整理15】の表現をイディオムとして覚えてしまうのがよい。

132 to say nothing of A「Aは言うまでもなく」 標準

+プラス 同意表現の **not to speak of A / not to mention A** も押さえる。

+プラス not to say A という独立不定詞があるが，これは「Aとは言わないまでも」の意味。以下の例を参照。

Tom is impolite, *not to say* arrogant.
(トムは，傲慢(ごうまん)だとは言わないまでも，不作法だ)

133 to say the least (of it)「ひかえめに言っても」 標準

134 needless to say「言うまでもなく」 標準

▶①は，when it comes to A / doing の形で用いて「話が，Aに／…することになると」の意味を表す表現(➡146)。to の後には名詞か動名詞が来ることに注意。

---

129 international conference is to be held the day after　130 was not to be found
131 We must keep learning if we are to live and work　132 nothing　133 ①　134 ③

第6章 動名詞

Point 045

135 In many ways, riding a motorcycle is quite different from (　　).
□□□
① to drive a car　② you drive a car
③ driving a car　④ when driving a car　〈東海大〉

136 My mother complains of (　　) too lazy.
□□□
① I am　② I being　③ me to be　④ my being　〈北海学園大〉

137 I (am / been / part / this / of / having / proud of) team.　〈日本大〉
□□□

138 I am ashamed (　　) kind to the old woman on the train.
□□□
① not of having been　② of having been not
③ of having not been　④ of not having been　〈日本女子大〉

Point 046

139 (a) It is useless to try to overtake them.
□□□
(b) It is (　　) use (　　) to overtake them.　〈神戸松蔭女子学院大〉

140 (a) It is no use discussing this matter with them.
□□□
(b) There is (　　) in discussing this matter with them.
① no point　② no problem　③ no difference　④ no more　〈駒澤大〉

141 彼を待ってもむだなようだ。
□□□
There (in / be / appears / sense / to / no) waiting for him.
〈近畿大〉

135 多くの点で，バイクに乗ることは車を運転することとはまったく異なる。
136 私の母は，私があまりに怠惰だと文句を言う。
137 私はこのチームの一員だったことを誇りに思います。
138 電車内でその老婦人に親切にしなかったことを恥ずかしく思っている。
139 (a) (b) 彼らに追いつこうとするなんてむだなことだ。
140 (a) (b) この件について彼らと話し合ってもむだです。

Point 045 ⋮ 動名詞の基本用法

135 前置詞の目的語となる動名詞ー名詞用法の不定詞との違い 基本

▶動名詞は文中で，主語・目的語・補語・前置詞の目的語として用いられる。**不定詞にも主語・目的語・補語となる名詞用法（➡106，108）があるが，前置詞の目的語として用いることはできない。**よって① to drive a car は不可。

136 動名詞の意味上の主語 標準

▶**動名詞の意味上の主語は，代名詞の場合は所有格または目的格，名詞の場合も所有格またはそのままの形で表す。**本問の場合，④ my being の他，me being の形も可能。

137 完了動名詞（**having done**）の用法 標準

▶**完了動名詞（having done）は，文の述語動詞の時点よりも「前」であることを表す。**この点は，完了不定詞（to have done）と同じ（➡118）。

▶本問の場合，「チームの一員だったことを誇りに思う」という文脈なので，前置詞 of の後に完了動名詞を用いる。

138 動名詞の否定語ー動名詞の直前 標準

▶**動名詞を否定する語は動名詞の直前に置く。**

▶本問では完了動名詞を否定する形になるので，④ of not having been である。

Point 046 ⋮ 動名詞を用いた「…してもむだだ／意味がない」の表現

139 **It is no use［good］ doing** 標準

▶use 以外に good も使われることを押さえておこう。本問のように，It is useless to do との書きかえでよく問われる。

140 **There is no point (in) doing** 標準

▶動名詞の直前の in は省略可能。

141 **There is no sense (in) doing** 標準

▶appear to do「…するように見える」を用いて，動詞 is の箇所に appears to be を入れる。

---

135 ③ **136** ④ **137** am proud of having been part of this **138** ④ **139** no, trying
140 ① **141** appears to be no sense in

Point 047

142 I will go to my hometown next week. I'm looking forward ( ) my friends then.
□□□
① see ② seeing ③ to see ④ to seeing 〈清泉女子大〉

143 I'm nervous. I'm not used ( ) to a large audience.
□□□
① to speaking ② to speak
③ in speaking ④ of speaking 〈駒澤大〉

144 主な理由は，彼らがクラス討論に参加することに慣れていないことだ。
□□□
The main reason is that (accustomed / participating / in / are / to / they / not) a class discussion. 〈城西大〉

145 My mother objected ( ) the mountain alone.
□□□
① to my climbing ② on my climbing
③ for me to climb ④ me in climbing 〈南山大〉

146 結婚するとなると，男は実際何を考えるものだろうか。
□□□
(comes / married / when / to / it / getting), what does a man really think? 〈玉川大〉

147 What do you say ( ) tennis on Sunday?
□□□
① about play ② to play ③ for playing ④ to playing 〈埼玉医科大〉

Point 048

148 I had some difficulty ( ) one student from another.
□□□
① and telling ② in telling ③ to telling ④ on telling 〈桜美林大〉

149 とても珍しいコートなので，それを見つけるのはわけないと思います。
□□□
It is a very unusual coat, so I (don't / have / suppose / will / finding / you / any / trouble) it. 〈立命館大〉

142 私は来週帰郷するつもりです。そのときに友人たちに会うことを楽しみにしています。
143 私は緊張しています。たくさんの聴衆に話をするのに慣れていないのです。
145 私の母は，私がひとりでその山に登ることに反対した。
147 日曜日にテニスをするのはいかがですか。
148 私は，学生一人ひとりを見分けるのに少々苦労した。

Point 047 ⋮ to の後に動名詞(または名詞)をとる表現

to の後に動名詞(または名詞)をとる表現は頻出。以下の表現の to は不定詞を作る to ではないことに注意。この点は正誤指摘問題でもよく問われる。

142 look forward to **A / doing**「**A**を/…することを楽しみに待つ」標準

143 be used to **A / doing**「**A**に/…することに慣れている」標準

144 be accustomed to **A / doing**「**A**に/…することに慣れている」標準

+プラス **get used [accustomed] to A / doing** にすると,「Aに/…することに慣れる」という動作的なニュアンスになる。

▶participate in A「Aに参加する」は必修のイディオム(➡**1039**)。

145 object to **A / doing**「**A**に/…するのに反対する」標準

▶① to my climbing の my は動名詞の意味上の主語(➡**136**)。

146 when it comes to **A / doing**「話が,**A**に/…することになると」標準

147 **What** do you say **to A / doing?**「**A**はいかがですか/…しませんか」標準

+プラス 同意表現として How [What] about A / doing? を押さえる(➡**463**)。

Point 048 ⋮ 省略可能な in の後に動名詞をとる表現

省略可能な in の後に動名詞をとる表現も頻出。問題 **140**, **141** の表現もそのひとつと考えてよい。

148 have **difficulty (in) doing**「…するのが難しい」標準

▶正答の② in telling の in は省略可能。

▶tell A from B「AをBと区別する/見分ける」はイディオムとして押さえる(➡**974**)。

149 have **trouble (in) doing**「…するのが難しい」英作 標準

▶in が省略された形を用いる。

!!注意 I suppose you will have *no* trouble ... とする形も可能だが,英語では否定表現を前に出す傾向が強く,本問のように I *don't* suppose you will have *any* trouble ... とする方が好まれる。

---

142 ④ **143** ① **144** they are not accustomed to participating in **145** ①
146 When it comes to getting married **147** ④ **148** ②
149 don't suppose you will have any trouble finding

150 Mrs. Robinson was busy (　　　) her daughter cook in the kitchen.
□□□
① help ② to help ③ helping ④ for helping 〈玉川大〉

Point 049

151 There is (　　　) what will happen to us tomorrow.
□□□
① no having told ② no telling
③ not telling ④ not to tell 〈センター試験〉

152 (a) Needless to say, hunger is the best sauce.
□□□
(b) It goes (　　　) saying that hunger is the best sauce.
〈徳島文理大〉

153 ちょっと頭が痛いので，今日は外出したくないな。
□□□
I have a slight headache, so I (going / feel / out / like / don't) today. 〈東京経大〉

154 (a) As soon as I arrived at the station, I was able to find him.
□□□
(b) (　　　) at the station, I was able to find him.
① In arriving ② On arriving
③ With arriving ④ Without arriving 〈高崎経大〉

150 ロビンソン夫人は，台所で娘の料理を手伝うのに忙しかった。
151 明日，私たちに何が起きるかはわからない。
152 (a) 言うまでもなく，空腹は最上のソースである。
(b) 空腹が最上のソースであることは言うまでもない。
154 (a) (b) 駅に着くとすぐ，私は彼を見つけることができた。

150 be busy **(in) doing**「…するのに忙しい」 標準

▶help は，**help A to do / help A do**「Aが…するのを助ける／手伝う」のいずれの形も可能（➡**548**）。本問では，help A do の原形不定詞を用いた形が使われている。

Point 049 ⋮ 動名詞を用いた慣用表現

以下の表現はいずれも，連立完成問題などの言いかえで問われることも多いので，＋プラスの内容も正確に押さえておこう。

151 There is no **doing**「…できない」 標準

＋プラス **It is impossible to do / No one can do / We cannot do** との言いかえでもよく問われる。

152 It goes without saying **that** 節「…は言うまでもない」 標準

▶この表現は，本問のように **needless to say**「言うまでもなく」（➡**134**）を用いた言いかえでよく問われる。

153 feel like **doing**「…したい気がする」 標準

＋プラス 同意表現の **feel inclined to do** という不定詞を用いた形を押さえておくこと。

154 on **doing**「…するとすぐに／…すると同時に」 標準

▶よく似た表現に **in doing** があるが，こちらは「…しているあいだに／…するときに」の意味。

▶一般に on doing は as soon as で始まる節に，in doing は while[when] で始まる節に言いかえられる場合が多い。

---

150 ③ **151** ② **152** without **153** don't feel like going out **154** ②

第7章 分詞

Point 050

155 This is in part due to the ( ) demand of society.
□□□ ① grow ② grew ③ grown ④ growing 〈関東学院大〉

156 A ship ( ) more than 500 passengers is missing.
□□□ ① carry ② carrying ③ carried ④ is carried 〈大阪学院大〉

157 The main languages ( ) in Canada are English and French.
□□□ ① spoken ② spoke ③ speaking ④ to speak 〈愛知工大〉

158 手に花を持っている男性に話しかけている女性は誰ですか。
□□□ Who is (a man / with / the / woman / to / talking) a flower in his hand? 〈武庫川女子大〉

Point 051

159 There was a parade ( ) by at the time.
□□□ ① has gone ② goes ③ going ④ will go 〈関西外大〉

160 There was a frightening sound ( ) in the distance.
□□□ ① hear ② on hearing ③ heard ④ hearing 〈日本大〉

155 これは，ある程度は社会の要求が大きくなっているためです。
156 500人を超える乗客を乗せた船が行方不明です。
157 カナダで話されている主要な言語は英語とフランス語である。
159 そのとき，パレードが通り過ぎていた。
160 遠くの方で，ぎょっとするような音が聞こえました。

Point 050 名詞を修飾する分詞(句)

(1) 分詞1語が名詞を修飾する場合，名詞の前に置く。また，分詞が他の語句を伴って長くなっている場合は名詞の後に置く。

(2) 修飾される名詞と分詞との間が能動関係(…する／…している)なら現在分詞を，受動関係(…される／…された)なら過去分詞を用いる。

155 名詞を修飾する現在分詞・過去分詞 基本

▶grow と demand of society の間は「社会の要求が大きくなる」の能動関係なので，現在分詞を用いる。

▶in part「ある程度／いくぶん」, be due to A「Aが原因である」(➡1214) はイディオムとして押さえる。

156 現在分詞句の後置修飾 基本

▶A ship と carry の間は能動関係になるので，現在分詞が入る。

▶more than 500 passengers という語句を伴っているため，carrying は A ship の後に置かれている。

157 過去分詞句の後置修飾 基本

▶The main languages と speak の間は受動関係になるので，過去分詞が入る。

▶in Canada という語句を伴っているため，spoken は The main languages の後に置かれている。

158 分詞が他の語句を伴っている場合―名詞の後 基本

▶考え方は問題 **156** と同じ。the *talking* woman to ... としないこと。

Point 051 There be S doing / done

この表現はいずれも，整序問題で問われることが多いので要注意。

159 There be S doing 標準

▶「S＋be doing」の進行形とほぼ同じ意味で，**There be S doing** の形をとることがある。単なる進行形よりも，主語を際立たせる表現と理解しておけばよい。

!!注意 There be S 構文「Sがある」と同じように，Sには不特定の名詞が来る。

160 There be S done 標準

▶「S＋be done」の受動態とほぼ同じ意味。単なる受動態よりも，主語が際立つ点，およびSには不特定の名詞が来る点は，There be S doing(➡**159**)と同じ。

---

155 ④ **156** ② **157** ① **158** the woman talking to a man with **159** ③ **160** ③

Point 052

161 George looked (　　　) when I asked him to sing.
□□□
① embarrassed　② embarrasses
③ embarrassing　④ embarrassment　〈金城学院大〉

Point 053

162 The driver kept the engine (　　　) while we waited.
□□□
① run　② to run　③ running　④ ran　〈日本大〉

163 I cannot keep my eyes (　　　) to his terrible situation.
□□□
① to close　② close　③ closing　④ closed　〈早稲田大〉

164 I heard him (　　　) a song in the bathroom.
□□□
① singing　② having sung　③ to sing　④ to be singing　〈桜美林大〉

165 I heard my name (　　　) while I was sleeping.
□□□
① calling　② calls　③ called　④ call　〈法政大〉

整理 17 「感覚動詞＋O＋do」と「感覚動詞＋O＋doing」

いずれも，目的語と目的格補語との間に能動関係が成り立つ点は同じ。

(1) **「感覚動詞＋O＋do」** 一般に，動作の始めから終わりまでが対象（➡**126**）。受動態ではto不定詞になる（➡**127**）。
We heard him *sing* that song. → ㊋He was heard *to sing* that song.
（私たちは，彼がその歌を歌うのを聞いた）

(2) **「感覚動詞＋O＋doing」** 一般に，動作の途中が対象（➡**164**）。受動態でも現在分詞は変化しない（➡**166**）。
We heard him *singing* that song. → ㊋He was heard *singing* that song.
（私たちは，彼がその歌を歌っているのを聞いた）

＊ **「感覚動詞＋O＋done」** を使えば，以下の形もありうる（➡**165**）。
We heard that song *sung* by him.
（私たちは，その歌が彼によって歌われるのを聞いた）

161 僕がジョージに歌うように頼んだとき，彼は困ったような顔を見せた。
162 私たちが待っている間，運転手はエンジンをかけたままにしていた。
163 私は，彼のひどい状態に目をつぶっておくことができない。
164 私は，彼が浴室で歌を歌っているのを聞いた。
165 寝ている間に私の名前が呼ばれるのが聞こえた。

Point 052 ⋮ 主格補語となる分詞

分詞は「S+V+C」の補語，すなわち主格補語として用いられる。主語との間が能動関係なら現在分詞を，受動関係なら過去分詞を用いる。

161 主格補語となる分詞ー主語との関係で決定 標準

▶George と embarrass「…を当惑させる」の間は受動関係。よって過去分詞① embarrassed が入る。

+プラス 現在分詞が主格補語となる例は，以下を参照。
She remained *standing* there.
(彼女はそこに立ったままだった)

Point 053 ⋮ 目的格補語となる分詞

分詞は「S+V+O+C」の補語，すなわち目的格補語として用いられる。目的語との間に能動関係が成立すれば現在分詞を，受動関係が成立すれば過去分詞を用いる。なお，次頁の問題**166**まで終えた後で，左頁の**【整理17】**で，感覚動詞を用いた場合の様々なパターンを内容的に理解しておこう。

整理 16 「S+V+O+doing / done」の形で用いる動詞

see，**hear**，**watch**，**feel**，**look at**，**listen to**，**leave**「OをCのままにしておく」，**keep**「OをCの状態にしておく」，**find**「OがCであるのに気づく」など。
＊一般に **see** などの感覚動詞はこの形をとる。

162 目的語と能動関係ー現在分詞 標準

▶the engine と run の間は能動関係。よって現在分詞の③ running が入る。

▶keep は，keep O C で「OをCにしておく」の意味を表す動詞。

163 目的語と受動関係ー過去分詞 標準

▶my eyes と close「…を閉じる」の間は受動関係。よって過去分詞の④ closed が入る。

164 **hear A doing** 標準

▶him と sing の間は能動関係。よって現在分詞の① singing が入る。

▶感覚動詞 hear は原形不定詞を目的格補語にとるので，選択肢に sing があればそれも正答になる(➡**126**)。

165 **hear A done** 標準

▶my name と call の間は受動関係。よって過去分詞の③ called が入る。

---

161 ① **162** ③ **163** ④ **164** ① **165** ③

166 She was seen (　　　) into the theater with her boyfriend.
□□□ ① go　② going　③ gone　④ went　〈センター試験〉

Point 054

167 I could not make myself (　　　) in English.
□□□
① to understand　② understand
③ understanding　④ understood　〈大阪国際大〉

168 The noise in the street was such that I couldn't make myself
□□□ (　　　).
① to hear　② have heard　③ hearing　④ heard　〈中央大〉

Point 055

169 (　　　) from a big city, I don't mind the street noise so much.
□□□ ① Coming　② To come　③ I come　④ Came　〈清泉女子大〉

170 (　　　) what to say, I kept silent.
□□□
① Knowing　② Knowing not
③ Not knowing　④ Known　〈常葉大〉

171 (　　　) his work, Peter went home and took a long hot shower.
□□□
① All finishing　② Finished
③ Having finished　④ Have finishing　〈慶應義塾大〉

172 (　　　) that night, we could not observe the moon.
□□□
① Having rained　② It was raining
③ It having rained　④ Raining　〈津田塾大〉

166　彼女は，ボーイフレンドと劇場に入っていくところを見られた。
167　私は，英語で話を通じさせることができなかった。
168　通りの騒音がひどかったので，私は自分の声を届かせられなかった。
169　大都市出身なので，私は街の喧騒（けんそう）をあまり気にしない。
170　何を言っていいのかわからなかったので，私は黙ったままでいた。
171　仕事を終え，ピーターは帰宅し，熱いシャワーをゆっくり浴びた。
172　その夜は雨が降っていたので，私たちは月を観測できなかった。

166 「**S+V+O+doing**」の受動態 標準

▶「S+V+O+doing」(➡162, 164)が受動態となった形。

▶感覚動詞 see は目的格補語に原形不定詞もとるが，受動態にすると to 不定詞になる(➡127)。よって① go は不可。to go なら正答になる。

Point 054 ⋮ make oneself understood / make oneself heard

いずれも「S+V+O+done」の構造の成句表現。

167 **make oneself understood**「自分の言うことを相手にわからせる」 標準

168 **make oneself heard**「自分の声を届かせる」 標準

Point 055 ⋮ 分詞構文

分詞句が副詞句として働き述語動詞などを修飾するものを，分詞構文と呼ぶ。

「時(…するとき)」「理由(…なので)」「付帯状況(…しながら／そして…する)」「条件(…ならば)」「譲歩(…だけれども)」を表すとされるが，条件・譲歩の用例は慣用的なものを除けば少ない。

また時・理由・付帯状況などは判断が難しい場合も多く，つねに接続詞を用いて「書きかえ」られるわけではない。また，分詞構文は文頭で用いられることが多いが，文中(通例，主語の後)，文尾でも用いられる。

169 分詞構文の基本ー現在分詞 標準

▶**「分詞構文の基本は，現在分詞によって表す」**とまずは理解しておくこと。

▶副詞用法の不定詞には，感情の原因「…して(うれしい，悲しいなど)」，判断の根拠「…するなんて／…するとは」の意味はあっても，一般的に「理由」を表す用法はない(➡p.52**【整理13】**)ので，② To come は不可。

170 分詞を否定する語ー分詞の直前 標準

▶**分詞を否定する語は分詞の直前に置く。**

171 完了分詞構文 標準

▶**文の述語動詞の時点よりも「前」であることを表すためには，完了分詞(having done)を用いた分詞構文にする。**

172 独立分詞構文 標準

▶**分詞の意味上の主語が文の主語と異なる場合，分詞の意味上の主語を分詞の前に置く。**この形は，一般に独立分詞構文と呼ばれる。

▶本問では「天候の it」が分詞の意味上の主語として用いられている。

---

166 ②　167 ④　168 ④　169 ①　170 ③　171 ③　172 ③

173 ( ) in easy Japanese, this textbook is good for school children.
□□□
① Wrote ② Written ③ Writing ④ To write 〈大東文化大〉

174 All things ( ), she is still in the wrong.
□□□
① considering ② considered
③ were considered ④ being considering 〈札幌学院大〉

175 Standing as it ( ) on a hill, the restaurant commands a fine view.
□□□
① could ② does ③ has ④ was 〈明治学院大〉

176 Generally ( ), a dog is called man's best friend.
□□□
① speaking ② to speak ③ spoken ④ speak 〈駒澤大〉

Point 056

177 He lay on the sofa with his ( ) and soon fell asleep.
□□□
① arms folded ② arms folding
③ fold arms ④ folding arms 〈センター試験〉

178 あなたがそこに立っていては，私は歌が歌えない。
□□□
I (a song / can't / standing / with / sing / you) there. 〈梅花女子大〉

整理 18 慣用的分詞構文

- **generally [frankly, strictly, roughly] speaking**「一般的に[率直に，厳密に，大ざっぱに]言えば」(➡176)
- **speaking [talking] of A**「Aと言えば」
- **judging from A**「Aから判断すると」
- **considering A**「Aを考慮に入れると」
- **weather permitting**「天気がよければ」

173 やさしい日本語で書かれているので，このテキストは児童にちょうどよい。
174 あらゆることを考えてみても，彼女はやはり間違っている。
175 このとおり丘の上に立っているので，そのレストランは眺めがすばらしい。
176 一般的に言って，犬は人間の最良の友と呼ばれている。
177 彼は腕を組んでソファーに横になり，すぐに眠りに落ちた。

173 受動態の分詞構文 標準

▶分詞構文は，基本的には現在分詞で表す(➡169)ので，以下のようになる。
㋐**受動態(be done)の分詞構文は being done** の形
㋑**受動態の完了分詞構文(➡171)は having been done** の形

▶ここで注意してほしいことは，**分詞構文では，be 動詞の現在分詞 being，完了分詞 having been は省略されることがある**という点である(having been では，having のみ，been のみの省略は不可)。

▶本問は this textbook が主語だから，being を省略した② Written を選ぶ。

174 受動態の独立分詞構文 標準

▶問題 172 と 173 のテーマを融合した問題。文の主語と分詞の主語が異なっているため，独立分詞構文にするが，consider「…を考える」は他動詞であるから，その受動態の分詞構文 all things (being) considered の being が省略された形を選ぶ。

175 分詞構文の強調形 **as S do** 発展

▶**分詞構文で，分詞を強調する場合，現在分詞の直後に as S do の形を置く**ことがある。このSは文の主語に一致する。本問の主語は the restaurant なので，it が用いられている。

176 慣用的分詞構文―**generally speaking**「一般的に言えば」 標準

▶この種の表現はイディオムとして覚えてしまうのがよい(➡左頁**【整理 18】**)。

Point 056 ⋮「with＋名詞＋分詞」の付帯状況表現

「with＋名詞＋分詞」の形で，付帯状況「…した状態で／…しながら」を表す表現。名詞と分詞との間が能動関係なら現在分詞，受動関係なら過去分詞を用いる。

177 **with A done** の付帯状況表現 標準

▶his arms と fold「…をたたむ／…を組む」の間は受動関係。よって，過去分詞を用いた① arms folded が入る。

178 **with A doing** の付帯状況表現 標準

▶can't sing a song の後に，with you standing there という現在分詞を用いた付帯状況表現を作る。

＋プラス 付帯状況の with は，**「with＋名詞＋形容詞［前置詞句／副詞］」**の形でも用いる。以下の例を参照。

- *with* one's mouth *full*「口にものをほおばって(形容詞)」
- *with* a pipe *in one's mouth*「パイプをくわえて(前置詞句)」
- *with* one's hat *on*「帽子をかぶったまま(副詞)」

---

173 ② **174** ② **175** ② **176** ① **177** ① **178** can't sing a song with you standing

第8章 比較

Point 057

179 彼は見かけほど年をとってはいない。
□□□ He is (　　　) as (　　　) (　　　) he looks. 〈鹿児島大〉

180 私の兄はあなたよりも長時間働いていますが，お金はあなたほど稼
□□□ いでいません。
My brother works longer but doesn't earn (money / as / do / as / you / much). 〈関東学院大〉

181 The new factory (times / large as / as / three / is) the old one.
□□□ 〈愛知大〉

182 (a) This pole is twice as long as that one over there.
□□□ (b) This pole is (　　　) that one over there.
① twice longer　② double long of
③ twice the length of　④ twice long to 〈日本工大〉

183 (a) She has twice as many books as I have.
□□□ (b) She has twice (　　　) (　　　) of books that I have. 〈名古屋女子大〉

181 新しい工場は古い工場の 3 倍の広さがある。
182 (a) (b) このポールは，向こうのあのポールの 2 倍の長さがある。
183 (a) (b) 彼女は，私の 2 倍の数の本を持っている。

Point 057 ⋮ 原級比較の基本と倍数表現

179 not as[so]＋原級＋as ...「…ほど〜ではない」 基本

▶**「as＋原級＋as ...」**は「…と同じくらい〜」の意味を表す。

▶その否定形**「not as[so]＋原級＋as ...」**は「…ほど〜ではない」の意味を表す。

＋プラス **「not as[so]＋原級＋as ...」**は，比較級表現の**「less＋原級＋than ...」**「…ほど〜ではない」と同意表現。less の後には，比較級ではなくて原級が来ることに注意。

In those days sugar was *not as*[*so*] valuable *as* salt.

＝In those days sugar was *less* valuable *than* salt.

（当時，砂糖は塩ほど価値がなかった）

180 not as much＋名詞＋as ... 標準

▶(he) earns much money という表現を前提にして，**「not as＋原級＋as ...」**（➡179）を組み込んだ形を作る。

▶money as much as you do としないこと。（he） earns money much とは言えないからである。本問では much は形容詞として用い，（he） earns much money という文を前提にしなければならない。

181 ... times as＋原級＋as A「Aの…倍〜」 英作 標準

▶倍数表現は**「... times as＋原級＋as A」**の形で表す。

＋プラス **twice as＋原級＋as A**「Aの2倍〜」，**half as＋原級＋as A**「Aの半分〜」も重要。

＋プラス **「分数＋as＋原級＋as A」**で割合を示す表現がある。

Tom has collected *two-thirds as* many stamps *as* I have.

（トムは私の3分の2の数の切手を収集している）

182 twice the＋名詞＋of A＝twice as＋原級＋as A 標準

▶**twice as＋原級＋as A**「Aの2倍〜」（➡181）は**「twice the＋名詞＋of A」**と表現することができる。

＋プラス **half as＋原級＋as A＝half the＋名詞＋of A**

... times as＋原級＋as A＝ ... times the＋名詞＋of A

‼注意 これらの「the＋名詞」の形で用いることのできる名詞は，長さ(**length**)，大きさ(**size**)，重さ(**weight**)，数(**number**)などに限られているので，英作文などでは避けた方が無難。

183 twice the number of A「Aの2倍の数」 発展

▶(a)は twice as many books as I have「私の2倍の数の本」となっているので，名詞 number を用いて **twice the number of A** とする（➡182）。

---

179 not, old as **180** as much money as you do **181** is three times as large as
182 ③ **183** the number

Point 058

184 □□□
(a) Just drive as carefully as possible.
(b) Just drive as carefully as you (　　　). 〈城西大〉

185 □□□ Energy issues are not (　　　) economic problems as environmental problems.
① very much ② so much ③ so little ④ so many 〈西南学院大〉

186 □□□ Her lazy husband does not so (　　　) as wash his own dishes.
① even ② much ③ far ④ little 〈九州産大〉

187 □□□ He is as great a scholar (　　　).
① as ever lived ② than has ever lived
③ who never lived ④ as has never lived 〈工学院大〉

Point 059

188 □□□ Let's buy this one. It's (　　　) cheaper.
① much ② very ③ too ④ more 〈駒澤大〉

整理 19　その他の原級を用いた慣用表現

(1) **as＋原級＋as any (＋名詞)**「どの～にも劣らず…」
This bag is *as* good *as any* I have used.
(このバッグは私が使ったどのバッグにも劣らずよい)
＊最上級に近い意味になることに注意。

(2) **as many A** (Aは複数名詞)「同数のA」
She found five mistakes in *as many* lines.
(彼女は5行で5か所の間違いを見つけた)

(3) **as many as A** (Aは「数詞＋複数名詞」)「Aも(多くの)」
He can memorize *as many as* 50 numbers at a time.
(彼は一度に50もの数字を記憶することができる)
＊Aが「数」的に多いことを表す。

(4) **as much as A**「Aも(多くの)」
Some baseball players earn *as much as* three million dollars a year.
(1年に300万ドルも稼ぐ野球選手もいる)
＊as many as Aと同意の表現だが，Aが「量」的に多いことを表すため，Aには**金額・重さ**などを表す名詞が来ることに注意。

(5) **like so many A** (Aは複数名詞)「さながらAのように」
The boys were swimming in the pond *like so many* frogs.
(少年たちはまるでカエルのように池で泳いでいた)

Point 058 原級を用いた慣用表現

左頁の【整理19】で，問題 184 〜 187 以外の慣用表現も覚えておこう。

184 **as＋原級＋as possible**「できるだけ…」＝**as＋原級＋as S can** 標準

185 **not so much A as B**「**A**というよりは**B**」 標準

＋プラス 同意表現の **B rather than A** もここで押さえる（➡203）。

186 **not so much as do**「…さえしない」 標準

＋プラス **without so much as doing**「…さえしないで」もここで押さえる。

He departed *without so much as saying* good-bye.

（彼はさよならさえも言わないで出発した）

187 **as＋原級＋as ever lived**「古来まれな／並はずれた…」 発展

▶「**as＋原級＋as ever＋動詞の過去形**」は「これまでに〜したどれにもまさるとも劣らず…」といった最上級に近い意味を表す。

▶本問の「**as＋原級＋as ever lived**」は成句表現で，「古来まれな／並はずれた…←これまでに生きた誰にもまさるとも劣らず…」の意味を表す。

▶「**as[so / too / how]＋形容詞＋a＋名詞**」の語順も重要（➡Point 120）。

Point 059 比較級表現の基本

188 **much** の用法―比較級強調表現 基本

▶**much** には**比較級強調表現**としての用法があり，比較級の前に置いて「はるかに…」の意味を表す。

整理 20 比較級・最上級の強調表現

(1) 比較級の強調表現

much, far, still, even, by far, a lot, lots, a great[good] deal

(2) 最上級の強調表現

by far, much, far, very

＊ただし，very は「**the very＋最上級（＋名詞）**」の語順になることに注意。

She is *by far* the best singer in her class.

＝She is the *very* best singer in her class.

（彼女はクラスでずば抜けて歌がうまい）

184 (a) (b) できるだけ気をつけて運転しなさい。
185 エネルギー問題は，経済問題というよりは環境問題である。
186 彼女のものぐさな夫は，自分の皿を洗うことさえしない。
187 彼は歴史上，並はずれた偉大な学者である。
188 こっちのを買おうよ。ずっと安いよ。

184 can　185 ②　186 ②　187 ①　188 ①

189 (a) John is not so diligent as his elder brother.
□□□ (b) John is (　　　) diligent (　　　) his elder brother. 〈駒澤大〉

190 He is (　　　) than clever.
□□□ ① more wise ② wiser ③ wise ④ the most wise 〈愛知淑徳大〉

191 She bought (　　　) of the two books.
□□□ ① cheapest ② the cheaper ③ cheaper ④ the cheapest 〈亜細亜大〉

Point 060

192 The more I thought about it, (　　　) certain I became that Jekyll was mad.
□□□
① even more ② the more
③ mostly ④ it was almost 〈長岡造形大〉

193 早く終われば，それだけ早く帰れます。
□□□ The faster we finish, (leave / the / can / we / sooner). 〈立正大〉

194 She says she loves him all (　　　) for his character.
□□□ ① more ② less ③ the more ④ the most 〈防衛大学校〉

195 A good tale is none the (　　　) for being twice told.
□□□ ① least ② worse ③ excellence ④ good 〈青山学院大〉

189 (a) (b) ジョンは彼のお兄さんほど勤勉ではない。
190 彼は利口というより賢明だ。
191 彼女は，２冊の本のうち安い方を買った。
192 そのことについて考えれば考えるほど，私はますますジキルはおかしいと確信するようになった。
194 彼女は，彼の性格のためによりいっそう彼を愛していると言う。
195 よい物語は，２度語られたからといって少しも悪くはならない。

189 less＋原級＋**than …**「…ほど～ではない」 標準
＝**not so[as]＋原級＋as …**（➡179）

190 **more**＋原級＋**than**＋原級 標準
▶wise の比較級は wiser だが，**同じ人[物]の異なる性質を比べるときは，「more A(原級)＋than B(原級)」「BというよりはむしろA」を用いる。**
▶② wiser にしないこと。He is wiser than となれば，than 以下には「彼」の比較対象となる「人」が来る。

191 the＋比較級＋of the two「2つの中でより…」 標準
▶**「the＋比較級＋of the two(＋複数名詞)」**の形で「2つ[2人]の中でより…」の意味を表す。「2つ[2人]の中でより…」という場合は，それ自体特定のものになるので，比較級の前に定冠詞の the がつくのである。

Point 060 定式化された比較級表現

後半の問題 **196** ～ **200** については p.80 の 考え方 によって論理的に理解できる。まずは 考え方 を熟読した上で，それぞれの問題の解説へと進むのがよい。

192 the＋比較級 **…, the**＋比較級～「…すればするほど，ますます～」 標準
▶本問は I became certain that Jekyll was mad の形から，形容詞 certain の「the＋比較級」の形である the more certain が文頭に置かれたもの。

193 **the**＋比較級 **…, the**＋比較級～ 標準
▶基本的な考え方は問題 **192** と同じ。本問では，副詞の比較級を用いた the sooner を最初に置き，その後に we can leave と続ける。

194 **(all) the**＋比較級＋**for**＋名詞「…なのでそれだけ～」 標準
▶**「(all) the＋比較級＋for＋名詞[because S+V…]」**で「…なのでそれだけ～」の意味を表す。

＋プラス **「(all) the＋比較級」**は，「for＋名詞」や because 節の代わりに**分詞構文**や **because of などの群前置詞**，**when 節**など，さまざまな形に対応して用いられる。all が省略されることもあるので注意。

195 **none the**＋比較級＋**for**＋名詞 標準
▶**「none the＋比較級＋for＋名詞[because S+V…]」**で「…だからといって少しも～ない」の意味を表す。「none the＋比較級」は「all the＋比較級」(➡**194**)の否定形と考えればよい。

---

189 less, than **190** ① **191** ② **192** ② **193** the sooner we can leave **194** ③
195 ②

196 Even the brightest of chimpanzees can no (　　　) speak than they can fly.
□□□
① less　② least　③ more　④ most　〈東京薬大〉

197 Work is not the only object in life (　　　) play is.
□□□
① any more than　② more or less than
③ more than　④ no less than　〈明治学院大〉

198 よい友人との付き合いは，お金を稼ぐのと同様に大切なことである。
□□□
Making (important / friends / than / less / is / good / making / no) money.　〈龍谷大〉

199 According to the newspaper, (　　　) one million people visited the museum last month.
□□□
① no less　② no less than　③ no more　④ not any more　〈近畿大〉

200 I was surprised that he had a lot of books. There were (　　　) five thousand books in his library.
□□□
① not more than　② not less than
③ no more than　④ at most　〈皇學館大〉

考え方

●「not＋比較級＋than A」と「no＋比較級＋than A」の違い

「**not＋比較級＋than A**」は「Aより…ということはない」の意味で，Aと同等かそれ以下という比較の差を表す比較級だが，強い否定の意味を持つ no を用いた「**no＋比較級＋than A**」では，「no＋比較級」が「まったく…ない」といった意味を表す。
そのため than 以下は，比較の差を示す対象としてではなく，「no＋比較級」の内容をより明白にする役割を果たす。
たとえば The stone is no bigger than a golf ball. の場合，
　「その石がゴルフボールより大きいなんてとんでもない」
　➡「その石はゴルフボールと同じくらい小さい」(＝The stone is as small as a golf ball.)
　➡「その石はゴルフボールぐらいの大きさしかない」という意味になる。
結論として，「**no＋比較級＋than A**」の no は「㋐比較の差をゼロにし，㋑後の語を意味的に否定する」働きがあると考えればよい。

196 どんなに聡明なチンパンジーであっても話すことができないのは，彼らが飛ぶことができないのと同じである。
197 仕事が人生の唯一の目的ではないのは，遊びがそうでないのと同じである。
199 新聞によると，先月は百万人もの客がその美術館を訪れたそうだ。
200 彼がたくさん本を持っているのに，私はびっくりした。彼の書斎には少なくとも5,000冊の本があった。

196 A is no more B than C is D「CがDでないようにAはBでない」 標準

▶**A is no more B than C is D**(動詞はbe動詞と限らないが，便宜的にisで代表させておく)は「CがDでないのと同様にAはBでない／AがBでないのはCがDでないのと同様である」の意味。まずは左頁考え方参照。

▶左頁の考え方を公式的に拡大し，B，Dに形容詞，副詞以外に名詞なども用いるようになったのがA is no more B than C is Dである。比較級の否定語のnoの働きから㋐A is B＝C is Dが成り立ち，㋑moreは肯定表現だから，意味的には否定的視点から述べることになる。よって「CがDでないようにAはBでない」といった意味となる。

197 A is not B any more than C is D 標準

▶**A is not B any more than C is D**はA is no more B than C is D(➡196)の同意表現。noがnotとanyに分解された形。

198 A is no less B than C is D「CがDであるようにAはBである」 標準

▶**A is no less B than C is D**「CがDであるようにAはBである／AがBなのはCがDなのと同じだ」を用いる。この意味になる理由はA is no more B than C is D(➡196)と同じ。noの働きから，㋐A is B＝C is Dが成り立ち，㋑lessは否定表現だから二重否定の意味が生まれ，肯定的視点から述べることになる。したがって，上記の意味が生じるのである。

199 no less than A「Aも(たくさん)」 標準

▶**no less than A**は「Aも(たくさん)」の意味を表す。**as many as A**(➡p.76【整理19】)とほぼ同意。考え方は下の【整理21】参照。

200 not less than A「少なくともA」 標準

▶**not less than A**は「少なくともA」の意味を表す。**at least A**とほぼ同意。

整理 21 no more than A など

なかなか覚えにくい表現のようだが，左頁の考え方の「not＋比較級＋than A」，「no＋比較級＋than A」の違いを認識していれば容易。

- **not more than A**「多くともA←A以上ではない」＝**at most A**
- **not less than A**「少なくともA←A以下ではない」(➡200)＝**at least A**
- **no more than A**「わずかA／Aしか〜ない←㋐Aと同じだが，㋑moreの反対(少ない)という視点から」＝**only A**
- **no less than A**「Aも(たくさん)←㋐Aと同じだが，㋑lessの反対(多い)という視点から」(➡199)＝**as many as A**(数の場合)，**as much as A**(量の場合)(➡p.76【整理19】)

---

196 ③　197 ①　198 good friends is no less important than making　199 ②　200 ②

Point 061

201 この薬は１日に２回までしか飲んではいけません。
□□□ Don't take this medicine (than / day / more / a / twice). 〈中央大〉

202 彼女はその本を１時間もしないうちに読み終えた。
□□□ She (reading / in / book / than / finished / hour / less / the / an). 〈帝京大〉

203 Of course he is quite a good writer, but he is a journalist (　　　) than a scholar.
□□□
① better ② either ③ further ④ rather 〈京都産大〉

204 彼はそんな話を信じるほど愚かではない。（１語不要）
□□□ He (believe / better / doesn't / knows / than / to) such a story. 〈東京理科大〉

205 I did not even speak to her, (　　　) discuss your personal problems with her.
□□□
① much less ② still more
③ much more ④ less than 〈昭和女子大〉

Point 062

206 (a) This car is better in design than that one.
□□□ (b) This car is (　　　) in design to that one. 〈実践女子大〉

207 (a) He is three years older than I.
□□□ (b) He is three years (　　　) to me. 〈四天王寺大〉

208 Most children prefer playing (　　　) studying.
□□□ ① than ② to ③ for ④ in 〈札幌大〉

203 もちろん彼はとてもすばらしい書き手ですが，学者と言うよりもジャーナリストです。
205 私は彼女と話をしたことさえないし，ましてやあなたの個人的な問題を彼女と議論したこともない。
206 (a) (b) この車は，あの車よりデザインの点で優れている。
207 (a) (b) 彼は私よりも３歳年上です。
208 ほとんどの子どもが勉強よりも遊びを好む。

Point 061 ⋮ その他の慣用的な比較級表現

201 **more than A**「Aより多い」 基本

▶成句表現の **more than** の後に twice a day を続ける。

▶a day の a は「…につき」(=per)の意味を表す。

202 **less than A**「A足らずの←Aより少ない」 標準

▶まず finished reading the book とまとめ，その後に成句表現の less than A を用いて，in less than an hour と続ければよい。

▶in は「経過」を表す前置詞(➡390)。

203 **B rather than A**「AというよりむしろB」 基本

▶**not so much A as B**(➡185)の同意表現。

204 **know better than to do**「…するほど愚かではない」 標準

205 **, much less …**「…は言うまでもなく／ましてや…ない」 標準

▶「**, much less …**」は，否定文・否定的内容の文の後に続けて，「…は言うまでもなく／ましてや…ない」の意味を表す。「**, still less …**」も同じ意味を表す。

＋プラス 肯定文に続ける場合は，「, much more …」を用いるが，その用例は現在ではまれ。

Point 062 ⋮ ラテン比較級

以下に述べるラテン語に由来する形容詞は，比較対象を示すのに than ではなく to を用いることに注意。

206 **be superior to A**「Aより優れている」 標準

207 **be senior to A**「Aより年上だ」 標準

▶older，senior の前の three years は比較の差を表す。

208 **prefer A to B**「BよりもAを好む」 標準

▶動詞 **prefer** もラテン語が語源。**prefer A to B** のA，Bには名詞または動名詞が来る。prefer の過去形は prefer*r*ed となることに注意。

＋プラス この形容詞形を用いた **be preferable to A**「Aより好ましい」も押さえる。

整理 22 ラテン比較級

- **be superior to A**「Aより優れている」(➡206)
- **be inferior to A**「Aより劣っている」
- **be senior to A**「Aより先輩だ／Aより年上だ」(➡207)
- **be junior to A**「Aより後輩だ／Aより年下だ」
- **be preferable to A**「Aより好ましい」

---

201 more than twice a day **202** finished reading the book in less than an hour **203** ④ **204** knows better than to believe(doesn't 不要) **205** ① **206** superior **207** senior **208** ②

Point 063

209 Of the three sisters, Jane was (　　　) singer.
□□□ ① the better　② a better　③ the best　④ a best 〈獨協大〉

210 This movie is (　　　) far the most interesting of all.
□□□ ① too　② by　③ much　④ very 〈東海大〉

211 Susan is (　　　) student in her class.
□□□ ① much best　② much the best
③ the much best　④ very the best 〈学習院女子大〉

212 This is (　　　) beautiful scene I've ever seen.
□□□ ① much more　② much less
③ prettier than　④ the most 〈岩手医科大〉

213 これは，私が今まで読んだ中で最も難しい小説です。
□□□ This is (that / ever / most / the / novel / I / difficult / have) read. 〈拓殖大〉

214 Los Angeles is (　　　) city in the United States.
□□□ ① the second largest　② the largest next
③ the second larger　④ the next larger 〈専修大〉

215 A Rolls-Royce is one (　　　) in the world.
□□□ ① of the most expensive car
② of the most expensive cars
③ of more expensive car
④ of more expensive cars 〈拓殖大〉

216 It's almost two o'clock so we have only ten more minutes
□□□ (　　　).
① at first　② at last　③ at least　④ at most 〈センター試験〉

209 3人の姉妹の中で，ジェーンが最も歌がうまかった。
210 この映画は，すべての中でずば抜けておもしろい。
211 スーザンは，クラスの中でずば抜けてすぐれた学生です。
212 これは，私がこれまで見てきた中で最も美しい景色である。
214 ロサンゼルスは合衆国で2番目に大きな都市だ。
215 ロールス・ロイスは，世界で最も高価な車の一つです。
216 もうすぐ2時なので，私たちにはせいぜい10分しか残されていない。

Point 063 ⋮ 最上級を用いた表現

209 **S is the**＋最上級＋名詞＋**of A**(複数名詞)「**S**は**A**の中で最も…の～だ」 基本

▶形容詞の最上級が名詞を修飾する場合には，必ず **the** がつくことに注意。

▶「Aの中で」を表すときに，Aが構成要素を表す複数名詞の場合は，本問のように **of A** となるが，Aが範囲を表す単数名詞の場合は **in A** となる。
He is the best swimmer *in* his class. (彼はクラスで一番水泳が上手だ)

‼注意 本問は of A が文頭に置かれた形。この形で出題されることも多い。

210 最上級強調の **by far** の用法 標準

▶**by far** には最上級強調表現の用法がある。最上級の前に置いて「ずば抜けて…／飛びきり…」の意味を表す(➡p.77【整理20】)。

211 最上級強調の **much** の用法 標準

▶by far(➡210)と同様に **much** も最上級強調表現としての用法がある(➡p.77【整理20】)。

＋プラス ④ very the best にしないこと。very にも最上級を強調する用法があるが，very の場合は「**the very＋最上級(＋名詞)**」の語順になる。したがって，the very best なら可となる(➡p.77【整理20】)。

212 **the**＋最上級＋名詞＋**(that) S have ever done**「**S**が今まで～した中で最も…」 標準

▶that は目的格の関係代名詞で，本問のように省略されることもある。

▶ever「今までに」は通例，肯定文では用いないが，この構造の場合は例外的に肯定文で用いる(➡699)。

213 **the**＋最上級＋名詞＋**(that) S have ever done** 標準

214 **the**＋序数＋最上級「…番目に～」 標準

‼注意 ③ the second larger にしないこと。「2番目に～」という場合でも，比較級ではなくて，必ず最上級を用いる。

215 **one of the**＋最上級＋複数名詞「最も…な～の中の一つ[一人]」 標準

‼注意 「one of the＋最上級」の後は，必ず複数名詞になる。正誤問題の頻出項目。

216 **at most**「せいぜい／多くとも」 標準

▶文意から **at most**「せいぜい」を選ぶ。at most は p.81【整理21】参照。

▶① at first「初めのうちは／最初は」(➡703)，② at last「ついに」，③ at least「少なくとも」(➡p.81【整理21】)も重要イディオム。

---

209 ③　210 ②　211 ②　212 ④　213 the most difficult novel that I have ever
214 ①　215 ②　216 ④

Point 064

217 Tom is taller than ( ) in the class.
□□□
① any other student ② other any student
③ the other students ④ any other students 〈近畿大〉

218 (a) Osaka has more bridges than any other city in Japan.
□□□
(b) No other city in Japan has ( ) many bridges ( ) Osaka. 〈西南学院大〉

219 (a) He is the tallest boy in his class.
□□□
(b) ( ) ( ) ( ) in his class is taller than he. 〈鹿児島大〉

220 (a) Friendship is the most important to a child.
□□□
(b) ( ) is as important to a child as friendship.
① Anybody ② Anytime ③ Nothing ④ Somebody 〈近畿大〉

整理 23 最上級の意味を表す原級・比較級表現

(1) Mt. Fuji is the highest of all the mountains in Japan. (最上級)
(富士山は日本で最も高い山だ)
=**No other mountain** in Japan is **so** [**as**] high **as** Mt. Fuji. (原級)
=**No other mountain** in Japan is **higher** than Mt. Fuji. (比較級)
=Mt. Fuji is higher than **any other mountain** in Japan. (比較級)

(2) Time is the most precious thing of all. (最上級)
(時はすべての中で最も貴重である)
=**Nothing** is **so** [**as**] precious **as** time. (原級)
=There is **nothing so** [**as**] precious **as** time. (原級)
=**Nothing** is **more precious** than time. (比較級)
=There is **nothing more precious** than time. (比較級)
=Time is **more precious** than **anything else**. (比較級)

217 トムはクラスのほかのどの生徒よりも背が高い。
218 (a) 大阪には，日本の他のどの都市よりも多くの橋がある。
(b) 日本の他のどの都市も，大阪ほど多くの橋はない。
219 (a) 彼はクラスの中で最も背が高い少年だ。
(b) 彼のクラスの他のどの少年も，彼より背は高くない。
220 (a) 友情は子どもにとって最も大切である。
(b) 子どもにとって友情ほど大切なものはない。

Point 064 最上級の意味を表す原級・比較級表現

いずれも連立完成問題を中心とした言いかえ問題で問われることが多い。最終的には左頁の【整理23】の言いかえができるようになること。

217 **A be** 動詞［一般動詞］＋比較級＋**than** any other＋単数名詞「**A**は他のいかなる〜よりも…」 標準

▶比較表現で最上級の意味を表す定式化された表現。any は「どんな…でも」の意。

218 No (other)＋名詞＋**is** so［as］＋原級＋**as A**「**A**ほど…な〜はない」 標準

▶原級表現で最上級の意味を表す定式化された表現。「**A is＋比較級＋than any other＋単数名詞**」（➡217）と同意。

＋プラス 比較対象が同一の範ちゅうでない場合は other をつけないことに注意。以下の例では，東京はヨーロッパの都市ではないから other は使えない。

No city in Europe is so populous as Tokyo.
（東京ほど人口の多い都市はヨーロッパにはない）

219 No (other)＋名詞＋**is**＋比較級＋**than A**「**A**より…な〜はない」 標準

▶以下の形で押さえる。左頁の【整理23】の(1)を参照。

No (other)＋名詞＋is＋比較級＋than A
＝No (other)＋名詞＋is so［as］＋原級＋as A（➡218）
＝A is＋比較級＋than any other＋単数名詞（➡217）

220 Nothing **is** as［so］＋原級＋**as A**「**A**ほど…なものはない」 標準

▶「**no other＋名詞**」（➡218）の代わりに **nothing** を用いた原級表現。最上級の意味を表す定式化された表現。

＋プラス 以下の表現も頻出。左頁の【整理23】の(2)を参照。

Nothing is so［as］＋原級＋as A
＝There is nothing so［as］＋原級＋as A
＝Nothing is＋比較級＋than A
＝There is nothing＋比較級＋than A
＝A is＋比較級＋than anything else

---

217 ①　218 so［as］，as　219 No other boy　220 ③

第9章 代名詞

Point 065

221 □□□ "Have you ever seen a bear?"
"Yes, I saw (　　　) in Ueno Zoo three years ago."
① it　② that　③ one　④ him　〈東洋大〉

222 □□□ I will lend Jane the money if she needs (　　　).
① one　② it　③ the one　④ so　〈関西外大〉

223 □□□ "What kind of watch shall I buy?"
"Get (　　　)."
① one Swiss　② French one
③ a Japanese one　④ American watch　〈東海大〉

224 □□□ "It's hard to look up words in this new dictionary."
"Then why don't you use (　　　) you were using before?"
① a one　② it　③ one another　④ the one　〈共立女子大〉

225 □□□ Yoshiko likes red wine better than (　　　).
① a white one　② white one
③ white　④ the white one　〈園田学園女子大〉

226 □□□ These shirts are too expensive. May I see some cheaper (　　　)?
① ones　② one　③ any　④ other　〈拓殖大〉

221 「クマを見たことがある？」
「ええ，３年前に上野動物園で見たわ」
222 もしジェーンがそのお金を必要としているのなら，それを貸しましょう。
223 「どんな腕時計を買ったらいいでしょうか」
「日本製を買いなさい」
224 「この新しい辞書で単語を調べるのは大変だよ」
「それなら，前に使っていたものを使ったらどう？」
225 ヨシコは白ワインより赤ワインが好きだ。
226 これらのシャツは高すぎます。もっと安いものを見せてもらえますか。

Point 065 ⋮ it と one と ones の用法

221 one の用法―it との相違 標準

▶**one は可算名詞(数えられる名詞)の反復を避ける代名詞で,「a＋可算名詞の単数形」を表し,不特定のものを指す**。したがって,本問は不特定である a bear を表す③ one を選ぶ。

▶**it は「the＋単数名詞(可算名詞および不可算名詞)」を表し,特定のものを指す**。したがって,① it を選ぶと,it＝the bear となり,「そのクマを見た」といった内容になってしまう。

222 it の用法―one との相違 基本

▶本問の it は the money を指し,「その特定のお金」を表す。

223 one の用法―形容詞がつく場合 標準

▶one に形容詞がつくと「**a＋形容詞＋one**」の形になる。

▶② French one, ④ American watch は,それぞれ a French one, an American watch なら可。

224 one の用法―関係代名詞節で限定される場合 発展

▶one は名詞と同様に,関係詞節や修飾語がついて**限定されると定冠詞がつく**。本問の the one は the dictionary を表し,直後に目的格関係代名詞の which[that]が省略されている。

▶a one といった表現は存在しない。よって①は不可。

225 one の用法―one を使えない場合 標準

▶**one は不可算名詞(数えられない名詞)を受けることはできない**。wine は不可算名詞。

▶正答の③ white は wine を省略した形。white wine としても可。

226 ones の用法―形容詞がつく場合 標準

▶ones は one の複数形で,one と同様に定冠詞がついたり,「**形容詞＋ones**」の形にもなる。

＋プラス **ones** は one のように単独で用いる用法はなく,**常に形容詞や関係詞節などによって修飾される。**

These dolls are prettier than *the ones* I bought in Paris.
(これらの人形は私がパリで買ったものよりもかわいい)

She has a new bag and *several old ones.*
(彼女は新しいバッグを１つと古いバッグをいくつか持っている)

221 ③　222 ②　223 ③　224 ④　225 ③　226 ①

227 The new designs are more elegant than the old (　　　).
□□□ ① it　② that　③ ones　④ them 〈拓殖大〉

Point 066

228 The population of Tokyo is larger than (　　　) of Osaka.
□□□ ① those　② which　③ one　④ that 〈東京経大〉

229 日本の教育システムはアメリカ合衆国のものとはまったく違います。
□□□ The educational system of Japan is (from / different / quite / the / of / that / United States). 〈中央大〉

230 Cars imported from other countries are a lot better than (　　　) made in the country.
□□□ ① all　② them　③ those　④ which 〈立教大〉

231 The writer thinks that in Japan decisions are often made in ways which (from / of / those / are different / some other Asian) countries. 〈センター試験〉
□□□

232 (　　　) present at the meeting supported the plan.
□□□ ① They　② That　③ Who　④ Those 〈岩手医科大〉

233 Americans expect honest, sincere answers to their questions, and they will take answers as (　　　).
□□□ ① it　② so　③ such　④ well 〈中部大〉

227 その新しいデザインは，古いデザインよりもさらに上品です。
228 東京の人口は大阪の人口よりも多い。
230 他の国から輸入された車はその国で生産されたものよりもずっといい。
231 日本では，他のアジア諸国とは異なる方法で，しばしば決定がなされると，その著者は考えている。
232 会議に出席していた人たちは，その計画を支持した。
233 アメリカ人は，質問に対して正直で誠実な答えを期待しているし，また答えをそういうものとして受けとめるだろう。

227 **ones** の用法ー定冠詞がつく場合 標準

▶本問の the old ones は the old designs を表す（➡**226**）。

Point 066 ⋮ that, those, such の用法

228 **that** の用法 標準

▶**that は名詞の反復を避ける代名詞で，「the＋単数名詞（不可算名詞および可算名詞の単数形）」を表す**。本問の that は the population を表す。

＋プラス 代名詞 it も「the＋単数名詞」を表すが，**it は常に単独で用いる**。それに対し，**that は後に修飾語を伴うことができる**。

229 **that** の用法 標準

▶英文の基本構造を，A is different from B とし，B に the educational system を表す that（➡**228**）を用いて，that of the United States とまとめればよい。

230 **those** の用法 標準

▶**those は名詞の反復を避ける代名詞で，「the＋複数名詞」を表す**。本問の those は the cars を表す。

＋プラス 代名詞 them も「the＋複数名詞」を表すが，**them は単独で用いる**。一方，**those は後に修飾語を伴うことができる**。that と it の関係の複数形のパターンが，those と them の関係になる。

231 **those** の用法 標準

▶先行詞が ways である関係代名詞 which の後を are different from とし，those（➡**230**）を用いて，those of some other Asian と続ければよい。なお，those は ways を表す。

232 「人々」を表す **those** の用法 基本

▶代名詞の **those** には「人々」の意味を表す用法がある。

▶**those present**「出席者」はイディオムとして押さえる。

233 **such** の用法 標準

▶such は「そのような人[物／事]」を表し，**as such** で**「そういうものとして」**の意味を表す。

＋プラス **as such** は通例，名詞の直後に置いて**「それ自体としては」**の意味で用いられることもここで押さえておこう。

Many people believe that wealth, *as such*, does not matter much.
（富それ自体は，さほど重要でないと信じている人が多い）

227 ③ **228** ④ **229** quite different from that of the United States **230** ③
231 are different from those of some other Asian **232** ④ **233** ③

Point 067

234 □□□ トムは，そのときまで計画の重要性について考えていなかったとわかって驚いた。
(it / that / to / Tom / realize / surprised) he hadn't thought about the importance of the plan until then. 〈小樽商大〉

235 □□□ さよならも言わず，彼女がアメリカに行ってしまったのは変だと私は思いました。
I thought (for / that / America / strange / she / it / without saying / had left) good-bye. 〈東京家政大〉

236 □□□ 私が商売に成功したのは叔父のおかげです。
I (my uncle / it / owe / succeeded / that / to / in / I) business. 〈成蹊大〉

Point 068

237 □□□ He didn't have a computer of his own, so they let him borrow (　　).
① their ② theirs ③ them ④ themselves 〈武蔵大〉

238 □□□ (　　) was a present from my father.
① My old camera of this ② My old this camera
③ This my old camera ④ This old camera of mine
〈センター試験〉

整理 25 人称代名詞

		主格	所有格	目的格	所有代名詞
1人称	単数	I	**my**	**me**	**mine**(私のもの)
	複数	we	**our**	**us**	**ours**(私たちのもの)
2人称	単数	you	**your**	**you**	**yours**(あなたのもの)
	複数	you	**your**	**you**	**yours**(あなたたちのもの)
3人称	単数	he	**his**	**him**	**his**(彼のもの)
		she	**her**	**her**	**hers**(彼女のもの)
		it	**its**	**it**	—
	複数	they	**their**	**them**	**theirs**(彼らのもの)

＊it の所有代名詞はないことに注意。

237 彼は自分専用のコンピュータを持っていなかったので，彼らは自分たちのコンピュータを彼に貸してあげた。
238 私のこの古いカメラは，父からのプレゼントでした。

Point 067 形式主語や形式目的語で用いる it の用法

234 **it** の用法ー形式主語 標準

▶本問は，it を形式主語として立てられるかがポイント。動詞としては他動詞 surprise「…を驚かせる」を用い，It surprised Tom とまとめ，it が受ける to realize that を続ければよい。

235 形式目的語の **it**ー**think it**＋形容詞＋**that** 節 標準

▶本問は，形式目的語 it を用いた **think it＋形容詞＋that 節**「…は～だと思う」を用いるのがポイント。it は that 節を受ける。

＋プラス it が to 不定詞を受ける **think it＋形容詞＋to do**「…するのは～だと思う」もここで押さえておこう。

236 形式目的語の **it**ー**owe it to A that** 節「…は**A**のおかげだ」 標準

▶形式目的語 it を用いた **owe it to A that 節**「…はAのおかげだ」を用いるのがポイント。it は that 節を受ける。この表現は，**owe A to B**「AをBに負うている／AはBのおかげだ」という頻出表現を前提としている。

整理 24 形式目的語を用いた頻出表現

owe it to A that 節「…はAのおかげだ」
make it clear that 節「…を明らかにする」
make it (im)possible for A to do「Aが…するのを(不)可能にする」

Point 068 所有代名詞の用法

左頁の【**整理25**】をまずは確認しよう。

237 所有代名詞ー**theirs**「彼らのもの」 標準

▶本問の **theirs** は their computer を表す。

▶④ themselves にしないこと。「彼ら自身を貸した」ではおかしい。

238 所有代名詞ー**this old camera of mine**「私のこの古いカメラ」 標準

▶**my などの所有格は a，this，these，that，those，no，some，any などと一緒に並べて名詞を修飾することはできない。**

▶「私のこの古いカメラ」は my this old camera や this my old camera とは表現できない。所有代名詞を用いて，**「不定冠詞または冠詞相当語(a，this，these，that，those，no，some，any など)＋名詞＋of＋所有代名詞」の語順**にする。「私のこの古いカメラ」は this old camera of mine となる。なお，この of は「…の中の」の意味を持つ前置詞。

---

234 It surprised Tom to realize that **235** it strange that she had left for America without saying **236** owe it to my uncle that I succeeded in **237** ② **238** ④

Point 069

239 Although Ken and I wanted to eat out last night, (　　　) of us had enough money.
□□□
① either　② neither　③ no one　④ no　〈東海大〉

240 "Would you like either of these hats?"
□□□ "No, I don't want (　　　), thanks."
① both　② either　③ neither　④ none of these　〈湘南工科大〉

241 There are many shops on (　　　) side of the road.
□□□ ① any　② another　③ either　④ both　〈京都産大〉

242 Fortunately, (　　　) of the three school children were hurt yesterday.
□□□
① either　② neither　③ nobody　④ none　〈立命館大〉

243 I wanted some cake, but there was (　　　) left.
□□□ ① none　② no　③ any　④ much　〈駒澤大〉

Point 070

244 (　　　) of these four students has written an essay.
□□□ ① Both　② Every　③ Each　④ Some　〈姫路獨協大〉

239 昨晩ケンと私は外食したかったのだが，二人とも十分なお金の持ち合わせがなかった。
240 「これらの帽子のどちらかをいかがですか」
「ありがとう。でもどちらもほしくありません」
241 この通りの両側にはたくさんのお店がある。
242 運がよかったことに，昨日は 3 人の児童のうち誰もケガをしなかった。
243 ケーキがほしかったが，まったく残っていなかった。
244 これら 4 人の学生は，それぞれ作文を書いた。

Point 069 ⋮ either, neither, none の用法

239 neither の用法—neither of A 標準

▶**neither は「どちらも…ない」の意味を表す**。neither は both に対応する否定語で，**対象は2つ[2人]**であることに注意。

▶**対象が3つ[3人]以上の場合は none** を用いる。

▶**neither of A** は「Aのうちどちらも…ない」，**none of A** は「Aのうちどれも…ない」と押さえる。

240 either の用法—not ... either 標準

▶**not ... either** は「どちらも…ない」の意味で **not ... either=neither** である。

▶I don't want either は，neither を用いれば I want neither となる。

241 either の用法—on either side of A 発展

▶代名詞 **either** が肯定文で用いられた場合，「どちらか一方」の他に「どちらとも」の意味にもなる。

▶本問の either は「どちらの…も」の意味で，名詞 side を修飾する形容詞用法。なお，**either の後に来る名詞は必ず単数形**。

▶④ both にしないこと。both の後の名詞は複数形。したがって both sides of the road ならば正しい表現となる。

242 none of A—neither of A との相違 標準

▶**none of A は対象が3人以上**，**neither of A は対象が2人**(➡239)。本問は「3人の児童」が対象。

243 注意すべき none の用法 標準

▶**none は先行する名詞を受けて「no＋名詞」を表し，「何も…ない」の意味になることがある**。本問の none は cake を受けて no cake を表す。

Point 070 ⋮ each, both, any, every の用法

244 each の用法—each of A 標準

▶代名詞 each は，通例 **each of A** の形で「Aのめいめい／各々」の意味を表す。**Aには必ず，定冠詞や所有格で限定された名詞や，us や them などの目的格の代名詞が来る**。

‼注意 **each of A は単数扱い**であることに注意。

＋プラス ② Every は不可。every は単独では用いず，必ず「**every＋単数名詞**」(➡248) の形で用いる。④ Some も不可。some of A でAに複数名詞が来る場合は複数扱いだから(➡p.157【**整理40**】)，動詞は *have* written とならなければならない。

239 ②　240 ②　241 ③　242 ④　243 ①　244 ③

245 (　　) parents will come to Gifu next Monday.
□□□
① His both　　② Both his
③ His both of　　④ Both his of　〈岐阜聖徳学園大〉

246 You can catch (　　) of these buses. They all go to the city center.
□□□
① any　② every　③ most　④ some　〈久留米大〉

247 Tom and Mary became (　　) through mutual friends.
□□□
① acquainted each other
② acquainted themselves
③ acquainted with
④ acquainted with each other　〈日本大〉

248 "If you won the prize, what would you do with the money, Julie?"
□□□ "I would like to visit (　　) in the world."
① every country　　② all country
③ every countries　　④ every places　〈ノートルダム清心女子大〉

249 この錠剤を 6 時間ごとに 1 錠，飲んでください。
□□□ Please take one of these pills (　　) (　　) hours.　〈愛知学院大〉

250 Susan has a private piano lesson (　　) weekday: Monday, Wednesday, Friday.
□□□
① every one　　② every other
③ every third　　④ day after　〈名古屋女子大〉

245 今度の月曜日に，彼の両親が岐阜に来ることになっている。
246 これらのバスのどれにでも乗ることができます。みんな都心に行きます。
247 トムとメアリーは共通の友人を通じておたがいに知り合いになった。
248 「もしその賞金をもらったら，そのお金で何をする，ジュリー？」
「世界中のすべての国に行ってみたいわ」
250 スーザンは，月・水・金と，平日の 1 日おきにピアノの個人レッスンを受けています。

245 **both** の用法−**both his parents** 標準

▶**both や all の前に所有格，冠詞，および these，those などが先行することはない。**

▶本問の「彼の両親」であれば，①の His both parents とは言わず，②の Both his parents となる。

+プラス both his parents は both *of* his parents の of が省略された形と考える。

246 肯定文の **any** の用法−**any of A** 標準

▶肯定文中で用いられる **any of A** は「Aの中のどれ[誰]でも」の意を表す。

+プラス 否定文中の any of A は「Aの中のどれ[誰]も…ない」の意味を表す。

▶③ most，④ some は不可。第2文の They *all* go to the city center.「それらはみんな都心に行きます」と合わない。

247 **each** の用法−**each other**「おたがい」 標準

▶**each other「おたがい」は代名詞**であって，副詞句ではない。

▶本問は become acquainted with A「Aと知り合う」の with の目的語Aに each other が入った形。

▶① acquainted each other にしないこと。each other が副詞句だと覚えていると①を選んでしまう。

+プラス 同意表現の **one another** も代名詞。

248 **every** の用法−**every**＋単数名詞 標準

▶「**every＋単数名詞**」(➡**244**)が本問のポイント。

▶② all country は all countries なら正答。

249 **every** の用法−**every six hours**「6時間ごとに」 標準

▶「**every＋基数＋複数名詞**」は「…ごとに」の意味になる。**基数の後の名詞は必ず複数形**にすることに注意。

+プラス 同意表現の「**every＋序数＋単数名詞**」もここで押さえる。**序数を使う場合は必ず単数形**であることに注意。「6時間ごとに」であれば，**every sixth hour** となる。

250 **every** の用法−**every other A**「1つおきの**A**」 標準

▶every には **every other A** で「1つおきのA」の意味を表す用法がある。

▶本問の every other weekday は「平日の1日おきに」の意味。

---

245 ② **246** ① **247** ④ **248** ① **249** every six **250** ②

Point 071

251 “Kathy and her sister are so alike.”
□□□ “Yes, I can’t tell one from (　　　).”
① another　② other　③ others　④ the other　〈センター試験〉

252 I’m going to sell this car and get (　　　) one.
□□□ ① another　② new　③ different　④ other　〈桃山学院大〉

253 I have three sons; one lives in Chicago and (　　　) live in New
□□□ York.
① other　② others　③ another　④ the others　〈姫路獨協大〉

254 Some of my classmates like volleyball and (　　　) enjoy tennis.
□□□ ① another　② other　③ others　④ the other　〈玉川大〉

255 それを信じることと，それを証明することは別問題です。
□□□ Believing it is (　　　) (　　　), and proving it is (　　　).
〈鹿児島大〉

整理 26 相関的に用いる不定代名詞の 4 つの基本パターン

(1) **one—the other**　　one — the other

(2) **some—the others**
(one—the other の複数形のパターン)　　some — the others

(3) **one—another**　　one — another

(4) **some—others [some]**
(one—another の複数形のパターン)

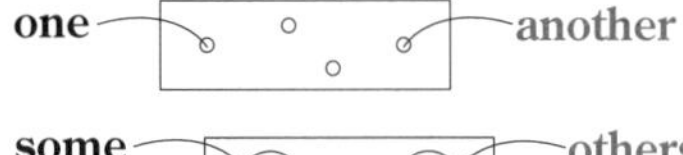

＊「残りすべて」は **the others** (1つなら **the other**) と考えればよい。

251 「キャシーと彼女のお姉さん[妹さん]はとても似てるね」
「ええ，私は2人を区別できないわ」
252 この車を売って，別の車を買うつもりです。
253 私には3人の息子がいますが，1人はシカゴに住んでおり，あとはニューヨークに住んでいます。
254 バレーボールが好きなクラスメートもいれば，テニスを楽しむクラスメートもいる。

Point 071 相関的に用いる不定代名詞の用法

問題 251 〜 254 は，左頁の【整理26】の内容を正確に押さえればよい。

251 **one** と相関的に用いる **the other**「残り 1 人[1 つ]」 標準

▶**対象が 2 人[2 つ]の場合は，一方を one で，もう一方を the other で表す**（➡【整理26】の(1)）。other は代名詞で「他の物[事／人]」の意味を表す。残りが 1 人なので，定冠詞の the で other を限定するのである。

＋プラス ① another は不可。**another** は「**an＋other**」と考える。other に不定冠詞の an がついているわけだから，本問の場合は「不特定の別の姉[妹]」を表してしまう。

▶tell A from B「AをBと区別する」は重要イディオム（➡974）。

252 **another** の用法 標準

▶売る予定の「この車」以外の「不特定の別の車」であるから，「an＋other」の観点より，① another を選ぶ（➡【整理26】の(3)）。

▶本問の another は形容詞。

▶② new，③ different は a new one，a different one なら正答（➡223）。

253 **the others**「残り全部」の用法 標準

▶**the others** は「残り全部」を表す（➡【整理26】の＊）。本問は「3 人のうち，1 人を除いた残り 2 人」だから④ the others を選ぶ。

254 **some … and others** 〜「…なものもあれば〜なものもある」 標準

▶**some … and others** 〜は「…なものもあれば〜なものもある」の意味を表す（➡【整理26】の(4)）。some … and some 〜としても可。

▶and の代わりに，対比を表す while「…，一方〜」を用いることもある。

255 **A is one thing, and B is another**「**A**と**B**は違うことである」 標準

▶**A is one thing, and B is another** は「AとBは違うことである」という意味になる。**A is different from B** との言いかえで問われることも多い。

256 Passengers came in one after (　　　).
□□□ ① another　② one　③ others　④ two 〈姫路獨協大〉

257 If you want to get it, you'll have to pay (　　　) ten dollars.
□□□ ① another　② other　③ others　④ the another 〈国士舘大〉

258 彼には人の気持ちがわからない。
□□□ He doesn't understand the feelings of (　　　).
① other　② others　③ peoples　④ another 〈流通科学大〉

Point 072

259 He is smart enough to be able to answer (　　　) questions I ask him.
□□□ ① almost　② almost of　③ all most　④ most of the 〈東京経大〉

260 (　　　) the seats are reserved today.
□□□ ① Almost all of　② Almost of
③ Almost　④ The most of 〈同志社大〉

261 (　　　) Japanese like to eat rice.
□□□ ① Almost all　② Most of　③ Almost　④ Almost of 〈拓殖大〉

整理 27　most, most of などの紛らわしい表現

以下のように整理して覚えておく。
(1) **most＋名詞＝almost all＋名詞**「(限定されない)大半の…」(➡261)
(2) **most of the＋名詞**(➡259)＝**almost all (of) the＋名詞**「(限定された特定の)…の大半」(➡260)

256 乗客が続々とやって来た。
257 もしそれを買いたいのなら，あと10ドル支払う必要があります。
259 彼は私が尋ねるほとんどの質問に答えることができるほど頭がいい。
260 今日は，ほとんどすべての座席が予約済みです。
261 ほとんどすべての日本人は，お米を食べるのが好きです。

256 **one after another**「次から次へと／続々と」 標準

＋プラス **one A after another** は「次から次へとやって来るA」の意味を表すイディオム。

257 **another**＋複数名詞－**another ten dollars** 発展

▶通例 **another** は「an＋other」の観点から，**原則として後に複数名詞を伴うことはないが，**本問の **another ten dollars**「もう10ドル」**のように，例外的に複数名詞を伴うことがある。**これは ten dollars を，形は複数形だが意味的には「10ドルというひとつのまとまったお金」といった単数のニュアンスでとらえていると考えればよい。

258 **others**「他人／他の人たち」の用法 標準

▶**others** には無冠詞で「他人／他の人たち」(＝other people)を表す用法がある。なお，**the others**(＝the other people)は「何人かいるうちの残りすべての人」を表すことに注意(➡**253**)。

Point 072 ⋮ most，almost の用法

問題 259 〜 261 は左頁**【整理27】**の内容を押さえればよい。

259 **most** の用法－**most of A** 英作 標準

▶**most of A** は「Aの大半／ほとんど」の意味を表す。

‼注意 **most of A のAには，必ず定冠詞や所有格などで限定された名詞や目的格の代名詞が来る。**

▶② almost of は不可。**almost は副詞。**

260 **almost** の用法－**almost all (of) the**＋名詞 標準

▶「**almost all (of) the＋名詞**」(**of は省略されることもある**)は「(限定された特定の)…のほとんどすべて」の意味を表し「most of the＋名詞」と同意。

▶④の the most of の形は存在しない。

261 **almost** の用法－**almost all**＋名詞 英作 標準

▶「**almost all＋名詞**」は「most＋名詞」と同意表現で「(限定されない)ほとんどすべての…／たいていの…」の意味を表す。

▶② Most of は不可。**most of A のAには限定されたものが来る**(➡**259**)。③ Almost も不可。**almost は副詞**なので，直接は名詞を修飾できない点に注意。ただし nothing や everything, everyone などの前には置くことができる。

256 ①　**257** ①　**258** ②　**259** ④　**260** ①　**261** ①

Point 073

262 "Will the library be open on Saturday?"
□□□ "(　　　)"

① To get some books.　② I love to read.
③ I suppose so.　④ Not many people.　〈九州国際大〉

263 That wasn't a very wise thing to do, was it? I (　　　).
□□□
① don't suppose　② don't suppose it
③ suppose it not　④ suppose not　〈青山学院大〉

Point 074

264 The policeman asked him about the crime but his mother said he
□□□ had (　　　) to do with it.

① nobody　② anything　③ anybody　④ nothing　〈中央大〉

265 I got the book <u>for nothing</u>.
□□□
① free of charge　② for a charge
③ at a charge　④ with a charge　〈関西外大〉

266 (a) My computer isn't working properly.
□□□ (b) There is something (　　　) (　　　) my computer.　〈聖心女子大〉

整理 28 that 節の代用表現としての so と not の使い方

(1) think, believe, expect, guess, suppose は次の 2 通りの表現が可能。
I *don't* suppose *so*.＝I suppose *not*.「そうでないと思う」

(2) hope と be afraid には，直接 not を続ける形しかない。つまり I don't hope so. や I'm not afraid so. とすることができない。
I hope *not*.「そうでないことを望む」
I'm afraid *not*.「残念ながらそうでないと思う」

262 「図書館は，土曜日は開館していますか」
「開館していると思います」

263 そうしたのはあまり賢いことではなかったね。たぶんね。

264 警察官はその犯罪について彼に尋ねたが，彼の母親は，彼はそれには何も関係していないと言った。

265 私は，その本を無料で手に入れました。

266 (a) 私のコンピュータはきちんと動いていない。
(b) 私のコンピュータはどこか調子が悪い。

Point 073 ⋮ that 節の代用表現としての so と not

問題 **262**，**263** を理解した上で，左頁の**【整理28】**で発展的内容を確認しよう。

262 **so** の用法ー肯定の **that** 節の代用 標準

▶**so** は特定の動詞 **hope**，**think**，**believe**，**expect**，**guess**，**suppose** や **be afraid** などの後に置き，**肯定内容の that 節の代用**をすることがある。

▶本問の so は the library will be open on Saturday を受ける。つまり，I suppose so. は I suppose that the library will be open on Saturday. と考える。

263 **not** の用法ー否定の **that** 節の代用 標準

▶**not** は，特定の動詞 **hope**，**think**，**believe**，**expect**，**guess**，**suppose** や **be afraid** などの後に置き，**否定内容の that 節の代用**をする。つまり I suppose not. は I suppose that that wasn't a very wise thing to do. と考える。

Point 074 ⋮ something，nothing を用いた慣用表現

264 **have nothing to do with A**「**A**と何の関係もない」 標準

＋プラス **have something to do with A**「Aと何らかの関係がある」，**have much to do with A**「Aと大いに関係がある」，**have little to do with A**「Aとほとんど関係がない」もここで押さえておこう。これらの表現は，**have の後の語で「関係性の度合」を示す**と考えればよい。

265 **for nothing**「無料で」＝**free of charge** 標準

＋プラス **for nothing** は「無料で」以外にも，**「むだに」**（**＝in vain / to no purpose**）の意味でも用いられる。

He did all this work *for nothing*.
（彼はこの仕事をすべてやったがむだだった）

266 **There is something wrong with A**「**A**はどこか調子が悪い」 標準

＋プラス 同意表現の **There is something the matter with A**，**Something is wrong with A**，**Something is the matter with A** も頻出。

＋プラス something を用いた他の慣用表現として，**There is something＋形容詞＋about A**「Aにはどことなく…なところがある」や **something of a＋名詞**「ちょっとした…／かなりの…」もここで押さえる。

There is something noble *about him*.
（彼にはどことなく高貴なところがある）

He is *something of a* musician.
（彼はなかなかの音楽家だ）

---

262 ③ **263** ④ **264** ④ **265** ① **266** wrong with

Point 075

267 The party was great. We enjoyed ( ) very much.
□□□ ① us ② with us ③ ourselves ④ by ourselves 〈九州産大〉

268 Please help ( ) to some of the cakes on the table.
□□□ ① myself ② itself ③ yourself ④ ourselves 〈札幌学院大〉

269 You'll be staying with us for a month, so just ( ) at home.
□□□ ① you're supposed ② you're leaving
③ make yourself ④ get used to 〈福井工大〉

270 I've been living ( ) myself since my brother went abroad to
□□□ do research.
① from ② at ③ into ④ by 〈早稲田大〉

271 ( ) ourselves, I'd actually rather stay home tonight.
□□□ ① As ② With ③ From ④ Between 〈明治大〉

272 He was beside himself with rage.
□□□ ① a bit angry ② a bit relieved
③ very relieved ④ very angry 〈立命館大〉

273 勤勉は，それ自体幸福の豊かな泉である。
□□□ Hard work ( ) itself is a rich source of happiness. 〈奈良産大〉

整理 30 注意すべき「前置詞＋再帰代名詞」の慣用表現

- **by oneself** (＝**alone**)「ひとりで／独力で」(➡270)
- **to oneself**「自分だけに」
- **for oneself**「独力で／自分のために」
- **in itself / in themselves**「それ自体／本質的に」(➡273)
- **in spite of oneself**「思わず」
- **between ourselves**「ここだけの話だが」(➡271)
- **beside oneself**「われを忘れて」(➡272)

267 パーティーはすばらしかった。私たちは大いに楽しんだ。
268 テーブルの上のケーキを自由に取って食べてください。
269 私たちの家で1か月間，過ごすことになるのだから，くつろいでください。
270 兄[弟]が研究のために外国に行って以来，私はひとりで暮らしている。
271 ここだけの話だが，実のところ，今夜はむしろ家にいたいのだ。
272 彼は怒りでわれを忘れた。

Point 075 再帰代名詞の用法

整理 29 再帰代名詞

人称＼数	単数	複数
1人称	myself	ourselves
2人称	yourself	yourselves
3人称	himself, herself, itself	themselves

267 再帰代名詞が目的語―**enjoy oneself**「楽しむ」 基本

▶再帰代名詞は**他動詞の目的語として用いられ，自動詞的な意味を作る**ことがある。本問の enjoy は他動詞で，oneself を目的語にとり，**enjoy oneself** で「楽しむ」という自動詞的な意味になる。成句表現として押さえる。

268 **help oneself to A**「Aを自由に取って食べる／飲む」 標準

▶この表現の help は「(人を)助ける」ではなく，**help＋人＋to A** の形で「A(料理など)を人に取ってやる」の意味。したがって，**help oneself to A** は「Aを自分自身に取ってやる」がもともとの意味。help oneself で「取る」という自動詞的な意味になる。成句表現として押さえる。

▶命令文の主語は2人称なので，再帰代名詞は③ yourself を選ぶ。

269 **make oneself at home**「くつろぐ」 標準

▶**at home** には「くつろいで」(＝comfortable)(➡**1145**)の意味がある。したがって，**make oneself at home** は「自分を楽にさせる」がもともとの意味。成句表現として押さえる。

270 前置詞＋再帰代名詞―**by oneself**「ひとりで／独力で」 標準

▶**再帰代名詞は前置詞を伴って慣用表現を作る**。以下，問題**273**までは慣用表現を問うもの。最後に左頁の**【整理30】**でしっかり確認しておこう。

271 **between ourselves**「ここだけの話だが」 標準

＋プラス 同意表現の **between you and me** も重要。

272 **beside oneself (with rage)**「(怒りで)われを忘れて」 標準

273 **in itself**「それ自体／本質的に」 標準

---

267 ③ **268** ③ **269** ③ **270** ④ **271** ④ **272** ④ **273** in

第10章 関係詞

Point 076

274 The teacher told some students (　　) made mistakes in their spelling to remain after class.
□□□
① which　② who　③ whom　④ whose　〈京都光華女子大〉

275 She is a girl (　　) it is difficult to get to know well.
□□□
① as　② whose　③ what　④ whom　〈千葉工大〉

276 We are approaching another revolution (　　) will rival the Industrial Revolution of the 19th century.
□□□
① which　② what　③ who　④ it　〈中央大〉

277 彼は，私が20年前に英語を教えた学生の１人です。
□□□
He is (taught / I / of / English / students / one / my) twenty years ago.　〈日本女子大〉

278 A doctor (　　) job is operating on patients is called a surgeon.
□□□
① who　② whose　③ whom　④ that　〈佛教大〉

279 They said, "Let's build a tower (　　) top will reach up to heaven."
□□□
① which　② whose　③ whom　④ that　〈京都学園大〉

整理 31 関係代名詞の格変化

先行詞＼格	主格	所有格	目的格
人	**who [that]**	**whose**	**whom [that]**
人以外	**which [that]**	**whose**	**which [that]**

＊目的格関係代名詞は省略されることが多い。

274 先生はスペリングで間違いをおかした数人の学生に，授業の後，残るように伝えた。
275 彼女は，よく理解することが難しい少女だ。
276 私たちは，19世紀の産業革命に匹敵するであろう，また別の大変革に近づきつつある。
278 仕事が患者を手術することである医者は，外科医と呼ばれる。
279 「そのてっぺんが天までとどく塔を建てよう」と彼らは言った。

Point 076 関係代名詞の基本用法

まずは左頁の**【整理31】**を確認すること。なお，関係詞の解説では紙面の許す限り，問題の英文の前提となる2つの英文から説明することにする。

274 「人」が先行詞の主格ー**who** [**that**] 基本

▶ The teacher told *some students* to remain after class.
They made mistakes in their spelling.

They が who になり，節全体が先行詞 some students と to remain after class の間に置かれている。

275 「人」が先行詞の目的格ー**whom** [**that**] 基本

▶ She is *a girl*.
It is difficult to get to know *her* well.

her が whom になり，節全体が先行詞の後に置かれている。

!!注意 目的格関係代名詞は省略可能で，本問の whom も省略することができる。
(➡**【整理31】**)

276 「人以外」が先行詞の主格ー**which** [**that**] 基本

▶ We are approaching *another revolution*.
It will rival the Industrial Revolution of the 19th century.

It が which になり，節全体が先行詞の後に置かれている。

277 目的格関係代名詞の省略 基本

▶ *He* is one of my students.
I taught *him* English twenty years ago.

→He is one of my students (**whom** / **that**) I taught English twenty years ago.

目的格関係代名詞 whom[that]が省略された形を作る。

278 所有格関係代名詞ー**whose** 基本

▶ *A doctor* is called a surgeon.
His / *Her* job is operating on patients.

His / Her が whose になり，節全体が先行詞の後に置かれている。

!!注意 **whose** は本問の job のように**必ず直後に名詞を伴う**。

279 「人以外」が先行詞でも所有格関係代名詞は **whose** 基本

▶ Let's build *a tower*.
Its top will reach up to heaven.

「人以外」が先行詞でも，所有格関係代名詞は whose を用いる。

---

274 ② **275** ④ **276** ① **277** one of my students I taught English **278** ② **279** ②

280 □□□
(a) That restaurant whose roof is painted yellow is going out of business.
(b) That restaurant the roof (　　　) (　　　) is painted yellow is going out of business. 〈小樽商大〉

Point 077

281 □□□ ＊不適切なものを選びなさい。
She has a clever son (　　　).
① of whom she is proud　② she is proud of
③ of that she is proud　④ that she is proud of 〈東京国際大〉

282 □□□ 空を飛ぶことだけが，ただ一つ彼が興味を持っていたことでした。
Flying (only / he / the / interested / thing / was / in / was). 〈獨協大〉

283 □□□ These are the tools (　　　) he built his own house.
① which　② that　③ with which　④ with that 〈青山学院大〉

280 (a) (b) 屋根が黄色く塗られたあのレストランは倒産しかけている。
281 彼女には自慢の賢い息子がいる。
283 これらは，彼が自分自身の家を建てるのに使った道具である。

280 **whose A → the A of which** 標準

▶「人以外」を先行詞とする場合，**whose A** は，**the A of which** の形でも表すことができる。下の㋐を前提にすれば **whose A**，㋑を前提にすれば **the A of which** となると考えればよい。

{ *That restaurant* is going out of business.
{ ㋐ *Its* roof is painted yellow.
{ ㋑ The roof of *it* is painted yellow.

㋐→(a)：**whose roof** is painted yellow
㋑→(b)：**the roof of which** is painted yellow

Point 077 節内で前置詞の目的語となる語が先行詞の場合

節内で，前置詞の目的語になっている語が先行詞である場合，次の2通りが可能。

㋐目的格関係代名詞にしてそれのみを節の頭に持って来る(前置詞は後置される)。

!!注意 目的格関係代名詞は省略可能。

㋑「前置詞＋関係代名詞」をセットにして節の頭に持って来る。

!!注意 目的格関係代名詞は省略できない。また，「前置詞＋that」は用いられない。

281 節内で前置詞の目的語となる語が先行詞の場合の考え方 標準

▶上記の説明の㋐，㋑のパターンを考える。

{ She has *a clever son*.
{ She is proud of *him*.

→㋐：She has a clever son (**whom** / **that**) she is proud *of*.
→㋑：She has a clever son *of* **whom** she is proud.

▶①は，上記㋑で可。②は，㋐の関係代名詞を省略した形で可。③は，㋑で that を使うことはできないので不可。④は，㋐で that を使った形で可。

282 目的格関係代名詞の省略→前置詞の後置 標準

▶Point 077 の下の説明の㋐。目的格関係代名詞を省略した形。

283 「前置詞＋**which**」―**with which** 標準

▶ { These are *the tools*.
{ He built his own house **with** *them*.

▶「前置詞＋that」の形はないので，④ with that は不可。(➡Point 077 の下の説明の㋑の !!注意)

---

280 of which **281** ③ **282** was the only thing he was interested in **283** ③

Point 078

284 This is the park (　　　) Mozart used to take a walk after dinner.
□□□ ① that ② where ③ which ④ why 〈京都産大〉

285 The mountain (　　　) you climbed last summer is the second highest mountain in Japan.
□□□
① what ② whom ③ which ④ where 〈亜細亜大〉

286 The time will soon come (　　　) the cruel war will end.
□□□ ① when ② what ③ why ④ how 〈名古屋学院大〉

287 There are several reasons (　　　) we should not agree to her request.
□□□
① how ② where ③ which ④ why 〈京都学園大〉

288 英語と日本語では，主語の表現のされ方に言語的な違いがある。
□□□ There is a linguistic (in / expressed / difference / be / subjects / can / how) in English and Japanese. 〈名古屋外大〉

考え方

関係副詞の考え方―「前置詞＋which」が前提

The hotel **where** we stayed was very comfortable.
(私たちが滞在したホテルは非常に快適だった)

① 先行詞 the hotel を 2 度使って，上記英文の前提となる 2 文を考えると
{ *The hotel* was very comfortable.
  We stayed **at** *the hotel*.

② この 2 文を「前置詞＋which」(➡283) で 1 文にすると
The hotel **at** *which* we stayed was very comfortable.

③ **この at which を 1 語で表現すれば，関係副詞 where となる。**
The hotel **where** we stayed was very comfortable.

関係副詞は，常に「前置詞＋which」の形を前提にする場合にのみ用いられる。
「前置詞＋which」の形があってはじめて，場所を表す語が先行詞なら **where**，時を表す語が先行詞なら **when**，理由を表す語 (通常 reason) が先行詞なら **why** を用いる。場所が先行詞であれば関係詞は where という考え方は間違い (➡285)。

284 ここは，かつてモーツァルトが夕食後に散歩をしていた公園です。
285 昨年の夏にあなたが登った山は，日本で 2 番目に高い山です。
286 むごい戦争が終結するときが間もなくやってくるだろう。
287 彼女の要求に同意すべきではない理由がいくつかある。

Point 078 関係副詞

まずは，左頁の考え方で関係副詞の考え方を理解しておこう。

284 関係副詞の考え方－「前置詞＋**which**」の場合に用いる 標準

▶左頁考え方を参照。

{ This is *the park.*
Mozart used to take a walk **in** *the park* after dinner.

→This is the park **where**[**in** *which*] Mozart used to take a walk after dinner.

285 場所が先行詞－関係代名詞 **which** が来る場合 標準

▶場所が先行詞であるからといって，④ where を選ばないこと。climb「…に登る」は他動詞であるから，

{ *The mountain* is the second highest mountain in Japan.
You climbed *it* last summer.

it は climbed の目的語だから，「人以外」を先行詞とする目的格関係代名詞③ which が入る。前問と本問で関係副詞と関係代名詞の違いを理解しよう。

286 関係副詞 **when** 標準

▶時を表す語を先行詞とした関係詞節の前提となる英文は，次のとおり。

The cruel war will end **at** *the time.*

したがって，at which の内容を 1 語で表した関係副詞① when が正解。

287 関係副詞 **why** 標準

▶理由を表す語を先行詞とした関係詞節の前提となる英文は，次のとおり。

We should not agree to her request **for** *several reasons.*

したがって，for which の内容を 1 語で表した関係副詞④ why が正解。

288 関係副詞 **how** 標準

▶関係副詞 how は，先行詞として the way を想定して用いるものだが，現代英語では the way how S+V…の形は使われず，「…するやり方／…する様子」の意味では，次の形を用いる。

(1) **how S+V…** (2) **the way S+V…**
(3) **the way in which S+V…** (4) **the way that S+V…**

▶本問では，前置詞 in の後に how で始まる節を作る。

---

284 ② **285** ③ **286** ① **287** ④ **288** difference in how subjects can be expressed

289 彼の話し方から判断すると，大阪生まれではないと思います。
□□□ (the / he / from / speaks / way / judging), I'm sure he is not a native of Osaka. 〈四天王寺大〉

290 その本を読んでしまったら，もとの場所へ返しておいてください。
□□□ Put the book back (was / when / where / to / you're / it) through with it. 〈西南学院大〉

291 (a) I don't like him. That is because he is always saying bad things about other people.
□□□
(b) He is always saying bad things about other people. That ( ) ( ) I don't like him.

〈静岡県立大短大部〉

Point 079

292 I live in the suburbs of Yokohama, ( ) is Japan's second largest city.
□□□
① where ② that ③ what ④ which 〈名城大〉

291 (a) 私は彼が好きではない。それは，彼がいつも他人の悪口を言ってばかりいるからだ。
(b) 彼はいつも他人の悪口を言ってばかりいる。そういうわけで，私は彼を好きではない。
292 私は，日本で2番目に大きな都市である横浜の郊外に住んでいる。

289 **the way S+V…** 標準

▶慣用的分詞構文 **judging from A**「Aから判断すると」(➡p.72【整理18】)のAの位置に，**the way S+V…**(➡288)の表現をまとめる。

290 関係副詞の先行詞の省略―**where** の場合 発展

▶**関係副詞の先行詞が省略され，関係副詞で始まる節が結果として名詞節の働きをする場合がある。**

▶本問は，場所を表す前置詞 to の後に，the place を省略した where で始まる節を作る。

+プラス 関係副詞 **when** と **why** は，その先行詞が the time や the reason といった典型的な語であれば，先行詞が省略される場合があるだけでなく，**先行詞を残して関係副詞 when / why の方が省略されることもある。**

291 関係副詞 **why** の先行詞の省略―**That is why…** 標準

▶先行詞 the reason を省略して，**That is why…**「そういうわけで…(←それが…する理由だ)」の表現を作る。

+プラス **That is the reason why…**や，関係副詞 why を省略した **That is the reason…**の形もある(➡290)。

!!注意 **That is because…**「それは…だからです」
That is why[the reason why / the reason]…「そういうわけで…」
この2文の違いを本問で確認すること。**表現の順序が逆になる**ことに注意。

Point 079 非制限用法の関係詞

関係詞の前にカンマを置いて，先行詞を付加的に説明する用法。

!!注意 ㋐非制限用法で用いられる関係代名詞は，which / who / whose / whom /「前置詞+which」/「前置詞+whom」で，that は用いられない。

㋑非制限用法では目的格関係代名詞であっても省略できない。

㋒非制限用法で用いられる関係副詞は where と when で，why と how は不可。

292 非制限用法の関係詞の考え方 読解 基本

▶本問は，Yokohama という「人以外」が先行詞で，節内では主語の働きをしているから，主格関係代名詞 **which** を入れる。

+プラス 本問の Yokohama のような**固有名詞**や the sun など**世の中に1つしかないものが先行詞の場合，原則として関係詞節は非制限用法にする。**自明のものは「制限」する必要はないからである。なお，日本語では「私の好きな横浜」といった表現をするので，「制限」的に訳してよいことも多い。

---

289 Judging from the way he speaks **290** to where it was when you're **291** is why
292 ④

293 □□□ As a result of working at the newspaper, I met my future husband, (　　　) was also working there.

① when　② which　③ that　④ who　〈四天王寺大〉

294 □□□ Last winter I went to Hong Kong, (　　　) as warm as I had expected.

① when wasn't　② where it wasn't
③ where wasn't　④ which it wasn't　〈センター試験〉

295 □□□ She had three sons, all (　　　) became doctors.

① of whom　② which
③ who　④ of which　〈東海大〉

296 □□□ He lent me two books, neither of (　　　) I have read.

① that　② which　③ what　④ them　〈和洋女子大〉

Point 080

297 □□□ We got stuck in a traffic jam, (　　　) made us forty minutes late for the meeting.

① which　② that　③ it　④ as　〈東邦大〉

298 □□□ I tried to solve the problem, (　　　) I found a waste of time.

① what　② which　③ that　④ when　〈和洋女子大〉

293 その新聞社で働いた結果として，私は未来の夫に出会ったが，彼もやはりそこで働いていたのだった。
294 この前の冬，私は香港に出かけたが，そこは私が思っていたほど暖かくはなかった。
295 彼女には３人の息子がいたが，全員が医者になった。
296 彼は私に本を２冊貸してくれたが，私はそのどちらも読んでいない。
297 交通渋滞に巻き込まれてしまい，それで私たちは会議に40分遅れてしまった。
298 私はその問題を解こうとしたが，それは時間のむだだとわかった。

293 非制限用法の **who** 基本

▶「人」が先行詞の主格関係代名詞 **who** を入れる。

▶非制限用法で that は用いられないので③ that は不可。(➡Point 079 の下の説明の ‼注意 の㋐)

294 関係副詞の非制限用法 標準

▶**関係副詞の where と when は，非制限用法で用いられることがある。** why と how には非制限用法はない。

▶ { Last winter I went to *Hong Kong*.
It wasn't as warm **in** *Hong Kong* as I had expected.

したがって，関係代名詞を使えば in which it wasn't となるが，その in which を関係副詞 where で言いかえた② where it wasn't が正解。

▶where it wasn't の it は寒暖の it。

295 **, all of whom …** 標準

▶**A of whom / A of which** の形をセットにして節の頭に置き，非制限用法で用いることがある。

▶ { She had *three sons*.
All of *them* became doctors.

them を whom にし，**all of whom** を節の頭に置いたもの。

296 **, neither of which …** 標準

▶ { He lent me *two books*.
I have read **neither of** *them*.

考え方は問題 **295** と同じ。them を which にし，neither of which を節の頭に置いたもの。

Point 080 ⋮ 非制限用法で用いる which の注意すべき用法

297 前文の文内容が先行詞ー**which** 標準

▶**関係代名詞 which は非制限用法の場合に限って，前文全体またはその一部の文内容を先行詞として用いることがある。** 本問の which は，前文全体の内容を先行詞とする，主格関係代名詞。

298 前文の一部の文内容が先行詞ー**which** 標準

▶which は，前文の to solve the problem の内容を先行詞として，目的格で用いられている(➡**297**)。なお，found は find O C「OがCだとわかる」の用法であり，その目的語が which になっている。

293 ④ **294** ② **295** ① **296** ② **297** ① **298** ②

299 I was told to take a bath, (　　　) advice I followed.
□□□ ① which　② whose　③ its　④ what　〈実践女子大〉

Point 081

300 (　　　) seems easy at first often turns out to be difficult.
□□□ ① It　② That　③ What　④ Which　〈國學院大〉

301 He spends (　　　) he earns on his son.
□□□ ① as　② but　③ that　④ what　〈中部大〉

302 私たちは紙の裏に，注文したいものの絵を描いた。
□□□ On the back of the paper we (wanted / of / order / pictures / we / drew / what / to).　〈東洋大〉

303 Mary lost (　　　) little money she had.
□□□ ① which　② whose　③ how　④ what　〈東京家政大〉

Point 082

304 Jack owes (　　　) he is to the support of his wife.
□□□ ① as　② that　③ what　④ which　〈京都産大〉

299 風呂に入るように言われ，私はその勧めに従った。
300 最初は易しいと思えることが，後になって難しいとわかることがしばしばある。
301 彼は，稼いだ分を自分の息子のために使う。
303 メアリーは，少ないながら持っていたすべてのお金をなくした。
304 現在のジャックがあるのは，妻の援助のおかげである。

299 非制限用法で用いる関係形容詞 **which** 発展

▶**関係形容詞 which は必ず非制限用法で用い，前文全体またはその一部(場合によっては名詞)の内容を「which＋名詞」の形で表す。**直後に名詞を伴うので，関係形容詞と呼ばれる。本問は，to take a bath＝which advice。

Point 081 関係詞 what の用法

関係代名詞 what「…すること[もの]」は名詞節を作る。
the thing(s) which に相当する表現なので，先行詞を必要としない。
what 自体は，節内で主語・目的語・補語・前置詞の目的語といった名詞の働きをし，what 節全体は文の主語・目的語・補語・前置詞の目的語となる。
なお，問題 **303** の関係形容詞 what の用法も重要。

300 関係代名詞 **what** の用法 標準

▶what 自体は節内では主語，what 節全体も文の主語になっている。

301 **what**―節内で目的語，節全体も目的語 標準

▶what 自体は節内では earns の目的語，what 節全体も **spend A on B**「AをBのことに使う」のA，すなわち目的語になっている。

302 **what**―節内で目的語，節全体は前置詞の目的語 標準

▶pictures of A「Aの絵」のAの位置に what 節をまとめる。what は，節内では order「…を注文する」の目的語になっている。

303 **what A (+S)+V…**「…するすべての**A**」 標準

▶what には，後に名詞Aを伴い，「**what A (+S)+V…**」の形で「…するすべてのA」という意味を表す用法がある。

▶この what は，名詞を後に伴うことから，関係形容詞と呼ばれる。

▶what little money S have「少ないながらSが持っているすべてのお金」は入試問題で頻出の表現。

Point 082 関係代名詞 what を用いた慣用表現

304 **what S is**「今の**S**(の姿)」 標準

▶**what** は，**what S is**「今のS(の姿)」，**what S was[used to be]**「昔のS(の姿)」の形で慣用的に用いられる。本問では **owe A to B**「AはBのおかげだ」のAの位置に what he is「今の彼」を置いたもの。

＋プラス **what S has**「Sの財産」との対比で，**what S is** が「Sの人格」の意味で用いられることがある。また，**what S should[ought to] be** で「Sのあるべき姿」といった使い方もある。

---

299 ① **300** ③ **301** ④ **302** drew pictures of what we wanted to order **303** ④
304 ③

305 (a) He has changed a lot in ten years.
□□□ (b) He is not (　　　) he was ten years ago. 〈法政大〉

306 運動の身体に対する関係は，読書の頭脳に対する関係と同じである。
□□□ Exercise is to the body (　　　) reading is to the brain. 〈静岡大〉

307 次に，いわゆる「地球温暖化」について話しましょう。
□□□ Next, I would like to (what / talk / called / is / about) "global warming." 〈東京理科大〉

308 It was getting dark, and (　　　) was worse, we couldn't find our hotel.
□□□ ① which ② that ③ what ④ but 〈立命館大〉

309 You should remember it, and (　　　), you should get it right.
□□□ ① nevertheless ② what's more ③ however ④ on time 〈日本大〉

Point 083

310 The position was filled by a man (　　　) she thought was thoroughly competent.
□□□ ① of which ② who ③ whose ④ whom 〈東北学院大〉

305 (a) 彼は10年間でずいぶん変わった。
(b) 彼は10年前の彼ではない。
308 あたりはだんだん暗くなり，さらに悪いことに，私たちはホテルを見つけることができなかった。
309 あなたはそれを覚えておくべきだし，さらには，それをきちんと理解すべきです。
310 その地位は，彼女が申し分なく有能だと考えていた男性によって占められた。

305 what S was「昔のS(の姿)」 標準

306 A is to B what C is to D「AとBの関係はCとDの関係と同じだ」 発展

▶この表現は，通例，what C is to D の方に一般によく知られている関係が来る。

＋プラス 接続詞の **as** を用いた **A is to B as C is to D** も同意表現。

307 what is called A「いわゆるA」 英作 標準

▶本問では，talk about A「Aについて話す」のAを what is called (“global warming”) とまとめる。

!!注意 この表現は本来「Aと呼ばれるもの」の意から来ているので，**Aの前にカンマなどを打たない**こと。

＋プラス 同意表現の **what we[they / you] call A**「いわゆるA←Aと呼ぶもの」も重要。

308 what is worse「さらに悪いことに」 標準

▶**「what is＋比較級」**の形で，副詞表現を作るパターンがある。成句表現として押さえる。

＋プラス **what is more**(➡309)「その上」，**what is more important**「さらに重要なことに」なども重要。

309 what is more「その上／さらに」 標準

▶文脈から判断する。① nevertheless「それにもかかわらず」，③ however「しかしながら」，④ on time「時間通りに」では文意がつながらない。

Point 083 ⋮ 連鎖関係代名詞節

310 a man who she thought was ... の構造 読解 標準

▶ The position was filled by *a man*.
She thought *he* was thoroughly competent.

主格 he が用いられているから，関係代名詞は who になる。その who が，she thought を飛び越えて，節の頭に置かれたのが本問の英文。このように，関係代名詞の直後に「S+V」などが入りこんだように見える形を，**連鎖関係代名詞節**と呼ぶ。この形は，関係詞の問題としては最頻出項目。

!!注意 **連鎖関係代名詞節では，主格の who であっても省略されることがある**ので，英文読解では注意が必要。

305 what 306 what[as] 307 talk about what is called 308 ③ 309 ② 310 ②

311 Are you doing what (　　　)?
□□□
① you think you are right　　② you think it is right
③ you think is right　　④ it is you think right　〈日本工大〉

312 She is a ①promising swimmer ②whom we think will ③win a gold medal ④at the next Olympic Games.　〈昭和女子大〉
□□□

Point 084

313 どうか彼に，自分のためになるような本だけを読むようにと助言してください。
□□□
Please advise him to read only such (him / will / books / as / benefit).　〈国士舘大〉

314 こうした事柄の通例として，そのうわさはたちまち町中に広がった。
□□□
(these / case / the / affairs / is / as / with), the rumor swept through the town.　〈立命館大〉

315 (a) Everyone has weaknesses.
□□□
(b) There is no one (　　　) has weaknesses.
① but　② who　③ that　④ than　〈関西学院大〉

316 必要以上にお金を使ってはいけない。（1語不要）
□□□
Don't (is / money / more / need / needed / spend / than).
〈学習院大〉

311 あなたは，正しいと思うことをしていますか。
312 彼女は，次のオリンピック大会では金メダルをとると思われている前途有望な競泳選手です。
315 (a) 人は誰にでも，弱点がある。
(b) 弱点のない人はいない。

311 連鎖関係代名詞節を作る **what** 発展

▶関係代名詞 **what** も連鎖関係代名詞節を作る。本問の what は，節内では is の主語，what 節全体は doing の目的語。

▶①，②は完結した英文であり，what が節内で果たす役割がない。

312 **whom we think will win … → who we think will win …** 標準

▶関係詞節の前提となる英文は，We think *she* will win … と表されるはず。よって② whom は主格の who でなければならない。

Point 084 関係代名詞としての as / but / than の用法

313 先行詞が **such A**—関係代名詞は **as** 標準

▶**先行詞に such があれば，関係代名詞として as を用いる**。本問では such books を先行詞とし，as を主格の関係代名詞として使う。

＋プラス 上記以外に制限用法で関係代名詞 **as** を用いるのは，

(1) **先行詞に as がある場合**：as … as 〜

(2) **the same がある場合**：the same A as …

＊the same A の場合は，that も用いる。the same A that …

314 後の文内容が先行詞—関係代名詞は **as** 発展

▶**関係代名詞 as は，非制限用法で用いられた場合，後の文の内容または前の文の内容を先行詞と想定して用いることがある。**

▶本問は後の文の内容を先行詞としている。この場合には，**as is (often) the case (with A)**「(Aには)よくあることだが」，**as is usual (with A)**「(Aには)いつものことだが」といった定式化された表現で用いられることが多い。本問は前者の表現を作る。

▶この as を関係代名詞と考えるのは，文と文をつなぐ接続詞の働きだけでなく，節内で代名詞の働き(本問の場合は is の主語)もしているからである。

315 関係代名詞 **but**(＝**that … not …**)の用法 標準

▶**関係代名詞 but は，先行する文が否定文の場合に用いられる。** but 自体に否定の意味が含まれているから，英文全体は常に**二重否定**になる。

‼注意 入試では今でも問われるが，かなり古い表現なので，実際に使うのは避けたい。

316 関係代名詞的に用いられる **than** の用法 発展

▶**先行詞に比較級の表現がある場合，than を関係代名詞的に用いる。** 本問では more money を先行詞とし，than を主格関係代名詞として用いる。

---

311 ③ **312** ② whom → who **313** books as will benefit him **314** As is the case with these affairs **315** ① **316** spend more money than is needed(need 不要)

Point 085

317 Derek found an ideal environment (　　　).
□□□
① in which foreign languages to be learned
② in which to learn foreign languages
③ learning foreign languages in
④ which to learn foreign languages in 〈慶應義塾大〉

Point 086

318 彼らが自分の国を近代化する手助けをするために，私たちはできることを何でもしなければならない。
□□□
We must (can / do / to / we / whatever) help them modernize their country. 〈近畿大〉

319 動機は何であろうとも，注意深くしていることは良いことである。
□□□
（１語不要）
(may / motive / whatever / what / the) be, it is well to be on the side of caution. 〈関西大〉

320 家族が何と言おうが，デイヴィッドは考えを変えなかった。
□□□
David did not change his mind, no (to / matter / said / what / his family) him. 〈法政大〉

321 It's not only her friends that Ms. Kinoshita is kind to. She helps (　　　) needs her help.
□□□
① those　② whatever
③ whoever　④ whom 〈センター試験〉

317 デレクは，外国語を習得するのに理想的な環境を見つけた。
321 キノシタさんが親切にしているのは，彼女の友人たちだけではありません。彼女は，助けを必要としている人は誰でも助けます。

Point 085 前置詞＋関係代名詞＋to 不定詞

317 「前置詞＋関係代名詞＋**to** 不定詞」の用法 発展

▶**「前置詞＋関係代名詞＋to 不定詞」が，直前の名詞を修飾する**用法がある。**「前置詞＋関係代名詞」のセットが，必ず to 不定詞の前に来なければならない。**

この形は，近年，整序問題でもよく問われる。

▶この表現では前置詞を後置することはできない。よって④は不可。

Point 086 whatever / whoever / whichever の用法

いずれも名詞節を導く場合と副詞節を導く場合がある。副詞節を導く場合は，いずれも「no matter＋疑問詞」に置きかえられる。なお，whatever と whichever の違いは疑問詞 what「何が／何の」と which「どちらが／どちらの」の違いと同じで，選択の範囲が限られている場合に whichever を用いると考えておけばよい。

318 名詞節を導く **whatever**「…するものは何でも」 標準

▶本問の whatever は，節内では can do（do は省略）の目的語で，節全体は must do の目的語となる名詞節。

＋プラス 名詞節を作る **whatever** は，通例 **anything which** に置きかえられる。

319 副詞節を導く **whatever**「何が[を]…しようとも」 標準

▶**whatever** を用いて譲歩の副詞節を作る。

▶やや形式ばった表現だが，譲歩の副詞節では，助動詞 may を使うことがある。

320 **no matter what …**「何が[を]…しようとも」 標準

▶複合関係詞が，**譲歩の副詞節を作る場合**，**「no matter＋疑問詞」**に置きかえられる。問題 319 の **whatever** も，**no matter what** に置きかえられる。譲歩の意味では，whoever / whatever / whichever より no matter who / what / which の方がよく使われる。

321 名詞節を導く **whoever**「…する人は誰でも」 標準

▶本問では whoever は helps の目的語で，名詞節を作る。

＋プラス 名詞節を作る **whoever** は，通例 **anyone who** に置きかえられる。

＋プラス **whoever** は，「誰が…しようとも」の意の譲歩の副詞節も導く。

＋プラス **節内で目的語の働きをする場合は**，文法的には whomever を用いることになるはずだが，**今では whoever で代用される**ことが多い。

She helps *whoever* [whomever] she likes.

（彼女は，自分の好きな人であれば誰でも助ける）

---

317 ② **318** do whatever we can to **319** Whatever the motive may（what 不要）
320 matter what his family said to **321** ③

322 Does British foreign policy remain the same, (　　　) party is in power?
□□□
① whoever　② however　③ whichever　④ wherever　〈立命館大〉

Point 087

323 I will go with you (　　　) you go.
□□□
① whatever　② wherever　③ whichever　④ whoever　〈東北学院大〉

324 人前で話すとなると，いつもあがってしまいます。
□□□
(have / I / speak / whenever / to / public / in), I get nervous.
〈東北学院大〉

325 (　　　) busy you are, never fail to sleep at least six hours.
□□□
① However　② Whoever
③ Whatever　④ Whenever　〈関東学院大〉

326 (　　　) difficult it may be, you have to master the operation of the new computer.
□□□
① No matter however　② No matter how
③ No how　④ No matter　〈専修大〉

322 どちらの政党が政権に就こうとも，イギリスの外交政策は同じままですか。
323 私は君がどこに行こうともついていくつもりだ。
325 どんなに忙しくても，必ず少なくとも6時間は睡眠をとりなさい。
326 どんなに難しくても，新しいコンピュータの操作に習熟しなければならない。

322 **whichever** の用法―**whichever A** (+**S**) +**V...** の場合 発展

▶**whichever と whatever には，直後に名詞Aを伴って whichever A / whatever A の形を前提にして，名詞節や譲歩の副詞節を作る用法がある。** この点は疑問詞 which / what に，which book「どちらの本」/ what book「何の本」といった名詞を直後に伴う疑問形容詞の働きがあるのと同じ。本問の whichever party はその用法で，譲歩の副詞節を作る。no matter which party is ... と言いかえることもできる。

Point 087 ⋮ wherever / whenever / however の用法

常に副詞節を導く。譲歩の副詞節を導く場合は，「no matter＋疑問詞」に置きかえられる。

323 **wherever**「どこで…しようとも」の用法 標準

▶**wherever は「㋐…するところはどこでも，㋑どこで…しようとも」の意味を表す。** 本問は㋑の意味で使う。譲歩を表す本問のような㋑の場合は，**no matter where** に置きかえられる。

＝I will go with you *no matter where* you go.

324 **whenever**「…するときはいつでも」の用法 標準

▶**whenever は「㋐…するときはいつでも，㋑いつ…しようとも」の意味を表す。** 本問は㋐の意味で使う。なお，譲歩を表す㋑の場合は，**no matter when** に置きかえられる。

325 **however**「どんなに…でも」の用法 標準

▶**however は，通例，直後に形容詞・副詞を伴い「however＋形容詞[副詞]＋S＋V...」の形で用い，「どんなに…でも」という意味の譲歩の副詞節を作る。however は常に no matter how に置きかえられる。**

＋プラス however が直後に形容詞・副詞を伴わないときは「どんなやり方で…しようとも」の意味になるが，その用例は比較的少ない。

However you go, you must get to the airport by five.

(どんな方法で行くにせよ，あなたは5時までに空港に着かなければならない)

326 **no matter how＋形容詞＋S＋V...**「どんなに…でも」 標準

▶**問題325の however＋形容詞＋S＋V...**「どんなに…でも」を，**「no matter how＋形容詞＋S＋V...」** で表す。

---

322 ③ **323** ② **324** Whenever I have to speak in public **325** ① **326** ②

第11章 接続詞

Point 088

327 Jim's Japanese was not very good, (　　　) his speech still impressed the audience.
□□□
① because　② but　③ so　④ therefore　〈京都産大〉

328 I can't speak French, (　　　) can I read it.
□□□
① but　② also　③ nor　④ although　〈千葉工大〉

329 I was not familiar with the town, (　　　) I managed to get to the hotel.
□□□
① already　② so　③ then　④ yet　〈藤女子大〉

330 彼に仕事をすぐに始めさせましょう。さもないと，5時までに終えることはできないでしょう。
□□□
Let him start the work at once, (　　　) he won't be able to finish it by five.　〈大妻女子大〉

331 (a) If you study harder, you will pass the examination.
□□□
(b) Study harder, (　　　) you will pass the examination.
① and　② or　③ but　④ if　〈朝日大〉

Point 089

332 喫煙は高くつくし健康に有害だ。
□□□
Smoking is (　　　) expensive and bad for your health.　〈駒澤大〉

333 He is not a scholar (　　　) a writer.
□□□
① and　② also　③ but　④ than　〈岐阜聖徳学園大〉

334 This book is not only more instructive (　　　) more interesting than that book.
□□□
① that　② or　③ nor　④ but　〈関東学院大〉

335 To get to the sports arena, you can take (　　　) the bus or the train.
□□□
① either　② neither　③ both　④ nor　〈東海大〉

Point 088 ⋮ 等位接続詞

等位接続詞には，and / but / or の他に，so「それで」，yet「しかしながら」，nor「また…しない」や，前述の事柄に対して付加的な理由を表す for「というのは…だから」などがある。なお，接続詞の問題は，文意から選ぶものが多いので，問題の英文の正確な内容把握が鍵となる。

327 逆接の **but**－文意から判断 基本

328 **nor**「また…しない」の用法 標準

▶**nor は，否定文または否定的内容の文を受けて，次の文内容を否定する**接続詞。**nor の後に文が来る場合は，**本問のように**倒置形**(疑問文と同じ語順)**になる**(➡**470**)。

▶① but は，次に倒置形が来ているので不可。

329 逆接の **yet**「しかしながら／それでも」 標準

▶文意から判断して，接続詞用法の **yet** を入れる。

330 命令文 **…, or** ～「…しなさい，さもないと～／…しなければ～」 基本

＋プラス この表現は **If … not …** を用いた以下の英文との言いかえでもよく問われる。
If you *don't* let him start the work at once, he won't be able to finish it by five.

331 命令文 **…, and** ～「…しなさい，そうすれば～／…すれば～」 基本

Point 089 ⋮ 等位接続詞を用いた相関的表現

以下の表現のAとBには，原則として文法的に対等な表現が来る。

332 **both A and B**「**A**も**B**も」 基本

333 **not A but B**「**A**ではなく**B**」 基本

334 **not only A but (also) B**「**A**だけでなく**B**もまた」 基本

335 **either A or B**「**A**か**B**かどちらか」 基本

327 ジムの日本語はあまり上手ではなかったが，それでも彼のスピーチは聴衆に感銘を与えた。
328 私はフランス語を話せませんし，読むこともできません。
329 なじみのある町ではなかったが，どうにかホテルに着いた。
331 (a) もっと一生懸命勉強すれば，あなたは試験に合格するだろう。
(b) もっと一生懸命勉強しなさい，そうすればあなたは試験に合格するだろう。
333 彼は学者ではなく，作家です。
334 この本は，あの本よりもためになるだけでなくおもしろい。
335 スポーツアリーナに行くにはバスか電車のどちらでも利用できますよ。

327 ② **328** ③ **329** ④ **330** or[otherwise] **331** ① **332** both **333** ③ **334** ④
335 ①

336 □□□ (　　　) my father nor my brother smokes.
① Either　② Both　③ Neither　④ Not only 〈芝浦工大〉

Point 090

337 □□□ Do you have to eat the whole of a bad egg to know (　　　) it is bad?
① when　② that　③ what　④ which 〈中部大〉

338 □□□ I could not believe the fact (　　　) California used to belong to Mexico.
① why　② how　③ that　④ which 〈日本女子大〉

339 □□□ I doubt (　　　) we'll finish in time for Christmas.
① how　② if　③ when　④ why 〈中部大〉

340 □□□ (　　　) you should stop smoking is the biggest decision you have to make.
① If　② Unless　③ While　④ Whether 〈学習院女子大〉

考え方 ● 名詞節を導く接続詞 that と関係代名詞 what

いずれも名詞節を作るが，that は接続詞なので以下に完結した文が来るのに対し，what は節内で名詞の働きをしなければならないから（➡Point 081），what を除いてしまうと節内に名詞表現が欠けることになる。**完結した文なら that，名詞表現が欠けていれば what** である。

(a) My parents know (　) I want this book.
（私の両親は私がこの本を欲しがっていることを知っている）

(b) My parents know (　) I want.
（私の両親は私が欲しいものを知っている）

＊(a)は空所の後に完結した文が来ているので接続詞 that が入り，(b)は節内に want の目的語が欠落しているので what が入る。節内では，what は want の目的語になっている。

336 父も兄もタバコを吸いません。
337 腐っていることを知るために，腐った卵を全部食べる必要があるのかい？
338 私はかつてカリフォルニアがメキシコ領だったという事実を信じることができなかった。
339 私たちがクリスマスに間に合うように終わらせられるかどうか，私には疑わしい。
340 タバコをやめるべきかどうかは，あなたが下さなければならない最大の決断です。

336 **neither A nor B**「**A**も**B**も…ない」 基本

▶問題 332 〜 336 の表現が主語の場合の動詞の形は，p.157【整理39】を参照。

Point 090 名詞節を導く接続詞 that / if / whether

名詞節を導く接続詞 that と関係代名詞 what の違いは，左頁の考え方で正確に理解しておこう。

337 名詞節を導く接続詞 **that**「…する(という)こと」 基本

▶**接続詞 that には，名詞節を作り，文中で主語・目的語・補語となる用法がある。**ただし，原則として前置詞の目的語にはならない。本問では know の目的語となる名詞節を作っている。

▶空所の後には完結した文が来ているので，③ what は不可(➡左頁の考え方)。

338 同格の名詞節を導く接続詞 **that**―**A that** 節「…という**A**」 標準

▶**接続詞 that が導く名詞節は，名詞の後に置かれて，その具体的内容を表す場合がある。**この場合，**同格**の名詞節という。**A that 節**で「…という A」と訳すのが原則。

▶④ which は不可。関係代名詞は節内で名詞の役割を果たすが，本問の空所の後には完結した文が来ており，関係代名詞が果たす役割がない。

339 動詞の目的語となる名詞節を導く接続詞 **if**「…かどうか」 基本

▶接続詞 **whether** と **if** には「…かどうか」の意味を表す名詞節を導く用法がある。

▶ただし whether 節が主語・目的語・補語・前置詞の目的語になるのに対し，**if 節は動詞の目的語と形式主語 it をたてた場合の真主語としてしか用いられない**(➡340)。

▶本問は，動詞 doubt の目的語となる名詞節なので② if が使える。選択肢に whether があれば，それも可。

340 文の主語となる名詞節を導く **whether**「…かどうか」―**if** は不可 標準

▶文の主語となる名詞節なので，if は不可(➡339)。

+プラス 形式主語 it をたてた以下のような英文なら，if が使われることもある。

It is questionable *if* [*whether*] the story is true.
(その話が本当かどうか疑わしい)

---

336 ③ 337 ② 338 ③ 339 ② 340 ④

Point 091

341 He is a good writer (　　　) he has an elegant style.
□□□ ① that　② in which　③ if that　④ in that 〈松山大〉

Point 092

342 Let me know at once (　　　) you have finished it.
□□□ ① when　② until　③ for　④ so that 〈中京大〉

343 I haven't seen Rich (　　　) he returned from New Zealand.
□□□ ① as　② since　③ when　④ until 〈東海大〉

344 It's been ages (　　　).
□□□ ① since I last played tennis　② that I haven't played tennis
③ after I didn't play tennis　④ that I don't play tennis
〈名古屋工大〉

345 You had better write it down (　　　) you forget it.
□□□ ① after　② before　③ whether　④ while 〈京都学園大〉

346 私はまもなく彼に追いつくでしょう。
□□□ It (with him / before / be / won't / catch / I / up / long).
〈東京家政大〉

347 (　　　) I met John, he was still a college student.
□□□ ① At first　② For the first time
③ In the first　④ The first time 〈聖学院大〉

341 優雅な文体を持っているという点で，彼は優れた作家だ。
342 それを終えたときには，すぐに私に知らせてください。
343 リッチがニュージーランドから戻って以来，私は彼に会っていない。
344 この前テニスをしてから，ずいぶんと久しい。
345 忘れないうちに，それを書きとめておいた方がいいよ。
347 私がジョンに初めて会ったとき，彼はまだ大学生でした。

Point 091 in that ...「…する点で」と except that ...「…することを除いて」

341 in that ...「…する点で／…するので」 標準

▶原則として that 節は前置詞の目的語とならない(➡337)が，**in that ...**「…する点で／…するので」と，**except that ...**「…することを除いて」の形がある。**in that**，**except that** で 1 つの接続詞と考えるとよい。

＋プラス **except that** の用例は以下を参照。
I know nothing about him *except that* he is a doctor.
(彼が医者だということを除けば，彼について私は何も知らない)

Point 092 時の副詞節を導く接続詞

342 when ...「…するとき」─文意から判断 基本

343 since ...「…して以来」─文意から判断 基本

!!注意 本問の haven't seen のように，主節には完了時制が用いられることが多い。

344 It is [has been] ... since 〜「〜してから…になる」 基本

▶Point 011 参照。ages という複数形で「長い間」の意味。

345 before ...「…しないうちに」─文意から判断 読解 基本

▶**before** は，「…する前に」 の意味を表す接続詞だが， 文脈によっては「**…しないうちに**」と否定的に訳した方がよい場合がある。

!!注意 これはあくまでも訳の問題であり，before 以下を否定形にする必要はない。この点は正誤問題でも問われるので注意。

346 It won't be long before ...「まもなく…するだろう」 標準

▶**It will not be long before ...**「まもなく…するだろう(←するまで長くはかからないだろう)」はよく用いられる表現。before 節は時の副詞節なので，未来のことでも現在時制を用いる(➡19)。

▶It is＋時間＋before ...「…するまで〜の時間がかかる」が基本の形。以下のような形もある。

It was a month before he got well.(彼が回復するまで 1 か月かかった)

347 the first time ...「初めて…するとき」 標準

▶**the first time** は接続詞として「初めて…するとき」の意味を表す。

▶① At first「最初は」(➡703)，② For the first time「初めて」(➡703) は副詞句。

＋プラス time を用いた，接続詞の役割を果たす表現として **next time**「今度…するとき」，**every [each] time**「…するときはいつでも」を押さえておこう。

---

341 ④ 342 ① 343 ② 344 ① 345 ② 346 won't be long before I catch up with him 347 ④

348 There won't be any train service (　　　) this terrible snowstorm is over.
□□□
① by the time　② while　③ since　④ until　〈法政大〉

349 (　　　) you are fifty, the world will have greatly changed.
□□□
① Until　② Since　③ By the time　④ While　〈横浜市立大〉

350 She said no every time, (　　　) at the last moment she suddenly agreed to take us.
□□□
① until　② by　③ during　④ where　〈亜細亜大〉

351 人は病気になって，初めて健康のありがたさがわかるものです。
□□□
You cannot (of / health / appreciate / until / the importance) you are ill.　〈九州産大〉

Point 093

---

352 I left the house (　　　) I heard the news.
□□□
① as soon as　② during　③ until　④ while　〈早稲田大〉

353 (a) I had hardly left the building when I was asked some questions by a police officer.
□□□
(b) The (　　　) I left the building, I was asked some questions by a police officer.
① instance　② moment　③ time　④ sooner　〈駒澤大〉

354 君が出て行けと言えば，すぐに出て行くよ。
□□□
I will go away (directly / me / tell / to / you).　〈東京理大〉

348　この激しい吹雪が収まるまで列車の運行はないでしょう。
349　あなたが50歳になるまでには，世界は大きく変わっているでしょう。
350　彼女はいつも嫌だと言っていたが，最後の最後に，突然私たちを連れていくことに同意した。
352　私はその知らせを聞くとすぐに，その家を離れた。
353　(a) (b) 建物を出たとたんに一人の警察官にいくつか職務質問をされた。

348 **until [till]** と **by the time** の違い 標準

▶接続詞 **until [till]** は，**「…するまでずっと」の意味**で主節動詞の継続した状態・動作の終了の時点を表す。

▶接続詞 **by the time** は**「…するまでには」の意味**で主節動詞の行為の完了の期限を表す。

▶日本語の訳の違いだけでも十分に判断できるが，本問は「吹雪が収まるまで列車の運行はない」のだから④ until が入る。

349 **by the time …**「…するまでには」 標準

▶「50歳になるまでには」の意味だから③ By the time が入る（➡**348**）。

350 **, until [till] …**「そしてついに…」 標準

▶until [till] は，通例カンマの後に置いて，「そしてついに…」の意味で用いられることがある。

▶本問のように，直後に at the last moment「いよいよというときに」や at last「ついに」を伴うことが多い。

351 **not … until** 〜「〜して初めて…する」 読解 標準

▶**not … until [till]** 〜の形で「〜して初めて…する」と訳されることがある。これは訳し方の問題で，「〜するまで…しない」と文意をとっても可。本問の日本語訳も，「病気になるまで健康のありがたさがわからない」と表現することができる。

Point 093 「…するとすぐに」の表現

352 **as soon as …**「…するとすぐに」―文意から判断 基本

353 **the moment …**「…するとすぐに」 標準

▶**the moment** は接続詞として用いられることがある（➡**【整理32】**）。

354 **directly …**「…するとすぐに」 標準

▶directly を接続詞として使う（➡**【整理32】**）。この使い方はイギリス用法。

▶文尾の to は to go away の意味を表す代不定詞（➡**119**）。

整理 32 接続詞 the moment など

接続詞として，as soon as と同様の意味・用法を持つものとして，以下がある。いずれも「…するとすぐに」の意味。正確に押さえること。

the moment, the instant, the minute, immediately, directly

348 ④ **349** ③ **350** ① **351** appreciate the importance of health until **352** ①
353 ② **354** directly you tell me to

355 I had no sooner uttered the words (　　　) I regretted them.
□□□ ① that　② than　③ if　④ as　〈佛教大〉

356 (　　　) he entered the room when they stopped laughing.
□□□ ① Hardly had　② Had hardly　③ On having　④ Having had　〈松山大〉

Point 094

357 Let's try to do our best, (　　　) we can expect no help from anyone else.
□□□ ① since　② unless　③ that　④ what　〈桃山学院大〉

358 I hardly recognized you, (　　　) you've changed so much.
□□□ ① because　② that　③ even if　④ although　〈湘南工科大〉

359 A man is not great (　　　) he knows many things.
□□□ ① for　② as　③ because　④ since　〈実践女子大〉

Point 095

360 (　　　) you sow at the right time, you cannot expect a rich harvest.
□□□ ① Whenever　② If　③ Unless　④ Wherever　〈西南学院大〉

整理 33　… no sooner … than 〜など

「…するとすぐに〜」の意味を表す相関表現は，以下のように整理して押さえておく。

(1) **… no sooner … than 〜**

(2) **… (hardly / scarcely) … (when / before) 〜**

＊主節動詞 (…) に過去完了形，従節動詞 (〜) に過去形を用いて，過去の内容を表すことが多い。

＊**no sooner**，**hardly**，**scarcely は否定語だから，文頭に来ると主語と動詞は倒置形になる。**(この点は「第14章　疑問文と語順」で詳しく扱う)

355 その言葉を口にすると，私はすぐに後悔した。
356 彼が部屋に入ったとたん，彼らは笑いをやめた。
357 私たちは他の誰からも援助を期待できないのだから，最善を尽くすように努力しよう。
358 ほとんどあなただとはわからなかった。というのも，ずいぶんと変わってしまっていたから。

355 **… no sooner … than** 〜「…するとすぐに〜」 

▶用法や注意すべき点は，左頁の**【整理33】**を参照。

356 **Hardly[Scarcely] had S done … when** 〜「…するとすぐに〜」 標準

▶**… hardly[scarcely] … when[before]**〜の hardly が文頭に来た形を作る。なお **Hardly が文頭**に来る場合は，**後は過去完了の倒置形**になることに注意（➡左頁の**【整理33】**）。

Point 094 ⋮ 理由の副詞節を導く接続詞

357 理由を表す接続詞 **since** 基本

▶**since** には「…して以来」（➡**343**）という意味以外に，理由「…だから」を表す用法がある。

358 理由を表す接続詞 **because** 基本

359 **not … because** 〜「〜だからといって…でない」 標準

▶**not … because** 〜の形で「〜だからといって…でない」という意味を表す。この意味では because の前にカンマを置かない。

▶① for，② as，④ since はいずれも理由を表す接続詞だが，本問では不可。「人は偉大でない，なぜならたくさんのことを知っているから」というありえない意味になる。

+プラス **not … because** 〜の形で「…でない。なぜなら〜だからだ／〜だから…でない」の意味になることもある。

+プラス because / since / as の節は，原則として主節の前にも，主節の後にも置くことができるが，**for は等位接続詞であり，主節の後にしか置くことができない。** For S+V…, S′+V′〜の形はない。

Point 095 ⋮ 条件を表す副詞節を導く接続詞

360 **unless …**「…しない限り」—文意から判断 標準

▶**unless** は，「…しない限り」の意味を持つ接続詞で，通例，if … not … に置きかえられる。

‼注意 unless は条件の締めつけが強く，逆に**すべての if … not … が unless に置きかえられるわけではない。** unless の方が使用範囲が狭いので，選択肢に if … not … と unless が並んでいれば if … not … の形を選ぶのが無難。

359 人は，たくさんのことを知っているからといって偉いわけではない。
360 適切な時期に種をまかなければ，豊かな収穫は見込めない。

355 ② **356** ① **357** ① **358** ① **359** ③ **360** ③

361 I will forgive him (　　　) he acknowledges his mistakes.
□□□ ① provided　② otherwise
③ nevertheless　④ however　〈青山学院大〉

362 I'll lend you the money (　　　) condition that you return it within six months.
□□□
① with　② for　③ in　④ on　〈玉川大〉

363 She behaves (　　　) she were a queen.
□□□ ① although　② because　③ so that　④ as if　〈和洋女子大〉

Point 096

364 (　　　) he has lived in Japan for some time, he cannot speak Japanese very well.
□□□
① Although　② Even　③ However　④ Nevertheless　〈駿河台大〉

365 (　　　) it rains tomorrow, the music festival will take place as planned.
□□□
① Although　② Even if　③ During　④ Because　〈甲南大〉

366 Dark (　　　) it was, we found our way back.
□□□ ① as　② if　③ that　④ while　〈中部大〉

367 You must go there with your parents, (　　　) you like it or not.
□□□ ① when　② though　③ whether　④ as　〈名城大〉

361 彼が間違いを認めれば，私は彼を許しましょう。
362 6か月以内に返すという条件で，君にお金を貸しましょう。
363 彼女はまるで女王であるかのように振る舞う。
364 彼は，かなりの間日本に住んでいるけれども，日本語をあまりうまく話せない。
365 明日たとえ雨が降っても，音楽祭は予定通り行われます。
366 暗かったけれども，私たちはなんとか帰ることができた。
367 皆さんは好むと好まざるとにかかわらず，ご両親とそこに行かなければなりません。

361 provided (that) ...「もし…ならば」 標準

整理 34 動詞から派生した条件節を導く表現

以下はいずれも **if**「もし…ならば」の意味を表す。
provided (that), providing (that), supposing (that), suppose (that)
!!注意 supposed (that) の形はない。ダミーの選択肢に使われることがあるので注意。

362 on condition that ...「…という条件で／…ならば」 標準

▶**on condition that も，if で置きかえられる場合が多い。**

363 as if ...「まるで…するかのように」 標準

▶空所の後には仮定法過去の英文が来ている(➡**91**)。
▶**as though** も同意表現である。

Point 096 譲歩の副詞節を導く接続詞

364 although ...「…だけれども」 標準

▶譲歩を表す接続詞 **although**「…だけれども」を入れる。**though** と同意。

365 even if ...「たとえ…でも」 読解 標準

+プラス ほぼ同意の表現として **even though** も押さえておこう。even if が「事実はどうであれ」といったニュアンスが強いのに対し，even though は過去や現在の「事実」に関して使う傾向がある。なお，**if** だけでも**「たとえ…でも」**という譲歩の意味を表すことがある。

366 形容詞＋as＋S＋V...の譲歩表現 標準

▶**形容詞／副詞／無冠詞名詞＋as＋S＋V...**の形で「…だけれども」という譲歩の意味を表す。**as** の代わりに **though** を用いることもあるので注意。
!!注意 無冠詞名詞の例は入試ではまだ出題されているが，現代英語ではほとんど使われていない。
+プラス **as** を用いた上記の形で「…なので」という理由の意味で用いられることがある。
Good *as* Tom is, he is loved by his classmates.
(トムはよい人なので，級友に好かれている)

367 whether ... or ～「…であろうが～であろうが」 標準

▶**whether は，通例 whether ... or ～**の形で用いて「…であろうが～であろうが」の意味を表す副詞節を導く用法がある。本問のように **whether ... or not** の形で用いることも多い。
▶名詞節を導く whether は問題 **339，340** 参照。

361 ① **362** ④ **363** ④ **364** ① **365** ② **366** ① **367** ③

Point 097

368 The soup was (　　　) hot that I almost burned my tongue.
□□□ ① such　② much　③ very　④ so 〈芝浦工大〉

369 It was (　　　) a terrible day that we decided not to go.
□□□ ① very　② so　③ specially　④ such 〈拓殖大〉

370 (　　　) was the professor's pride that she could not ignore the insult.
□□□ ① So　② Such　③ Small　④ Little 〈摂南大〉

Point 098

371 (a) I got up at five that morning so as to catch the first train.
□□□ (b) I got up at five that morning (　　　) (　　　) I could catch the first train. 〈徳島文理大〉

372 中に何が入っているのか，私にわかるようにバッグを開けてください。
□□□ Please open up your bag (can / have / I / so / you / see / what) in it. 〈近畿大〉

368 スープはとても熱くて舌をやけどするところだった。
369 最悪の日だったので，私たちは行かないことに決めた。
370 教授の自尊心は非常に強かったので，彼女はその侮辱を無視することができなかった。
371 (a) (b) 始発列車に乗るために，その日の朝は5時に起きた。

Point 097 結果・程度を表す接続詞

368 **so … that** 〜 構文「とても…なので〜／〜するほど…」 読解 基本

▶① such が不可の理由は次問を参照。

＋プラス so … that 〜の that の前が否定表現なら，「〜するほど…でない」と訳し上げるのがよい。

He was *not so* tired *that* he could not walk.

(彼は歩けないほど疲れてはいなかった)

＋プラス so の後は形容詞・副詞が来る。**名詞を伴うときは「so＋形容詞＋a＋名詞」**の語順になる(➡Point 120)。

369 **such … that** 〜 構文「とても…なので〜／〜するほど…」 標準

▶**such … that** 〜 構文も文意は so … that 〜 構文と同じ。ただし，「**such ＋(a)＋(形容詞)＋名詞**」の形をとる。

▶② so は，a terrible day の語順につながらない。terrible a day であれば，so が入り such が不可になる(➡**368**)。

370 **S is such that … → Such is S that …** 発展

▶**S is such that …** の形で「Sは大変なものなので…／Sは…するほどのものだ」の意味を表す。S is so great that … とほぼ同意。

▶**S is such that …** は **Such is S that …** の倒置形になることも多く，本問はその形。

Point 098 目的を表す接続詞

371 **so that S can …**「…するために」 標準

▶**so that S can[will / may] … / in order that S can[will / may] …** で，「…するために」という「目的」を表す副詞節を導く用法がある。

!!注意 助動詞を否定形にすれば，「…しないために」の意味になるが，その場合 can / could は避けられることが多い。

＋プラス **so that の前に通例カンマを置いて，「それで，その結果」という「結果」を表す用法もある。**この場合，原則として助動詞は用いられない。

He overslept, *so that* he missed the first train.

(彼は寝過ごしたため，始発列車に乗り遅れた)

372 **so S can …**「…するために」 発展

▶**so that S can**(➡**371**)**は，that を省略して，so S can …**の形で口語的に用いられることがある。この場合は助動詞に can を用いるのが一般的。

＋プラス 逆に，so that の so を省略して，that S may…の形で用いられる場合もあるが，これはかなり文語的表現。この場合は may を用いることが多い。

368 ④ **369** ④ **370** ② **371** so that **372** so I can see what you have

373 また失敗するといけないから，彼は一生懸命勉強した。
□□□ He worked hard for (　　　) he should fail again. 〈立命館大〉

374 I don't think it'll rain, but I'll take an umbrella (　　　) it does.
□□□ ① as if ② even though ③ in case ④ now that 〈関東学院大〉

Point 099

375 一度決心したからには，途中でやめるつもりはない。
□□□ (I've / that / now / made up / my mind), I have no intention of giving up on the way. 〈愛知工大〉

376 (　　　) you learn the basic rules of the game, I'm sure you'll enjoy it a lot.
□□□
① Although ② While ③ Once ④ Therefore 〈東京造形大〉

Point 100

377 As (　　　) as I know, all wild animals keep themselves clean.
□□□ ① far ② long ③ possible ④ well 〈甲南大〉

378 We agreed to buy my daughter a dog (　　　) she takes it for a walk every day.
□□□
① while ② otherwise ③ unless ④ as long as 〈成蹊大〉

374 雨は降らないと思うけれど，降るといけないから傘を持っていきます。
376 いったんゲームの基本的なルールを身につけてしまえば，あなたはきっとそのゲームを大いに楽しめるでしょう。
377 私の知る限り，すべての野生動物はいつも体をきれいにしています。
378 毎日散歩に連れていくことを条件に，私たちは娘に犬を買ってあげることを承諾した。

373 **for fear (that) ...**「…しないように／…する場合に備えて」 標準

▶**for fear (that) S should [might / would / will] ...** は，「…しないように／…する場合に備えて」という意味。

+プラス **lest S (should) do ...** が同意表現だが，こちらは文語的表現。

374 **in case S+V ...**「…する場合に備えて」 英作 標準

▶文尾の does は rains のくり返しを避けたもので，代動詞と呼ばれる。

!!注意 **in case S+V ...** は，「…する場合に備えて」という意味を表す点では，for fear (that) ... (➡**373**) と同じだが，「…しないように」の意味にはならない。

!!注意 in case の節内に should を用いることもあるが，will / would / might は用いない。

+プラス **in case S+V ...** で「もし…なら」という if と同じ意味を表す用法(アメリカ用法)があることも押さえておこう。

What shall we do *in case* it rains?

(もし雨が降ったら，どうしましょうか)

Point 099 接続詞として用いる now (that) と once

375 **now (that) ...**「今やもう…だから」 標準

▶make up one's mind「決心する」は重要イディオム(➡**781**)。

!!注意 接続詞 now that の that は省略可能。

376 **once ...**「ひとたび…すると／いったん…するからには」 標準

!!注意 now that との類推からか，once that も可能と考えている人が多いが，once には that を従える形はない点に注意。

Point 100 接続詞 as [so] far as と as [so] long as

接続詞 as [so] far as は「…する限り(では)」という意味で範囲・制限を表すが，as [so] long as は時・条件を表し，「…する限り／…する間(=while)，…しさえすれば(=if only)」の意味となる。
日本語では区別がつかない場合が多いので，表す内容が「範囲・制限」なのか「時・条件」なのかを確実にとらえること。
それでも判断がつかなければ，while または if (only) に置きかえられれば as [so] long as，置きかえられなければ as [so] far as と考える。

377 **as [so] far as** と **as [so] long as** の違い 標準

▶本問は範囲・制限を表すので **as far as** の形にする。while や if (only) には置きかえられない。

378 **as [so] long as ...**「…しさえすれば／…する条件で」 標準

▶条件を表す **as long as** を用いる。

---

373 fear **374** ③ **375** Now that I've made up my mind **376** ③ **377** ① **378** ④

Point 101

379 The train is out of service (　　　) the rail construction is going on.
□□□
① with　② while　③ after　④ during　〈玉川大〉

380 Some people say that the Internet is a passing fashion, (　　　) others believe it is a turning point in human history.
□□□
① during　② while　③ judging from　④ considering　〈国立看護大学校〉

381 (　　　) I sympathize with you in your situation, I can't help you.
□□□
① While　② Whether　③ Whichever　④ Since　〈佛教大〉

Point 102

382 (　　　) we went up the mountain, the air became thinner.
□□□
① As　② During　③ When　④ Since　〈成城大〉

383 Do in Rome (　　　) the Romans do.
□□□
① where　② while　③ as　④ according to　〈中京大〉

384 Don't touch my writing-table; leave it (　　　) it is.
□□□
① when　② if　③ that　④ as　〈中央大〉

385 メアリーは，多くの少女と同じように彼女を見た。
□□□
Mary (way / her / at / looked / the) a lot of girls did.　〈大阪大谷大〉

379 レールの工事が続いている間，列車は運行を休止している。
380 インターネットは一時的な流行であると言う人たちがいる一方で，それが人類の歴史における転換点であると信じている人たちもいる。
381 あなたの境遇は気の毒に思いますけれども，私はあなたを助けることはできません。
382 山に登っていくにつれて，空気はますます薄くなってきた。
383 郷に入りては郷に従え。〈ことわざ〉（←ローマでは，ローマ人がするようにしなさい）
384 私の書き物テーブルには触らないで。そのままにしておいてくれ。

Point 101 接続詞 while の用法

接続詞 while には，時「…する間」，対比「〜，一方…」，譲歩「…だけれども」を表す用法がある。

379 時の **while …**「…する間」 基本

▶④ during「…の間」は前置詞。後に「S＋V …」は来ない。

380 対比の **while …**「〜，一方…」 標準

381 譲歩の **while …**「…だけれども」 標準

▶譲歩を表す while 節は，本問のように主節の前に置かれることが多い。

＋プラス while 同様，対比・譲歩を表す接続詞として **whereas** も押さえておこう。本問および前問は，選択肢に whereas があればそれも正解になる。

Point 102 接続詞 as の用法

382 比例の **as …**「…するにつれて」 標準

383 様態の **as …**「…するように」 標準

＋プラス **as you please [like]**「好きなように」といった成句的表現でも用いられる。

384 **as＋S＋be** 動詞「そのままに／あるがままに」 標準

▶様態の as の用法の一つ。通例，文尾や目的語の後で用いられ，**as＋S＋be 動詞**「そのままに／あるがままに」の意味になる。

▶本問は，単数形の名詞 my writing-table を受けるので as it is となっている。

385 様態の **the way …**「…するように」 標準

▶様態の **the way …**「…するように」は，様態の as の同意表現と考えてよい。

▶文尾の did は looked at her のくり返しを避けた代動詞。

＋プラス **the way** には「…するやり方」の意味もある（➡**288，289**）。

整理 35 接続詞 as のまとめ

接続詞 as には多様な意味がある。ここでまとめておこう。

(1) **理由**「…するので」
(2) **時**「…するとき」
(3) **比例**「…するにつれて」（➡382）
(4) **様態**「…するように」（➡383）
(5) **譲歩**「…するけれども」（形容詞／副詞／無冠詞名詞＋as S＋V…の形で）（➡366）

379 ② **380** ② **381** ① **382** ① **383** ③ **384** ④ **385** looked at her the way

第12章 前置詞

Point 103

386 The next committee meeting will be held (　　) the 7th of January.
□□□
① at　② of　③ on　④ in　〈北里大〉

387 He started for London (　　) the morning of the seventh.
□□□
① in　② on　③ to　④ at　〈桃山学院大〉

388 I parked my car (　　) the corner where the bank is.
□□□
① upon　② into　③ at　④ for　〈駒澤大〉

389 Ted Carson was born (　　) at 10:30 in the morning.
□□□
① on New York by August 7, 1944
② in New York in August 7, 1944
③ in New York on August 7, 1944
④ on New York at August 7, 1944　〈清泉女子大〉

Point 104

390 I will go now and will be back (　　) about an hour.
□□□
① with　② in　③ by　④ on　〈九州産業大〉

386 次回の委員会は１月７日に開催されます。
387 ７日の午前中に，彼はロンドンに向かって出発した。
388 私は，車を銀行のある角に止めた。
389 テッド・カーソンは1944年８月７日午前10時30分にニューヨークで生まれた。
390 今から出かけて１時間ほどで戻ってきます。

Point 103 ⋮ 時・場所を表す前置詞 in / on / at の基本用法

【整理36】と【整理37】で考え方を押さえておこう。

386 「日」を表す **on** 基本

387 特定の朝を表す **on** 標準

▶一般的な朝を表す場合は in the morning と in を用いる。

388 地点を表す **at** 基本

389 広い場所を表す **in** 基本

▶「日」を表す on,「時の1点」を表す at, 一般的な朝を表す in the morning が使われていることも確認しよう。

整理 36 時を表す in / on / at の基本用法

(1) **in**—幅のある期間に用いる。
・*in* 1997「1997年に」
・*in* (the) summer「夏に」
・*in* March「3月に」

(2) **on**—「日」を示す場合に用いる。
・*on* Sunday「日曜日に」
・*on* August 20(th)「8月20日に」

(3) **at**—「時の1点」を示す場合に用いる。
・*at* five o'clock「5時に」

＊なお，不特定で一般的な朝・午後・夜などを示す場合は，**in the morning / in the evening** など in を用いるが，特定の朝などや形容詞が修飾している場合は **on the morning of June 25th / on a cold night** など on を用いる。

整理 37 場所を表す in / at の基本用法

(1) **in**—㋐比較的広い場所の中であることを示す，㋑何かで囲まれた「内部」を示す。
㋐ *in* Japan「日本で」，㋑ *in* my car「私の車で」

(2) **at**—㋐比較的狭い場所であることを示す，㋑地点を示す。
㋐ *at* a town *in* Kyushu「九州のある町で」，㋑ *at* the door「ドアのところで」

Point 104 ⋮ 注意すべき時を表す前置詞

390 経過を表す **in**「今から…で／…経つと」 標準

＋プラス「…以内に」の意味では **within** を用いることも押さえておこう。
You will get there *within* [*in*] two hours.
(君は2時間以内に[2時間で]そこに着くだろう)

---

386 ③ **387** ② **388** ③ **389** ③ **390** ②

391 Fred is a friend I've known (　　　) ten years.
□□□ ① since　② of　③ during　④ for 〈日本大〉

392 (a) While I was in the hospital, I learned how important it is to be patient.
□□□ (b) (　　　) (　　　) stay in the hospital, I learned how important it is to be patient. 〈津田塾大〉

393 "How long did you wait?"
□□□ "(　　　) six o'clock."
① For　② On　③ Until　④ By 〈聖学院大〉

394 Please finish the essay (　　　) the end of the class.
□□□ ① by　② during　③ until　④ while 〈早稲田大〉

395 This is the heaviest snowfall (　　　) twenty years.
□□□ ① after　② at　③ in　④ on 〈和洋女子大〉

Point 105

396 There was a full moon (　　　) the forest.
□□□ ① into　② on　③ above　④ out 〈立命館大〉

397 She is putting a lot of posters (　　　) the walls of her room.
□□□ ① at　② by　③ in　④ on 〈近畿大〉

398 I went skiing (　　　) Mt. Zao last weekend.
□□□ ① until　② at　③ to　④ for 〈拓殖大〉

391 フレッドは私の10年来の友だちです。
392 (a) (b) 入院をしていた間，私は忍耐強いことがいかに大切かを学んだ。
393 「どのくらい待った？」
「6時までだよ」
394 授業が終わるまでに，その作文を書き終えてください。
395 今回の降雪は，ここ20年で最もすごい。
396 森の上には満月が出ていた。
397 彼女は，自分の部屋の壁にたくさんのポスターを貼っているところだ。
398 先週末，私は蔵王山にスキーに行った。

391 **for** と **during** の違い 標準

▶前置詞 **for** は通例，数詞などのついた期間を表す語句を従えて，単に**「期間の長さ」**を表す。

▶**during** は定冠詞などのついた語句を従えて**「特定の期間」**を表す。

▶本問は，「10年間」という単なる期間を表しているので for が入る。

‼注意 **for a week**「1週間」，**during the week**「その週の間」，**during the vacation**「その休暇中」などで for と during の違いを確認すること。

392 **during my stay in the hospital**「私が入院中に」(➡391) 標準

393 **until[till]**「…まで(ずっと)」と **by**「…まで(には)」 標準

▶前置詞 **until[till]** と **by** との違いは，**接続詞 until[till] と by the time の違い**(➡348，349)と同じ。

▶本問は，継続した状態・動作の終了の時点を表す until が入る。

▶空所の後が six o'clock「6時」であるから，① For は不可。six hours であれば，問題 391 の for を使って，For six hours.「6時間です」が正答になる。

394 **by**「…まで(には)」(➡393) 標準

395 最上級＋**in**＋時間「…の間のうちで最も〜」 英作 標準

▶前置詞 **in** は，**最上級や first や last のある表現の後で「…の間のうちで」の意味を表す。**本問は最上級の後で用いられたもの。

＋プラス for the *first* time *in* five years「5年ぶりに←5年間で初めて」など「Aぶりに」の表現も押さえておこう。

Point 105 ⋮ 注意すべき場所を表す前置詞

396 **above**「(…から離れて)…の上に」 基本

＋プラス 反意語は **below**。**A above sea level**「海抜A」/ **A below sea level**「海面下A」はよく使われる表現。

397 場所を表す **on** の用法 標準

▶**on** が場所を示す前置詞として用いられるのは，「接触」を前提にして，「面」を意識する場合と考えればよい。必ずしも「…の上」である必要はない。本問は，その典型的用例。

398 **go doing** の後の前置詞 標準

▶go skiing をはじめとする **go doing** の形は，前置詞 to ではなく，doing に合わせた前置詞を用いる。**go swimming in the river / go skating on the lake / go sightseeing in London** など。正誤問題などでも頻出。

391 ④ **392** During my **393** ③ **394** ① **395** ③ **396** ③ **397** ④ **398** ②

Point 106

399 The land will be sold only (　　　).
□□□ ① for an acre　② to acres　③ in acre　④ by the acre　〈上智大〉

400 (a) She is three years older than Jane.
□□□ (b) She is older than Jane (　　　) three years.　〈学習院大〉

401 あなたは彼の提案に賛成ですか，それとも反対ですか。
□□□ Are you (　　　) or (　　　) his proposal?　〈西南学院大〉

402 Don't talk (　　　) your mouth full.
□□□ ① during　② with　③ when　④ over　〈関東学院大〉

403 メアリーは胃が痛くなって入院した。
□□□ Mary was admitted (in / hospital / to / a pain / her stomach / with).　〈関西外大〉

404 (a) The question is very important.
□□□ (b) The question is (　　　) great importance.　〈青山学院大〉

405 The wall was so low that they could jump over it (　　　).
□□□ ① in ease　② to ease　③ of ease　④ with ease　〈九州産大〉

406 That girl (　　　) the red sweat suit runs around the track every morning.
□□□ ① at　② for　③ in　④ to　〈京都学園大〉

399 その土地は，1エーカー単位でのみ売られるだろう。
400 (a) (b) 彼女はジェーンよりも3歳年上です。
402 口に食べ物をいっぱい入れたまま話してはいけません。
404 (a) (b) その質問はとても重要です。
405 その壁はとても低かったので，彼らは簡単に跳び越すことができた。
406 赤いトレーニングスーツを着たあの少女は，毎朝トラックを走っている。

Point 106 重要前置詞の用法

それぞれの前置詞が何を表すのかを正確に確認しながら，1つずつ押さえていくこと。

399 単位を表す **by the A**「**A**単位に／**A**ぎめで」 基本
▶**by the A と必ず the を用いること，A には単位を表す名詞が来ることを**押さえる。*cf.* **by the hour**「時間ぎめで」

400 差を表す **by**「…だけ／ほど」 標準
＋プラス 比較級表現の場合，(a)の文のように by を用いず，比較の差を表す語句をそのまま比較級の前に置くことがある（➡207）。

401 賛成の **for** ／反対の **against** 標準
＋プラス 賛成の **for A** は **in favor of A**（➡1233）との言いかえでもよく問われる。

402 付帯状況の **with**－**with**＋**A**＋形容詞 標準
▶Point 056 で「with＋A（名詞）＋分詞」の付帯状況表現を解説したが，そこで「**with＋A＋形容詞／前置詞句／副詞**」の用例についても述べた。本問は「**with＋A＋形容詞**」の用例。

403 付帯状況の **with**－**with**＋**A**＋前置詞句 標準
▶「**with＋A＋前置詞句**」の付帯状況表現を作る。

404 **of**＋抽象名詞＝形容詞 標準
▶「**of＋抽象名詞**」の形で形容詞と同じ働きをするものがある。本問は **of importance＝important** の意味になる。
＋プラス 他に **of use＝useful**，**of help＝helpful**，**of value＝valuable**，**of sense＝sensible**「分別のある」などを押さえておこう。

405 **with**＋抽象名詞＝副詞 標準
▶「**with＋抽象名詞**」の形で副詞と同じ働きをするものがある。本問は **with ease＝easily** の意味になる。
＋プラス 他に，**with care＝carefully**，**with kindness＝kindly**，**with rapidity＝rapidly**「速く」，**with fluency＝fluently**「流暢に」などを押さえておこう。

406 着衣の **in** 標準
▶**衣服などを身につけていることを示す場合，in を用いる。**
＋プラス **in red**［**white**］だけでも「赤い［白い］服を身につけて」の意味になる。

---

399 ④ **400** by **401** for, against **402** ② **403** to hospital with a pain in her stomach
404 of **405** ④ **406** ③

407 Let's talk (　　) a cup of tea, shall we?
□□□ ① in　② at　③ on　④ over 〈東海大〉

408 It is very mild (　　) the middle of January.
□□□ ① for　② with　③ on　④ of 〈関西外大〉

409 Sally is rather tall (　　) her age.
□□□ ① at　② of　③ to　④ for 〈獨協大〉

410 (　　) my surprise, she didn't come to their wedding party.
□□□ ① At　② By　③ To　④ With 〈東京理大〉

411 The judge finally settled everything (　　) everyone's satisfaction.
□□□ ① with　② from　③ in　④ to 〈中央大〉

412 He has two other children (　　) Alan.
□□□ ① besides　② except　③ without　④ on 〈立命館大〉

413 You could visit me any day (　　) Sunday. I go to church every Sunday.
□□□ ① of　② with　③ on　④ but 〈名城大〉

414 I'm afraid I left my pen in my office. Do you have something to write (　　)?
□□□ ① by　② to　③ with　④ for 〈青山学院大〉

407 お茶を飲みながら話しませんか。
408 1月半ばのわりにはとても天気が穏やかです。
409 サリーは年齢のわりにはかなり背が高い。
410 驚いたことに，彼女は彼らの結婚パーティーにやって来なかった。
411 すべての人が満足するように，裁判官は最終的にすべてのことを解決した。
412 彼には，アランの他にあと２人子どもがいます。
413 日曜日以外ならいつでも私を訪ねてきてください。毎週日曜日は教会に行きます。
414 あいにくオフィスにペンを忘れた。何か書くものを持っていますか。

407 従事の **over**「…しながら」 標準

▶**over** には「…しながら」という「従事」を表す用法がある。

‼注意 飲食物だけでなく **over a book**「本を読みながら」のようにも使う。

408 観点・基準の **for**「…のわりには」 標準

▶**for** には「…のわりには」という観点・基準を表す用法がある。

409 **for one's age**「年齢のわりには」 標準

▶観点・基準の **for** を用いた成句表現。

410 結果の **to**−**to**＋**A's**＋感情名詞「**A**が…したことに」 基本

▶「**to**＋**A's**＋**感情名詞**」は，結果としての感情状態を表す。「Aが…したことに」と訳せることが多い。

411 **to A's satisfaction**「**A**が満足するように」 標準

▶結果の to（➡410）を用いた **to A's satisfaction** は，一般に文頭で用いて「Aが満足したことに」，文尾で用いて「Aが満足するように」の意味を表す。本問は後者の用例。

412 追加の **besides**「…の他に／…に加えて」 標準

▶**besides** は肯定文では「…の他に／…に加えて」の意味で「追加」を表す。② **except** は「…を除いて」の意味で「除外」を表す。日本語では，判断がつきにくいので要注意。

▶本問では，Alan も「彼の子ども」であるはずだから，「追加」の besides が入る。

＋プラス **besides** は主として疑問文・否定文で「…を除いて」（＝except）の意味で使われることもある。

‼注意 よく似た前置詞に **beside** があるが，これは「…のそばに」という意味。besides と混同しないこと。

413 除外の **but**＝**except**「…を除いて」 発展

▶**but** には「…を除いて」という except の意味で前置詞として用いられる用法がある。

＋プラス **the last A but one**「最後から2番目のA←1つを除いた最後のA」という表現もよく用いられる。

414 道具の **with**「…を使って」 基本

▶**with** には，「…を使って／…で」という**道具・手段**を表す用法がある。

---

407 ④　408 ①　409 ④　410 ③　411 ④　412 ①　413 ④　414 ③

415 □□□ Unfortunately, we do not have any apartments available (　　　) furniture.

① at　② in　③ on　④ with　〈立命館大〉

416 □□□ I can't understand this mathematics problem; it is (　　　) me.

① ahead　② beyond　③ up to　④ all over　〈南山大〉

417 □□□ The beauty of the sunset was (　　　) description.

① over　② beyond　③ above　④ across　〈清泉女子大〉

418 □□□ (　　　) their severe early troubles, they ended up getting married.

① Because of　② Despite　③ Due to　④ By way of　〈青山学院大〉

419 □□□ (　　　) what I could understand, they convinced the government to back down.

① By　② As far as　③ About　④ From　〈立命館大〉

420 □□□ This is the café famous and popular (　　　) local residents as well as visitors.

① for　② among　③ in　④ to　〈日本大〉

421 □□□ 今週の最低気温は５度から10度の範囲で推移している。

The low temperature this week has ranged (　　　) five and ten degrees.　〈西南学院大〉

415 残念ながら，当社には家具付きアパートの空室はありません。
416 この数学の問題がわかりません。それは私の能力を超えています。
417 日没の美しさは，言葉では表せないほどだった。
418 最初のころのつらい困難事にもかかわらず，彼らは結局，結婚した。
419 私が理解できたことから判断すると，彼らは政府に非を認めさせた。
420 このカフェは有名で観光客はもとより地元住民の間でも人気がある。

415 所有の **with**「…を持って」 標準

▶**with** は「…を持って／…の付いた」という**所有**の意味を表すことがある。

416 能力の限界を超えたことを表す **beyond** 標準

▶**beyond A** で「Aの(能力の)限界を超えている」ことを表す用法がある。

＋プラス **above** にも同様の意味があり，本問は **above me** とも表現できる。

417 **beyond description**「言葉では表現できないほど」 標準

▶**beyond A**(➡416)を用いた成句表現 **beyond description**「言葉では表現できないほど」を作る。なお，成句表現では③ above は使えない。

＋プラス **beyond** を使った成句表現として，以下のものも重要。

・**beyond recognition**「見分けがつかないほど」
・**beyond belief**「信じられないほど」
・**beyond reach**「手の届かないほど」

418 譲歩を表す **despite**「…にもかかわらず」 標準

▶**despite A＝in spite of A**「Aにもかかわらず」(➡811)の形で使われる **despite** は前置詞。よって，本問での their severe early troubles のような名詞句を伴う。

419 判断の根拠・観点を表す **from**「…から判断すると」 標準

▶**from** には，判断の根拠や観点を示す用法があり，「…に基づいて／…から判断して」という意味を表すことがある。

＋プラス 本問の **from** は，ほぼ **judging from A** (➡p.72【整理18】)に置きかえられる。

▶convince A to do「Aを説得して…させる」

420 **among**「…の中で」の用法 標準

▶**among** は，通例，複数(扱い)名詞を従えて，「…の中で／…の間に」の意味で用いられる。

‼注意 ③ in が，「…の中で」の意味で用いられる場合は，場所などを示す単数名詞を伴うのが原則。本問では不可。

421 **between**「…(2者)の間に」の用法ー**among** との違い 標準

▶**2者があって，「…の間に」の意味を表す場合には between を用いる。**

▶**among は3者以上の場合に用いる。**

---

415 ④ **416** ② **417** ② **418** ② **419** ④ **420** ② **421** between

422 My doctor always talks to me (　　　) a teacher talking to a child.
□□□
① like　② resemble　③ same　④ similar　〈東京理科大〉

423 That professor is considered (　　　) the most notable scientist in Japan.
□□□
① for　② as　③ from　④ to　〈亜細亜大〉

424 Please refrain from talking (　　　) the mobile phone near the priority seats in the train.
□□□
① by　② on　③ at　④ in　〈桜美林大〉

425 A policeman caught me (　　　) arm.
□□□
① with an　② by the　③ by an　④ with the　〈流通経大〉

426 She looked me (　　　).
□□□
① by a face　② by the face
③ in a face　④ in the face　〈北海学園大〉

427 コーチは私の肩を軽くたたきながら，励ましてくれた。
□□□
The coach encouraged me, (shoulder / tapping / on / the / my / me).　（1語不要）
〈千葉工大〉

422 私のかかりつけの医者はいつも教師が子どもに話すように私に話す。
423 あの教授は日本で最も著名な科学者だと思われている。
424 電車内の優先席近くでは，携帯電話で話すことはひかえてください。
425 警官が私の腕をつかんだ。
426 彼女は私の顔を見つめた。

422 like「…のように」 標準

▶**like** には前置詞の用法があり，**like A** で「Aのように／Aに似た／Aらしい」などの意味で用いられる。

+プラス **like A** の反意語 **unlike A**「Aと違って／Aに似ていない／Aらしくない」も重要。

423 前置詞 as「…として」 標準

▶**as** には，接続詞用法（➡Point 102，p.143【整理35】）以外に，「…として」の意味の前置詞としての用法がある。

424 on[over] **the phone**「電話で」 標準

▶「電話で」は，on[over] **the phone** または by **phone** で表す。

‼注意 「電話で」を by で表す場合は **by phone** のように**無冠詞**になるので，① by は使えない。

425 **catch A** by the arm「**A**の腕をつかむ」 標準

▶この表現は，まずA（人など）をつかんだことを明らかにし，その後の前置詞句でその部位（腕など）を表現するという英語独特の用法。

+プラス この種の表現では，**前置詞の種類**およびその**句の中では定冠詞の the が用いられる**という 2 点が重要。【整理38】で，そのパターンを押さえること。

426 **look A** in the face「**A**の顔を見る」 標準

▶この look は他動詞。look at A in the face とは言わない。

427 **tap A** on the shoulder「**A**の肩を軽くたたく」 標準

整理 38 catch A by the arm のパターン（A は人，身体の一部を示す the）

- **catch A** by the arm「Aの腕をつかむ」（➡425）
- **look A** in the face「Aの顔を見る」（➡426）
- **slap A** in the face「Aの顔をひっぱたく」
- **tap A** on the shoulder「Aの肩を軽くたたく」（➡427）
- **touch A** on the shoulder「Aの肩に触れる」
- **kiss A** on the cheek「Aの頬にキスする」など

---

422 ① **423** ② **424** ② **425** ② **426** ④
427 tapping me on the shoulder（my 不要）

第13章 主語と動詞の一致

Point 107

428 □□□ Neither my parents nor my brother (　　　) here.

① is　② are not　③ is not　④ were not　〈摂南大〉

429 □□□ ①As far as I understand, either you ②or he ③are to blame ④for the accident.　〈福島大〉

430 □□□ You as well as I (　　　) in the wrong.

① is　② was　③ am　④ are　〈摂南大〉

Point 108

431 □□□ Most of ①the people ②was gathering around the little girl ③sleeping ④on the bench.　〈早稲田大〉

Point 109

432 □□□ Most people do not know (　　　) beautiful rivers near my house.

① there is　② there are　③ it is　④ they are　〈熊本県立大〉

433 □□□ There (　　　) a lot of snow in this area.

① is　② are　③ has　④ have　〈駒澤大〉

428 両親も兄[弟]もここにいません。
429 私が理解しているかぎりでは，あなたか彼のどちらかがその事故の責任を負うべきである。
430 私だけでなくあなたも間違っている。
431 人々の大半が，ベンチの上で眠っている小さな女の子の周りに集まっていた。
432 私の家の近くにきれいな川があることをほとんどの人が知らない。
433 この地域には雪がたくさん降ります。

Point 107 ⋮ 相関的表現が主語の場合の動詞との一致

428 neither A nor B が主語―**B**に一致 標準

▶neither A nor B はそれ自体否定の意味を持つ表現なので③ is not は不可。

429 either A or B が主語―**B**に一致 標準

430 A as well as B が主語―**A**に一致 標準

整理 39 相関的表現（➡Point 089）が主語の場合の動詞との一致

(1) **複数扱い**するもの（A and B が主語の場合，一般に複数扱い）
- **both A and B**「AもBも」

(2) 原則として**Bに一致**させるもの
- **not A but B**「AではなくB」
- **not only A but also B**「AだけでなくBもまた」
- **either A or B**「AかBかどちらか」（➡429）
- **neither A nor B**「AもBも…ない」（➡428）

(3) 原則として**Aに一致**させるもの
- **A as well as B**「BだけでなくAも」（➡430）＝**not only B but also A**

Point 108 ⋮ most of A 型の表現が主語の場合

431 most of A が主語―**A**に一致 標準

▶本問はAに the people が来ているが，**people は「人々」の意味では複数扱い**である。よって②は were gathering になる。

＋プラス people は，「民族・国民」の意味では **a people / two peoples「1つの民族／2つの民族」**といった使い方をする。

整理 40 most of A 型の扱いをするもの

Aに動詞を一致させるものとして，以下の表現を押さえておこう。
分数＋of A，**half of A**「Aの半分」，**some of A**「Aのいくらか」，**the rest of A**「Aの残り」など

Point 109 ⋮ 「There＋be 動詞＋A」の構文の場合

432 There＋be 動詞＋**A**―**be** 動詞は**A**に一致 標準

▶**There＋be 動詞＋A**「Aがいる／ある」の構文では，Aが文の主語であるから，**be 動詞はAに一致**させる。

▶本問は現在形の文。Aは複数形の beautiful rivers なので，② there are が入る。

433 There is＋単数名詞 標準

▶a lot of snow は単数扱いの名詞なので，① is が入る。

---

428 ① **429** ③ are → is **430** ④ **431** ② was gathering → were gathering **432** ②
433 ①

Point 110

434 □□□ The number of the participants (　　　) much smaller than we had expected.

① has　② have　③ was　④ were 〈近畿大〉

435 □□□ Although a number of police officers ①was guarding the priceless ②treasures in the museum, the director worried that someone ③would try to ④steal them. 〈高崎経大〉

Point 111

436 □□□ Mathematics (　　　) a compulsory subject in American high schools.

① have　② are　③ is　④ has 〈北里大〉

437 □□□ The United Nations ①are going to send ②a relief party to that country, but some people ③have begun a campaign ④against it. 〈文教大〉

438 □□□ Five months (　　　) time to carry out the plan.

① are too a short　② are too short a
③ is too short a　④ is too a short 〈日本工大〉

434 参加者の人数は私たちが予想したよりもずっと少なかった。
435 その博物館では，とても高価な財宝をたくさんの警官が守っていたが，館長は，誰かがそれを盗もうとするのではないかと心配した。
436 数学は，アメリカの高等学校では必須科目である。
437 国連はその国に救援部隊を送ろうとしているが，それに反対する運動を始めた人々もいる。
438 5か月というのは，その計画を実行するのに短すぎる時間だ。

Point 110 the number of A / a number of A が主語の場合

434 **the number of A**「Aの数」が主語ー単数扱い 標準

▶**the number of A(Aは複数名詞)「Aの数」は単数扱い。**

435 **a number of A**「多くのA」が主語ー複数扱い 標準

▶**a number of A(Aは複数名詞)「多くのA／いくらかのA」は，複数扱い。**
①was を were にする。

▶**a number of A** と **the number of A** の違いは用法・意味とも重要。正確に区別しておこう。

Point 111 形は複数形でも単数扱いをする表現

【整理41】の内容を正確に確認すること。

436 **mathematics**「数学」ー単数扱い 標準

▶学問・学科名は，形は複数形でも，単数扱い。

437 **the United Nations**「国際連合」ー単数扱い 標準

▶団体名などは，形は複数形でも1つの事柄を指すので，単数扱い。

438 時間を表す語が主語ー単数扱い 標準

▶**時間・金額・距離・重量を表す語が主語の場合，形は複数形であっても単数扱い。**

▶too は「**too＋形容詞＋a＋名詞**」の語順をとる(➡**475**)。よって③ is too short a が入る。

＋プラス 時間を表す複数形の語が主語で複数扱いになるのは，「時間＋have passed since ...」(➡p.25**【整理3】**)の場合。例外として押さえる。
Five months *have passed since* he left the town.
(彼が町を去ってから5か月になる)

整理 41 形は複数形でも単数扱いをする表現

(1) **学問・学科・ゲーム・病気などの名前**(➡436)
linguistics「言語学」，**statistics**「統計学」，**physics**「物理学」，
economics「経済学」，**billiards**「玉突き」，**measles**「はしか」など

(2) **国・団体・雑誌などの名前**(➡437)
the United States「アメリカ合衆国」，**the United Nations**「国際連合」，
the Times「タイムズ紙」など

(3) **時間・金額・距離・重量などを表す語**(➡438)

---

434 ③ **435** ① was → were **436** ③ **437** ① are going to → is going to **438** ③

Point 112

439 Anybody who ①travel to Japan ②by way of other parts of Asia must feel ③on arrival that he ④has entered a semi-Western environment. 〈愛知学院大〉
□□□

440 Most people ①trying to win ②others to their way of thinking ③does too much talking. It is better to let the other people ④talk themselves out. 〈中央大〉
□□□

439 アジアの他の地域を経由して日本に来た人は誰でも，到着するとすぐに，半西洋化した環境に入ったと感じるに違いない。

440 他人を自分の考え方に従わせようとする人の大半は，あまりにしゃべりすぎる。他人に彼らの考えを存分に話させるほうがよい。

Point 112 ⋮ その他の注意すべき主語と動詞の一致

439 主格関係代名詞の後の動詞ー先行詞に一致 標準

▶**主格関係代名詞の後の動詞は先行詞に一致させる。**

▶本問は，単数名詞の anybody が先行詞なので，① travel を travels にする。

440 修飾語句がある主語と動詞の一致 標準

▶**主語に修飾語句がついている場合は，それを取り除いた中心語を見極め，その語に動詞を合わせればよい。**

▶本問の場合は，trying ... of thinking の現在分詞句を除いて，中心語 (Most) people に動詞を合わせる。

▶people は「人々」の意味では複数扱い（➡**431**）なので，③ does は do でなくてはならない。

---

439 ① travel → travels　**440** ③ does → do

第14章 疑問文と語順

Point 113

441 I don't understand (　　　) you had to do it yourself.
□□□ ① what　② which　③ who　④ why　〈東京経大〉

442 It is difficult to say (　　　) the plan would cost.
□□□ ① how many expenses　② how much
③ no matter what　④ whatever　〈関西学院大〉

443 "(　　　) do you eat out?"
□□□ "Twice a month."
① What time　② Where　③ How often　④ How come　〈大阪産大〉

444 How (　　　) does it take to get to Oxford University?
□□□ ① much　② long　③ far　④ many　〈大阪産大〉

445 We are supposed to go out for dinner tonight. How (　　　) can you finish the report?
□□□ ① often　② long　③ much　④ soon　〈東京電機大〉

Point 114

446 I wanted to know (　　　) the problem.
□□□ ① how she could be solved　② how she solved
③ how could she solve　④ how did she solve　〈立正大〉

447 Please tell me (　　　) from your new apartment to the station.
□□□ ① how long is it　② how far is it
③ how far it is　④ how long it is　〈慶應義塾大〉

448 メキシコの人口をご存知ですか？
□□□ Do you (what / is / the / know / of / population / Mexico)?
〈名城大〉

441 なぜあなたがそれを自分でしなければならなかったのか，私にはわからない。
442 その計画にどのくらい費用がかかるのかを言うのは難しい。
443 「どのくらい外で食事をするの？」
「1か月に2回だね」
444 オックスフォード大学に着くまで，どのくらいかかりますか。
445 私たちは今晩は外で食事をするつもりです。あとどれくらいでレポートを仕上げることができますか。

Point 113 疑問詞の基本的用法

441 疑問代名詞と疑問副詞 基本
▶空所以下に完結した英文が来ていることに注意。①〜③はいずれも疑問代名詞。節内で(代)名詞は働く余地がないので，疑問副詞の④ why が正答。

442 **how much**－「金額・量」を問う 基本

443 **how often**－「頻度・回数」を問う 基本

444 **how long**－「時間の長さ・物の長さ」を問う 基本
＋プラス ③を入れた **how far** は，「距離」を問う疑問詞で，**How far is it from A to B?**「AからBまでどれくらいの距離ですか」の形で用いることが多い。

445 **how soon**「今からどれくらいたつと」－「時間の経過」を問う 標準

整理 42 「how＋形容詞・副詞」で問う内容

- **how far**「距離」
- **how long**「時間の長さ・物の長さ」
- **how much**「金額・量」
- **how large**「大きさ・広さ」
- **how often**「頻度・回数」
- **how soon**「時間の経過」

＊「how＋形容詞・副詞」で形容詞・副詞の程度を問う表現は多いが，上記は特に重要なもの。

Point 114 間接疑問と語順

446 間接疑問－平叙文の語順 基本
▶**間接疑問の節内は平叙文と同じ語順になる。**How did she solve the problem? の疑問文を間接疑問にすると，... how she solved the problem になる。

447 **How far is it from A to B?** の間接疑問 標準
▶**「距離」を問う疑問詞は how far である（➡444，【整理42】）。**
▶間接疑問の節内は平叙文の語順なので，How far is it from A to B? は，... how far it is from A to B になる。

448 **Do S know**＋「疑問詞で始まる間接疑問」**?** 標準
▶**yes / no の答えを求める疑問文の場合，動詞の後に，その目的語となる疑問詞で始まる間接疑問を置く。**
▶文構造どおりに訳すと，本英文は「メキシコの人口がいくらかあなたは知っているか」となる。

446 私は，彼女がどうやってその問題を解いたのか知りたかった。
447 あなたの新しいアパートから駅までどのくらいの距離か，私に教えてください。

441 ④ **442** ② **443** ③ **444** ② **445** ④ **446** ② **447** ③
448 know what the population of Mexico is

449 ねえ，昨日誰が洋子に電話したと思う？
□□□ Listen, (called / do / think / who / Yoko / you) yesterday?
〈川崎医療福祉大〉

Point 115

450 寝る所がない人もいるのですよね。
□□□ Some people don't have any place to sleep, (　　　) they?
① are　② do　③ don't　④ will　〈山梨大〉

451 All the students understood the lecture, (　　　)?
□□□ ① didn't they　② do they
③ don't they　④ weren't they　〈京都産大〉

452 He has kept his promise to come to the party, (　　　)?
□□□ ① hasn't he　② didn't he　③ did he　④ has he　〈佛教大〉

453 Please say hello to your family for me, (　　　) you?
□□□ ① do　② don't　③ won't　④ have　〈西南学院大〉

454 Let's have lunch at the Italian restaurant, (　　　)?
□□□ ① don't you　② will we　③ will you　④ shall we　〈畿央大学〉

Point 116

455 "Where (　　　) you come from?"
□□□ "Oh, I'm English."
① did　② have　③ do　④ are　〈上智大〉

451 学生たちはみんな，その講義がわかったのですね。
452 彼は，そのパーティーに来るという約束を守ったのですよね。
453 ご家族の皆さんによろしくお伝えくださいね。
454 イタリア料理店でランチを食べようよ。
455 「お国はどちらですか」
「ああ，私はイギリス人です」

449 疑問詞＋**do you think＋V…?** 標準

▶**do you think［believe / suppose / consider］など，yes / noの答えを要求していない疑問文では，その目的語となる間接疑問の疑問詞は必ず文頭に来る。**本問は who が文頭に来る。

＋プラス yes / no の答えを求める場合(➡**448**) は，*Do you know who* called Yoko yesterday? となる。

Point 115 付加疑問

450 否定文の付加疑問 基本

▶**否定文の付加疑問は，「…, 肯定形＋人称代名詞 ?」**で表す。

▶本問は一般動詞の否定形 don't have であるから，「..., do they?」となる。

451 肯定文の付加疑問 基本

▶**肯定文の付加疑問は，「…, 否定の短縮形＋人称代名詞 ?」で表す。**

▶本問は一般動詞の過去形 understood が使われているので，「..., didn't they?」となる。

452 肯定文の完了形の付加疑問 基本

▶肯定文で has kept と**現在完了**が使われているので，「..., hasn't he?」となる。

453 命令文の付加疑問 基本

▶**肯定の命令文の付加疑問は，「…, will［won't］ you?」**の形を用いる。

＋プラス 否定の命令文の付加疑問は，「**…, will you?**」で表す。

454 **Let's …**の文の付加疑問 標準

▶**Let's …の文の付加疑問は，「…, shall we?」**で表す。

Point 116 注意すべき疑問文

455 **Where do you come from?**―出身を問う 標準

▶**出身を問う場合**は，**Where *do* you come from?**＝Where *are* you from? と表現し，**現在時制**を用いる。

＋プラス Where *did* you come from? の過去時制だと，「さきごろまでどこにいましたか。←どこから来たのですか」の意味になる。

---

449 who do you think called Yoko **450** ② **451** ① **452** ① **453** ③ **454** ④ **455** ③

456 22世紀の初めには世界はどうなっているのでしょうか。
□□□ What (be / the / in / like / world / will / early) the twenty-second century? 〈千葉工大〉

457 あなたは彼のことをどう思っていらっしゃるの？(1語不要)
□□□ (of / do / him / think / you / what / how)? 〈朝日大〉

458 メアリーはどうなったと思いますか。
□□□ What (became / think / do / you / of) Mary? 〈國學院大〉

459 How come (　　　) bring your wife?
□□□ ① did you　② did you not　③ didn't you　④ you didn't 〈宮崎大〉

460 あなたはなぜそんなことをしているのですか？
□□□ What (are / doing / for / that / you) ? 〈武蔵大〉

461 たまにはご両親に電話をしたらどう？
□□□ Why (a call / don't / give / you / your parents) once in a while? 〈佛教大〉

462 "There's nothing interesting to do on rainy days like this."
□□□ "Why (　　　) we go to the movies?"
① do　② did　③ didn't　④ don't 〈麗澤大〉

459 どうして奥さんを連れてこなかったの？
462 「こんな雨の日にしてみようという気にさせるものは何もないね」
「映画を見に行きましょうよ」

456 What is S like?「Sはどのようなものか」 標準

▶**What is S like?** は，前置詞 like(➡422)の目的語が疑問詞 what になったもので，「Sはどのような(もの／人)か」という意味を表す。

▶本問は未来のことなので，What will S be like ...? となる。

＋プラス この表現の主語に形式主語の it を用い，to 不定詞と対応させた **What is it like to do?**「…するというのはどういうことか」の形も頻出。
What is it like to live in the country late in life?
(晩年を田舎で暮らすというのはどのようなことだろうか)

457 What do you think of[about] A?「Aをどう思いますか」 標準

▶この表現は，このまま覚えてしまうこと。

▶think は他動詞で疑問代名詞の what が目的語となっている。疑問副詞の how は使えない。

458 What becomes of A?「Aはどうなるのか」 標準

▶この表現も，このまま覚えるのがよい。本問は，yes / no を要求しない疑問文なので，疑問詞が文頭に出て，*What* do you think became of Mary? となる(➡449)。

＋プラス **What becomes of A?** は **What happens to A?** との言いかえでもよく問われる。本問では，What do you think *happened to* Mary? となる。

459 How come S+V...?「どうして…するのか」 発展

▶**how come は口語的表現で，why と同じ意味をもつが，後が平叙文の語順となる。**How (does it) come (that) S+V...? の省略形だからである。

▶why を使えば，*Why didn't you* bring your wife? となる。

460 What ... for?「何のために…するのか」 標準

▶**What ... for?** は，「何のために…するのか」という意味の表現。what は前置詞 for の目的語。

461 Why don't you do ...?「…したらどう？」 標準

▶相手に対する提案を表す表現。

＋プラス **Why not do ...?** も同意表現として押さえる。

!!注意 Why don't you *be* ...? と be 動詞が続くこともあるので注意。

462 Why don't we do ...?「…しませんか」 標準

▶話者をも含めた提案を表す。

---

456 will the world be like early in **457** What do you think of him (how 不要)
458 do you think became of **459** ④ **460** are you doing that for **461** don't you give your parents a call **462** ④

463 □□□ (a) Shall we go and see a film tonight?
(b) What (　　　) going to see a film tonight? 〈城西大〉

Point 117

464 □□□ (a) Nobody knows the answer to that question.
(b) (　　　) knows the answer to that question? 〈日本工大〉

465 □□□ 他人の失敗のことを話して何になるというのですか。
(is / of / about / the / talking / what / use) other people's failures? 〈愛媛大〉

Point 118

466 □□□ Never (　　　) such an interesting novel.
① have I read ② have read I ③ I have read ④ read I have 〈日本大〉

467 □□□ At (　　　) time in my life have I been busier than I am today.
① any ② no ③ other ④ some 〈東北学院大〉

468 □□□ Not only (　　　) also sick when I met her last time.
① Elizabeth was tired but she was
② Elizabeth was tired but was she
③ was Elizabeth tired but she was
④ was Elizabeth tired but was she 〈福岡大〉

469 □□□ Only after a close re-examination of the material from Mars (　　　) possible water flows.
① did the research staff at NASA discover
② the research staff at NASA did discover
③ the research staff at NASA discovered
④ was the research staff at NASA discovered 〈慶應義塾大〉

463 (a) (b) 今晩，映画を見に行きませんか。
464 (a) 誰もその疑問に対する答えを知らない。
(b) 誰がその疑問に対する答えを知っているだろうか。
466 今までこんなにおもしろい小説は読んだことがない。
467 私の人生で，今日よりも忙しかった日はない。
468 私が前回エリザベスに会ったとき，彼女は疲れていただけでなく，病気でもあった。
469 火星から持ち帰った物質を詳細に再検査して初めて，NASA の研究者たちは水流の痕跡かもしれないものを発見した。

463 **What about doing …?**「…しませんか」 標準
▶**What[How] about doing …?=What do you say to doing …?** は，動名詞を用いて，話者をも含めた提案を表す（➡**147**）。

Point 117 修辞疑問

疑問文の形をとりながら，反語的に相手を納得させる表現形式を修辞疑問という。

464 **Who knows …?**「…を誰が知っていようか（→誰も知らない）」 標準
▶**Who knows …?** = Nobody knows … は修辞疑問の典型例。

465 **What is the use of doing …?**「…して何になるのか（→何にもならない）」
▶**What is the use of doing …?** も，修辞疑問の典型例。 標準
＋プラス **It is no use doing …**（➡**139**）との言いかえでも問われる。本問は，以下のようになる。
It is no use talking about other people's failures.

Point 118 強制的に倒置が生じる場合

問題 **466** 〜 **470** 終了後，p.170 の【**整理43**】でもう一度確認しておこう。

466 否定の副詞表現が文頭に来た場合ー倒置形 標準
▶**否定の副詞表現が文頭に来ると，以下は倒置形（疑問文と同じ語順）になる。**

467 倒置形が後に来れば文頭の副詞表現は否定的内容 標準
▶At (　　) time in my life の後が have I been と**倒置形**になっていることに注目。空所を埋める副詞句は否定的な意味になるはず。選択肢の中で否定的意味を表すのは② no のみ。

468 **Not only … but also** 〜が文と文を結ぶ場合ー倒置形 標準
▶**not only … but (also) 〜（➡334）が文と文を結び，not only が文頭に来た場合，not only の後は倒置形が続く。**
▶ただし，but 以下まで倒置形になるわけではない。よって④は不可。

469 **only** がついた句が文頭に来た場合ー倒置形 発展
▶**only がついた句・節が文頭に来ると，倒置形が続く。**
▶④は倒置形になっているが，受動態が用いられている点が不可。

---

463 about **464** Who **465** What is the use of talking about **466** ① **467** ② **468** ③
469 ①

470 先生はほほえみもしなかったし，身じろぎひとつしなかった。
□□□ The teacher did not smile, (he / did / muscle / move / nor / a).
〈立命館大〉

Point 119

471 "Peter won't be ready by six."
□□□ "(　　　)"
① So will Mary.　② Neither will Mary.
③ So won't Mary.　④ Mary will too.　〈青山学院大〉

472 Bill has not saved much money yet. (　　　) has his brother.
□□□ ① So　② Or　③ Either　④ Nor　〈名古屋学院大〉

473 "This watch always keeps good time."
□□□ "So (　　　) mine."　〈大妻女子大〉

Point 120

474 She was (　　　) student that all the teachers admired her.
□□□ ① so bright　② so bright a
③ too bright　④ too bright a　〈明治学院大〉

475 In my opinion, this is ①too a traditional approach and ②may not be
□□□ ③attractive to those ④scholars.　〈青山学院大〉

476 I have never read (　　　).
□□□ ① such an interesting book　② such interesting a book
③ a such interesting book　④ such a book interesting　〈産能大〉

整理 43 強制的に倒置（疑問文と同じ語順）が生じる場合

(1) 否定の副詞表現が文頭に来た場合（➡466, 467）
(2) **only** がついた句・節が文頭に来た場合（➡469）
(3) **not only… but (also)** ～が文と文を結んで，**not only** が文頭に来た場合（➡468）
(4) 接続詞 **nor** の後に「**S+V…**」が来た場合（➡470）
(5) 否定語のついた目的語が文頭に来た場合
Not a single mistake did I find in his report.
（彼のレポートには１つの間違いもなかった）

471 「ピーターは６時までには準備できていないだろう」
「メアリーもそうだろう」

470 **nor** の後に文が来る場合－倒置形 標準

▶**nor の後に文が来る場合は，倒置形**となる。nor の用法は問題 **328** 参照。

▶左頁**【整理43】**で，強制的に倒置が生じる場合を整理しておこう。

Point 119 Neither＋助動詞＋S. / So＋助動詞＋S. など

471 **Neither will Mary.** 標準

▶前述の否定内容を受けて，「**neither［nor］＋助動詞［be 動詞／完了形の have］＋S**」の語順で「Sもまた…しない」の意味を表す。本問では未来の will を用いた②を選ぶ。

472 **Nor has his brother.** 標準

▶考え方は問題 **471** を参照。完了形の has が用いられている。

473 **So does mine.** 標準

▶前述の肯定内容を受けて，「**so＋助動詞［be 動詞／完了形の have］＋S**」の語順で「Sもまたそうである」の意味になる。本問の keep のように，一般動詞を受ける場合には do / does / did の形を使うことに注意。

＋プラス よく似た形に「**so+S+助動詞［be 動詞／完了形の have］**」の形があるが，こちらは前述の内容を受けて「そのとおりだ」の意味になる。以下の例を参照。
You said he was honest and *so he is.*
（彼は正直だと君は言ったが，実際そのとおりだね）

Point 120 so / too / as / how と such の後の語順

474 **so**＋形容詞＋**a**＋名詞 標準

▶**so / too / as / how** が，後に名詞を伴う場合は「**so［too / as / how］＋形容詞＋a＋名詞**」の語順になる。

▶本問は②を選んで，so ... that ～構文（➡**368**）にする。

475 **too**＋形容詞＋**a**＋名詞 標準

▶①を「**too＋形容詞＋an＋名詞**」の語順にする（➡**474**）。

476 **such**＋**a / an**＋形容詞＋名詞 標準

▶such が後に名詞を伴うと，「**such＋a / an＋形容詞＋名詞**」の語順になる。

472 ビルはまだ，あまりお金が貯まっていない。また，彼の兄［弟］も貯まっていない。
473 「この腕時計はいつも正確なんだ」
「僕のもそうだよ」
474 彼女はとても頭のいい生徒だったので，先生たちはみな彼女に感心した。
475 私見ではあるが，これはあまりにも昔ながらの研究方法なので，あの学者たちには魅力的ではないかもしれない。
476 これほどおもしろい本をこれまで読んだことがない。

470 nor did he move a muscle **471** ② **472** ④ **473** does **474** ②
475 ① too a traditional approach → too traditional an approach **476** ①

Point 121

477 She leaves her toys all over the floor and I have to pick (　　　).
□□□
① them up　　② themselves up
③ up them　　④ up themselves　〈センター試験〉

478 (　　　) it ever so humble, there is no place like home.
□□□
① Be　② Have　③ Let　④ Make　〈四天王寺大〉

479 ジュリーはシドニー五輪の２年後に生まれた。
□□□
Julie was born (　　　) (　　　) (　　　) the Sydney Olympics took place.　〈京都教育大〉

477 彼女はおもちゃを床一面に散らかしっぱなしにするので，私がそれらを拾わなければならない。
478 どんなにみすぼらしくとも，わが家にまさる場所はない。

Point 121 その他の注意すべき語順

477 他動詞＋人称代名詞＋副詞 標準

▶**「他動詞＋副詞」**の表現は，名詞を目的語にする場合は，たとえば pick up A / pick A up のいずれの語順も原則として用いるが，**人称代名詞を目的語にする場合は必ず** pick A up，すなわち**「他動詞＋人称代名詞＋副詞」の語順**になる。

▶再帰代名詞 (oneself) が目的語になるのは，原則として文の主語と一致するときのみ。and 以下は I が主語だから，② themselves up は不可。

478 **Be it ever so humble**「どんなにみすぼらしくても」 発展

▶**Be it ever so humble** は，**No matter how humble it may be** に相当する表現で，「どんなにみすぼらしくても」の意味。成句表現としてこのまま覚えること。

479 **A after ...**「…の**A**後に」 標準

▶**時の前後の差を表す表現は**，接続詞または前置詞の **after / before の前に置く**。つまり **A after ...**「…のA後」，**A before ...**「…のA前」と表現するのである。

▶本問は「…の2年後」だから，two years after (...) となる。

---

477 ①　**478** ①　**479** two years after

第15章 否定・省略・強調

Point 122

480 (a) 私はあの人たちをみんな知らない。
I am acquainted with (　　　) of them.
(b) 私はあの人たちをみんなは知らない。
I am not acquainted with (　　　) of them. 〈学習院大〉

481 "Are your parents afraid of heights?"
"Not (　　　); my father often flies in airplanes on business."
① either　② any　③ all　④ both 〈芝浦工大〉

482 Cheap things are not (　　　) economical.
① always　② neither　③ hardly　④ scarcely 〈玉川大〉

Point 123

483 The students did not understand that lecture in the (　　　).
① least　② less　③ little　④ few 〈中京大〉

484 スポーツをすることは決して時間の浪費ではない。
Playing sports (a waste / is / means / by / of / time / no).
〈東海大〉

整理 44 代名詞(形容詞)を用いた部分否定と全体否定

	部分否定	全体否定
2人(2つ)	**not (...) both**	**neither ...** **not ... either**
	どちらも…というわけではない	どちらも…でない
3人(3つ)以上	**not (...) all** **not (...) every**	**none** **no+名詞** **not ... any**
	すべてが…というわけではない	どれも…でない

481 「ご両親は高いところは苦手ですか」
「2人とも，というわけではありません。父は，仕事でよく飛行機に乗ります」
482 安いものが必ずしも経済的なわけではない。
483 生徒たちは，その講義をまったく理解できなかった。

Point 122 部分否定と全体否定

480 3人以上の場合の部分否定と全体否定 標準

▶(a) **3人(3つ)以上を前提に「誰も(どれも)…ない」の意味の全体否定を表すには，none を用いる**(➡左頁の【**整理44**】)。

▶(b)「すべてを…というわけではない」の意味の**部分否定を表すには，not … all を用いる**(➡左頁の【**整理44**】)。

‼注意 **not … every** も部分否定を表すが，every は形容詞の用法しかなく，直後に必ず名詞を伴うので，本問の(b)の正答とはならない。

＋プラス (a)は，**not … any** を用いて，次のように表現しても同意。
I am *not* acquainted with *any* of them.

481 2人の場合の部分否定 標準

▶文脈から「両親のどちらもが高いところが苦手なわけではない」の意味にする。2人の場合の部分否定だから，not both の形を作る(➡左頁の【**整理44**】)。

482 **not always**「いつも…とは限らない」―副詞を用いた部分否定 基本

▶**副詞を用いた部分否定**表現の **not always**「いつも／必ずしも…とは限らない」を選ぶ。

▶③ hardly，④ scarcely は「ほとんど…ない」という否定的意味の副詞。not と合わない。

＋プラス 副詞を用いた部分否定表現には，他に **not necessarily**「必ずしも…というわけではない」，**not completely**「まったく…というわけではない」などがあるが，「常に／まったく／完全に／正確に」という意味の副詞が否定文中で用いられると，一般に部分否定を表すと考えておけばよい。

Point 123 強意の否定表現

483 **not (…) in the least**「少しも…でない」 標準

▶**not (…) in the least** で「少しも…でない」という強い否定の意味を表す。**not (…) at all** の同意表現と考えてよい。

484 **by no means**「決して…ない」―強い否定を表す副詞句 標準

▶強い否定を表す **by no means** という副詞句を使って文をまとめる。

整理 45 強い否定を表す副詞句

以下の副詞句は，いずれも「**決して…ない**」という強い否定を表す表現。

- **by no means**(➡484)
- **in no way**
- **in no sense**
- **on no account**
- **under no circumstances**

‼注意 上記表現が文頭に来ると倒置が生じる(➡466，467)。

480 (a) none (b) all 481 ④ 482 ① 483 ① 484 is by no means a waste of time

485 I have no doubt (　　　) about his ability.
□□□ ① nothing　② quite　③ whatever　④ least　〈西南学院大〉

486 For short stays, Canada does not require that we obtain visas to enter the country, and (　　　).
□□□
① neither the U.S. does
② the U.S. does neither
③ the U.S. doesn't, either
④ the U.S. doesn't, too　〈慶應義塾大〉

Point 124

487 彼は決して友人を裏切るような人間ではない。
□□□ He (last / the / his / person / who / betray / would / is) friends.
〈中央大〉

488 The prime minister made a long speech, but the message was (　　　) but clear.
□□□
① anything　② everything　③ nothing　④ something　〈武蔵大〉

489 (a) We were not at all satisfied with his answer.
□□□ (b) His answer was (　　　) from satisfactory to us.　〈名城大〉

490 The new theory has (　　　) to be proved.
□□□ ① already　② become　③ been　④ yet　〈聖学院大〉

491 It (　　　) to be seen whether or not the operation was successful.
□□□
① proves　② stays　③ turns　④ remains　〈西南学院大〉

485 私は，彼の能力に関してはまったく疑いを持っていない。
486 短期滞在では，カナダは入国ビザを取ることを必要としないし，アメリカ合衆国も必要としない。
488 首相は長い演説を行ったが，言いたいことはまったく明瞭ではなかった。
489 (a) 私たちは彼の答えにまったく満足しませんでした。
(b) 彼の答えは私たちにはまったく満足のいくものではありませんでした。
490 その新しい理論はまだ証明されていない。
491 その手術が成功したかどうかはまだわからない。

485 **no＋名詞＋whatever**「まったく…でない」 発展

▶**「no＋名詞」の後に whatever または whatsoever を置いて「まったく…ない」という強い否定の意味を表す**用法がある。

486 否定文**, either.**「…もまた…ない」 標準

▶**肯定文**で「…もまた(…である)」の意味を表す場合は文尾に「**…, too.**」を置くが，**否定文**で「…もまた(…でない)」の意味を表す場合は文尾に「**…, either.**」を置く。

＋プラス and 以降は，and *neither does the U.S.* / *nor does the U.S.* と表現しても同意であることを確認しておこう(➡**471**，**472**)。

Point 124 否定語を用いない否定表現

487 **the last A＋**関係代名詞節「決して…しない**A**」 標準

▶「**the last A＋関係代名詞節**」で「最も…しそうもないA／決して…しないA」という強い否定の意味を表す。

＋プラス **the last A to do** の形もあるので注意。
He would be *the last* person *to tell* a lie.
(彼は決してうそをつくような人ではない)

488 **anything but A**「決して**A**ではない」 標準

▶**anything but A** は「決してAではない」の意味。通例Aには名詞または形容詞が来る。

＋プラス よく似た形の **nothing but A＝only A**「Aだけ／Aにすぎない」，**all but A＝almost A**「ほとんどA」もここで押さえる。

489 **far from A**「決して**A**ではない」 標準

▶**far from A** のAには，動名詞・名詞の他，形容詞が来ることに注意。

490 **have yet to do**「まだ…していない」 発展

▶**have yet to do / be yet to do** で「まだ…していない」という否定的な意味を表す。

491 **remain to be done**「まだ…されていない」 発展

▶**remain to be done** は「まだ…されていない／これから…されなければならない」という否定的な意味を表す表現。

▶前問の表現を使えば，**remain to be done＝have yet to be done / be yet to be done** の関係となる。

---

485 ③ **486** ③ **487** is the last person who would betray his **488** ① **489** far
490 ④ **491** ④

492 彼は読みきれないほどマンガ本を持っている。（1語不要）
□□□ He (books / read / than / he / can / has / not / more / comic).
〈聖学院大〉

Point 125

493 その夫婦は，外国に行くときはいつも子どもを連れていく。
□□□ The couple (taking / go abroad / without / never) their children with them.
〈駒澤大〉

494 It never rains (　　　) it pours.
□□□ ① when　② that　③ as　④ but
〈武庫川女子大〉

Point 126

495 Lung cancer can be cured if (　　　) in time.
□□□ ① discover　② to discover
③ discovered　④ discovering
〈福井工大〉

496 There is little, (　　　), hope of recovering the data.
□□□ ① if any　② if ever　③ if only　④ if some
〈西南学院大〉

494 2度あることは3度ある。〈ことわざ〉（←降れば必ずどしゃ降り）
495 肺ガンは，発見が早ければ治療できる。
496 データが回復する見込みは，たとえあるにしても，ほとんどない。

492 **more (A) than＋S＋V…**「…できないほど(の**A**)」 発展

▶**more (A)＋than＋S＋V…**の形で「…できないほど(のA)←…する以上(のA)」という否定的な意味を表す場合がある。

▶本問の than は目的格関係代名詞(➡**316**)。

‼注意 整序問題では，本問のように，日本語の「…できない」という否定の部分にからめて，不要語 not とともに出題されることが多い。**than 以下は肯定形になることに注意。**

＋プラス 以下は，名詞Aを用いない **more than＋S＋V…**の例文。
That is *more than I can do.* (それは私の手に負えない)

Point 125 ⋮ 二重否定の表現

493 **never 〜 without doing**「〜すると必ず…する」 標準

▶**never[cannot] 〜 without doing** で「…しないで〜しない／〜すると必ず…する」という二重否定の意味を表す。

494 **never … but S＋V 〜**「…すれば必ず〜する」 標準

▶この but は主節が否定文のときに用いられ，それ自体が「〜しないで」という否定の意味を表す接続詞。したがって，**never[not]… but S＋V 〜** で「〜しないで…しない／…すれば必ず〜する」という二重否定の意味を表す。

‼注意 本問の but は入試ではまだ出題されているが，古い表現なので，日常的に使うのは避けた方がよい。本英文はことわざ。

Point 126 ⋮ 様々な省略表現

495 副詞節での「**S＋be** 動詞」の省略 標準

▶**副詞節中では「S＋be 動詞」が省略されることがある。**特に副詞節中の主語が文の主語と一致している場合に多い。本問は if *it is* discovered in time の it (＝lung cancer) is が省略された形。

496 **if any**「たとえあるにしても」 標準

▶**if any** は「㋐たとえあるにしても…はほとんどない，㋑もしあれば」の2つの意味で使われる。本問は㋐の用法。

▶通例 if any は，本問のように **little** や **few** などの，準否定の形容詞とともに用いる。

＋プラス ㋑は，Correct errors *if any.* (誤りがあれば訂正せよ)といった使い方をする。

▶② if ever が不可の理由は次問の‼注意を参照。

---

492 has more comic books than he can read (not 不要)
493 never go abroad without taking **494** ④ **495** ③ **496** ①

497 I seldom, (　　　), go to my hometown in Hokkaido.
□□□ ① if any　② if ever　③ if never　④ if rarely　〈東京薬大〉

498 John isn't a bad boy. If (　　　), he's a pretty good one.
□□□ ① anybody　② anything　③ nobody　④ nothing　〈専修大〉

499 You should stay here at least a week, (　　　) a month.
□□□ ① if not　② as well as　③ as long as　④ even if　〈名古屋学院大〉

Point 127

500 Was (　　　) Jack that sent me the book?
□□□ ① he　② it　③ who　④ him　〈日本工大〉

501 It was only when I read her letter (　　　) I realized what was happening.
□□□ ① how　② that　③ why　④ which　〈大阪大谷大〉

502 私は，月曜日になって初めて事務所に電話した。
□□□ It (the / I / Monday / not / that / office / phoned / was / until).　〈東海大〉

497 私は，たとえあるにしても，めったに北海道の故郷に帰ることはない。
498 ジョンは悪い子ではありません。どちらかといえば，彼はかなり良い子です。
499 あなたは１か月とは言わないまでも，少なくとも１週間はここに滞在すべきです。
500 私にその本を送ったのはジャックでしたか。
501 彼女の手紙を読んで初めて，私は何が起きているのかわかった。

497 if ever「たとえあるにしても」 標準

▶**if ever** は，通例 **seldom / rarely**「めったに…しない」などの準否定の副詞とともに用い，「たとえあるにしてもめったに…しない」の意味になる。

!!注意 ① if any は不可。**if any は few や little などの準否定の形容詞とともに用いるからである。** if any と if ever は，どちらも日本語にすると「たとえあるにしても」という意味になり紛らわしい。**few や little の後では if any，seldom / rarely の後では if ever** と正確に押さえておくこと。

498 if anything「どちらかといえば」 発展

+プラス **if anything** は，**if any**「たとえあるにしても」(➡496) と同じ使い方もあるので注意。

499 if not A「Aではないにしても」 読解 発展

▶**if not A**「Aではないにしても」のAには通例，名詞・形容詞・副詞が来る。読解上も重要な表現。

Point 127 強調構文

It is ... that 〜「〜するのは…だ」の形で，完成された英文を前提としてその中の強調すべき語句を It is と that ではさんだものを強調構文という。
なお，強調構文で強調できるのは名詞表現と副詞表現であり，形容詞表現と動詞表現は不可。また，名詞表現で「人」を強調する場合は that の代わりに who や whom を，「人以外」を強調する場合は which を用いることもある。

500 Was it Jack that ...?—主語を強調した疑問文 標準

▶平叙文であれば It was Jack that ... となるが，本問は疑問文なので *Was it Jack* that ... の形となっている。

▶強調構文を用いなければ，英文は以下の疑問文となる。
Did Jack send me the book?

501 It was only when ... that 〜—副詞節の強調 標準

▶It was[is]の後に副詞表現が来ていれば，強調構文と考えてよい。

!!注意 **It is only when ... that** 〜は「…して初めて〜する」と訳すのが自然。

502 It is not until ... that 〜「…して初めて〜する」 標準

▶強調構文を用いた慣用表現として押さえておく。

!!注意 本問のように整序問題で問われることが多い。

+プラス 前問の **It is only when ... that** 〜は，本問の表現を使って言いかえられる。
It was *not until* I read her letter *that* I realized what was happening.

---

497 ② **498** ② **499** ① **500** ② **501** ②
502 was not until Monday that I phoned the office

503 私のいない間に，私の日記を読んだのはいったい誰だ？
□□□ (　　) (　　) (　　) that read my diary while I was out?
〈日本工大〉

504 間違っているのはぼくではなく君の方だ。(1語不要)
□□□ It (who / I / is / am / you / but / are / not) wrong. 〈工学院大〉

Point 128

505 She doesn't talk much, but once she (　　) speak she is
□□□ eloquent.
① has ② had ③ does ④ did 〈城西大〉

506 いったい私を何だと思っているんだ。
□□□ (did / earth / for / me / on / take / you / what)? 〈東北学院大〉

505 彼女はあまりしゃべらないが，いったん話をすれば雄弁である。

503 疑問詞＋**is it that**(＋S)＋**V…?**—疑問詞の強調 

▶強調構文で**疑問詞を強調**する場合は，**「疑問詞＋is it that(＋S)＋V…?」**の形になる。疑問詞の後はis itの疑問文の語順になること，またthat以下は平叙文の語順になることを押さえておこう。整序問題でもよく問われる。

504 **It is … who** 〜—複雑な形 

▶**主語である「人」を強調する場合，that以外にwhoを使うことができる。**本問は，そのパターンを作る。

▶強調すべき部分を，not I but youとすることに注意。**not A but B**が主語の場合は，動詞はBに一致させる(➡p.157**【整理39】**)。よって，whoの後にはareを用いることになる。amが不要。

Point 128 ⋮ その他の強調表現

505 **do / does / did**＋動詞の原形—動詞の強調 標準

▶**動詞を強調する**場合は「**do / does / did＋動詞の原形**」にする。本問は現在時制でsheが主語なので「does＋動詞の原形」にする。

▶本問のonceは「いったん…すると」の意味の接続詞(➡**376**)。

506 **on earth**—疑問詞の強調 標準

▶**疑問詞の直後に on earth / in the world / ever などの語句をつけて，疑問詞を強調する**用法がある。本問はWhat on earthで始めればよい。

▶本問のwhatは，**take A for B**「AをBだと思う／誤ってAをBと考える」(➡**778**)のBを問うたもの。

---

503 Who was it　**504** is not I but you who are (am不要)　**505** ③
506 What on earth did you take me for

第16章 時制の一致と話法

Point 129

507 (a) He said to me, "You will be sorry for it."
□□□ (b) He (　　　) me that (　　　) (　　　) be sorry for it.
〈四天王寺大〉

508 (a) He said to me, "Don't call me after ten."
□□□ (b) He told me (　　　) (　　　) call (　　　) after ten. 〈関西大〉

509 (a) He said to me, "Close the window, please."
□□□ (b) He (　　　) me (　　　) (　　　) the window. 〈岡山理大〉

Point 130

510 (a) He said to me, "Are you all right?"
□□□ (b) He (　　　) me (　　　) (　　　) (　　　) all right.
〈静岡理工科大〉

511 (a) He said to me, "Where did you buy the dictionary?"
□□□ (b) He (　　　) me where (　　　) (　　　) (　　　) the dictionary.
〈関東学院大〉

整理 46 話法の転換の原則

(1) **人称代名詞の変化**—伝達者「私」から見て適当なものに変化させる。
(2) **時制の一致**—伝達動詞が過去時制の場合，伝達内容の動詞は以下のように一致させる。
㋐**現在時制→過去時制**（助動詞があれば助動詞を過去形に）
㋑**現在完了／過去時制→過去完了**（had done）
(3) **指示代名詞・副詞などの変化**—伝達動詞が過去時制の場合，次のように変化する。
- **this / these →** that / those
- **here →** there
- **now →** then
- **today →** that day
- **yesterday → the day** before / **the** previous **day**
- **last night → the night** before / **the** previous **night**
- **tomorrow → the** next [following] **day**
- **next week → the** next [following] **week**
- **… ago → …** before

507 (a) 彼は私に「君はそのことを後悔するよ」と言った。
(b) 彼は私に，私がそのことを後悔するだろうと言った。

Point 129 平叙文と命令文の話法の転換

直接話法(設問の(a)の形)は発話者の言葉をそのまま伝えるのに対し，間接話法(設問の(b)の形)は他人の言葉を伝達者「私」の言葉に直して伝えるものである。最初に左頁の**【整理46】**で話法の転換の原則を確認しておこう。

507 平叙文の話法の転換 標準

▶**平叙文**の場合，伝達動詞は say だけであればそのまま say を用いるが，**say to A** の形であれば通例 **tell A** にする。伝達内容は **that 節**で表す。

508 命令文の話法の転換 標準

▶**命令文**の場合，**tell A to do** の形にし，伝達内容を不定詞で表す。**否定の命令文**は **tell A not to do** にする。

509 丁寧な命令文の話法の転換 標準

▶**please のついた丁寧な命令文**の場合は，**ask A to do** の形にする。この ask は「Aに…するように頼む」の意味。**丁寧な否定の命令文**であれば，**ask A not to do** となる。

Point 130 疑問文の話法の転換

510 疑問詞のない疑問文の話法の転換 標準

▶**疑問文**の伝達内容を間接話法にする場合は，伝達動詞は **ask**「…を尋ねる」を用い，疑問詞のない普通の疑問文は **if または whether**「…かどうか」で始まる節にする。つまり **ask A if[whether]+S+V...** の形にする。節内は平叙文の語順。

511 疑問詞のある疑問文の話法の転換 標準

▶**疑問詞のある疑問文**が伝達内容になっている場合は，**ask A+疑問詞+S+V...** の形にする。疑問詞の後は平叙文の語順。本問では，過去時制→過去完了にも注意。

508 (a) 彼は私に「10時以降は私に電話をしないでくれ」と言った。
(b) 彼は私に，10時以降は彼に電話をしないように言った。
509 (a) 彼は私に「窓を閉めてください」と言った。
(b) 彼は私に窓を閉めるように頼んだ。
510 (a) 彼は私に「だいじょうぶ？」と言った。
(b) 彼は私に，だいじょうぶかどうか尋ねた。
511 (a) 彼は私に「どこでその辞書を買ったの？」と言った。
(b) 彼は私に，私がどこでその辞書を買ったのか尋ねた。

507 told, I would **508** not to, him **509** asked, to close
510 asked, if[whether] I was **511** asked, I had bought

Point 131

512 □□□
(a) He said, "Let's take a rest."
(b) He (　　　) that (　　　) should take a rest. 〈岐阜大〉

513 □□□
(a) She said, "Shall we eat out today?"
(b) She (　　　) that (　　　) should eat out (　　　) (　　　). 〈昭和薬大〉

514 □□□
(a) He said to me, "I am very busy. Please help me."
(b) He told me that (　　　) (　　　) very busy and asked (　　　) (　　　) help (　　　). 〈佛教大〉

512 (a) 彼は「休憩しましょう」と言った。
(b) 彼は，私たちが休憩することを提案した。
513 (a) 彼女は「今日は外食しましょうか」と言った。
(b) 彼女は，その日外食することを提案した。
514 (a) 彼は私に「とても忙しい。手伝ってください」と言った。
(b) 彼はとても忙しいと言い，そして私に手伝ってくれるよう頼んだ。

Point 131 その他の注意すべき話法の転換

512 **Let's** の文の話法の転換 発展

▶**Let's** で始まる文に代表される「提案」を表す文が伝達内容の場合は，**suggest[propose] (to A) that we (should) do …** の形を用いる。

▶suggest / propose の語法については Point 138 参照。

513 **Shall we do …?** の文の話法の転換 発展

▶**Shall we do …? / What do you say to doing?**「…しませんか」(➡ **147**) といった「提案・勧誘」を表す文の場合も，前問の Let's の文と同様に転換する。

514 伝達内容が 2 文の場合 標準

▶伝達内容が 2 文の場合，**同種**(たとえば平叙文と平叙文)**の伝達内容なら伝達内容以下**を内容に応じて and または but でつなげる。また**異種**(たとえば平叙文と疑問文)**の伝達内容なら伝達動詞以下**を and または but でつなげると考えておけばよい。本問の後半は please のある命令文となっていることに注意(➡ **509**)。

---

512 suggested[proposed], we **513** suggested[proposed], we, that day
514 he was, me to, him

Next Stage

Part 2 語法

入試問題では増加傾向の続く項目である。「知識を整理し定着させる」ことが最も重視されるパートでもある。したがって【整理】欄が頻繁な密度で登場することになるが，この【整理】欄こそ，現在の入試傾向を凝縮したエッセンスとも言うべき内容である。語法面は，出題頻度が高い割には「そこまで手が回らない」といった受験生も多く，実際の入試では大きな得点差となる傾向が強い。本書の内容で十分である。しっかりと定着させ，「差をつける」レベルまで持っていこう。

第17章 動詞の語法

Point 132

515 □□□ Would you mind (　　) me a letter of recommendation to an American university?

① for writing　② to write　③ write　④ writing　〈同志社大〉

516 □□□ We enjoyed (　　) the wedding reception the other day.

① attended　② attending　③ to attend　④ to have attended　〈実践女子大〉

517 □□□ Sue has given up (　　) to lose weight.

① to try　② try　③ tried　④ trying　〈駒澤大〉

518 □□□ Have you finished (　　) on your project yet?

① working　② worked　③ to work　④ to be working　〈東邦大〉

519 □□□ We are going to play baseball this afternoon if it stops (　　).

① raining　② to raining　③ for raining　④ to rain　〈東京家政大〉

520 □□□ Have you ever considered (　　) in sociology at college?

① majoring　② to major　③ of majoring　④ on majoring　〈拓殖大〉

521 □□□ Jimmy denied (　　) my model plane, even though he was the only person who was in my room at that time.

① to breaking　② to break　③ being broken　④ having broken　〈関西学院大〉

515 アメリカの大学への，私の推薦状を書いていただけませんか。
516 私たちは先日結婚披露宴に出席して楽しかった。
517 スーは減量することをあきらめた。
518 もうプロジェクトへの取り組みは終わったのですか。
519 もし雨がやめば，今日の午後，野球をすることになっています。
520 これまで，大学で社会学を専攻することを考えたことがありますか。
521 ジミーは，そのとき私の部屋にいたのが彼だけだったにもかかわらず，私の模型飛行機をこわしたことを否定した。

Point 132 不定詞を目的語にせず動名詞を目的語にとる動詞

他動詞の中には，動名詞は目的語にするが，不定詞は目的語にとらないものがある。入試では最頻出項目の１つ。**【整理47】**の動詞は正確に覚えておく必要がある。

515 **mind doing**「…するのを気にする／いやがる」 基本

▶Would[Do] you mind doing?「…していただけませんか←…するのを気にしますか」は「依頼」を表す重要表現。

+プラス **Would[Do] you mind my[me] doing?** は「…してもいいですか←私が…するのを気にしますか」という相手の「許可」を求める表現となる。このmy[me]は動名詞の意味上の主語(➡136)。

+プラス mindを用いた疑問文への答え方は問題637，1289参照。

516 **enjoy doing**「…するのを楽しむ」 基本

517 **give up doing**「…するのをあきらめる／やめる」 基本

518 **finish doing**「…するのを終える」 基本

▶work on A＝Aの改善に取り組む。

519 **stop doing**「…するのをやめる」 標準

!!注意 stopには**stop to do**「…するために立ち止まる」の形もあるが，この場合のstopは「立ち止まる」の意味を表す自動詞であり，後に続く不定詞は目的「…するために」を表す用法。したがって，④to rainは文意に合わないので不可。

520 **consider doing**「…するのを考慮する」 標準

▶不定詞を目的語にせず動名詞を目的語にとる動詞として，considerは要注意。

521 **deny doing**「…するのを否定する」 標準

▶ここでは「…をこわしたことを否定した」という意味なのでdenied having broken ...の形になる。

整理 47 不定詞を目的語にせず動名詞を目的語にとる動詞

- **mind**「…するのを気にする」(➡515)
- **miss**「…しそこなう」
- **enjoy**「…するのを楽しむ」(➡516)
- **give up**「…するのをあきらめる」(➡517)
- **admit**「…するのを認める」
- **avoid**「…するのを避ける」
- **finish**「…するのを終える」(➡518)
- **escape**「…するのをのがれる」
- **practice**「…する練習をする」
- **put off**「…するのを延期する」
- **postpone**「…するのを延期する」
- **stop**「…するのをやめる」(➡519)
- **consider**「…するのを考慮する」(➡520)
- **deny**「…するのを否定する」(➡521)など

515 ④ 516 ② 517 ④ 518 ① 519 ① 520 ① 521 ④

Point 133

522 He could not (　　　) to send all his children to college.
□□□ ① allow ② permit ③ afford ④ approve 〈東海大〉

523 If you decide (　　　) the proposal, please send it to me by the end of May.
□□□ ① submit ② submitting ③ to submit ④ to be submitted 〈広島工大〉

524 Dave has not taken his driving test yet, but he expects (　　　).
□□□
① having taken it next week
② to take it next week
③ taking it next week
④ soon take the test 〈東海大〉

525 What many people (　　　) to recognize is that, with friendship, quality is more important than quantity.
□□□ ① mind ② deny ③ put off ④ fail 〈立教大〉

526 She left home and went to London, (　　　) to find love and adventure.
□□□ ① regarding ② supposing ③ hoping ④ dreaming 〈九州産大〉

527 When I started talking about art, he offered (　　　) me his collection.
□□□ ① to show ② showing ③ showed ④ shows 〈福岡大〉

528 Don't pretend (　　　) jazz. I know you really hate it.
□□□ ① liking ② liked ③ like ④ to like 〈獨協大〉

522 彼には，子どもたち全員を大学に行かせる余裕はなかった。
523 企画案を提出することに決めたら，5月末までにそれを私宛に送ってください。
524 デイブはまだ運転免許の試験を受けていないが，来週には受けるつもりである。
525 友情について多くの人が認識を欠いているのは，量より質の方が重要であるということだ。
526 愛と冒険を見つけることを期待して，彼女は故郷を離れ，ロンドンに向かった。
527 私が芸術について話し始めると，彼は自分のコレクションを見せてもいいよと言った。
528 ジャズが好きなふりをしないでください。本当はジャズを嫌っているのはわかっています。

Point 133 動名詞を目的語にせず不定詞を目的語にとる動詞

他動詞の中には，Point 132 の動詞とは逆に，不定詞は目的語にとるが，動名詞は目的語にとらないものがある。

522 **afford to do**「…する余裕がある」 標準

▶選択肢の中で不定詞を目的語にとるのは③ afford のみ。

▶① allow，② permit は不可。allow［permit］A to do「Aが…するのを許す」の形はあるが，allow［permit］to do の形はない。④ approve も不定詞をとる形はない。

＋プラス **afford は can，could，be able to とともに用い，通例，否定文・疑問文で用いる。**

523 **decide to do**「…することに決める」 基本

524 **expect to do**「…するつもりである」 標準

525 **fail to do**「…することを怠る／しない」 標準

▶選択肢の中で不定詞を目的語にとるのは④ fail のみ。

▶① mind，② deny，③ put off はいずれも，不定詞ではなく動名詞を目的語にとる動詞（➡ p.191【整理47】）。

▶文の主語は What から recognize まで。この what は関係代名詞で，節内では recognize の目的語となっている（➡ Point 081）。

526 **hope to do**「…することを望む」 標準

▶hoping to find love and adventure は「付帯状況（…しながら／そして…する）」を表す分詞構文（➡ Point 055）。

527 **offer to do**「…することを申し出る／…してもいいと言う」 標準

528 **pretend to do**「…するふりをする」 標準

Part 2 語法

整理 48 動名詞を目的語にせず不定詞を目的語にとる動詞

基本的には未来志向の動詞が多い。

- **afford**「…する余裕がある」（➡ 522）
- **attempt**「…しようと試みる」
- **decide**「…することに決める」（➡ 523）
- **expect**「…するつもりである」（➡ 524）
- **fail**「…することを怠る／しない」（➡ 525）
- **hope**「…することを望む」（➡ 526）
- **manage**「どうにか…する」
- **offer**「…することを申し出る」（➡ 527）
- **pretend**「…するふりをする」（➡ 528）
- **refuse**「…するのを断る」
- **promise**「…する約束をする」
- **wish**「…することを願う」 など

522 ③ 523 ③ 524 ② 525 ④ 526 ③ 527 ① 528 ④

Point 134

529 □□□ 私は10年前にこの小さな村を訪れたことを覚えています。
I remember (　　　) this small village ten years ago.
① to visit　② to be visiting　③ visited　④ visiting　〈成城大〉

530 □□□ I must remember (　　　) a parcel to her tomorrow.
① to send　② sending　③ having sent　④ to have sent　〈城西大〉

531 □□□ Sue, please don't forget (　　　) this letter on your way to the station. It has to get to Brian by Saturday.
① and to mail　② mail　③ mailing　④ to mail　〈千葉商大〉

532 □□□ I'll never forget (　　　) Geneva when I was a student.
① to have visited　② to visit　③ visited　④ visiting　〈京都産大〉

533 □□□ He (　　　) borrowing the book from her.
① regretted　② refused　③ asked　④ demanded　〈獨協大〉

534 □□□ I tried (　　　) a letter in English by myself, but after an hour I gave up.
① having written　② to have written
③ to write　④ to writing　〈センター試験〉

535 □□□ He (　　　) to buy a house.
① denies　② means　③ gives up　④ avoids　〈東京理大〉

536 □□□ After playing with sand, your hands need (　　　).
① to wash　② to be washing　③ being washed　④ washing
〈日本大〉

537 □□□ This letter needs (　　　) before it is sent.
① be corrected　② corrected
③ to be corrected　④ to correct　〈同志社大〉

530 明日，小包を彼女に送ることを忘れないようにしなければならない。
531 スー，駅に行く途中で忘れずにこの手紙を出してね。土曜日までにブライアンに届かなければならないから。
532 学生のときに，ジュネーブを訪れたことを決して忘れないでしょう。
533 彼は，彼女からその本を借りたことを後悔した。
534 独力で英語で手紙を書こうとしたが，１時間後，私はあきらめた。

Point 134 目的語が不定詞と動名詞で意味が異なる動詞

他動詞の中には，不定詞も動名詞も目的語にとるが，それぞれ意味が異なるものがある。問題 529 ～ 532 などは文意から不定詞をとるか動名詞をとるかを判断する問題。なお意味と用法を p.197 の【整理49】にまとめているので最後に確認しよう。

529 remember doing「(過去に)…したことを覚えている」 標準

530 remember to do「…することを覚えておく」 標準
▶② sending は不可。未来を表す副詞 tomorrow があるので文意に合わない。

531 forget to do「…することを忘れる」 標準

532 forget doing「…したことを忘れる」 標準
▶主に否定文で用いられる。

533 regret doing「…したことを後悔する」 標準
▶② refused は不可。refuse は不定詞を目的語にとる動詞(➡p.193【整理48】)。
＋プラス **regret to do**「残念ながら…する」もここで押さえる。

534 try to do「…しようとする」 標準
＋プラス **try doing**「試しに…してみる」も重要。

535 mean to do「…するつもりである」＝**intend to do** 標準
▶①の deny，③の give up，④の avoid は動名詞を目的語にとる動詞(➡517，521，p.191【整理47】)。
＋プラス **mean doing**「…することになる」も重要。

536 need doing「…される必要がある」＝**need to be done** 標準
▶need が動名詞を目的語にとる場合，受動的な意味になることに注意。

537 need to be done「…される必要がある」＝**need doing** 標準
＋プラス 本問は This letter needs *correcting* before it is sent. と書きかえられる(➡536)。

535 彼は家を買うつもりです。
536 砂遊びの後は，手を洗わなければいけません。
537 この手紙は，送る前に誤りを正す必要があります。

529 ④ 530 ① 531 ④ 532 ④ 533 ① 534 ③ 535 ② 536 ④ 537 ③

538 This computer (　　　) repairing.
□□□ ① cares ② desires ③ hopes ④ wants 〈関西学院大〉

539 彼女は秘書を続けたくはなかった。
□□□ She didn't (a / being / go / on / secretary / to / want). 〈立教大〉

540 私たちは新入生を歓迎し，さらに続けて校則を説明した。
□□□ We welcomed the new students and then (school / the / explain / to / went / rules / on). 〈姫路獨協大〉

Point 135

541 Do you think I can (　　　) me to the station?
□□□ ① have your brother to drive
② get your brother drive
③ have your brother driven
④ get your brother to drive 〈星薬大〉

542 I had the taxi driver (　　　) us to the nearest hospital right away.
□□□ ① take ② taken ③ took ④ to take 〈立命館大〉

538 このコンピュータは修理が必要です。
541 あなたのお兄さん[弟さん]に，私を車で駅まで送ってもらえると思いますか。
542 私はタクシーの運転手に私たちをすぐに最寄りの病院に連れていってもらった。

538 want doing「…される必要がある」＝**need doing[to be done]** 標準

539 go on doing「…し続ける」 標準

540 go on to do「さらに続けて…する」 発展

整理 49 目的語が不定詞と動名詞で意味が異なる動詞

- **remember to do**「…することを覚えておく」(➡530)
  remember doing「(過去に)…したことを覚えている」(➡529)
- **forget to do**「…することを忘れる」(➡531)
  forget doing「…したことを忘れる」(➡532)
- **regret to do**「残念ながら…する」
  regret doing「…したことを後悔する」(➡533)
- **mean to do**「…するつもりである」(➡535)
  mean doing「…することになる」
- **need to do**「…する必要がある」
  need[want] doing「…される必要がある」(➡536, 537, 538)
- **go on to do**「さらに続けて…する」(➡540)
  go on doing「…し続ける」(➡539)
- **try to do**「…しようとする」(➡534)
  try doing「試しに…してみる」
- **stop to do**「…するために立ち止まる」
  ＊この場合の **stop** は「立ち止まる」の意味の自動詞。
  stop doing「…するのをやめる」(➡519)

Point 135 get A to do / have A do, have[get] A done の用法

これらの用法が問われる問題では，目的語であるAと補語である「to do / do / done」が能動関係になっているか受動関係になっているかを文意から見抜くことが重要。能動関係なら get A to do / have A do に，受動関係なら get A done / have A done になる。またこの get と have の用法では，「人」を主語に用いる点も押さえておこう。

541 get A to do「Aに…してもらう／させる」 標準

▶your brother と drive は能動関係。

542 have A do「Aに…してもらう／させる」 標準

▶the taxi driver と take は能動関係。

▶**have A do** は **get A to do**(➡541)とほぼ同意。

538 ④　539 want to go on being a secretary　540 went on to explain the school rules
541 ④　542 ①

543 (a) The typhoon blew the roof off our house.
□□□ (b) We had the roof of our house (　　　) off by the typhoon.
〈法政大〉

544 "These documents have to be ready first thing tomorrow morning?"
□□□ "That's right. Somehow we've got (　　　) today."
① to get done them　② to get them done
③ to do away with them　④ to do them being got 〈上智大〉

Point 136

545 I want you (　　　) what time will be convenient for you.
□□□ ① let me know　② let me to know
③ to let me know　④ to let me to know 〈東海大〉

546 The bad weather (　　　) us cancel the game.
□□□ ① had　② made　③ caused　④ forced 〈摂南大〉

547 The American said he had seen nine presidents (　　　).
□□□ ① came and went　② come and go
③ were coming and going　④ had come and gone 〈青山学院大〉

548 ルーシーは，私たちが学園祭の準備をするのを手伝ってくれた。
□□□ Lucy (the / helped / school / us / prepare for / festival).
〈東京国際大〉

543 (a) 台風が私たちの家の屋根を吹き飛ばした。
(b) 私たちは台風で家の屋根を吹き飛ばされた。
544 「これらの書類は，明日の朝一番に用意されていなければならないのですね」
「そのとおり。なんとかして今日やってしまわなければならない」
545 あなたにとって何時が都合がよいのか，私に知らせてほしい。
546 悪天候のために私たちは試合を中止することにした。
547 そのアメリカ人は，9人の大統領が移り変わっていくのを見たと言った。

543 have A done「Aを…される」=get A done 標準

▶**have[get] A done** は「㋐Aを…してもらう／させる(使役)，㋑Aを…される(受身・被害)，㋒(自分が)Aを…してしまう(完了)」の3つの意味がある。本問は㋑の用法。

▶the roof と blow は受動関係なので過去分詞の blown を入れる。

▶(a)の英文の **blow A off B** は「AをBから吹き飛ばす」の意味を表す。

544 get A done「(自分が)Aを…してしまう」=have A done 発展

▶本問の **get A done** は上記の㋒の用法。

+プラス **have got to do** は have to do と同意で「…しなければならない」の意味。

Part 2 語法

Point 136 「S+V+O+do」の形をとる動詞

問題 **542** の have A do もその1つであるが，動詞には目的格補語に原形不定詞(to のない不定詞)を用いて，「S+V+O+do」の形をとるものがある。

545 let A do「Aに…させる／(本人の望み通り)Aに…させてやる」 標準

▶Aと原形不定詞の間は能動関係であることに注意。

▶want は want A to do「Aが…することを望んでいる」の形をとる(➡p.203【整理51】)。Aの後は不定詞。したがって①，②の let の原形が続く形は不可。

▶**let A know B**「AにBを知らせる」はよく用いる表現。本問は know の目的語であるBが what から始まる疑問詞節となっている。

546 make A do「Aに…させる」 標準

▶① had us は不可。**have A do は「人」を主語として用いる**(➡Point 135)。③ caused，④ forced はそれぞれ **cause A to do**，**force A to do** の形をとる動詞(➡p.203【整理51】)なので不可。

+プラス 本問は無生物主語であるが，make A do の主語が「人」の場合は「(強制的に)Aに…させる」の意味となる。

547 see A do「Aが…するのを見る」 標準

▶**see，watch，hear，feel，look at，listen to といった感覚を表す動詞も「S+V+O+do」の形をとる**(➡p.201【整理50】右段)。

548 help A do「Aが…するのを手伝う／Aが…するのに役立つ」 標準

▶**help** も「S+V+O+do」の形をとる動詞。

!!注意 補語に原形不定詞だけでなく，不定詞をとることもあるので注意。**help A do =help A to do** と押さえる(➡p.219【整理67】)。

543 blown **544** ② **545** ③ **546** ② **547** ②
548 helped us prepare for the school festival

549 子どもをいつも好きかってにさせておくのはよくない。
□□□ It's not good to (children / have / let / own / their / way) all the time. 〈日本大〉

Point 137

550 He never (　　　) his personal problems to affect his performance.
□□□ ① achieves　② allows　③ lets　④ makes 〈立教大〉

551 (a) Ships can avoid dangerous rocks thanks to lighthouses.
□□□ (b) Lighthouses (e　　　) ships to avoid dangerous rocks. 〈法政大〉

552 He (　　　) after his children while he was away on a business
□□□ trip.
① was asked me to look　② asked me looked
③ asked to me for look　④ asked me to look 〈福岡大〉

553 My father (　　　) to be more patient in order to achieve
□□□ something.
① hoped me　② advised me
③ suggested me　④ demanded me 〈福岡大〉

554 The shop clerk tried to (　　　) me to buy a more expensive
□□□ computer.
① assert　② gain　③ persuade　④ talk 〈芝浦工大〉

555 What (　　　) you to change your mind?
□□□ ① had　② let　③ caused　④ thought 〈関西学院大〉

556 The prize for the winner (　　　) people to take part in the
□□□ contest.
① obstructs　② affects　③ encourages　④ decorates 〈関西外大〉

557 Bad weather (　　　) me to stay in London for three more days.
□□□ ① made　② compelled　③ checked　④ prevented 〈防衛大学校〉

550 彼は，自分の個人的な問題が決して演技に影響しないようにしている。
551 (a)(b) 灯台のおかげで，船は危険な岩場を避けることができる。
552 彼は私に出張で不在の間，子どもたちの面倒を見るように頼んだ。
553 父は私に何かを成し遂げるためにはもっと我慢をするよう忠告した。
554 店員は私を説得してより高価なコンピュータを買わせようとした。
555 どうしてあなたは考えを変えたのですか。
556 優勝者に対する賞金が，人々にそのコンテストに参加しようとする意欲をかき立てている。
557 悪天候のために，私はさらに3日間，ロンドンに滞在しなければならなかった。

549 **let A do**「(本人の望み通り)**A**に…させてやる」 標準

▶**let A do**(➡545)と重要イディオム **have one's own way**「自分の思い通りにする」(➡1045)を用いて表現する。

整理 50 「S＋V＋O＋do」の形をとる動詞

- **have A do**「Aに…してもらう／させる」(➡542)
- **let A do**「Aに…させる／Aに…させてやる」(➡545, 549)
- **make A do**「Aに…させる」(➡546)
- **help A (to) do**「Aが…するのを手伝う／Aが…するのに役立つ」(➡548)
- **hear A do**「Aが…するのを聞く」
- **feel A do**「Aが…するのを感じる」
- **look at A do**「Aが…するのを見る」
- **listen to A do**「Aが…するのを聞く」
- **see A do**「Aが…するのを見る」(➡547)
- **watch A do**「Aが…するのを見守る」

＊**help** の場合，目的格補語に原形不定詞のみならず，to 不定詞もとる。

Point 137 「S+V+O+to do」の形をとる動詞

「S+V+O+to do」の形をとる動詞の用法を問う問題では，選択肢の中からこの用法の動詞を選ばせる問題が多い。正答として p.203 の**【整理51】**にまとめた動詞が設定され，誤りの選択肢に p.202 の**【整理52】**や上記の**【整理50】**の動詞が含まれることが多い。その用法を確実にしておくこと。

550 **allow A to do**「**A**が…するのを許す」 標準

▶③の let，④の make は「S+V+O+do」の形をとる動詞(➡545, 546)。

551 **enable A to do**「**A**が…するのを可能にする」 標準

552 **ask A to do**「**A**が…するように頼む」 基本

553 **advise A to do**「**A**に…するように忠告する」 基本

▶①の hoped，③の suggested，④の demanded は「S+V+O+to do」の形をとらない典型的な動詞(➡p.202【整理52】)。

554 **persuade A to do**「**A**を説得して…させる」 標準

555 **cause A to do**「**A**が…する原因となる」 標準

＋プラス **What caused A to do …?** は「なぜAは…したのか。←Aが…した原因は何か」(Why did A do …?)の意味を表す。同意表現の **What made A do …?** も頻出。

556 **encourage A to do**「**A**が…するように励ます」 標準

557 **compel A to do**「**A**に…することを強制する」 標準

549 let children have their own way 550 ② 551 (e)nable 552 ④ 553 ②
554 ③ 555 ③ 556 ③ 557 ②

558 Because he came down with the flu, (forced / he / stay at home / to / was) for a week. 〈センター試験〉
□□□

Point 138

559 I would suggest (　　　) visit that castle.
□□□
① that they　② them to　③ them　④ for them to 〈拓殖大〉

560 He proposed that another meeting (　　　) next week.
□□□
① was held　② be held
③ will be held　④ may be held 〈慶應義塾大〉

561 I highly recommended (　　　) regularly to stay fit.
□□□
① her to taking walks　② she take walks
③ that she may take walks　④ for her taking walks 〈上智大〉

Point 139

562 It feels much (　　　) today than yesterday.
□□□
① warmer　② more warmly
③ more warmer　④ warming 〈上智大〉

563 His wish has (　　　) true.
□□□
① become　② come　③ got　④ realized 〈学習院大〉

整理 52 「S+V+O+to do」のパターンをとれない注意すべき動詞

以下の動詞は英作文などで「S+V+O+to do」の用法で使いがちな動詞。語法問題でも，誤りの選択肢として頻出なのでしっかり押さえておこう。

英作

- **admit**「認める」
- **demand**「要求する」
- **excuse**「許す」
- **explain**「説明する」
- **forgive**「許す」
- **hope**「希望する」
- **inform**「知らせる」
- **prohibit**「禁ずる」
- **propose**「提案する」
- **suggest**「提案する」

558 彼はインフルエンザにかかってしまったので，１週間家にいることを余儀なくされた。
559 彼らにあの城を訪問するよう提案しようと思うのですが。
560 彼は，来週もう一度会議を開きましょうと提案した。
561 健康維持のために定期的に歩くことを，私は彼女に強く勧めた。
562 今日は昨日よりもずっと暖かく感じられる。
563 彼の願いは実現した。

558 force **A to do**「**A**に…することを強制する」=**compel A to do** 標準
▶come down with A=A(病気)にかかる。

整理 51 入試で狙われる「S+V+O+to do」の形をとる動詞

- advise **A to do**「Aに…するように忠告する」(➡553)
- allow **A to do**「Aが…するのを許す」(➡550)
- ask **A to do**「Aが…するように頼む」(➡552)
- cause **A to do**「Aが…する原因となる」(➡555)
- enable **A to do**「Aが…するのを可能にする」(➡551)
- encourage **A to do**「Aが…するように励ます」(➡556)
- expect **A to do**「Aが…すると予期する」
- force[compel]**A to do**「Aに…することを強制する」(➡557, 558)
- invite **A to do**「Aに…するように勧める」
- oblige **A to do**「強制的にAに…させる」
- permit **A to do**「Aが…するのを許す」
- persuade **A to do**「Aを説得して…させる」(➡554)
- remind **A to do**「Aに…することを気づかせる」(➡600)
- require **A to do**「Aに…するように要求する」
- want **A to do**「Aに…してほしいと思っている」

Part 2 語法

Point 138 「that S (should)+原形」の形を目的語にとる動詞

suggest「提案する」, demand「要求する」, insist「主張する」, order「命令する」, require「要求する」, request「懇願する」, propose「提案する」, recommend「勧める」といった要求・提案・命令などを表す動詞の目的語となるthat節中では,「should+原形」または「原形」を用いる。
‼注意 この形は, 述語動詞の時制に左右されない点に注意すること。

559 suggest **that S (should)**+原形「**S**が…することを提案する」 標準
▶② them toにしないこと。suggest A to doの形はない(➡左頁の**【整理52】**)。

560 propose **that S (should)**+原形「**S**が…することを提案する」 標準

561 recommend **that S (should)**+原形「**S**が…することを勧める」 標準
▶本問はthatが省略された形。

Point 139 「S+V+C」の形をとる動詞

自動詞の中には補語に形容詞をとる動詞がある。代表的なものに, feel「…と感じられる/…の感じを覚える」, look「…に見える」, seem「…のように思われる/見える」, sound「…に聞こえる」, go「…になる」, turn「…になる」, lie「…の状態にある」, remain「…のままである」, get「…の状態になる」, taste「…な味がする」, 慣用的なcome true「実現する」などがある。

562 feel+形容詞「…と感じられる/…の感じを覚える」 標準
▶warmの比較級はwarmerなので③ more warmerは不可。② more warmlyは副詞。

563 come **true**「実現する」 基本
▶**come true**は成句表現として押さえる。become trueという表現はない。

---

558 he was forced to stay at home **559** ① **560** ② **561** ② **562** ① **563** ②

564 A man is in danger of ( ) wrong when he is made much of.
□□□ ① taking ② going ③ having ④ growing 〈北海学園大〉

565 ファンは，応援しているチームが最終回に得点したら大騒ぎをした。
□□□ The fans (when / went / scored / their / in / team / wild / the / final) inning. 〈関西外大〉

Point 140

566 Do you think he ( ) his father?
□□□ ① resembles ② resembles after
③ resembles to ④ resembles with 〈同志社大〉

567 The plane was ( ) London in dense fog.
□□□ ① approaching ② approaching to
③ approaching toward ④ approaching at 〈武庫川女子大〉

568 The class ( ) the problem.
□□□ ① discussed ② discussed on
③ discussed about ④ discussed with 〈東京経大〉

569 ①Although Mary and I are ②from different backgrounds, I ③have decided to marry ④with her. 〈中京大〉
□□□

570 "Is Sarah still single?"
□□□ "No. She's married ( ) a doctor."
① by ② to ③ for ④ with 〈桃山学院大〉

571 Mary ①apologized the teacher ②for ③coming ④to school late.
□□□ 〈流通経大〉

572 Mr. and Mrs. Hudson are always ( ) with each other about money.
□□□ ① annoying ② arguing ③ discussing ④ shouting 〈東海大〉

564 人は，もてはやされるとうまくいかない危険性がある。
566 彼はお父さんに似ていると思いますか。
567 その飛行機は濃霧の中をロンドンに近づいていた。
568 そのクラスはその問題を討議した。
569 メアリーと私は異なった生い立ちであるが，私は彼女と結婚することに決めた。
570 「サラはまだ独身ですか」
「いいえ。彼女は医者と結婚しています」
571 メアリーは，学校に遅刻したことを先生に謝った。
572 ハドソン夫妻は，お金のことでいつも言い争いをしている。

564 **go**＋形容詞「…になる」 標準

▶go は，特定の形容詞をとると become の意味になるが，**補語となる形容詞は，bad，mad，wrong，wild，blind，flat**「パンクした／空気が抜けた」**などのように通例好ましくない状態を表すものが来る**ことに注意。

▶本問の **go wrong** は「うまくいかない」の意味。

▶④ growing は不可。grow old「年をとる」のように grow も補語に形容詞をとるが grow wrong とは言わない。

565 **go wild**「荒っぽくなる／興奮する」(➡564) 標準

Point 140 ⋮ 自動詞と間違えやすい他動詞，他動詞と間違えやすい自動詞

566 **resemble A**「Aに似ている」＝**look like A** 標準

567 **approach A**「Aに近づく」 標準

568 **discuss A**「Aについて議論する」＝**talk about A** 基本

569 **marry A**「Aと結婚する」 標準

＋プラス **marry A** は **get married to A** と表現することもできる。「Aと結婚している」という状態を表す場合は，**be married to A** を用いる。

570 **be married to A**「Aと結婚している」(➡569) 標準

571 **apologize to A for B**「AにBのことで謝る」 標準

572 **argue with A about B**「BについてAと口論する」 標準

▶①の annoy は他動詞なので with が不要となる。

整理 53 自動詞と間違えやすい注意すべき他動詞

- **answer A**「Aに答える」
- **approach A**「Aに近づく」(➡567)
- **attend A**「Aに出席する」
- **discuss A**「Aについて議論する」(➡568)
- **enter A**「Aの中に入る」
- **marry A**「Aと結婚する」(➡569)
- **mention A**「Aについて言及する」
- **obey A**「Aに従う」
- **reach A**「Aに着く」
- **resemble A**「Aに似ている」(➡566) など

整理 54 他動詞と間違えやすい注意すべき自動詞

- **apologize (to A) for B**「(Aに)Bのことで謝る」(➡571)
- **argue with A (about B)**「(Bについて)Aと口論する」(➡572)
- **complain (to A) of[about] B**「(Aに)Bについて文句を言う」
- **graduate from A**「Aを卒業する」

---

564 ② **565** went wild when their team scored in the final **566** ① **567** ① **568** ① **569** ④ with her → her **570** ② **571** ① apologized the teacher → apologized to the teacher **572** ②

Point 141

573 適度な運動をすることは体によい。
□□□ (exercise / good / moderate / you / does).　〈朝日大〉

574 Whatever you try, it will not (　　　) to your record.
□□□ ① hurt　② break up　③ destroy　④ do harm　〈武庫川女子大〉

575 (a) May I ask a favor of you?
□□□ (b) Will you (　　　) me a favor?　〈名古屋女子大〉

Point 142

576 (a) May I have a moment of your time?
□□□ (b) Can you (　　　) me a little of your time?　〈立教大〉

577 ナンシーからの電子メールが，私が彼女に電話をしなくてはならない手間を省いてくれた。
□□□ An email from Nancy (calling / of / saved / me / the trouble) her.　〈近畿大〉

578 家のペンキを塗りかえてもらうのにずいぶん費用がかかりました。
□□□ It (money / cost / a lot of / me / house / repainted / my / have / to).　〈京都学園大〉

579 旅行の手配をするのにずいぶん時間がかかった。
□□□ It (a / arrange / long / me / time / to / took) a tour.　〈東北学院大〉

574 あなたが何に挑戦しようとも，あなたの経歴に傷はつかないでしょう。
575 (a) (b) お願いがあるのですが。
576 (a) (b) 少々お時間を割いていただけますか。

Point 141 ⋮ 二重目的語をとる do の用法

do には特定の目的語 B を伴って do A B の二重目的語をとる用法がある。

573 **do A good**「**A**のためになる」=**do good to A** 標準

574 **do A harm**「**A**の害になる」=**do harm to A** 標準
▶① hurt は不可。hurt は他動詞なので to が不要。

575 **do A a favor**「**A**の頼みを聞き入れる」 標準
▶May I ask a favor of you?「お願いがあるのですが」は重要表現(➡1295)。

整理 55 二重目的語をとる do の慣用的表現

- **do A good**「Aのためになる」=**do good to A**(good は名詞で「利益」)(➡573)
- **do A harm**「Aの害になる」=**do harm to A**(harm は名詞で「害」)(➡574)
- **do A damage**「Aに損害を与える」=**do damage to A**
- **do A a favor**「Aの頼みを聞き入れる」(➡575)

＊上記の左側の表現では，文脈から明らかな場合はAが省略されることもある。

Point 142 ⋮ その他の二重目的語をとる注意すべき動詞

最後に p.208 の【整理56】の動詞を確認しよう。

576 **spare A B**「**A**に**B**を割く／**A**の**B**を省く」 標準

577 **save A B**「**A**の**B**を省く」 標準
▶本問は **save A B** の B に the trouble of doing「…する手間」を用いる。**save[spare] A the trouble of doing**「Aが…する手間を省く」で押さえる。

578 **cost A B**「**A**に**B**(費用)がかかる／**A**に**B**(犠牲など)を払わせる」 標準
▶**cost A B**「AにB(費用)がかかる」を用いた表現の **It costs A+お金+to do**「Aが…するのに(お金が)〜かかる」で英文の骨格を作る。to do の部分に **have A done**「Aを…してもらう」(➡543)を用いる。

+プラス **cost A B** の B に「金額・費用」ではなく，**time**, **life**, **health** などが来る場合は「AにB(犠牲など)を払わせる」の意味になる。
One mistake can *cost you your life*.
(ひとつのミスでも命を落とすこともあるよ)

579 **take A B**「**A**が(…するのに)**B**を必要とする」 標準
▶**take A B** を用いた表現の **It takes A+時間+to do**「Aが…するのに(時間が)〜かかる」で英文を完成させる。

573 Moderate exercise does you good 574 ④ 575 do 576 spare 577 saved me the trouble of calling 578 cost me a lot of money to have my house repainted
579 took me a long time to arrange

580 They (　　　) me 5,000 yen for repairing my bicycle.
□□□ ① priced ② cost ③ spent ④ charged 〈名古屋外大〉

581 The teacher (　　　) us only ten minutes to answer the questions.
□□□ ① allowed ② got ③ charged ④ shared 〈立命館大〉

582 Any delay in delivering the goods will (　　　) us a lot of trouble.
□□□ ① cause ② produce ③ result ④ lead 〈近畿大〉

Point 143

583 Swimsuits (　　　) best in summer.
□□□ ① break ② decrease ③ come ④ sell 〈関西学院大〉

584 Any dictionary will (　　　) as long as it is an English dictionary.
□□□ ① do ② come ③ go ④ use 〈明治大〉

Point 144

585 We are afraid that the sales tax will be (　　　) next year.
□□□ ① rise ② risen ③ raise ④ raised 〈東海大〉

586 After the typhoon, the water in the lake (　　　) three more feet.
□□□ ① raised ② risen ③ rose ④ had raised 〈拓殖大〉

587 Educational expenses ①have raised so rapidly ②in the past few years that many families ③have been forced ④to change their lifestyle.
□□□ 〈日本女子大〉

整理 56 二重目的語をとる注意すべき動詞

- **cost A B**「AにB(費用)がかかる／AにB(犠牲など)を払わせる」(➡578)
- **save A B**「AのBを省く」(➡577)
- **spare A B**「AにBを割く／AのBを省く」(➡576)
- **allow A B**「AにBを割り当てる」(➡581)
- **deny A B**「AにBを与えない」
- **wish A B**「AにBを祈る」
- **leave A B**「AにBを残して死ぬ／残す」
- **cause A B**「AにBをもたらす」(➡582)
- **charge A B**「AにBを請求する」(➡580)
- **owe A B**「AにBを借りている／負っている」
- **lend A B**「AにBを貸す」
- **loan A B**「(利子をとって)AにBを貸す」
- **take A B**「Aが(…するのに)Bを必要とする」(➡579)
- **offer A B**「AにBを提供する」

580 彼らは，私の自転車の修理に5,000円を請求した。
581 先生は，その問題に答えるのに私たちにたった10分しか与えなかった。

580 **charge A B**「**A**に**B**を請求する」 発展

581 **allow A B**「**A**に**B**を割り当てる」 発展

582 **cause A B**「**A**に**B**をもたらす／与える」 標準

▶左頁の**【整理56】**で意味と用法を整理しておこう。

Point 143 ⋮ 思いがけない意味を表す自動詞

自動詞で用いられると思いがけない意味になる do, pay, sell, read, last が代表的なもの。

583 **sell**「売れる」 標準

584 **do**「間に合う／十分である」 標準

整理 57 自動詞 do / pay / sell / read / last の用法

(1) **do** は自動詞で用いられると**「間に合う／十分である」**の意味になる。(➡584)
(2) **pay** は自動詞で用いられると**「利益になる／割に合う」**の意味になる。
Honesty sometimes does not *pay*.
(正直は時として割に合わないことがある)
(3) **sell** は自動詞で用いられると**「売れる」**の意味になる。(➡583)
(4) **read** は自動詞で用いられると**「解釈される／読める」**の意味になる。
This rule *reads* several ways. (この規則はいく通りにも解釈できる)
(5) 自動詞 **last** は期間を表す副詞を伴って**「(物・事が) ある期間続く／(物が) ある期間長持ちする」**の意味を表す。
The storm *lasted* (for) three days. (嵐は3日間続いた)

Point 144 ⋮ 自動詞と他動詞で活用と意味が紛らわしい動詞

585 **raise** は他動詞。**raise A** で「**A**を上げる」の意味を表す。 基本

▶① rise は自動詞で「上がる」の意味なので不可。

586 自動詞 **rise** の過去形は **rose** 基本

587 自動詞 **rise** の過去分詞は **risen** 標準

582 荷物の遅配はどのような遅れでも，私たちに多大な迷惑をおよぼす。
583 水着は夏に最も売れる。
584 英語の辞書であれば，どんな辞書でもかまいません。
585 私たちは来年売上税が上がるのではないかと心配している。
586 台風の後，湖の水位はさらに3フィート上がった。
587 教育関係の出費が過去数年間で急速に増えているので，多くの家庭が生活の仕方を変えざるを得なくなっている。

580 ④　581 ①　582 ①　583 ④　584 ①　585 ④　586 ③　587 ① have raised → have risen

588 The dictionary (　　　) on the bookshelf.
□□□
① was lying　② was lain
③ was laying　④ was lied　〈四天王寺大〉

589 During this period the foundation was (　　　) for many Japanese traditions.
□□□
① laid　② lain　③ lay　④ lied　〈千葉商大〉

Point 145

---

590 We (　　　) air pollution.
□□□
① argued with　② discussed about
③ spoke to　④ talked about　〈関西学院大〉

591 I would not (　　　) anything if I were you.
□□□
① tell　② talk　③ say　④ speak　〈大阪経大〉

592 Ellen told (　　　).
□□□
① about that she lost her purse
② me that she had lost her purse
③ to me that she lost her purse
④ to me having lost her purse　〈大東文化大〉

593 I (　　　) to him that he would have to wait a little longer for the bus.
□□□
① explained　② informed　③ told　④ convinced　〈大東文化大〉

588 その辞書は本棚にありました。
589 この時期に多くの日本の伝統の基礎が築かれた。
590 私たちは大気汚染について話をした。
591 もし私があなたならば，何も言わないでしょう。
592 エレンは私に，財布をなくしたと言った。
593 私は彼に，バスが来るまでもう少し待たなければならないだろうと説明した。

588 自動詞 **lie**「横たわる／ある」の現在分詞は **lying** 基本

▶③ was laying は他動詞 lay「…を横たえる／置く」の進行形なので不可。

589 他動詞 **lay** の過去分詞は **laid** 標準

▶他動詞 lay は「(基礎など)を築く」の意味も表すが，本問はその受動態。

整理 58 自動詞 rise と他動詞 raise の活用

	(原形)		(過去形)		(過去分詞形)		(現在分詞形)
(自動詞)	**rise**	—	**rose**	—	**risen**	—	**rising**
(他動詞)	**raise**	—	**raised**	—	**raised**	—	**raising**

整理 59 自動詞 lie と他動詞 lay の活用

	(原形)		(過去形)		(過去分詞形)		(現在分詞形)
(自動詞)	**lie**	—	**lay**	—	**lain**	—	**lying**
(他動詞)	**lay**	—	**laid**	—	**laid**	—	**laying**

＊自動詞 **lie** は「うそをつく」(＝tell a lie)の意味を表す用法がある。活用は規則的で **lie**—**lied**—**lied**—**lying** になる。

Point 145 ⋮ tell / say / speak / talk と explain の用法

tell / say / speak / talk の用法，および explain の用法は紛らわしく，入試最頻出項目のひとつ。p.213 の【整理60】でその用法をしっかり区別しておこう。

590 **talk about A**「**A**について話す」＝**discuss A** 基本

▶①の argue with A「Aと口論する」のAには「人」が来る(➡**572**)。②の discuss は他動詞なので about が不要(➡**568**)。③の speak to A「Aと話をする／Aに話しかける」のAには「人」が来る。

591 **say A**「**A**を言う」—**say** は基本的に他動詞 基本

‼注意 **say の目的語であるAには「人」が来ない**点に注意。

592 **tell A that** 節「**A**に…だと言う」 標準

▶**tell** は二重目的語をとり，**tell A B**「AにBを言う／知らせる」の意味を表す。本問はBが that 節になった形。

593 **explain A to B / explain to B A**「**A**のことを**B**に説明する」 標準

▶**explain は他動詞であるが，tell と違って二重目的語をとる用法はない。**

▶**本問は目的語Aが that 節で長いので，explain to B A の形になっている。**

▶③ told は不可。tell の形は **tell A that 節**(➡**592**)。② informed，④ convinced も不可。tell の形と同様に，**inform A that 節**「Aに…と知らせる」，**convince A that 節**「Aに…を確信させる」の形をとる。

588 ①　589 ①　590 ④　591 ③　592 ②　593 ①

594 I heard somebody (　　　) my mother about the accident, and I noticed that the news upset her.
□□□
① say　② speaking　③ talking　④ tell　〈関東学院大〉

595 私は水泳教室で浮き方を子どもたちに教えていますが，ベッドで寝ている姿をイメージしなさいと言っています。
□□□
In swimming class, I teach kids how to (by / float / imagine / telling / them / to) they're lying on a bed.　〈立教大〉

596 The catalog (　　　) that this year's model is slightly cheaper than last year's.
□□□
① says　② speaks　③ talks　④ tells　〈センター試験〉

597 私は彼女に会議へ出席するように説得しようとした。
□□□
I tried (attending / her / into / meeting / talk / the / to).　〈立教大〉

Point 146

598 When Henry is angry, the expression on his face (　　　) me of his grandfather.
□□□
① recalls　② recollects　③ remembers　④ reminds　〈京都産大〉

599 どうかあのいやな日を思い出させないでください。（1語不要）
□□□
Don't (awful / day / me / of / remember / remind / that).
〈学習院大〉

594 誰かが母にその事故について話をするのを耳にしたが，その知らせが母を動揺させたのがわかった。
596 カタログには，今年のモデルは昨年のモデルよりも多少は安いと書いてある。
598 ヘンリーが怒っているとき，その表情は私に彼のおじいさんを思い出させる。

594 **tell A about B**「**B**について**A**に話す」 標準
▶本英文の基本構造は hear A do「Aが…するのを耳にする」の形(➡547)。
▶① say は不可。say は目的語に「人」をとらない。

595 **tell A to do**「**A**に…するように言う／知らせる」 標準
▶by doing「…することによって」で「手段」を表すが，doing の箇所に **tell A to do** を用いる。
＋プラス 不定詞が否定になった **tell A not to do**「Aに…しないように言う」も頻出。

596 **S say that** 節「**S**には…だと書いてある／**S**によれば…」 発展
▶選択肢のうち say のみが直後に目的語として that 節をとる。

597 **talk A into doing**「**A**を説得して…させる」 発展
▶**persuade A to do**(➡554)が同意表現。

整理 60 tell / say / speak / talk の用法

(1) **tell**―基本的には他動詞。**tell A B** / **tell A about B**(➡594) / **tell A to do**(➡595) / **tell A that 節[wh- 節]**(➡592)で使える点が大きな特徴。
(2) **say**―基本的には他動詞(➡591)。目的語に that 節，wh- 節などもとる。ただし，目的語に「人」をとらないことに注意。また,「新聞／手紙／天気予報」などを主語にして，**S say that 節**(➡596)の形で,「Sには…だと書いてある／Sによれば…」の意味を表す用法はよく狙われる。
(3) **speak**―基本的には自動詞で「話す／演説をする」の意味を表す。他動詞用法の場合は，通例,「言語／言葉／意見」を目的語にする。
(4) **talk**―基本的には自動詞で「話す／しゃべる」の意味を表す。「Aと話し合う」は，**talk to[with] A** を用いる。speak と言いかえができる場合も多い。また他動詞用法の **talk A into doing**「Aを説得して…させる」(➡597)，**talk A out of doing**「Aを説得して…するのをやめさせる」はともに頻出。

Point 146 remind の用法と remind A of B 型の動詞

598 **remind A of B**「**A**に**B**のことを思い出させる」 標準
▶この of は「関連」の of で「…に関して」の意味を表す。この of を用いて,「S＋V＋A＋of＋B」の形をとる動詞は重要(➡p.215【整理61】)。
▶①の recall，②の recollect，③の remember は，通例「人」が主語で「…を思い出す」の意味を表す。本問ではどれも不可。

599 **remind A of B**「**A**に**B**のことを思い出させる」 標準

---

594 ④ **595** float by telling them to imagine **596** ① **597** to talk her into attending the meeting **598** ④ **599** remind me of that awful day (remember 不要)

600 Please remind (　　　) the letters.
□□□
① me to mail　② me of mailing
③ my mailing　④ of me mailing　〈聖学院大〉

601 君は住所の変更を郵便局に知らせましたか。
□□□
Have you (post office / of address / the / change / of / informed / your)?　〈桜美林大〉

Point 147

602 He deprived me (　　　) my political power.
□□□
① from　② of　③ to　④ with　〈拓殖大〉

603 The man robbed (　　　) on her way home from the office.
□□□
① her handbag　② her handbag of her
③ her from her handbag　④ her of her handbag　〈名古屋外大〉

Point 148

604 時間がなかったので，あなたに手紙を書けませんでした。
□□□
Lack (from / me / of / prevented / time / writing) to you.〈日本大〉

605 Rain or wind never stopped me (　　　) going to school.
□□□
① with　② over　③ of　④ from　〈立正大〉

606 Jane was prohibited by her teacher (　　　) to the club at night.
□□□
① for going　② going　③ from going　④ go　〈福岡大〉

整理 63 「S+V+A+from doing」の形をとる動詞

- prevent[keep / stop / hinder] **A from doing**「Aが…するのを妨げる」(➡604，605)
- prohibit **A from doing**「Aが…するのを禁じる」(➡606)
- discourage **A from doing**「Aが…するのを思いとどまらせる」

600 私がこれらの手紙を投函することを気づかせてください。
602 彼は私から政治力を奪った。
603 その男は，彼女が職場から家に帰る途中，彼女からハンドバッグを奪った。
605 雨が降ろうと風が吹こうとそれらは私が通学するのを妨げなかった。
606 ジェーンは先生から夜間にクラブに行くことを禁止された。

600 **remind A to do**「**A**に…することを気づかせる」 標準

▶remind には，remind A of B の他にも **remind A to do**「Aに…することを気づかせる」の用法がある（➡p.203【整理51】）。

!!注意 ② me of mailing は不可。この意味では remind A of doing の形は使えない。誤りの選択肢としてよく出てくるので注意。

+プラス **remind A that 節**「Aに…ということを気づかせる」の用法も押さえる。

601 **inform A of B**「**A**に**B**のことを知らせる」 標準

▶**inform A of B** のBに your change of address を作る。

整理 61 「S+V+A+of+B」の形をとる動詞―remind A of B 型

- **remind A of B**「AにBのことを思い出させる」（➡598，599）
- **inform A of B**「AにBのことを知らせる」（➡601）
- **convince A of B**「AにBのことを確信させる」
- **persuade A of B**「AにBのことを納得させる」
- **warn A of B**「AにBのことを警告する」
- **suspect A of B**「AにBの嫌疑をかける」

Point 147 deprive の用法と deprive A of B 型の動詞

602 **deprive A of B**「**A**から**B**を奪う」 標準

▶この of は「分離・はく奪」を表す。この of を用いて，「S+V+A+of+B」の形をとる動詞は重要（➡【整理62】）。AとBを逆にしないこと。

603 **rob A of B**「**A**から**B**を奪う」 標準

!!注意 Aには通例，「人」が来る。

+プラス 紛らわしい表現の **steal A**「Aを盗む」はAに「人」ではなくて「物」が来る。

整理 62 「S+V+A+of+B」の形をとる動詞―deprive A of B 型

- **deprive A of B**「AからBを奪う」（➡602）
- **rob A of B**「AからBを奪う」（➡603）
- **clear A of B**「AからBを取り除く」
- **cure A of B**「AからBを取り除いて治す」
- **rid A of B**「AからBを取り除く」
- **relieve A of B**「AからBを除いて楽にする」

Point 148 「S+V+A+from doing」の形をとる動詞

左頁の【整理63】の表現を確認しておこう。

604 **prevent A from doing**「**A**が…するのを妨げる」 標準

605 **stop A from doing**「**A**が…するのを妨げる」 標準

606 **prohibit A from doing**「**A**が…するのを禁じる」 標準

---

600 ① **601** informed the post office of your change of address **602** ② **603** ④
604 of time prevented me from writing **605** ④ **606** ③

Point 149

607 The drive from England to Scotland provides the traveler (　　　) many pleasant changes of scenery.
□□□
① for　② with　③ that　④ to　〈立正大〉

608 (a) They provided the earthquake victims with blankets.
□□□
(b) They provided blankets (　　　) the earthquake victims.
〈立教大〉

609 Human beings (　　　) many physical features with monkeys.
□□□
① have　② share　③ possess　④ compare　〈関西外大〉

Point 150

610 It's unwise to blame anyone (　　　) their mistakes before you know all the circumstances.
□□□
① for　② from　③ in　④ of　〈東京電機大〉

611 The train driver has been accused (　　　) causing death and bodily injury through professional negligence.
□□□
① by　② for　③ in　④ of　〈中央大〉

612 I can hardly thank you enough (　　　) your help.
□□□
① by　② for　③ over　④ with　〈関東学院大〉

613 すぐにお返事をいただければ幸いです。
□□□
(from / appreciate / we / hearing / would / you) soon.　〈関西外大〉

整理 65 「S+V+A+for+B」の形をとる動詞—blame A for B 型

- **blame A for B**「AをBのことで非難する／BをAのせいにする」(➡610)
  ＝**blame B on A**
- **criticize A for B**「AをBのことで非難する」
- **punish A for B**「AをBのことで罰する」
- **thank A for B**「AにBのことで感謝する」(➡612)
- **praise A for B**「AをBのことでほめる」

607 イングランドからスコットランドへのドライブでは，旅行者は多くの景観の変化を楽しむことができます。
608 (a) (b) 彼らは地震の被災者たちに毛布を与えた。
609 人類はサルと多くの身体的特徴を共有している。
610 すべての状況がわからないうちに，過ちをしたと人を責めるのは賢明なことではない。
611 電車の運転士は，業務上過失致死傷で告発されている。
612 あなたの援助には，感謝のしようがありません。

Point 149 「S+V+A+with+B」の形をとる動詞

607 provide **A with B**「**A**に**B**を供給する」 標準

+プラス **provide A with B** の同意表現である **provide B for A** も頻出。provide の目的語によって前置詞が異なる点に注意。

608 provide **B for A**「**A**に**B**を供給する」=**provide A with B** 標準

609 share **A with B**「**A**を**B**と分かちあう」 標準

▶④ compare も compare A with B「AをBと比較する」の形があるが，文意に合わないので不可。

整理 64 「S+V+A+with+B」の形をとる動詞

- provide **A with B**「AにBを供給する」(➡607)=provide **B for A**(➡608)
- supply **A with B**「AにBを供給する」(➡973)
- serve **A with B**「AにBを供給する」
- present **A with B**「AにBを贈る」(➡971)
- share **A with B**「AをBと分かちあう」(➡609)

Point 150 「S+V+A+for+B」の形をとる動詞

左頁の**【整理65】**を押さえる。なお本項目では，間違えやすい表現にも注意すること。

610 blame **A for B**「**A**を**B**で非難する／**B**を**A**のせいにする」 標準

+プラス blame A for B の同意表現の **blame B on A** も頻出。

611 accuse **A of B**「**A**を**B**で非難する／**A**を**B**で告発する」 標準

!!注意 **accuse** は blame と似た意味を表すが，「A for B」ではなく「**A of B**」になる点に注意。

612 thank **A for B**「**A**に**B**のことで感謝する」 標準

!!注意 thank A は目的語のAに「人」をとる。

+プラス thank A for B の同意表現として **be thankful**［**obliged / grateful**］**to A for B** も頻出。

613 appreciate **A**「**A**をありがたく思う」 標準

▶appreciate **A**「Aをありがたく思う」は，**thank A** が目的語のAに「**人**」をとるのに対して，目的語のAに「**事・物**」をとる。

▶本問は appreciate の目的語として hearing from you の動名詞句を作る。

---

607 ② **608** for **609** ② **610** ① **611** ④ **612** ②
613 We would appreciate hearing from you

Point 151

614 この電車で行けば1時間で東京へ行けます。
□□□ This train will (in / you / to / take / Tokyo) an hour. 〈東北工大〉

615 「どうして日本へ来たのですか」
□□□ 「茶道を学ぶために来ました」
"What has (b　　　) you to Japan?"
"I have come to study the tea ceremony." 〈立命館大〉

616 メアリーがドイツ語を話せるのは，努力のたまものだ。
□□□ Mary (　　　) her ability to speak German to hard work.
① thanks ② gives ③ contributes ④ owes 〈明治大〉

Point 152

617 I asked her to help (　　　).
□□□ ① my homework ② me the homework
③ me with my homework ④ the homework of me 〈桜美林大〉

618 There was a call for volunteers to (　　　) find homes for the
□□□ newcomers to the town.
① assist ② continue ③ help ④ make 〈立教大〉

Point 153

619 "How do I look in this white dress?"
□□□ "It (　　　) you very well. You look more beautiful in white."
① suits ② meets ③ fits ④ matches to 〈東京経大〉

620 That black tie doesn't (　　　) this blue shirt.
□□□ ① worth ② meet ③ welcome ④ match 〈上智大〉

617 私は彼女に，宿題を手伝ってくれるように頼んだ。
618 その町に新しくやって来る人たちのために家を探す手伝いをするボランティアの要請があった。
619 「この白いドレスを着て私はどう見えるかしら？」
「とてもよく似合うよ。白い服を着るといっそうきれいに見えるよ」
620 あの黒いネクタイはこの青いシャツには合わない。

Point 151 「S+V+A+to+B」の形をとる動詞

614 take **A to B**「**A**を**B**に連れて行く／持って行く」 基本

615 bring **A to B**「**A**を**B**に連れて来る／持って来る」 標準

616 owe **A to B**「**A**に関して**B**のおかげをこうむる」 標準

整理 66 「S+V+A+to+B」の形をとる動詞

- take **A to B**「AをBに連れて行く／持って行く」(➡614)
- bring **A to B**「AをBに持って来る／連れて来る」(➡615)
- owe **A to B**「Aに関してBのおかげをこうむる」(➡616)
- attribute **A to B**「AをBのせいにする／AをBの原因に帰する」
- leave **A to B**「AをBに任せる」

＊Aに形式目的語 it を用いた **leave it to B to do**「…することをBに任せる」も頻出。

Point 152 動詞 help の用法

617 help **A** with **B**「**A**(人)の**B**を手伝う」 標準

▶**help の目的語Aには，通例「人」が来る。**よって① my homework は不可。

618 help **do**「…するのに役立つ／…するのを促進する」 発展

▶動詞の直後に原形不定詞をとるのは③ help だけ。

整理 67 動詞 help がとる注意すべきパターン

- **help A to do＝help A do**「Aが…するのを手伝う／Aが…するのに役立つ」(➡548)
- **help A with B**「A(人)のBを手伝う」(➡617)
- **help to do＝help do**「…するのに役立つ／…するのを促進する」(➡618)

Point 153 「似合う／合う」の意味を表す動詞

619 suit **A**「(服装・色・髪形などが)**A**に似合う」 標準

▶**suit には目的語に「人」をとって「Aに似合う」**の意味になる用法がある。

▶③ fits が不可の理由は，問題 **621** 参照。

620 match **A**「**A**に調和する／合う」＝**go with A** 標準

▶**match A では主語にもAにも「物」が来る**ことに注意。

＋プラス この他 **match** は「匹敵する」の意味でも用いられる。

The two teams are well *matched*.

(その両チームは実力が拮抗している)

614 take you to Tokyo in **615** (b)rought **616** ④ **617** ③ **618** ③ **619** ① **620** ④

621 (a) As I have gained weight, my clothes are the wrong size.
□□□ (b) As I have gained weight, my clothes don't (　　　) me.

〈津田塾大〉

622 "Mary, does this bag (　　　) well with my dress?"
□□□ "Yes. They look very nice together."

① see ② suit ③ go ④ meet 〈法政大〉

Point 154

623 Excuse me, I'd like to (　　　) these two books. How long can I
□□□ keep them?

① hire ② lend ③ lent ④ borrow 〈神戸松蔭女子学院大〉

624 (a) You can borrow my bicycle if you are in a hurry.
□□□ (b) I don't mind (　　　) you my bicycle if you are in a hurry.

〈法政大〉

Point 155

625 (a) "I don't think there's any way to solve the problem," said Susan.
□□□ (b) Susan (　　　) that there was any way to solve the problem.

〈津田塾大〉

626 "How can I get to your house?"
□□□ "Ah, it's easy. I'll (　　　) a map."

① tell ② draw ③ teach ④ write 〈法政大〉

621 (a) (b) 私は体重が増えたので，服のサイズが合わない。
622 「メアリー，このバッグは私のドレスによく合うかしら？」
「合っているよ。二つをいっしょにすると見栄えがするよ」
623 すみません，これらの2冊の本を借りたいのですが。どれくらいの間，借りることができますか。
624 (a) (b) 急いでいるなら，私の自転車を貸してあげるよ。
625 (a)「私はこの問題を解決する方法はないと思います」とスーザンが言った。
(b) スーザンは，この問題を解決する方法はないと思った。
626 「あなたの家にはどうやって行けばいいの？」
「ああ，簡単だよ。地図を描いてあげる」

621 **fit A**(人)「(寸法・サイズに関して)Aに合う」 発展

▶**fitも「人」を目的語にとって「Aに合う」**を表すが,「寸法・サイズ」に関して用いる。suit A(➡619)との混同に注意。

622 **go with A**(物)「Aに合う/調和する」=**match A**(➡620) 標準

▶**go with Aは主語にもAにも「物」が来ることに注意。**

+プラス 同意表現の **match** A(➡620)も頻出。

Point 154 「貸す」「借りる」を表す動詞

【整理68】の違いを問う問題は頻出。

623 **borrow A**「Aを無料で借りる」 標準

624 **lend A B**「AにBを貸す」 標準

▶mind は動名詞を目的語にする動詞(➡515)なので lending を入れる。

整理 68 「貸す」「借りる」を表す動詞

- **borrow A (from B)**「(Bから)Aを無料で借りる」(➡623)
- **lend A B**=**lend B to A**「AにBを貸す」(➡624)
- **rent A**「A(家など)を有料で借りる[貸す]/一時的にA(車など)を借りる」
- **use A**「A(電話・トイレなど)を一時的に借りる」

Point 155 doubt と suspect, write と draw の用法

625 **doubt that** 節「…であることを疑う/…ではないと思う」 発展

整理 69 紛らわしい doubt と suspect

- **doubt that** 節「…であることを疑う/…ではないと思う」(➡625)
- **suspect that** 節「…ではないかと疑う/…だと思う」

＊doubt that 節は don't think that 節に近く, suspect that 節は think that 節に近いと考えるとわかりやすい。

626 **draw a map**「地図を描く」 標準

▶**draw a map** や **draw a picture**「絵を描く」, **draw a line**「線を引く」のように, **draw** は鉛筆やペンで線を引いたり, 線で物を描くことを表す。

▶④ write は文字で何かを書き表すことを意味する。

+プラス 意味が紛らわしいものとして, **beat A**「A(人・チーム)を打ち負かす」と **win A**[**lose A**]「A(競技・試合など)に勝つ[負ける]」, **take A**「Aを連れて行く」と **fetch A**「Aを連れて来る」も頻出。

---

621 fit 622 ③ 623 ④ 624 lending 625 doubted 626 ②

Point 156

627 I can't (　　　) that noise. It's driving me crazy.
□□□ ① keep　② put up　③ stand　④ stay away 〈東海大〉

628 This bookstore is (　　　) three young sisters who really love books.
□□□ ① lent for　② built in　③ owned to　④ run by 〈東京経大〉

629 運よく，このホテルから日本アルプスが見渡せます。
□□□ Fortunately, (commands / a / this / view / of / hotel) the Japan Alps. 〈城西大〉

630 The eighteenth century (　　　) Germany's recovery from the wounds of the Thirty Years' War.
□□□ ① was　② saw　③ did　④ happened 〈上智大〉

Point 157

631 My sister says that she (　　　) a dreadful dream last night.
□□□ ① had　② saw　③ looked　④ held 〈京都外大〉

632 He had a dream of becoming a politician even though he didn't know how to (　　　) it.
□□□ ① act　② become　③ realize　④ treat 〈摂南大〉

633 あなたがいないととても寂しくなります。
□□□ I'll (　　　) you badly. 〈奈良産大〉

整理 70　注意すべき miss A の意味

(1) **miss A「Aに乗り遅れる」⇔ catch A「Aに間に合う」**
I *missed* the last train.（私は終電に乗り遅れた）
(2) **miss A「Aを免れる」**
We narrowly *missed* the accident.（われわれはかろうじて事故を免れた）
(3) **miss A「Aがないのに気づく」**
Where did you *miss* your umbrella?（どこで傘がないのに気づいたの？）
(4) **miss A「Aがいなくて寂しく思う／Aがなくて困る」**（➡633）

627 私はあの騒音には耐えられない。おかしくなりそうだ。
628 この書店は，心から本好きな若い3人の姉妹によって営まれている。
630 18世紀，ドイツは30年戦争の痛手から立ち直った。

Point 156 思いがけない意味の他動詞

627 **stand A**「**A**をがまんする」 基本

▶**stand** は自動詞として「立つ／立っている」を表すことが多いが，他動詞用法もあることに注意。

+プラス **stand A** の同意表現である **bear A / endure A / tolerate A / put up with A**（➡773）もここで押さえる。

628 **run A**「**A**(店など)を経営する」 標準

▶他動詞 **run** には，「(機械など)を操作する」，「(液体)を流す」，「(選挙などに人)を立候補させる」の意味の他に，「(店など)を経営する／切り盛りする」の意味がある。

629 **command a view of A**「**A**を見渡す」 発展

▶**command** には「(風景など)を見渡す」の意味がある。command の目的語である view は「風景／眺め」を表す。**command a view of A** はイディオムとして押さえておこう。

630 **see A**「(時代が)**A**を目撃する」 発展

!!注意 この **see** は，時を表す名詞を主語にする無生物主語構文で用いられる。

Point 157 注意すべきその他の他動詞

631 **have a dream**「夢を見る」 標準

▶「**have a**＋**動作を表す名詞**」の形で「(動作など)をする」を表す用法がある。**have a rest**「休む」，**have a chat**「おしゃべりをする」もその例。

632 **realize A**「**A**を実現する」 発展

▶realize の目的語となる it は the dream of becoming a politician を表している。

▶② become は不可。「政治家になる」を表すためには，become it ではなくて become one (＝a politician) でなくてはならない。

633 **miss A**「**A**がいなくて寂しく思う」 標準

▶本英文の badly は「とても／ひどく」の意味の副詞（➡702）。

+プラス **miss A** はさまざまな意味で出題されるので，左頁の【**整理70**】を正確に押さえる。

Part 2 語法

631 私の姉[妹]は，昨夜，恐ろしい夢を見たと言っている。
632 それを実現する方法を知らなかったけれども，彼は政治家になる夢を持っていた。

627 ③　628 ④　629 this hotel commands a view of　630 ②　631 ①　632 ③
633 miss

634 One thousand dollars will (　　　) all your expenses for the trip.
□□□ ① cost ② spend ③ give ④ cover 〈神田外大〉

635 彼女の発言は私には奇妙に思われた。
□□□ Her remarks (s　　　) me as strange. 〈慶應義塾大〉

636 彼女は，自分の半生をこの言語を学習することに費やした。
□□□ She has (her / language / learning / life / spent half / this). 〈立教大〉

Point 158

637 今，テレビを見てもかまわないでしょうか。
□□□ Do (I / if / mind / right / TV / watch / you) now? 〈愛媛大〉

638 そういうしつけの悪い子はいると思いますよ。
□□□ I (be / expect / such / there / to / undisciplined) kids. 〈立命館大〉

639 Since then I have (　　　) him very well.
□□□ ① come to know ② become to know
③ become known ④ come known 〈駒澤大〉

640 善人だからといって，彼が賢いということにはならない。
□□□ Because he is good, (doesn't / follow / he is / it / that) wise. 〈亜細亜大〉

641 どちらの側が勝とうが，私にはどうでもよい。
□□□ It (doesn't / to me / wins / which / matter / side). 〈桜美林大〉

整理 71 It doesn't matter to A wh- 節と同意表現

It doesn't matter **to me** whether he passes or not.
(彼が受かろうが受かるまいが私にはどうでもいいことだ)
=**It makes no** difference **to me** whether he passes or not.
=**I don't** care whether he passes or not.

634 1,000ドルあれば，旅行のすべての費用をまかなえるでしょう。
639 その時以来，私は彼をとてもよく知るようになった。

634 **cover A**「**A**(費用など)をまかなう」 標準

!!注意 通例，主語には「金額」などが来る。

▶① cost は不可。This book cost ten dollars.「この本は10ドルした」のように cost は通例，「物」を主語，「金額」を目的語にとる。

635 **strike A as B**「**A**に**B**の印象を与える」 発展

▶**strike** には「…に印象を与える」の意味を表す用法がある。**strike A as B** の形で出題されることが多い。

+プラス **strike A** は「(考えなどが)Aに思い浮かぶ」(＝occur to A)の意味も表す。

636 **spend A (in) doing**「…するのに**A**(時間)を使う」 標準

Part 2 語法

Point 158 定式化された表現で用いられる動詞

637 **Do you mind if I do …?**「…してもいいですか」 基本

▶相手に許可を求める慣用的な表現として押さえる。

+プラス **mind** はもともと「いやだと思う」の意味であるから，日本語での「はい，いいですよ」のニュアンスは，**"No, not at all." "Certainly not." "Of course not."** などのように，否定の形で表すことは必ず押さえておこう。

638 **expect there to be A**「**A**があると思う」 発展

▶**expect** は「S＋V＋O＋to do」の形をとる動詞(➡p.203【整理51】)。**expect there to be A** は，存在を表す there is 構文の there が一種の代名詞的な役割を果たして expect の目的語となっている。決まった形として押さえる。

+プラス **believe**，**want** などもこの形をとる。**believe there to be A**「Aがあると信じる」，**want there to be A**「Aがあってほしい」で押さえておこう。

639 **come to do**「…するようになる」 標準

!!注意 do には **know**，**believe**，**feel**，**see**，**like**，**realize** などの状態を表す動詞が来ることに注意。

▶② become to know は不可。become to do という形はない。

+プラス 同意表現の **get to do** もここで押さえる。

640 **It doesn't follow that** 節「…ということにはならない」 標準

▶**follow** は **It follows that 節**の形で「(したがって)…ということになる」の意味を表す。本問はその否定形 it doesn't follow that 節を用いる。

641 **It doesn't matter to A wh-** 節「…は**A**にとってどうでもよい」 標準

▶to A は省略されることもある。同意表現も頻出(➡左頁の【整理71】)。

---

634 ④ **635** (s)truck **636** spent half her life learning this language
637 you mind if I watch TV right **638** expect there to be such undisciplined
639 ① **640** it doesn't follow that he is **641** doesn't matter to me which side wins

第18章 形容詞・副詞の語法

Point 159

642 Hurry up. There's (　　) time left for us to catch the last train.
□□□ ① few　② a few　③ little　④ quite a little　〈京都学園大〉

643 The postman doesn't often come here. We receive (　　) letters.
□□□
① many　② much　③ little　④ few　〈駒澤大〉

644 She doesn't drink (　　) coffee.
□□□ ① a little　② many　③ a few　④ much　〈城西大〉

645 (see / few / people / to / came / quite / a) the new president.
□□□ 〈国士舘大〉

646 Not a few people attended the wedding ceremony.
□□□ ① Only a few　② Very many
③ Very few　④ Not very many　〈城西大〉

647 Will you lend me (　　) money?
□□□ ① bit　② little　③ some　④ few　〈東海大〉

整理 72 many / much / few / little の用法と意味

用法 ＼ 意味	①「数えられる名詞」につけて「数」を表す。②名詞の複数形につく。	①「数えられない名詞」につけて「量」「程度」を表す。②名詞の単数形につく。
たくさんの	many	much
ほとんど…ない（否定的）	few	little
少しの（肯定的）	a few	a little
少なからぬ	not a few / quite a few	not a little / quite a little

642 急いでください。最終列車に乗るのに，ほとんど時間がありません。
643 郵便配達の人は，ここにはあまり頻繁に来ません。私たちはほとんど手紙を受け取りません。
644 彼女はあまりコーヒーを飲みません。
645 大勢の人が新社長に面会に訪れた。
646 少なからぬ人々が，その結婚式に出席した。
647 いくらかお金を貸してくれませんか。

Point 159 ⋮ many / much / few / little / some などの数や量を表す形容詞

左頁の【整理72】の内容を正確に押さえるのがまずは基本である。

642 不可算名詞につける **little** の意味 基本

▶**little は不可算名詞(数えられない名詞)につけて「ほとんど…ない」という否定的な意味を表す。**

▶time は「時間／時」という意味では不可算名詞。

643 可算名詞につける **few** の意味 基本

▶**few は複数形の可算名詞(数えられる名詞)につけて「ほとんど…ない」という否定的な意味を表す。**

644 **much** の用法 基本

▶**much は「much＋不可算名詞」の形で「たくさんの…」の意味を表す。**

‼注意 本問のように much が否定文で使われると「あまり…ない」の意味を表す。

645 **quite a few** と **a good many** の用法 標準

▶**quite a few** は「**quite a few＋複数名詞**」の形で「かなりの数の…／相当数の…」の意味を表す。

▶**a good[great] many** も「**a good[great] many＋複数名詞**」の形で「かなりの数の…」の意味を表す。

‼注意 どちらの表現も複数形の可算名詞につけることに注意。

646 **not a few** の用法 標準

▶**not a few** は「**not a few＋複数名詞**」の形で「少なからぬ…→かなりの数の…」の意味を表す。

▶**quite a few**(➡**645**)と同意表現。

647 「**some**＋不可算名詞」の用法 標準

▶「**some＋不可算名詞**」は「多少の…／いくらかの…」の意味を表す。ただし，漠然とした程度を表すので日本語にあえて訳さないことが多い。なお，money は不可算名詞。

＋プラス 一般に some は肯定文で，any は疑問文・否定文・条件文で用いる。しかし，「依頼・勧誘・肯定の答えの期待」を表す疑問文では some を用いる。本問は「依頼」の疑問文なので some が用いられている。

642 ③ **643** ④ **644** ④ **645** Quite a few people came to see **646** ② **647** ③

648 □□□ The owner of the restaurant spent many (　　　) sleepless night worrying about how to pay his employees.

① a　② for　③ the　④ with　〈青山学院大〉

649 □□□ 運動をして健康を保つためにも，多くの自由時間が必要である。
We need (good / free time / to / deal / a / of) do some exercise and keep healthy.　〈日本大〉

650 □□□ 彼は多くの人々の面前で尋問された。
He (a large number / in / of / questioned / the presence / was) of people.　〈日本大〉

Point 160

651 □□□ No topic is (　　　) if you are not interested.

① interest　② interested
③ interesting　④ interestingly　〈センター試験〉

652 □□□ The movie was very (　　　), so I stopped watching it.

① boring　② confusion　③ interesting　④ bored　〈上智大〉

653 □□□ "How was your weekend?"
"To tell you the truth, I was a little (　　　)."

① boring　② nothing special
③ bored　④ empty　〈ノートルダム清心女子大〉

考え方

分詞形容詞の意味

分詞形容詞は **surprise**「(人)を驚かせる」のように目的語に「人」をとり，〈人の感情に影響を与える〉という意味を持つ他動詞から生じたものが多い。

(1) **現在分詞から派生した分詞形容詞の意味**
目的語を補った他動詞とほぼ同じ意味を持つ。すなわち，「人を[に]…させる(ような)」という能動的な意味になる。たとえば，**surprising**「驚くべき」の本来の意味は「(人を)驚かせる(ような)」だと考えればよい。

(2) **過去分詞から派生した分詞形容詞の意味**
「(人が)…させられて」という受動的な意味を表す。たとえば，**surprised**「驚いて」のもともとの意味は「(人が)驚かされて」と考えればよい。

!!注意 このような過去分詞から派生した分詞形容詞が主格補語で用いられる場合，主語は原則として「人」になる。

648 レストランのオーナーはどうやって従業員に支払うかを心配しながら何日もの間眠れない夜を過ごした。

648 「many a＋単数形の可算名詞」の用法 標準

▶many は**「many a＋単数形の可算名詞」**の形で「たくさんの…」の意味を表す用法がある。多くの中の個々を強調する言い方である。

▶**「many a＋単数形の可算名詞」は単数扱い**であることもよく狙われる。

▶spend A (in) doing「A(時間)を…して過ごす」(➡**636**)。

649 a good deal of A の用法 標準

▶**a good[great] deal of A(不可算名詞)**「たくさんのA／多量のA」

650 a large number of A の用法 標準

▶**a number of A(複数名詞)**でも「多くのA／いくつかのA」の意味を表すが，**a large number of A(複数名詞)**は意味的により強い表現となる。

‼注意 **a (large) number of A は複数扱い**であることに注意(➡**435**)。

▶in the presence of A「Aの面前で」は重要イディオム。本問はそのAが a large number of people となる。

Part 2 語法

Point 160 ⋮ 分詞形容詞の用法

現在分詞や過去分詞は，名詞を修飾するなどの形容詞としての役割を果たすことがあるが，中には完全に形容詞化したものがある。それを分詞形容詞と呼ぶ。左頁の考え方を理解すれば，比較的容易に対応できるので，まずはその確認から始めよう。p.231 の**【整理73】**に一覧表を載せてある。

651 interesting「おもしろい←人に興味を持たせるような」 基本

▶**interesting**「おもしろい」の本来の意味は「(人に)興味を持たせる(ような)」だと考えればよい(➡左頁の考え方)。

652 boring「退屈な←人を退屈にさせるような」 標準

653 bored「退屈して←退屈させられて」 標準

▶**bored**「退屈して」のもともとの意味は「(人が)退屈させられて」と考えればよい(➡左頁の考え方)。

▶① boring は不可。I was boring. は「私はつまらない人間だった」の意味になる。前問と本問で現在分詞／過去分詞から派生した分詞形容詞の違いをはっきりと理解しておくこと。

651 興味を抱かなければ，どんな話題もおもしろくはない。
652 映画はとても退屈だったので，私は見るのをやめた。
653 「週末はどうでしたか」
「本当のことを言うと，少々退屈でした」

648 ①　**649** a good deal of free time to
650 was questioned in the presence of a large number　**651** ③　**652** ①　**653** ③

654 □□□ "The students all went to the movie yesterday evening."
"I heard it was really (　　　)."
① amuse　② amused　③ amusing　④ amusingly 〈桃山学院大〉

655 □□□ I was deeply (　　　) with myself after losing the race.
① disappointed　② disappointing
③ disappoint　④ disappointment 〈昭和女子大〉

656 □□□ 先生は，その結果にうれしそうでした。
The teacher looked (　　　) with the result.
① pleasant　② please　③ pleased　④ pleasing 〈成城大〉

657 □□□ ①Doesn't ②every one of us sometimes feel ③confusing ④by the different demands of family, friends, and career? 〈成蹊大〉

658 □□□ The final game made me so (　　　) that I could not remain seated.
① excite　② excited　③ exciting　④ to excite 〈東京家政大〉

659 □□□ He could not help (　　　) with his lot.
① satisfying　② being satisfying
③ be satisfied　④ being satisfied 〈関西学院大〉

654 「学生たちはみんな，昨晩，映画を見に行きました」
「その映画，とてもおもしろかったそうですね」
655 その競走に負けて，私は自分自身に深く失望した。
657 私たちはみな，家族，友だち，仕事からのさまざまな要求によって，ときどき困惑を感じさせられませんか。
658 その決勝戦は私をとても興奮させたので，席にじっと座ったままではいられなかった。
659 彼は，自分の運命に満足せざるを得なかった。

654 **amusing**「おもしろい←人を楽しくさせるような」 標準
▶過去分詞から派生した分詞形容詞が主格補語となる場合は，原則として「人」が主語になる。よって② amused「楽しんで」は不可（➡p.228 考え方 の ‼注意）。

655 **disappointed**「失望して←失望させられて」 標準
▶be disappointed with A「Aに失望する」は基本イディオムとして押さえる。

656 **pleased**「喜んで／気に入って←喜ばせられて」 標準

657 **confused**「困惑して←困惑させられて」 標準
▶③ confusing は「人を困惑させるような」がもともとの意味。本問の文意に合わない。confused「困惑して←困惑させられて」にする。

658 **excited**「わくわくして←興奮させられて」 標準
▶本問は，excited が目的語 me の目的格補語となっている。
▶③ exciting は不可。The final game made me exciting. は「決勝戦で私は刺激的な人間となった」の意味になる。

659 **satisfied**「満足して←満足させられて」 標準
▶**cannot help doing**「…せざるをえない」（➡**71**）の表現であることを見抜く。よって動詞の原形で始まる③ be satisfied は不可。
▶be satisfied with A「Aに満足している」は基本イディオム（➡p.29【整理4】）。

整理 73 感情表現の他動詞から生じた分詞形容詞

- **amazing**「驚嘆すべき」／**amazed**「驚嘆して」
- **amusing**「おもしろい」（➡**654**）／**amused**「楽しんで」
- **annoying**「うるさい」／**annoyed**「いらいらして」
- **boring**「退屈な」（➡**652**）／**bored**「退屈して」（➡**653**）
- **confusing**「まごつかせるような」／**confused**「困惑して」（➡**657**）
- **disappointing**「期待はずれの」／**disappointed**「失望して」（➡**655**）
- **exciting**「刺激的な」／**excited**「わくわくして」（➡**658**）
- **interesting**「おもしろい」（➡**651**）／**interested**「興味があって」
- **moving**「感動的な」／**moved**「感動して」
- **pleasing**「楽しい」／**pleased**「喜んで／気に入って」（➡**656**）
- **satisfying**「満足のいく」／**satisfied**「満足して」（➡**659**）
- **shocking**「衝撃的な」／**shocked**「ぎょっとして」
- **surprising**「驚くべき」／**surprised**「驚いて」
- **tiring**「骨の折れる」／**tired**「疲れて」

654 ③ **655** ① **656** ③ **657** ③ confusing → confused **658** ② **659** ④

Point 161

660 My brother and I are so (　　　) that we often know what each other is thinking.
□□□
① alike　② like　③ likely　④ likewise　〈立教大〉

661 "Why does Mary wear so many clothes?"
□□□
"Because she is very (　　　) to cold."
① sensual　② sensible　③ sensitive　④ sentimental　〈東京家政大〉

662 Your children should be more (　　　) toward their teachers.
□□□
① respectable　② respected
③ respectful　④ respective　〈学習院女子大〉

663 The United States exports (　　　) products to Panama.
□□□
① industrializing　② industrial
③ industrialized　④ industrious　〈中央大〉

664 A 64-year-old woman was rescued (　　　) after spending ten days beneath the rocks.
□□□
① live　② alive　③ lively　④ living　〈東京慈恵医大〉

665 Reading (　　　) criticism is very helpful in understanding literature.
□□□
① literal　② literary　③ literally　④ literate　〈大妻女子大〉

666 That old woman was barely (　　　) but was a highly competent storyteller.
□□□
① literature　② literate　③ literary　④ linguistic　〈昭和女子大〉

660 兄[弟]と私はとてもよく似ているので，私たちはお互いが何を考えているかわかることがよくある。
661 「なぜメアリーは，そんなにたくさん服を着てるんだい？」
「彼女はとても寒がりなのよ」
662 あなたの子どもたちは，先生方に対してもっと礼儀正しくすべきです。
663 アメリカ合衆国は，パナマに工業製品を輸出している。
664 64歳の女性が岩の下で10日間を過ごした後に生きて救出された。
665 文学評論を読むのは文学を理解するのにとても役に立つ。
666 あの老婦人はかろうじて読み書きができる程度だったが，とても有能な語り部であった。

Point 161 つづりと意味が紛らわしい形容詞

660 **alike**「よく似て」と **likely**「ありそうな」の区別 標準

661 **sensitive**「敏感な」と **sensible**「分別のある」の区別 標準

662 **respectful**「礼儀正しい」, **respectable**「立派な」, **respective**「めいめいの」の区別 標準

▶be respectful toward [to] A は「Aに礼儀正しくする」の意のイディオム。

663 **industrial**「産業の／工業の」と **industrious**「勤勉な」の区別 標準

664 **alive**「生きて(いる)」と **lively**「生き生きとした」の区別 標準

665 **literary**「文学の」, **literal**「文字通りの」, **literate**「読み書きのできる」の区別 標準

666 **literate**「読み書きのできる」 標準

＋プラス **literate** の反意表現である **illiterate**「読み書きのできない」も重要。

Part 2 語法

整理 74 つづりと意味が紛らわしい形容詞

- { **alike**「よく似て」(➡660) / **likely**「ありそうな」 }
- { **alive**「生きて(いる)」(➡664) / **lively**「生き生きとした」 }
- { **childlike**「子どもらしい」 / **childish**「子どもっぽい」 }
- { **considerate**「思いやりのある」 / **considerable**「かなりの」 }
- { **economic**「経済の」 / **economical**「経済的な」 }
- { **favorite**「お気に入りの」 / **favorable**「好都合の」 }
- { **healthy**「健康な」 / **healthful**「健康によい」 }
- { **industrial**「産業の／工業の」(➡663) / **industrious**「勤勉な」 }
- { **invaluable**「非常に価値のある」 / **valueless**「価値のない」 }
- { **manly**「男らしい」 / **mannish**「(女が)男っぽい」 }
- { **sensitive**「敏感な」(➡661) / **sensible**「分別のある」 }
- { **social**「社会の／社交界の」 / **sociable**「社交的な」 }
- { **sleepy**「眠い」 / **asleep**「眠って」 }
- { **successful**「成功した」 / **successive**「連続の」 }
- { **imaginable**「想像できる」 / **imaginary**「想像上の」 / **imaginative**「想像力に富んだ」 }
- { **literate**「読み書きのできる」(➡666) / **literal**「文字通りの」 / **literary**「文学の」(➡665) }
- { **respectable**「立派な」 / **respective**「めいめいの」 / **respectful**「礼儀正しい」(➡662) }

660 ① 661 ③ 662 ③ 663 ② 664 ② 665 ② 666 ②

Point 162

667 I'm sure this book is well worth (　　　) twice.
□□□ ① to read ② to be read ③ reading ④ for reading 〈国士舘大〉

668 It is worth (　　　) to visit London.
□□□ ① enough ② lot ③ while ④ why 〈拓殖大〉

Point 163

669 Barbara started to run faster and (　　　) up with him a few minutes later.
□□□
① can have caught ② was capable to catch
③ was able to catch ④ was possible to catch 〈慶應義塾大〉

670 Man is the only animal (　　　) his hands ingeniously.
□□□
① capable with using ② capable to use
③ capable of using ④ capable for the use of 〈関西外大〉

671 私はそんな短時間では準備ができなかった。
□□□ I was (a / in / ready / short / such / get / to / unable) time.
〈龍谷大〉

整理 75 「できる／できない」を表す形容詞

able[**unable**], **capable**[**incapable**], **possible**[**impossible**] の用法は紛らわしいので以下の例で押さえておく。

He *is (un)able to do* the work. (➡669, 671)
＝He *is (in)capable of doing* the work. (➡670)
＝It *is (im)possible for* him *to do* the work. (➡669)

667 確かにこの本は2度読むだけの価値が十分にある。
668 ロンドンは訪れる価値があります。
669 バーバラはさらにスピードを上げて走り始め，数分後には彼に追いつくことができた。
670 人間は，器用に手を使うことができる唯一の動物です。

Point 162 worth の用法

667 A is worth doing「Aは…する価値がある」 標準

▶**worth** は形容詞でありながら，名詞や動名詞を目的語にとる。**A is worth doing** の形で「Aは…する価値がある」の意味になる。

▶**主語のAが，必ず動名詞 doing の意味上の目的語になっていなければならないことに注意。**本問では主語の this book が reading の意味上の目的語。

＋プラス A is worth doing は次のように書きかえることができる。
A is worth doing＝It is worth doing A＝It is worth while to do A
＝It is worth while doing A

668 It is worth while to do A「Aする価値はある」 標準

＋プラス 本問は London is worth visiting. と書きかえられる（➡**667**）。

Point 163 「できる／できない」を表す形容詞

左頁の【**整理75**】の用法を正確に押さえておくとよい。

669 be able to do「…することができる」 基本

▶**be able to do は通例，「人」を主語にとる。**

＋プラス ④ be possible to catch は不可。**possible は原則として「人」を主語にとらない。**また，主語が「人」でなくても「Aが…することは可能である」の文脈では，A is possible to do ではなくて，形式主語を用いた **It is possible for A to do** の形をとる。

▶② be capable to catch も不可。be capable to do の形はない（➡**670**）。

＋プラス possible と同様に，**impossible は原則として「人」を主語にとらない。**また，「Aは…することができない」を表す場合は，A is impossible to do ではなく，形式主語を用いて **It is impossible for A to do** と表現するのも possible と同様。

670 be capable of doing「…することができる」 標準

▶**capable** は **be capable of doing** で「…することができる」（＝be able to do）の意味を表す。

▶本問は capable of doing の形容詞句が補語ではなくて，直前の名詞 the only animal を修飾している。

671 be unable to do「…できない」⇔ **be able to do** 基本

▶**be unable to do** は **be able to do** の反意表現だが，**be able to do** 同様に，**通例「人」を主語にとる。**

667 ③ **668** ③ **669** ③ **670** ③ **671** unable to get ready in such a short

Point 164

672 □□□ My sister ①will be ②sure to visit you ③when ④you are convenient for it. 〈清泉女子大〉

673 □□□ It's (　　　) that you have such a good friend.
① fortunate　② glad　③ happy　④ satisfied 〈関西学院大〉

Point 165

674 □□□ His salary is too (　　　) to support his family.
① inexpensive　② weak　③ low　④ cheap 〈大阪経大〉

675 □□□ There (　　　) in the music hall.
① were many audience　② was much audience
③ were much audiences　④ was a large audience 〈東洋大〉

Point 166

676 □□□ He is one of the greatest (　　　) musicians.
① alive　② awake　③ living　④ worth 〈関西学院大〉

整理 77 叙述用法(補語)でしか用いられない形容詞

- **afraid**「恐れて」
- **alike**「よく似て」
- **alive**「生きて」
- **alone**「ひとりで」
- **ashamed**「恥じて」
- **asleep**「眠って」
- **awake**「目が覚めて」
- **aware**「気づいて」
- **content**「満足して」
- **liable**「しやすい」など

672 私の姉[妹]は，あなたが都合がよいときに，きっとあなたを訪ねるでしょう。
673 そんなに良い友人がいて，あなたは幸せですね。
674 彼の給料は，家族を養っていくにはあまりにも少ない。
675 ミュージックホールには大勢の聴衆がいた。
676 彼は，現在生存している最も偉大な音楽家のひとりです。

Point 164 「人」を主語にとらない形容詞ととる形容詞

672 convenient の用法 標準

▶**convenient** は通例,「**人」を主語にとらない**。つまり, you are convenient for it とはならず, **it is convenient for you** となる。

▶**be convenient for A**「Aに都合のよい」の形で押さえる。

673 **It is** fortunate **that** 節「幸いなことに…である」 標準

▶**fortunate**「運のよい/幸せな」**は「人」も主語にとる**が, 形式主語を用いた **It is fortunate that 節**の表現も可。

+プラス ② glad, ③ happy, ④ satisfied といった**感情を表す形容詞は通例,「人」以外を主語にとらない**(➡【**整理76**】)。

Part 2 語法

整理 76 「人」以外は主語にとらない形容詞

- **angry**「怒った」
- **ashamed**「恥じて」
- **furious**「激怒して」
- **glad**「喜んで」
- **happy**「幸せな」
- **proud**「誇りに思って」
- **sorry**「気の毒な」
- **thankful**「感謝して」など

Point 165 「高い[安い]」を表す high[low]と「多い[少ない]」を表す large[small]

674 **low** と **cheap** の区別 標準

▶**low[high]**には「(給料が)安い[高い]」の意味がある。

▶**cheap[expensive]**は「(品物などが)安い[高い]」の意味。

+プラス **low[high]** は **salary** の他に, **price**「価格」, **wage**「給料」, **pay**「報酬」, **cost**「費用」, **interest**「利子」などの場合にも用いる。

675 large[small]の用法 標準

▶**large[small]**には「(数・量が)多い[少ない]」の用法がある。audience「聴衆」が「多い[少ない]」の場合は large[small]を用いる。

+プラス **large[small]** は **audience** の他に, **population**「人口」, **number**「数」, **amount**「量」, **sum**「金額」, **salary**「給料」, **crowd**「群衆」などの場合にも用いる。

Point 166 その他の注意すべき形容詞

676 living の用法 標準

▶**living** には「(人・動植物などが)生きている」の意味がある。

▶紛らわしい形容詞に **alive**「生きて(いる)」があるが, alive は叙述用法(補語で用いられる用法)だけで, 限定用法(名詞を修飾する用法)はない。

▶叙述用法でしか用いられない形容詞は左頁の**【整理77】**参照。

---

672 ④ you are convenient for it → it is convenient for you **673** ① **674** ③
675 ④ **676** ③

677 Our new boss is always polite and (　　　) toward us.
□□□
① considerable　② considerate　③ considered　④ considering
〈神戸女子大〉

678 "I'm afraid this painting is not by Picasso."
□□□
"It's only a copy, so it's (　　　)."
① priceless　② invaluable　③ unworthy　④ worthless　〈東海大〉

679 (　　　) Mr. Johnson was a really considerate person. If anyone got sick, he was the first to visit and offer help.
□□□
① The late　② Late　③ Latest　④ The latest　〈上智大〉

680 Harry always arrives on time. He's so (　　　).
□□□
① industrial　② bored　③ punctual　④ strict　〈東海大〉

681 "Hello. This is Jane Smith. Could I speak to Mr. Brown?"
□□□
"I'm afraid you have the (　　　) number. This is Mars University."
① bad　② ill　③ wrong　④ different　〈東京家政大〉

682 君はまさに私が捜していた少年です。
□□□
You are the (boy / been / have / very / that / I) looking for.
〈関西外大〉

Point 167

683 I think I might join you, but I haven't decided (　　　).
□□□
① still　② yet　③ ever　④ never　〈京都精華大〉

677 私たちの新しい上司はいつも礼儀正しく私たちへの思いやりがある。
678 「この絵はピカソの作品ではないと思うのですが」
「これはただの模写です。ですから，値打ちはありません」
679 故ジョンソン氏は，本当に思いやりのある人でした。誰かが病気になると，最初に訪ねていって援助を申し出る人でした。
680 ハリーはいつも時間通りに来ます。彼はとても時間に正確です。
681 「こんにちは。こちらはジェーン・スミスです。ブラウンさんとお話しできますか」
「電話番号をお間違いだと思います。こちらはマーズ大学です」
683 あなた方の仲間入りをするとは思いますが，まだ決めていません。

677 **considerate**「思いやりのある」= **thoughtful** 標準

+プラス つづりと意味が紛らわしい **considerable**「かなりの」も重要(➡p.233【整理74】)。

678 **priceless**, **invaluable**, **worthless** の区別 標準

▶①**priceless**「たいへん貴重な」と②**invaluable**「非常に価値のある」(➡p.233【整理74】)はほぼ同意。

▶④**worthless**「価値のない」は **valueless**「価値のない」(➡p.233【整理74】)とほぼ同意。

Part 2 語法

679 **the late A**「亡くなったA/故A」 発展

▶**late** が限定用法で用いられ, 定冠詞や所有格を伴う場合にこの意味になる。

+プラス ③と④の **latest** は late の最上級だが,「最新の」の意味を表すことも重要。

680 **punctual**「時間厳守の」の用法 標準

▶**punctual** は「時間に対して厳密な/時間厳守の」の意味である。

▶④ strict は「規則などに対して厳しい/厳格な」の意味(➡1407)。

681 **wrong** の用法 標準

▶**wrong** には **the wrong A** の形で「違うA/間違ったA」の意味を持つ用法がある。

▶the wrong number を用いた, 本問の **You have the wrong number.**「電話番号をお間違えですよ」(➡1266)は頻出。

+プラス **the wrong A** のAには **number**, **train**, **direction**, **person** などが来る。

‼注意 wrong の代わりに different を用いて, You have the different number. と表現することはできない。

682 **the very**+名詞「まさにその…」 標準

▶**very** には形容詞用法があって,「**the very**+**名詞**」の形で「ちょうどその…/まさにその…」の意味を表す。

▶本問は the very boy とまとめ, 後に関係代名詞節を続ける。

Point 167 ⋮ still, already, yet の用法

683 **yet**「まだ(…していない)」の用法 基本

▶**yet** は否定文で「まだ(…していない)」の意味を表す。

▶① **still** は不可。still は否定文では通例, 否定語の前に置かれ「まだ(…していない)」の意味を表す。

+プラス **already** は肯定文で「すでに(…した)」という完了の意味を表すことも押さえておこう。

677 ② 678 ④ 679 ① 680 ③ 681 ③ 682 very boy that I have been 683 ②

Point 168

684 □□□ When John finally came, Mary had left (　　　).
① before 10 minutes　② 10 minutes before
③ 10 minutes ago　④ 10 minutes early　〈國學院大〉

685 □□□ When she said she ①had met him ②ago, I ③thought she ④was telling a lie.　〈流通経大〉

Point 169

686 □□□ As I had a stomachache, I (　　　) ate anything yesterday.
① hardly　② incredibly　③ nearly　④ possibly　〈東北学院大〉

687 □□□ We (　　　) go to the movies, only once or twice a year.
① always　② never　③ often　④ seldom　〈城西大〉

688 □□□ Tom is almost always late. He (　　　) comes to work on time.
① mostly　② rarely　③ suddenly　④ usually　〈共立女子大〉

689 □□□ There are scarcely (　　　) flowers in our garden.
① no　② a little　③ any　④ some　〈明治大〉

690 □□□ Ayako's on a diet. She (　　　) any meat.
① hardly doesn't eat　② hardly never eats
③ doesn't eat hardly　④ hardly ever eats　〈清泉女子大〉

691 □□□ The train reached the station so late that I (　　　) missed the bus to the university.
① soon　② most　③ almost　④ hardly　〈杏林大〉

684 ジョンがついにやって来たとき，メアリーはすでに10分前に立ち去っていた。
685 以前，彼に会ったことがあると言ったとき，私は彼女がうそをついていると思った。
686 お腹が痛かったので，私は昨日，ほとんど何も食べなかった。
687 私たちは，映画にはめったに行きません。１年にたったの１度か２度です。
688 トムはほとんどいつも遅刻する。彼はめったに時間通りに仕事に来ない。
689 私たちの庭には花がほとんどありません。
690 アヤコはダイエット中である。彼女はめったに肉を食べない。
691 電車はかなり遅れて駅に着いたので，私は大学行きのバスにもう少しで乗り遅れるところだった。

Point 168 ⋮ ago と before の用法

684 **ago** と **before** の用法 標準
▶**before** には**過去完了時制**で用い，時間を表す語句を前に伴って「過去のある時点から…前に」の意味を持つ用法がある。
▶**ago** は**常に過去時制**で用い，時間を表す語句を前に伴って「今から…前に」を表す。本問は過去完了時制なので③10 minutes ago は不可。
▶① before 10 minutes は不可。時間を表す語句は before の前に置く。

685 単独で用いられる **before** の用法 標準
▶**before には時間を表す語句を伴わずに単独で用いる用法がある。**現在完了形か過去形で用いられると「今より以前に」の意味を持ち，過去完了形で用いられると「その時より以前に」の意味を持つ。
▶ago は単独で用いることはない。

Point 169 ⋮ hardly[scarcely], rarely[seldom], almost などの用法

686 **hardly[scarcely]**「ほとんど…ない」の用法 標準
▶**hardly[scarcely]** は程度を表す準否定の副詞で「ほとんど…ない」の意味を表す。

687 **seldom[rarely]**「めったに…ない」の用法 標準
▶**seldom[rarely]** は頻度を表す準否定の副詞で「めったに…ない」の意味を表す。

688 **rarely** の用法（➡687） 標準

689 **scarcely[hardly] any＋A**「ほとんど**A**がない」 標準
▶**scarcely[hardly]** は，any を修飾して「**scarcely[hardly] any＋A**」の形で「ほとんどAがない」の意味を表す。意味的には「few[little]＋名詞」よりも強く，「no＋名詞」よりも弱い。
＋プラス「**scarcely[hardly] any＋A**」は「**almost no＋A**」と同意。

690 **hardly[scarcely] ever**「めったに…ない」＝**seldom[rarely]** 発展
▶hardly[scarcely] は程度，seldom[rarely] は頻度を表す準否定語であるが（➡686, 687），hardly[scarcely] は **hardly[scarcely] ever** の形で「めったに…ない〈頻度〉」の意味を表し，**seldom[rarely] と同意**になる。

691 注意すべき **almost[nearly]** の用法 標準
▶**almost と nearly** は hardly などとは異なり否定の意味を含まず，「ほとんど…／危うく…するところ」の意味を表す。

684 ②　685 ② ago → before　686 ①　687 ④　688 ②　689 ③　690 ④　691 ③

Point 170

692 □□□ ①I was careless ②to have lost my camera ③on my way ④to home. 〈駒澤大〉

693 □□□ My father goes (　　　) on business at least twice a year.
① abroad　② abroad in　③ for abroad　④ to abroad 〈東海大〉

Point 171

694 □□□ The player felt (　　　) weak after finishing the game.
① much　② prettily　③ hurriedly　④ pretty 〈駿河台大〉

695 □□□ The paint simply ①would not come out, ②no matter how ③hardly he ④tried to remove it with that cleaner. 〈立命館大〉

696 □□□ There are over fifty students in the class, and they are (　　　) girls.
① mostly　② almost　③ most　④ most of 〈名古屋外大〉

整理 78　'ly'の有無によって意味の異なる副詞　読解

- **hard**「一生懸命に」／**hardly**「ほとんど…ない」(➡695)
- **high**「高く」／**highly**「非常に」
- **just**「ちょうど」／**justly**「公正に」
- **late**「遅く」／**lately**「最近」
- **most**「最も」／**mostly**「たいていは，主として」(➡696)
- **near**「近くで」／**nearly**「危うく…するところ」
- **pretty**「かなり(形容詞の前で)」／**prettily**「きれいに」(➡694)
- **sharp**「きっかりに」／**sharply**「鋭く」

692 帰宅途中にカメラを紛失するとは私はうかつだった。
693 父は少なくとも年に2度出張で海外に出かける。
694 その選手は，試合が終わった後，かなり体が弱っているのを感じた。
695 その洗剤を使って彼がどれほど必死になって落とそうとしてみても，そのペンキはどうしても落ちなかった。
696 そのクラスには50人を超える学生がいますが，そのほとんどが女子です。

Point 170 ⋮ 名詞と間違えやすい副詞

692 on one's way home「帰宅途中で」 標準

▶ **on my way home** の **home** は名詞ではなく副詞で「家へ」の意味を表す。home の前に to などの前置詞を用いることはない。

693 go abroad「外国へ行く」 標準

＋プラス 同様に，**get home**「家に(帰り)着く」，**go upstairs[downstairs]**「上の階[下の階]に行く」，**go downtown**「町へ行く」などの表現における，home, upstairs [downstairs]，downtown も副詞であって，前置詞の to などは入らない。

Point 171 ⋮ 'ly' の有無によって意味の異なる副詞

読解上も重要なので，左頁の**【整理78】**の副詞の意味を正確に押さえておこう。

694 pretty と **prettily** の区別 標準

▶ **pretty** は形容詞で用いると**「きれいな」**の意味を表すが，**副詞の pretty** は形容詞の前で用いられ**「かなり」**の意味を表す。

▶ 'ly' のついた② prettily は「きれいに」の意味。

▶ ① much は不可。much は形容詞の比較級・最上級を強調するが，原級は強調できない。much weak ではなくて，very weak ならば可。

695 hard と **hardly** の区別 標準

▶ 副詞の **hard** は「一生懸命に」の意味を表し，**hardly** は準否定で「ほとんど…ない」の意味を表す(➡**686**)。

696 mostly などの紛らわしい表現 発展

▶ **mostly** は sometimes「ときどき」より多い頻度を表し，「たいていは」の意味を表すが，本問のように名詞の前後に置き，「主として／主に」の意味も表すことに注意。

▶ 日本語で考えると② almost もよさそうだが，almost「ほとんど…」の定義は「九分どおりまでいっているが，今一歩およばなくて」であり，本問で almost を用いると，「ほとんど女の子であるが，今一歩女の子ではない」といった文意になる。

▶ ③most は文法的には可だが，「ほとんどの女の子」の意味になり，文意が通らない。④most of は後に限定された名詞が来なければならず，無冠詞の不特定な girls が後に続くことはない。以上の点は，p.100**【整理27】**参照。

---

692 ④ to →不要　**693** ①　**694** ④　**695** ③ hardly → hard　**696** ①

Point 172

697 My uncle was sound asleep.
□□□
① sleeping quietly　② sleeping badly
③ sleeping deeply　④ sleeping noisily　〈立命館大〉

698 (a) She comes from the U.S.A. and he's from Canada.
□□□
(b) They come from the U.S.A. and Canada (r　　　).　〈北海学園大〉

699 It's the most amazing thing I (　　　).
□□□
① even heard　② have ever heard
③ have never heard　④ once heard　〈神戸女子大〉

700 (a) It was fortunate that the weather was fine.
□□□
(b) (　　　), the weather was fine.　〈亜細亜大〉

701 That car is (　　　) too expensive for most families.
□□□
① very　② much　③ pretty　④ fairly　〈立命館大〉

整理 79　副詞 much の強調用法

- He is **much** *too* young. (too ... の強調) (➡701)
  (彼はあまりにも若すぎる)
- **Much** *to my joy*, he helped me with my work. (前置詞句の強調)
  (とてもうれしいことに，彼が私の仕事を手伝ってくれた)
- He is **much** *taller* than I am. (比較級の強調) (➡188)
  (彼は私よりもずっと背が高い)
- That is **much** *the best*. (最上級の強調) (➡211)
  (それがずばぬけて一番よい)

697 私のおじはぐっすり眠っていた。
698 (a) 彼女はアメリカ合衆国出身で，彼はカナダ出身です。
(b) 彼らはそれぞれアメリカ合衆国とカナダの出身です。
699 それは私が今まで聞いた中で最も驚くべきことだ。
700 (a) 天気がよかったのは幸運だった。
(b) 幸運なことに天気がよかった。
701 あの車はほとんどの家庭にとってあまりにも高価すぎる。

Point 172 その他の注意すべき副詞

697 副詞の **sound** の用法－**sound asleep** 標準

▶副詞の **sound** は asleep を修飾して「ぐっすりと」の意味を表す。**sound asleep**「ぐっすり眠って」はイディオムとして押さえる。

＋プラス 同意表現の **fast asleep** も頻出。

698 **respectively** の意味 発展

▶**respectively** は形容詞 **respective**「めいめいの」(➡p.233【整理74】)の副詞にあたり,「めいめいに／それぞれに」の意味を表す。

699 **ever** の用法 標準

▶**ever**「これまでに／今までに」は通例，疑問文・否定文で用い，肯定文では用いないが，本問のように **the＋最上級＋名詞＋(that) S have ever done**「Sが今まで～した中で最も…」(➡212)の表現の場合は，例外的に ever は肯定文で用いられる。

700 文修飾の副詞 **fortunately** の用法 標準

▶**fortunately**「幸運にも」, **luckily**「幸運にも」, **unfortunately**「不運にも」といった副詞が通例，文頭で用いられると，文全体を修飾し，文の内容に対する話者[書き手]の気持ちを示す。

Unfortunately, he failed to pass the examination again.
= *It was unfortunate that* he failed to pass the examination again.
(不幸にも，彼は再度，試験に失敗した)

701 **much** の用法－「**too**＋形容詞[副詞]」の強調 標準

▶副詞の **much** は，強調語として「too＋形容詞[副詞]」を強調する用法がある。副詞の much のその他の強調用法も重要(➡左頁の【整理79】)。

＋プラス ① very, ③ pretty, ④ fairly や quite などは「too＋形容詞[副詞]」を強調できない。語法上のルールとして覚えておこう。

Part 2 語法

---

697 ③ **698** (r)espectively **699** ② **700** Fortunately **701** ②

702 I'd like you to bring back the drama program. Connie, the school is ( ) in need of a drama program.
□□□
① badly ② poorly ③ carefully ④ stupidly 〈日本大〉

703 (a) In the beginning, the club had only five members.
□□□
(b) ( ) ( ), the club had only five members. 〈西南学院大〉

704 We must go early; ( ) we won't get good seats.
□□□
① because ② otherwise ③ therefore ④ unless 〈センター試験〉

702 その演劇の講座を復活してくれないか。学校で演劇の講座がとても必要なんだよ，コニー。
703 (a) (b) 最初は，クラブには５人の部員しかいなかった。
704 早く行かなければならない。さもないと，良い席が取れないよ。

702 **badly** の強調用法 発展

▶**badly** は「下手に／まずく」の意味の他に，動詞の **miss**「…がいなくて寂しく思う」や **want**, **need**, **be in need of A**「Aを必要とする」の表現などを強調して**「とても／ひどく」**の意味を表す。

703 **at first**「初めのうちは」の用法 標準

▶**at first** は「初めのうちは／最初は」の意味で，後になって事態・状況が変わることを暗示する。

▶(a)の in the beginning「最初は」は in the end「最後には」の反意表現。

＋プラス 紛らわしい表現の **first** と **for the first time** も押さえよう。

(1) **first**「(順序を意識して)まず第一に／まず最初に」
First we went to a restaurant, and then to the movies.
(まず，私たちはレストランに行って，それから映画に行った)

(2) **for the first time**「初めて」
When I met her *for the first time*, she treated me coldly.
(彼女に初めて会ったとき，彼女は私を冷たくあしらった)

704 副詞の **otherwise**「さもなければ」 標準

▶副詞の **otherwise** には「さもなければ」「別のやり方で／違ったふうに」「その他の点では」の 3 つの意味がある(➡**【整理80】**)。本問の **otherwise** は「さもなければ」の意味を表す。

Part 2 語法

整理 80 副詞 otherwise の 3 つの意味

(1) 「さもなければ」(➡704)
(2) 「別のやり方で」
You can arrive earlier by subway than *otherwise*.
(地下鉄で行けば他の方法よりも早く着きます)
(3) 「その他の点では」
Your essay is a little long, but *otherwise* it is good.
(君のレポートは少し長いが，その他の点では申し分ない)

702 ① **703** At first **704** ②

第19章 名詞の語法

Point 173

705 Ken didn't give me (　　　).
□□□
① many advices　② many piece of advices
③ much advice　④ an advice　〈関西外大〉

706 The senior students helped me move (　　　).
□□□
① a few large furniture　② a few large furnitures
③ some large furniture　④ some large furnitures　〈関西学院大〉

707 The letter was short because there wasn't (　　　).
□□□
① many news　② a few news
③ much news　④ a little news　〈玉川大〉

708 We got (　　　) from the teacher.
□□□
① a lot of homeworks　② a lot of information
③ lots of advices　④ a lot of informations　〈上智大〉

709 When I came back from Hawaii, I had such a lot of (　　　) that I had to pay extra at the airport.
□□□
① luggages　② luggage　③ my luggages　④ the luggage
〈慶應義塾大〉

705 ケンは，私にあまり助言をしてくれなかった。
706 上級生たちは私がいくつかの大型家具を移動するのを手伝った。
707 あまり知らせることがなかったので，その手紙は短かった。
708 私たちは，その先生からたくさんの情報を得た。
709 ハワイから戻ってきたとき，私はひどくたくさんの荷物を抱えていたので，空港で追加料金を支払わなければならなかった。

Point 173 不可算名詞(数えられない名詞)の用法

日本人には数えられると思われる名詞でも，英語では不可算名詞になっているものが狙われる。不可算名詞には不定冠詞の a(n) はつかないし，複数形もないことが設問の焦点。不可算名詞は**【整理81】**をすべて記憶しておこう。

705 不可算名詞 **advice**「忠告」の用法 標準

▶**advice**「忠告」は不可算名詞。

▶「much＋不可算名詞」が否定文で用いられると「あまり…ない」の意味を表す(➡**644**)。

▶② many piece of advices は many pieces of advice なら可。

706 不可算名詞 **furniture**「家具」の用法 標準

▶**furniture**「家具」は不可算名詞。

▶① a few large furniture は不可。few は複数形の可算名詞につける(➡**643**)。

707 不可算名詞 **news**「知らせ」の用法 標準

▶**news**「知らせ」は不可算名詞。

▶④ a little news は不可。「a little＋不可算名詞」「少しの…」(➡**p.226【整理72】**)の形はあるが，否定文では用いない。

＋プラス 「little＋不可算名詞」「ほとんど…ない」は問題 **642** 参照。

708 不可算名詞 **information**「情報」の用法 標準

▶**information**「情報」，**homework**「宿題」，**advice** は不可算名詞。

!!注意 **a lot of[lots of] A**「たくさんのA」のAには，複数形の可算名詞だけでなく，本問のように不可算名詞も来ることに注意。

709 不可算名詞 **luggage [baggage]**「手荷物」の用法 標準

▶**luggage[baggage]**「手荷物」は不可算名詞。

整理 81 入試で狙われる不可算名詞

- **advice**「忠告」(➡**705**)
- **luggage [baggage]**「手荷物」(➡**709**)
- **furniture**「家具」(➡**706**)
- **homework**「宿題」
- **housework**「家事」
- **information**「情報」(➡**708**)
- **machinery**「機械」(**machine** は可算名詞)
- **news**「知らせ」(➡**707**)
- **poetry**「詩」(**poem** は可算名詞)
- **scenery**「風景」(**scene** は可算名詞)
- **damage**「損害」
- **harm**「損害」
- **progress**「進歩」
- **fun**「楽しみ」
- **traffic**「交通(量)」
- **weather**「天候」

＊advice から scenery までは **a piece of A**「1個のA」，**two pieces of A**「2個のA」などの形で数を表すことができる。

705 ③ **706** ③ **707** ③ **708** ② **709** ②

Point 174

710 During the summer vacation I made (　　　) with many villagers.
□□□ ① a friend ② friend ③ the friend ④ friends 〈中央大〉

711 長い道のりだから，交代で運転しなさい。
□□□ Take (　　　) driving because you have a long way to go.
〈西南学院大〉

Point 175

712 She took (　　　) to get it absolutely perfect.
□□□ ① pains ② wounds ③ sweat ④ tears 〈拓殖大〉

713 Don't forget to give my best (　　　) to your parents.
□□□ ① regards ② regard ③ reward ④ hello 〈明星大〉

714 She didn't want to help John. She had not been on good (　　　) with him.
□□□ ① friends ② opinions ③ relations ④ terms 〈大阪大谷大〉

715 私はブラウンさんと親しい間柄である。
□□□ (with / terms / I / Mr. Brown / friendly / am / on). 〈桜美林大〉

716 He was in high (　　　) in spite of the bad weather.
□□□ ① courage ② heart ③ mind ④ spirits 〈学習院大〉

整理 83 その他の複数形で特別な意味を持つ名詞とその表現

- **arms**「武器」
- **customs**「関税／税関」
- **forces**「軍隊」
- **goods**「商品」
- **manners**「礼儀作法」
- **means**「手段／資産」
- **works**「工場」
- **put on airs**「気取る」(**airs**は「気取り」の意味)
- **a man of letters**「文学者」(**letters** は「文学」の意味)

710 夏休みの間に，私はたくさんの村人たちと友だちになった。
712 彼女は，それをまったく完璧なものにしようと骨を折った。
713 忘れずに，ご両親によろしくお伝えください。
714 彼女はジョンの手助けをしたくはなかった。彼女は，彼と仲のよい間柄ではなかったからだ。
716 悪天候にもかかわらず，彼は元気いっぱいだった。

Point 174 常に複数形を用いる表現

710 **make friends with A**「Aと友だちになる」 標準

▶この表現では friend は必ず複数形になる。友だちになるには自分と相手という複数の人間が必要だと考えればわかりやすい。

711 **take turns (in / at) doing**「交代で…する」 発展

▶turn は「順番」を表す名詞だが，この表現では複数形で用いる。

整理 82 その他の慣用的に複数形を用いる表現

- **change trains[planes]**「列車[飛行機]を乗りかえる」
- **exchange business cards**「名刺を交換する」
- **shake hands**「握手をする」など

Point 175 複数形で特別な意味を持つ名詞とその表現

問題712〜716を確認した上で，左頁の【整理83】をしっかり覚えておこう。

712 **take pains**「骨を折る／苦労する」 標準

▶不可算名詞の **pain** は「苦痛」の意味だが，複数形の **pains** では「苦労」の意味になる。**take pains**「骨を折る」でイディオムとして押さえる。

713 **give my (best) regards to A**「Aによろしく伝える」 標準

▶**regards**は「よろしくというあいさつ」の意味。**give A my (best) regards** とも表現する。

＋プラス 同意表現の **remember me to A**，**say hello to A** も頻出（➡1257）。

714 **be on … terms with A**「Aとは…の間柄である」 標準

▶**term** の複数形 **terms** は，ここでは「間柄」の意味。

＋プラス **good** 以外にも **bad**，**friendly**，**speaking**，**visiting** などが用いられる。
I am on *speaking* terms with Jane.（ジェーンとは話をする程度の仲だ）

715 **be on friendly terms with A**「Aとは親しい間柄である」 標準

716 **be in high[good / great] spirits**「機嫌がよい」 発展

▶この場合の複数形 **spirits** は「気分」の意味。

＋プラス 同意表現の **be in a good mood**，**be in a good humor**，反意表現の **be in low[bad / poor] spirits**，**be in a bad mood** もここで押さえる。

---

710 ④ 711 turns 712 ① 713 ① 714 ④ 715 I am on friendly terms with Mr. Brown
716 ④

Point 176

717 (　　　) is a son or daughter of an uncle or aunt.
□□□ ① A niece　② A nephew　③ A cousin　④ A grandchild　〈駒澤大〉

718 Bill is in the (　　　) of drinking milk with all his meals.
□□□ ① habit　② custom　③ manner　④ trait　〈東海大〉

719 If the sun is too hot, perhaps you would like to sit in the (　　　).
□□□ ① darkness　② shadow　③ shade　④ sunlight　〈センター試験〉

720 My tooth is driving me crazy! I have to make an urgent (　　　) with the dentist!
□□□ ① promise　② appointment　③ assurance　④ reservation　〈摂南大〉

Point 177

721 The new stadium is very big. It has a seating (　　　) of about 80,000.
□□□ ① facility　② ability　③ possibility　④ capacity　〈京都外大〉

722 "Can you tell me where the Red Cross Hospital is?" "I'm sorry but I'm a (　　　) here."
□□□ ① beginner　② regular　③ local　④ stranger　〈名城大〉

723 私は彼女をまったく知らない。
□□□ She is a complete (　　　) to (　　　).　〈福島大〉

724 I'm afraid I'm not (　　　) of a musician.
□□□ ① a lot　② plenty　③ much　④ a number　〈南山大〉

717 いとことは，おじやおばの息子か娘のことです。
718 ビルは，食事のとき，いつも牛乳を飲むことにしている。
719 日差しがあまりに暑ければ，日陰に座りたくなるだろう。
720 歯が痛くておかしくなりそうだ！　すぐにでも歯医者に予約をとらなくてはならない！
721 その新しい競技場は非常に大きい。約80,000の座席がある。
722 「赤十字病院がどこにあるか教えてくれませんか」「ごめんなさい，このあたりは不案内なのです」
724 私は，自分をたいした音楽家ではないと思っています。

Point 176 意味が紛らわしい名詞

717 **cousin**「いとこ」, **niece**「姪(めい)」, **nephew**「甥(おい)」の区別 標準

718 **habit**「個人的な習慣」と **custom**「社会的習慣」の区別 標準
▶**be in the habit of doing**「…することにしている」は重要イディオム。

719 **shade**「日陰」と **shadow**「影」の区別 標準

720 **appointment**「医者・美容院などの予約」と **reservation**「列車・ホテルなどの予約」の区別 標準

整理 84 意味が紛らわしい名詞

- **flock**「鳥や羊の群れ」と **herd**「牛や馬の群れ」と **school**「魚の群れ」
- **view**「(一定の場所で目に入る)眺め」と **scenery**「風景」
- **shade**「日陰」と **shadow**「影」(➡719)
- **reservation**「ホテルなどの予約」と **appointment**「医者などの予約」(➡720)
- **habit**「個人的な習慣」と **custom**「社会的習慣」(➡718)
- **nephew**「甥(おい)」と **niece**「姪(めい)」と **cousin**「いとこ」(➡717)
- **dentist**「歯科医」と **surgeon**「外科医」と **physician**「内科医」
- **sample**「(商品の)見本」と **example**「人がまねる手本/見本」
- **rule**「(競技での)規則/ルール」と **order**「(社会の)規律/秩序」

Point 177 思いがけない意味を持つ名詞

721 **capacity**「(部屋・建物・乗り物などの)収容能力」 標準
+プラス capacity には「(工場などの)生産能力」の意味もあることに注意。
The factory is working below *capacity*. (その工場はフル稼働していない)

722 **stranger**「(場所に)不案内な人」 標準
▶**I'm a stranger (around) here.**「このあたりは不案内なのです」は慣用的な表現として押さえる(➡1310)。
+プラス **stranger** には「見知らぬ人」の意味があることにも注意。

723 **stranger**「見知らぬ人」 標準
▶**A is a complete[perfect / total] stranger to B.**「AはBにとって赤の他人だ」の表現で用いられることが多い。

724 **not much of a ...**「たいした…ではない」 発展
▶**not much of a ...** は慣用的な表現として押さえる。

717 ③ 718 ① 719 ③ 720 ② 721 ④ 722 ④ 723 stranger, me 724 ③

725 She thought she was hurt, but that wasn't really <u>the case</u>.
□□□
① the state　② true
③ particular occasion　④ the example　〈上智大〉

726 Somebody broke into (　　) last night.
□□□
① the secure　② the certain　③ the sure　④ the safe　〈駒澤大〉

727 It's not my (　　) if the party is cancelled.
□□□
① wrong　② fault　③ sin　④ blame　〈千葉商大〉

728 彼はフランス語とイタリア語とスペイン語に堪能である。
□□□
He has a good (c　　) of French, Italian and Spanish.　〈立命館大〉

729 (a) I don't understand why you were upset about what he had said.
□□□
(b) I have (　　) (　　) why you were upset about what he had said.　〈津田塾大〉

730 Will you get me (　　) of *Do It Yourself Magazine* when you go out?
□□□
① a sheet　② a piece　③ a copy　④ a paper　〈西南学院大〉

731 Drop me a (　　) as soon as you get there.
□□□
① card　② letter　③ line　④ pen　〈学習院大〉

725 彼女はけがをしたと思ったが，実際はそうではなかった。
726 昨夜，誰かが金庫の中に押し入った。
727 パーティーが中止されたとしても，私の責任ではありません。
729 (a) (b) なぜ彼が言ったことにあなたが怒ったのか，私にはわかりません。
730 外出する際，*Do It Yourself Magazine* を1部，買ってきてくれない？
731 そこに着いたらすぐ，一筆お便りください。

725 the case「真実／実情」 読解 標準

▶**case** が定冠詞を伴うと「真実／実情」の意味を表すことがある。この **the case** は読解でも重要。

＋プラス **as is (often) the case (with A)**「(Aには)よくあることだが」(➡314)といった慣用表現でも用いられる。

726 safe「金庫」 標準

▶一般に **safe** は「安全な」の意味の形容詞として用いられるが,「金庫」の意味を表す名詞でもあることに注意。

727 A's fault「Aの責任」 標準

▶**fault** には,通例 **A's fault** の形で「Aの責任／Aのせい」の意味を表す用法がある。

▶③ sin は「宗教上,道徳上の罪／罪悪」の意味を表し,ここでは不可。

＋プラス ④ **blame** にも「(失敗などの)責任」の意味があるが,blame の前には所有格の名詞がつかない。blame の場合,動詞として用いて **be to blame for A**「Aに対して責任がある」の表現になる。たとえば,It is my fault. は I'm to blame for it. と書きかえられる。

728 have a good command of A「Aを自在にあやつれる」 標準

▶名詞の **command** には「(言語などを)あやつる能力」の意味を表す用法がある。

▶**have a good command of A** は慣用表現として押さえる。

729 have no idea＋wh- 節「…がわからない」 標準

▶**idea** には**「見当」**の意味があり,**have no idea＝don't have any idea** で「わからない」の意味になる。

＋プラス **have no idea** は,後に of[about] A を伴って「Aがわからない」の意味を,また本問のように,wh- 節や that 節を直接伴って「…がわからない」といった意味を表すことが多い。

＋プラス 同意表現の **don't have the slightest[least / faintest / remotest] idea (of A)**「(Aのことが)まったくわからない」もここで押さえておこう。have no idea (of A) よりも意味的には強い。

730 copy「(同一の書籍や新聞,雑誌の)部,冊／(同一のCDなどの)枚」 標準

▶**copy** には,もちろん「(原本の)複写」「(録音テープなどから)ダビングしたもの」「(絵などの)複製」の意味もある。

731 drop A a line「Aに一筆書く」 標準

▶**drop A a line** の形で用いる名詞の **line** は「短い手紙」の意味を表す。

---

725 ② 726 ④ 727 ② 728 (c)ommand 729 no idea 730 ③ 731 ③

732 What (you / line / in / are)? 〈国士舘大〉

□□□

Point 178

733 There is plenty of (　　　) for improvement in his work.

□□□ ① a room　② no room　③ room　④ rooms 〈京都橘大〉

734 Move to the back of the bus and (　　　) others.

□□□ ① vacate seats with　② make room for
③ take much of　④ give away to 〈東海大〉

735 その新しい機械を置くと，スペースがずいぶんなくなるだろう。

□□□ The (room / of / a / new / will / lot / take up / machine).
〈名城大〉

Point 179

736 Train (　　　) haven't increased in three years.

□□□ ① bills　② fees　③ fares　④ charges 〈松山大〉

737 If both of us join the fitness club at the same time, the entrance (　　　) will be cheaper.

□□□ ① fare　② fee　③ toll　④ tax 〈東京経大〉

整理 85　その他の思いがけない意味を持つ名詞

(1) **word**「約束」
He is a man of his *word*. (彼は約束を守る人です)
＊通例，one's word の形をとることに注意。**a man of his word**「約束を守る人」で押さえる。

(2) **ring**「電話(をかけること)」=**call**
I'll give him a *ring*[*call*] tomorrow. (明日，彼に電話します)
＊**give A a ring**[**call**]「Aに電話をする」で押さえる。

(3) **effect**「趣旨／意味」
I got a letter to the *effect* that he would resign.
(彼が辞職するという趣旨の手紙を受け取った)
＊**to the effect+that** 節「…という趣旨の[で]」で押さえる。

732 あなたの職業は何ですか。
733 彼の仕事には改善の余地がたくさんある。
734 バスの後ろの方に移動して，他のお客さんのために場所を空けてください。
736 電車の運賃は3年間上がっていない。
737 私たち2人が同時にフィットネスクラブに入会すれば，入会金が安くなる。

732 What line are you in?「あなたの職業は何ですか」 発展

▶名詞の **line** には「職業／商売」の意味を表す用法もある。**What line are you in?** の表現で用いられることが多い。

+プラス 思いがけない意味を持つ名詞として，他にも **subject**「話題」，**air**「様子／外見」，**price**「代価／代償」，**dish**「料理」，**end**「目的」，**change**「つり銭／小銭」，**sense**「意味」などは頻出なのでここで押さえておきたい。なお，慣用的な表現で用いるものは左頁の**【整理85】**参照。

Point 178 ⋮ 思いがけない意味を持つ不可算名詞 room の用法

733 There is room for A「**A**の余地がある」 標準

▶可算名詞の **room** は「部屋」だが，不可算名詞では「余地／場所／空間」の意味を表す。本問のように there is 構文で用いることも多い。

+プラス 反意表現の **There is no room for A**「Aの余地はない」も重要。

▶plenty of は可算名詞・不可算名詞につけて「たくさんの…」の意味を表す。a lot of と同意だが，「あり余るほどたくさんの…」のニュアンスが含まれる。

734 make room for A「**A**に席を譲る／場所を空ける」 標準

▶**room** は「場所」の意味。慣用表現として押さえる。

735 take up a lot of room「たくさんスペースを取る」 標準

▶take up a lot of room とまとめる。**room** は「空間」の意味。

Point 179 ⋮ 「料金」「客」「仕事」を表すさまざまな名詞

それぞれ**【整理86】**，**【整理87】**，**【整理88】**にまとめているので，使い分けを正確に押さえておこう。

736 fare「乗り物の運賃」 標準

737 fee「入会金，料金」 標準

整理 86 「料金・お金」を表すさまざまな名詞

- **fare**「乗り物の運賃」(➡736)
- **fee**「専門職に対して支払う料金／受験・入場・入会のための料金」(➡737)
- **pay**「(一般的な)報酬／手当て」
- **charge**「サービスに対して支払う料金／(電気・ガスなどの)公共料金／使用料」
- **cost**「経費／費用」
- **tax**「税金」
- **fine [penalty]**「罰金」
- **admission**「入場料」
- **interest**「利子／利息」
- **rent**「家賃／賃貸料」
- **commission**「手数料／歩合」
- **profit**「利益」
- **check**「小切手」
- **cash**「現金」

732 line are you in **733** ③ **734** ② **735** new machine will take up a lot of room
736 ③ **737** ②

738 □□□ Being an able lawyer, he has a lot of ( ).
① clients ② customers ③ consultants ④ guests 〈防衛大学校〉

739 □□□ You've done a great ( ) raising your kids.
① work ② trade ③ career ④ job 〈西南学院大〉

Point 180

740 □□□ Sixty-six percent, or approximately ( ) of the customers, are quite satisfied with our product.
① two three ② second thirds ③ three seconds ④ two thirds
〈専修大〉

741 □□□ Scientists estimate that ①nine-tenth of the energy in a hurricane is released ②to build the clouds ③that form its ④familiar shape.
〈名古屋工大〉

742 □□□ It took ( ) to go to Cambridge from London.
① one hour and half ② one and half hours
③ one and a half hour ④ one and a half hours 〈京都教育大〉

738 有能な弁護士なので，彼はたくさんの依頼人を抱えている。
739 あなたは子育てをとてもうまくやってきました。
740 66パーセント，つまり約3分の2の顧客が当社の製品にとても満足しています。
741 科学者たちは，ハリケーンのエネルギーの10分の9は，ハリケーンのおなじみの形を形成する雲を作るために放出されると推定している。
742 ロンドンからケンブリッジに行くのに1時間半かかった。

Part 2 語法

738 client「(弁護士などへの)依頼人」 標準

整理 87 「客」を表すさまざまな名詞

- **audience**「(劇場などの)観客/聴衆」
- **guest**「招待された客/ホテルの客」
- **customer**「お店の客」
- **client**「(弁護士などへの)依頼人」(➡738)
- **passenger**「乗客」
- **visitor**「訪問客/来客/見舞客」
- **spectator**「(スポーツなどの)観客/見物人」
- **patient**「患者」
- **viewer**「テレビの視聴者」

739 **do a great[good] job**「うまくやってのける」 

▶job「仕事」は可算名詞。**do a great[good] job**「うまくやってのける」は慣用表現として押さえる。

▶① work は「仕事」という意味では不可算名詞。

+プラス **可算名詞の work** は「**作品**」の意味にもなる。

整理 88 「仕事」を表すさまざまな名詞

- **work**「仕事」(不可算名詞)
- **job**「仕事」(可算名詞)(➡739)
- **labor[toil]**「(work よりつらい)骨の折れる仕事」
- **task**「課された仕事」
- **occupation**「職業」
- **profession**「専門職/知的職業」
- **business**「事業」
- **trade**「商売」
- **career**「経歴」

Point 180 分数表現の作り方など

740 two(-)thirds「3分の2」 

▶**分数表現は分子が基数，分母が序数で表され，分子が2以上の場合は分母を複数形にする。**

741 nine(-)tenths「10分の9」 標準

▶分子が nine で2以上の数字だから，分母の序数は tenth の複数形にしなければならない。

742 one and a half **hours**「1時間半」= **an hour and a half** 標準

▶one and a half をひとまとまりとして考える。a half は「2分の1」だから one and a half は「1と2分の1」を表すことになり，修飾される名詞 hour は複数形になる。

+プラス 同意表現の **an hour and a half** も重要。an hour は one hour と同じだから「1時間と2分の1時間」の意味になり，**one and a half hours** と同意となる。どちらの表現も正確に覚えておこう。

---

738 ① **739** ④ **740** ④ **741** ① nine-tenth → nine-tenths **742** ④

Next Stage

Part 3 イディオム

イディオム問題は，常に安定した出題頻度を保っているが，問われるイディオムは徐々にその幅を広げつつある。本書ではそういった傾向を考慮しながら，入試に必要なイディオムを厳選している。まずは，入試において記述問題として出題されることもある頻出基本イディオム70から始めよう。イディオムは何よりも「覚える」ことが一番重要である。チェックシートなどを活用しながら，くり返しチャレンジしてほしい。なお，紙面の構成上，問題形式をとれなかったイディオムは，『その他の覚えておきたいイディオム』として掲載している。これも必ず押さえておこう。

Point 181

743 ひどい天気だったので，私たちは京都への旅行を延期しなければならなかった。
□□□ Because of the terrible weather, we had to (p　　　) (o　　　) our trip to Kyoto.

744 雨のためにガーデン・パーティーは中止された。
□□□ The garden party was (c　　　) (o　　　) because of the rain.

745 すぐに上着を着なさい。そうしないと風邪をひくよ。
□□□ (P　　　) your coat (o　　　) at once; otherwise you'll catch a cold.

746 礼拝堂に入るときは帽子を脱いだほうがいいね。
□□□ You should (t　　　) (o　　　) your hat when you enter the chapel.

747 大変残念ですが，あなたのお招きをお断りしなければならないでしょう。
□□□ To my great regret, I will have to (t　　　) (d　　　) your invitation.

748 時間です。試験問題用紙を提出してください。
□□□ Time is up. Please (h　　　) (i　　　) your test papers.

749 辞書でその表現を調べなさい。
□□□ (L　　　) (u　　　) the phrase in your dictionary.

750 今年の夏は人々は水不足に悩んでいる。
□□□ People are (s　　　) (f　　　) a shortage of water this summer.

751 乗客たちは機内での携帯電話の使用をひかえるよう求められた。
□□□ The passengers were asked to (r　　　) (f　　　) using their mobile phones on the plane.

Point 181 頻出基本イディオム70

問題 **743** 〜 **812** は，入試においてたびたび記述問題でも出題されたことのある頻出基本イディオム。イディオム問題のウォーミング・アップとしてしっかり確認しよう。「他動詞＋副詞」の表現は，名詞を目的語にする場合は，たとえば pick up A / pick A up のいずれの語順も原則として可能。人称代名詞を目的語にする場合は必ず pick A up，すなわち「他動詞＋人称代名詞＋副詞」の語順になる（➡**477**）。「他動詞＋副詞」イディオムの場合，以下２つの可能な語順を示す。

743 **put off A / put A off**「**A**を延期する」 基本
＝**postpone A**

744 **call off A / call A off**「**A**を中止する」 基本
＝**cancel A**
‼注意 ただし **cancel A** は，すでに始まっているものを中止するときには使えない。

745 **put on A / put A on**「**A**を着る／身につける」 基本
⇔**take off A / take A off**「Aを脱ぐ」（➡**746**）

746 **take off A / take A off**「**A**を脱ぐ」 基本
⇔**put on A / put A on**「Aを着る／身につける」（➡**745**）

747 **turn down A / turn A down**「**A**を拒絶する」 基本
＝**reject A**，**refuse A**
▶turn down A は「A（音量など）を小さくする」の意味もある。

748 **hand in A / hand A in**「**A**を提出する」 基本
＝**turn in A / turn A in**（➡**898**），**submit A**，**present A**

749 **look up A** [**look A up**] **in a dictionary**「**A**を辞書で調べる」
＝**consult a dictionary for A**

750 **suffer from A**「**A**で苦しむ／**A**に悩む」 基本

751 **refrain from A**「**A**を差しひかえる」 基本
＝**keep from A**

Part 3 イディオム

743 put off **744** called off **745** Put, on **746** take off **747** turn down **748** hand in
749 Look up **750** suffering from **751** refrain from

752 「いつもとても疲れているんだよ，トム」
□□□ 「それは仕事の引き受けすぎだよ」
“I'm always very tired, Tom.”
“That's because you (t　　) (o　　) too much work.”

753 私は妹に私が不在の間ネコの世話をするように頼んだ。
□□□ I asked my sister to (l　　) (a　　) my cat while I was away.

754 もう寝る時間だよ。ラジオを消しなさい。
□□□ It's time for you to go to bed. (T　　) (o　　) the radio.

755 がんばって。入試に受かることを祈っています。
□□□ Good luck! I hope you (s　　) (i　　) passing the entrance examination.

756 数日前，私は偶然その店で昔のクラスメートの一人に会った。
□□□ A few days ago I (r　　) (i　　) one of my old classmates at the store.

757 私は彼のことなど聞いたこともない。
□□□ I have never (h　　) (o　　) him.

758 1年間，彼から便りがありません。
□□□ I haven't (h　　) (f　　) him for a year.

759 その少女は，両親が亡くなってから，おばさんの手で育てられました。
□□□ The girl was (b　　) (u　　) by her aunt after her parents died.

760 彼は外見は父親似だけど性格は違うね。
□□□ He (t　　) (a　　) his father in appearance but differs in character.

761 プロジェクトに貢献してくださった皆様方に御礼申し上げます。
□□□ We would like to thank everyone who has (c　　) (t　　) the project.

762 サイズが合うかどうか確かめるために，このセーターを着てみてもいいですか。
□□□ Can I (t　　) (o　　) this sweater to see if it fits?

752 **take on A / take A on**「**A**を引き受ける」 基本
=**undertake A**
＋プラス **take on A / take A on** には「Aを雇う」(=employ A, hire A)の用法もある。
She *was taken on* as a clerk in the law firm.
(彼女は法律事務所の事務員として雇われた)

753 **look after A**「**A**の世話をする」 基本
=**take care of A**(➡783), **care for A**

754 **turn off A / turn A off**「**A**(電灯・テレビなど)を消す／**A**(水道・ガスなど)を止める」 基本
⇔**turn on A / turn A on**「A(電灯・テレビなど)をつける」

755 **succeed in A**「**A**に成功する」 基本
＋プラス **succeed to A**「Aを相続する／Aの跡を継ぐ」もここで押さえる。
The eldest son *succeeded to* all the property.
(長男がすべての財産を相続した)

756 **run into A**「**A**に偶然出会う」 基本
=**run across A**, **come across A**(➡894), **happen to meet A**

757 **hear of A**「**A**のうわさを聞く／**A**のことを聞く」 基本

758 **hear from A**「**A**から便りがある」 基本

759 **bring up A / bring A up**「**A**を育てる」 基本
=**raise A**, **rear A**

760 **take after A**「**A**に似ている」 基本
=**resemble A**, **look like A**
‼注意 **take after A** は，本問のように血縁関係がある場合しか用いないことに注意。

761 **contribute to A**「**A**に貢献する／寄与する」 基本
＋プラス 他動詞用法の contribute を用いた **contribute A to B**「AをBに寄付する」もここで押さえる。

762 **try on A / try A on**「**A**を試着する／身につけてみる」 基本

---

752 take on 753 look after 754 Turn off 755 succeed in 756 ran into
757 heard of 758 heard from 759 brought up 760 takes after 761 contributed to
762 try on

Part 3 イディオム

763 あなたの風邪は回復するのに１週間以上かかるだろう。
□□□ It will take more than a week to (g　　　) (o　　　) your cold.

764 経済改革は，私たちの生活に多くの変化を引き起こすであろう。
□□□ Economic reform will (b　　　) (a　　　) a lot of changes in our lives.

765 教室を早く出たいときはいつでも，許可をもらうようにしなさい。
□□□ Whenever you want to leave the classroom early, you should (a　　　) (f　　　) permission.

766 何を探しているの？
□□□ What are you (l　　　) (f　　　)?

767 この学習計画を成功させるためには，たくさんのお金が必要です。
□□□ Success in this study program (c　　　) (f　　　) a lot of money.

768 飛行機は離陸するとき，地面を離れ，そして飛び始める。
□□□ When an airplane (t　　　) (o　　　), it leaves the ground and starts flying.

769 その計画は机上では良さそうに見えるが，私たちがそれを成し遂げられるとは思わない。
□□□ The plan looks good on paper, but I don't think we can (c　　　) it (o　　　).

770 私たちが港に到着する前に，嵐になった。
□□□ Before we reached the harbor, a storm (s　　　) (i　　　).

771 NGOは何の略ですか。
□□□ What does "NGO" (s　　　) (f　　　)?

763 **get over A**「**A**から回復する／**A**に打ち勝つ」 基本
=**recover from A, overcome A**

764 **bring about A / bring A about**「**A**を引き起こす」 基本
=**cause A, lead to A**

765 **ask for A**「**A**を求める」 基本
=**request A**

766 **look for A**「**A**を探す」 基本

767 **call for A**「**A**を必要とする／要求する」 基本
=**require A, demand A**

768 **take off**「離陸する」 基本
⇔**land, touch down**「着陸する」

769 **carry out A / carry A out**「**A**を成し遂げる／実行する」 基本
=**perform A, accomplish A, fulfill A**

770 **set in**「(季節・悪天候などが)始まる／起こる」 基本

771 **stand for A**「**A**を表す／**A**の略である」 基本
=**represent A**
▶stand for A は「A(考えなど)を支持する」(=support A, back up A / back A up(➡866))の意味もある。

---

763 get over 764 bring about 765 ask for 766 looking for 767 calls for
768 takes off 769 carry, out 770 set in 771 stand for

772 クラスの全員と仲良くやるのは容易ではない。
□□□ It's not easy to get (a　　　) (w　　　) everyone in the class.

773 これ以上彼女にがまんできない。彼女はとても身勝手だ。
□□□ I can't put (u　　　) (w　　　) her anymore. She is so selfish.

774 外国語で話をするときは，ぴったりした言葉を思いつくのに時間が
□□□ かかってしまう。
When speaking in a foreign language, it takes time for me to come (u　　　) (w　　　) the right word.

775 ほとんどガソリンを使い果たした。満タンにするために，次のガソ
□□□ リンスタンドで止まった方がいい。
We've almost (r　　　) (o　　　) of gas. We'd better stop at the next gas station to fill up.

776 使い終わったら，あなたのボールペンを私に使わせてもらえますか。
□□□ Can I use your ballpoint pen when you get (t　　　) (w　　　) it?

777 彼らは，その規則を廃止しようと企てた。
□□□ They attempted to do (a　　　) (w　　　) the rules.

778 私はよくルーシーと妹を間違える。2 人がとてもよく似ているからだ。
□□□ I often (t　　　) Lucy (f　　　) her sister, because they really look alike.

779 この暗い照明の中で，私は彼を私の兄と間違えた。
□□□ I (m　　　) him (f　　　) my elder brother in this bad light.

780 今年，町のお祭りは10月の第 2 週に催される。
□□□ This year, the town festival will (t　　　) (p　　　) in the second week of October.

781 その男は，警察にすべてを白状しようと決心した。
□□□ The man made (u　　　) his (m　　　) to confess everything to the police.

782 彼女はチャンスを活用した。
□□□ She (t　　　) (a　　　) of her opportunity.

772 **get along with A**「**A**と仲良くやる」 基本
=**get on with A**(➡954)

773 **put up with A**「**A**をがまんする」 基本
=**endure A**, **bear A**, **stand A**, **tolerate A**(➡627)

774 **come up with A**「**A**を思いつく/提案する」 基本
=**think of A**, **propose A**
▶come up with A と catch up with A(➡**960**)の意味の違いをしっかり区別しよう。

775 **run out of A**「**A**を切らす」 基本
+プラス 類似表現の **run short of A** は「Aが不足する」の意味である。

776 **get through with A**「**A**(仕事など)を終える」 基本
=**get through A**, **finish A**

777 **do away with A**「**A**を廃止する」 基本
=**abolish A**

778 **take A for B**「**A**を**B**と間違える/**A**を**B**と誤解する」 基本

779 **mistake A for B**「**A**を**B**と間違える」 基本
=**take A for B**(➡778)

780 **take place**「行われる/催される」 基本
=**be held**
+プラス take place には「起こる」の意味もあるので注意。
The Industrial Revolution *took place* first in England.
(産業革命は最初イギリスで起こった)

781 **make up one's mind**「決心する」 基本
=**decide**, **determine**

782 **take advantage of A**「**A**を利用する」 基本

Part 3 イディオム

---

772 along with 773 up with 774 up with 775 run out 776 through with
777 away with 778 take, for 779 mistook, for 780 take place 781 up, mind
782 took advantage

783 すぐに返事をしなくてすみません。処理すべき仕事があったものですから。
□□□ I'm sorry for not replying sooner, but I had some business to take (c　　) (o　　).

784 私はあたりを見回し，ジローが逃げていくのを見つけた。
□□□ I turned around and (c　　) (s　　) of Jiro running away.

785 母は私がすることにいちいちけちをつけがちである。
□□□ My mother tends to find (f　　) (w　　) everything I do.

786 その件に関して，あなたに連絡します。
□□□ I'll get in (t　　) (w　　) you about the matter.

787 先週の土曜日のパーティーに，あなたは当然，来ることができると思った。
□□□ I took it (f　　) (g　　) that you could come to the party last Saturday.

788 幸運なことに，彼の心臓手術は成功したことが判明した。
□□□ Fortunately his heart operation (t　　) (o　　) to be a success.

789 私は彼が他人の悪口を言うのを一度も聞いたことがない。
□□□ I never have heard him speak (i　　) (o　　) others.

790 母は私に，山積みの古い雑誌を片づけてほしいと思っている。
□□□ Mother wants me to (g　　) (r　　) of a pile of old magazines.

791 彼女は，経済的に両親から独立している。
□□□ She is economically (i　　) (o　　) her parents.

792 彼は，食べるものに関してとても好みがうるさい。
□□□ He is very (p　　) (a　　) what he eats.

783 **take care of A**「**A**の世話をする／**A**を処理する」 基本
= **look after A**(➡753), **care for A**(➡895)
▶to take care of は some business を修飾する形容詞用法の不定詞。なお, some business to take care of は「責任を持ってすべき仕事」といった意味となる。

784 **catch sight of A**「**A**を見つける」 基本
⇔**lose sight of A**「Aを見失う」

785 **find fault with A**「**A**のあら探しをする」 基本
= **criticize A**

786 **get in touch with A**「**A**と接触[交際／文通]をする」 基本
= **contact A**
+プラス 類似表現の **keep in touch with A**「Aと接触[交際／文通]を続ける」も重要。

787 **take A for granted**「**A**を当然のことと思う」 基本
▶本問のように, 形式目的語 it を用いた take it for granted that 節の形や, その受動形の It is taken for granted that 節も頻出。

788 **turn out to be A**「**A**だと判明する」 基本
= **prove to be A**

789 **speak ill of A**「**A**の悪口を言う」 基本
⇔**speak well of A**「Aをほめる」

790 **get rid of A**「**A**を取り除く／片づける」 基本

791 **be independent of A**「**A**から独立している」 基本
⇔**be dependent on[upon] A**「Aに頼る」(➡1086)

792 **be particular about A**「**A**について好みがうるさい」 基本

Part 3 イディオム

---

783 care of　784 caught sight　785 fault with　786 touch with　787 for granted
788 turned out　789 ill of　790 get rid　791 independent of　792 particular about

793 彼は泳ぎがうまい。
□□□ He's (g　　) (a　　) swimming.

794 妹は環境問題に無関心だ。
□□□ My sister is (i　　) (t　　) environmental problems.

795 そのびんには液体が半分入っている。
□□□ The bottle is half (f　　) (o　　) liquid.

796 彼女は5日間，学校を休んでいる。
□□□ She has been (a　　) (f　　) school for five days.

797 ケイは1等賞を取ったと私に言った。私は彼女をとても誇りに思った。
□□□ Kay told me that she had won first prize. I was very (p　　) (o　　) her.

798 私はケビンが病気から回復すると確信しています。
□□□ I am (s　　) (o　　) Kevin's recovery from his illness.

799 空模様から判断すると，すぐに雨が降ってきそうだ。
□□□ Judging from the sky, it is (l　　) (t　　) rain soon.

800 その問題は，解決したも同然だ。
□□□ The problem is as (g　　) as solved.

801 ペニーは決して貧しくはありません。それどころか彼女は大変な金持ちです。
□□□ Penny is by no means poor; (i　　) (f　　) she's quite rich.

802 ほとんどの国で，一般に女性は男性よりも長生きをする。
□□□ (I　　) (g　　) women live longer than men in most countries.

793 **be good at A**「**A**が得意である」 基本
⇔**be bad[poor] at A**「Aが苦手だ」

794 **be indifferent to A**「**A**に無関心である」 基本

795 **be full of A**「**A**でいっぱいである」 基本
=**be filled with A**

796 **be absent from A**「**A**を欠席する」 基本
⇔**be present at A**「Aに出席する」
＋プラス 同意表現の **absent oneself from A** も重要。
He wanted to *absent himself from* the class.
(彼は授業を休みたいと思った)

797 **be proud of A**「**A**を誇りに思う」 基本
=**take pride in A**(➡991), **pride oneself on A**

798 **be sure of A**「**A**を確信する」 基本
＋プラス **be sure to do**「必ず…する」も重要表現。
Be sure to switch off the television before you go to sleep.
(寝る前に必ずテレビを消しなさい)

799 **be likely to do**「…しそうである」 基本
▶反意表現の be unlikely to do「…しそうにない」も頻出。

800 **as good as …**「…も同然」 基本
=**almost …**
▶通例，形容詞・副詞・動詞の前で用いられる。本問では動詞の過去分詞の前で使われている。

801 **in fact**「(いや)実は／それどころか」 基本

802 **in general**「一般に／一般の」 基本

Part 3 イディオム

---

793 good at　794 indifferent to　795 full of　796 absent from　797 proud of
798 sure of　799 likely to　800 good　801 in fact　802 In general

803 □□□ 今朝，私には特にしなければならないことは何もありません。
I have nothing (i　　　) (p　　　) to do this morning.

804 □□□ 結局のところ，私は行くことができないと思いますので，あなたに電話を差し上げています。
I'm calling you because I don't think I'll be able to come (a　　　) (a　　　).

805 □□□ たとえばペンギンのように，鳥の中には飛べないものもいる。
Some birds, penguins (f　　　) (i　　　), cannot fly.

806 □□□ 私はバスに間に合うよう急いでいた。
I was (i　　　) a (h　　　) to catch the bus.

807 □□□ 私たちはときどき外食をします。
We eat out once (i　　　) a (w　　　).

808 □□□ 天気予報によると明日は雨になるそうだ。
(A　　　) (t　　　) the weather forecast, it will rain tomorrow.

809 □□□ その電車は突然の大雨のために15分遅れた。
The train was delayed by fifteen minutes (b　　　) (o　　　) sudden heavy rain.

810 □□□ 彼らは期末試験を受けるだけでなく，化学実験のレポートを提出しなければならない。
In (a　　　) (t　　　) taking the term exams, they must submit a paper on a chemical experiment.

811 □□□ 頭痛にもかかわらず，息子は学校に行った。
My son went to school (i　　　) (s　　　) of his headache.

812 □□□ 地元の人だけでなく観光客も，買い物をするためにその広場にやって来ます。
Tourists as (w　　　) (a　　　) local people come to the square to shop.

803 **in particular**「とりわけ／特に」 基本

804 **after all**「結局」 基本

805 **for instance**「例えば」 基本
=**for example**

806 **in a hurry**「急いで」 基本
=**in haste**

807 **once in a while**「ときどき」 基本
=**occasionally**

808 **according to A**「Aによれば」 基本
＋プラス **according to A**は「Aに従って」の意味でも用いられる。
You have to act *according to* her instructions.
(君は彼女の指示に従って行動しなければならない)

809 **because of A**「Aの理由で／Aのせいで」 基本

810 **in addition to A**「Aに加えて／Aだけでなく」 基本
=**besides A**(➡412)

811 **in spite of A**「Aにもかかわらず」 基本
=**despite A**(➡418), **for[with] all A**(➡1219)

812 **A as well as B**「Bと同様にAも／BだけでなくAも」(➡430) 基本

Part 3 イディオム

---

803 in particular 804 after all 805 for instance 806 in, hurry 807 in, while
808 According to 809 because of 810 addition to 811 in spite 812 well as

第21章 動詞を含むイディオム

Point 182

813 □□□ Are there still many people in Europe who believe (　　) ghosts?

① to　② of　③ at　④ in　〈日本大〉

814 □□□ Have many workers been (　　) off in the factory?

① laid　② employed　③ taken　④ stuck　〈清泉女子大〉

815 □□□ We should not (　　) off relations with the countries around us.

① break　② carry　③ give　④ take　〈中央大〉

816 □□□ People always hope (　　) more pleasant and comfortable surroundings.

① for　② from　③ in　④ on　〈京都産大〉

817 □□□ Happiness (　　) in contentment.

① depends　② invests　③ involves　④ consists　〈同志社大〉

818 □□□ I don't approve (　　) the plan.

① to　② with　③ of　④ at　〈広島工大〉

819 □□□ The total fee for the summer course (　　) how many classes you take.

① counts on　② depends on　③ leans on　④ relies on　〈中央大〉

820 □□□ You shouldn't (　　) the stock market repeating past results. It's very hard to predict.

① bear with　② keep off　③ live on　④ count on　〈獨協大〉

821 □□□ Don't show (　　) your new bicycle so much in front of your friends.

① up　② off　③ in　④ around　〈西南学院大〉

813 幽霊を信じている人は，まだヨーロッパにはたくさんいますか。
814 その工場では，多くの労働者が一時解雇されてきたのですか。
815 私たちは周囲の国々との関係を絶つべきではない。
816 人々はいつも，より心地よく，より快適な環境を望む。
817 幸福は心の安らぎの中にある。

Point 182 目的語をとる2語動詞イディオム

Point 181で述べたように「他動詞＋副詞」の表現は，名詞を目的語にする場合は，「他動詞＋副詞＋名詞」と「他動詞＋名詞＋副詞」のいずれの語順も原則として可能。人称代名詞を目的語にする場合は必ず「他動詞＋人称代名詞＋副詞」の語順になる(➡477)。「他動詞＋副詞」イディオムの場合，以下2つの可能な語順を示す。

813 **believe in A**「**A**の存在を信じる／**A**を良いと信じる」 標準
+プラス **believe A**は基本的に「Aを本当だと思う／信用する」の意味。

814 **lay off A / lay A off**「**A**を一時解雇する」 標準

815 **break off A**「**A**(関係など)を絶つ／**A**(交渉など)を打ち切る」 発展
+プラス 自動詞用法「休憩する」「絶交する」も押さえておこう。

816 **hope for A**「**A**を望む」 標準

817 **consist in A**「**A**にある」 標準
＝**lie in A**

818 **approve of A**「**A**に賛成する」 標準
⇔**disapprove of A**「Aに賛成しない」

819 **depend on[upon] A**「**A**による／**A**次第である」 基本
+プラス depend on[upon] Aは「Aを当てにする」の意味でも用いられる。

820 **count on[upon] A**「**A**を当てにする」 標準
＝**depend on[upon] A, rely on[upon] A**
▶本問はcount on A doing「Aが…することを当てにする」の形。

821 **show off A / show A off**「**A**を見せびらかす」 標準
+プラス **show off A / show A off**には「(人・物が)Aを引き立たせる」の意味もある。

Part 3 イディオム

818 私はその計画に賛成ではない。
819 この夏期講座の費用総額は受講するクラスの数によって異なります。
820 株式市場が過去の実績を繰り返すことを当てにすべきではない。予想するのは非常に難しい。
821 友だちの前で，新しい自転車をそんなに見せびらかすなよ。

813 ④　814 ①　815 ①　816 ①　817 ④　818 ③　819 ②　820 ④　821 ②

822 Japan (　　　) of four large islands and many small islands.
□□□ ① consists　② contains　③ forms　④ organizes　〈センター試験〉

823 To put some money (　　　) means "to save some money."
□□□ ① across　② aside　③ back　④ under　〈共立女子大〉

824 She (　　　) some shirts in the drawer after she had ironed them.
□□□ ① put by　② put off　③ put away　④ put on　〈甲南大〉

825 Technology (　　　) practical problems.
□□□ ① is in charge of　② is interested of　③ deals with　④ cares for　〈慶應義塾大〉

826 It amazes me how many people can cope (　　　) both a job and a family.
□□□ ① between　② in　③ up　④ with　〈摂南大〉

827 Her illness resulted (　　　) her living environment.
□□□ ① from　② of　③ by　④ with　〈拓殖大〉

828 The match resulted (　　　) a goalless draw after extra time.
□□□ ① from　② to　③ with　④ in　〈上智大〉

829 John will call (　　　) his teacher this afternoon.
□□□ ① at　② about　③ on　④ with　〈神田外大〉

830 There was too much information for me to (　　　).
□□□ ① take after　② take over　③ take on　④ take in　〈長崎大〉

831 Student exchange programs (　　　) for good relations between nations.
□□□ ① make　② get　③ take　④ do　〈亜細亜大〉

832 A friendly clerk carefully explained how to (　　　) the forms to receive a tax refund.
□□□ ① deliver to　② fill out　③ sign up　④ turn down　〈中央大〉

822 日本は4つの大きな島と多くの小さな島から構成される。
823 金を取っておくというのは「貯金する」ということだ。
824 彼女は，数枚のシャツにアイロンをかけてから，引き出しに片づけた。
825 科学技術は，実用的な諸問題を取り扱う。
826 たくさんの人々が仕事と家庭を両立させることができるのは，私にとって驚くべきことだ。

822 **consist of A**「**A**から成り立つ」 標準
=**be made up of A**, **be composed of A**
+プラス **consist in A** は「Aにある」の意味(➡817)。

823 **put aside A / put A aside**「**A**を取っておく/蓄える」 標準
=**save A**, **put[lay] by A / put[lay] A by**, **lay aside A / lay A aside** (➡892)

824 **put away A / put A away**「**A**を片づける」 標準
+プラス **put away A / put A away** は「㋐Aを片づける, ㋑Aを蓄える(=put aside A➡823), ㋒Aを平らげる」の3つの意味で押さえる。
Joyce *put away* a big pizza and was still hungry.
(ジョイスは大きなピザを平らげても, まだお腹が空いていた)

825 **deal with A**「**A**を扱う/**A**に対処する」 標準
+プラス **deal in A**「Aを商品として扱う/Aを売る」もここで押さえる。
At that shop they *deal in* kitchen utensils.
(その店では台所用品を扱っている)

826 **cope with A**「**A**をうまく処理する」 標準

827 **result from A**「(結果として)**A**から生じる」 標準

828 **result in A**「(結果として)**A**に終わる/**A**になる」 標準
▶**A result from B** = **B result in A** の因果関係で押さえる。

829 **call on A**「**A**(人)を訪問する」 標準
▶①の call at A は「A(場所)を訪問する」の意味を表す。

830 **take in A / take A in**「**A**(新しい事実・情報など)を理解する」 標準
=**understand A**, **comprehend A**
▶**take in A / take A in** は「Aをだます」(=deceive A, cheat A)の意味もある(➡909)。

831 **make for A**「**A**に役立つ/**A**を生み出す」 標準

832 **fill out[in] A / fill A out[in]**「**A**(文書など)に必要事項を書き込む」
=**complete A** 標準

827 彼女の病気は, 生活環境に起因していた。
828 その試合は, 延長戦のあと, 0対0の引き分けに終わった。
829 今日の午後, ジョンは先生を訪ねるつもりです。
830 私が理解しきれないほど多くの情報があった。
831 学生交流プログラムは, 国家間の良好な関係を築くのに役立つ。
832 親切な職員が税金の払い戻しを受けるための用紙の記入方法を念入りに説明してくれた。

822 ① 823 ② 824 ③ 825 ③ 826 ④ 827 ① 828 ④ 829 ③ 830 ④ 831 ①
832 ②

833 Try to speak English with a lot of native speakers if you want to (　　　) your English.
□□□
① pick out ② hand up ③ look up to ④ brush up 〈大東文化大〉

834 I lost Mother's medicine which I had (　　　) up at the pharmacy.
□□□
① brought ② handed ③ picked ④ taken 〈名古屋市立大〉

835 Before we left, Jane went to (　　　) the hotel room.
□□□
① pay ② pay for ③ paying ④ paying for 〈センター試験〉

836 I (　　　) to her as soon as we met.
□□□
① took ② made ③ put ④ set 〈駒澤大〉

837 Sheep live (　　　) grass.
□□□
① at ② on ③ with ④ up 〈駒澤大〉

838 I am so busy that I cannot do (　　　) the help of a secretary.
□□□
① by ② for ③ over ④ without 〈武蔵大〉

839 Since the early 1980s, more than 25 million people have died (　　　) AIDS worldwide.
□□□
① by ② off ③ out ④ of 〈名古屋工大〉

840 I need Johnny. Please (　　　) him.
□□□
① send up ② get on ③ send for ④ get out 〈明星大〉

841 John's father owns a small clothing company. When his father retires, John will (　　　) over the company.
□□□
① run ② take ③ control ④ manage 〈南山大〉

842 What subject are you majoring (　　　) at university?
□□□
① on ② of ③ in ④ with 〈ノートルダム清心女子大〉

843 My brother specializes (　　　) ancient Greek history.
□□□
① at ② in ③ of ④ on 〈摂南大〉

833 英語に磨きをかけたいのならば，英語を母語とする多くの人たちと英語を話すようにしなさい。
834 私は薬局で買った母の薬をなくしてしまった。
835 私たちが出発する前に，ジェーンはホテルの部屋代を支払いに行った。
836 会うとたちまち，私は彼女が好きになった。
837 羊は草を常食とする。
838 私は多忙なので秘書の助けなしにはやっていけない。

833 **brush up A**「**A**に磨きをかける／**A**をやり直す」 標準
+プラス **brush up on A** でも同じ意味を表すことに注意。

834 **pick up A / pick A up**「**A**を買う／**A**を手に入れる」 標準
+プラス **pick up A** は，ほかに「(車で)A(人)を迎えに行く[来る]」「Aを手に取る」「Aを身に付ける」「Aを(中断したところから)再開する」などの意味もあるので注意。

835 **pay for A**「**A**の代金を払う」 標準
+プラス **pay for A** には「Aの償いをする／Aの罰を受ける」の意味もある。
She will be made to *pay for* her arrogance.
(彼女は自分の傲慢(ごうまん)さに対して報いを受けることになるだろう)

836 **take to A**「**A**を好きになる」 標準
＝**come to like A**
+プラス **take to A** は「Aにふける／Aが習慣になる」の意味もある。
He *had taken to* drinking more than was good for him.
(彼は体によくないほど酒にふけるようになっていた)

837 **live on A**「**A**を常食とする／**A**で生活していく」 標準

838 **do without A**「**A**なしですます」 標準
＝**dispense with A**(➡890)

839 **die of A**「**A**(病気など)が原因で死ぬ」 標準

840 **send for A**「**A**を呼びにやる」 標準

841 **take over A / take A over**「**A**を引き継ぐ」 標準

842 **major in A**「**A**を専攻する／専門にする」 標準

843 **specialize in A**「**A**を専攻する／専門にする」 標準
＝**major in A**(➡842)

Part 3 イディオム

839 1980年代の初頭以来，世界中で2,500万を超える人たちがエイズが原因で死んだ。
840 私にはジョニーが必要です。どうか，彼を呼びにやってください。
841 ジョンの父親は小さな衣料品会社を持っている。父親が退職したら，ジョンが会社を引き継ぐことにしている。
842 大学では何の科目を専攻していますか。
843 私の兄[弟]は，古代ギリシャ史を専攻しています。

833 ④ 834 ③ 835 ② 836 ① 837 ② 838 ④ 839 ④ 840 ③ 841 ② 842 ③ 843 ②

844 His house was (　　　) into last night.
□□□ ① entered　② gone　③ stolen　④ broken 〈近畿大〉

845 I'm terribly sorry; it never (　　　) to me that my words would hurt your feelings.
□□□
① happened　② occurred　③ took　④ thought 〈専修大〉

846 Because I walk a lot, I wear (　　　) shoes quickly.
□□□ ① away　② out　③ over　④ up 〈南山大〉

847 The woman tried to (　　　) a cry for help.
□□□ ① take out　② move out　③ set out　④ let out 〈芝浦工大〉

848 I've (　　　) for the job and I hope I get it.
□□□ ① appointed　② applied　③ presented　④ succeeded 〈明治大〉

849 You can rely (　　　) her to do the job properly.
□□□ ① to　② with　③ in　④ on 〈東海大〉

850 He is in a very poor financial situation and he has no one (　　　).
□□□ ① to die for　② to turn to
③ who will pardon him　④ to meet with 〈早稲田大〉

851 She has been thinking (　　　) what to do, but she still hasn't made a decision.
□□□
① around　② until　③ against　④ over 〈獨協大〉

852 The new prime minister had worked (　　　) a detailed list of policies.
□□□
① more　② away　③ out　④ hard 〈中央大〉

853 This math question is really hard to figure (　　　).
□□□ ① away　② down　③ in　④ out 〈千葉商大〉

844 昨夜，彼の家はどろぼうに押し入られた。
845 本当に申し訳ありません。私が口にした言葉があなたの気持ちを傷つけることになるとは思ってもみませんでした。
846 たくさん歩くので，私はすぐに靴をすり減らす。
847 女性は叫び声を上げて助けを求めようとした。
848 私はその仕事に応募しました。その仕事に就けたらな，と思います。
849 あなたは彼女がその仕事をきちんとこなすことを当てにしてよい。
850 彼はとてもひどい経済状態にあって，頼る人が誰もいない。
851 彼女はどうしたらいいのか慎重に考えてきたのだが，いまだに決められないでいる。
852 新しい首相は，政策の詳細なリストを苦労して考え出した。
853 この数学の問題は，解くのが本当に難しい。

844 **break into A**「**A**に押し入る」 標準

+プラス **break into A** には，**break into a run**「急に走り始める」のように「急にA（動作）をし始める」の意味もある。

845 **occur to A**「**A**の心にふと浮かぶ」 標準

＝**strike A**

▶①の happen to A は「Aに起こる／ふりかかる」の意味。

▶本英文の it は，that 節を受ける形式主語（➡**234**）。

846 **wear out A / wear A out**「**A**（物）を使い古す」 標準

+プラス **wear out A / wear A out** には「A（人）を疲れ果てさせる」の意味もある。

His wife *is worn out* after looking after the children.

（彼の妻は子どもたちの世話をした後で疲れ切っている）

847 **let out A / let A out**「**A**（声など）を上げる」 発展

▶**let out a cry** で「叫び声を上げる」の意味を表す。

▶③ set out は「出発する」の意味（➡**939**）

+プラス **let out a laugh**「笑い声を上げる」。

848 **apply for A**「**A**に申し込む／**A**を求める」 標準

849 **rely on［upon］A**「**A**を当てにする／頼りにする」 基本

850 **turn to A**「**A**を当てにする／頼りにする」 標準

+プラス 同意表現として **depend on［upon］A**（➡**819**），**rely on［upon］A**（➡**849**），**count on［upon］A**（➡**820**）を押さえる。

▶本英文の no one 以下は，turn to no one という表現を前提に no one to turn to という名詞 no one を修飾する形容詞用法の不定詞を使った形（➡**109**）。

851 **think over A / think A over**「**A**をじっくり考える／**A**を検討する」 標準

▶Aには suggestion / proposal などの名詞のほか，本問のように what to do や what I should do，what someone said などの語句が来る。

852 **work out A / work A out**「**A**（方法など）を（苦労して）考え出す」 標準

+プラス **work out A / work A out** は「Aを苦労して解く」（＝solve A）や「A（税金・費用など）を計算する」の意味もあることに注意。

I'll give you five minutes to *work out* this problem.

（この問題を解くのに５分与えます）

853 **figure out A / figure A out**「**A**を解決する」 標準

＝**solve A**，**work out A / work A out**（➡**852**）

+プラス **figure out A / figure A out** は「Aを理解する」（＝understand A）の意味もあるので注意。

I can *figure out* what he is trying to say.

（彼の言わんとしていることは理解できる）

844 ④ 845 ② 846 ② 847 ④ 848 ② 849 ④ 850 ② 851 ④ 852 ③ 853 ④

854 We must (　　　) our promise or we will lose our credibility.
□□□ ① go to　② refer to　③ look to　④ stick to　〈中央大〉

855 The people in this area still (　　　) their ancient traditions.
□□□ ① true to　② loyal to　③ bring to　④ cling to　〈神奈川大〉

856 His actions do not always correspond (　　　) his words.
□□□ ① by　② with　③ on　④ in　〈獨協大〉

857 Christmas Day (　　　) on a Thursday this year.
□□□ ① takes　② goes　③ gets　④ falls　〈中央大〉

858 Now I must (　　　) about my work.
□□□ ① set　② come　③ do　④ excite　〈関西外大〉

859 A succession of late nights is beginning to (　　　) my health.
□□□ ① tell from　② tell off　③ tell on　④ tell to　〈青山学院大〉

860 The government has ruled (　　　) any further support for the industry because of the cost.
□□□ ① in　② off　③ out　④ over　〈西南学院大〉

861 Our neighborhood is an area where garbage is often disposed (　　　) illegally.
□□□ ① by　② to　③ of　④ with　〈南山大〉

862 I hated to (　　　) my car, but I had to sell it because I needed money.
□□□ ① break in　② clear up　③ part with　④ take over　〈センター試験〉

863 The company had to (　　　) down expenses.
□□□ ① cut　② try　③ make　④ reduce　〈千葉商大〉

864 Now I see what you are (　　　) at.
□□□ ① expecting　② aiming　③ considering　④ thinking　〈東京電機大〉

854 私たちは約束を守り抜かなければならない。さもないと，私たちは信用をなくすだろう。
855 この地域の人々は，古い伝統を今でも守っている。
856 彼の行動が，彼の言葉といつも一致するとは限らない。
857 クリスマスは今年は木曜日に当たる。
858 さて，私は仕事にとりかからなければならない。
859 夜ふかし続きで，健康にこたえ始めている。
860 政府は，費用の問題から，その産業へのさらなる援助を認めなかった。

854 stick to **A**「**A**を固守する」 標準
▶②の refer to A は「Aに言及する」の意味。

855 cling to **A**「**A**を固守する」 標準
=**stick to A**(➡854)

856 correspond with **A**「**A**に一致する」 標準
+プラス **correspond with A** には「Aと文通する」の意味もあるので注意。
I often *correspond with* my friends in America.
(私はアメリカの友人たちとよく手紙のやりとりをする)

857 fall on **A**「(ある日が)**A**に当たる」 標準

858 set about **A**「**A**にとりかかる」 標準
=**go about A**

859 tell on **A**「**A**にこたえる/影響する」 標準
+プラス **tell on A** には「Aのことを告げ口する」の意味もあることに注意。

860 rule out **A**/ rule **A** out「**A**を除外する/(頑として)認めない」標準

861 dispose of **A**「**A**を捨てる/**A**を処分[処理]する」 発展
=**get rid of A**

862 part with **A**「**A**を手放す/売り払う」 標準

863 cut down **A**/ cut **A** down「**A**を減らす」 標準
=**reduce A**, **cut down on A**(➡949)

864 aim at **A**「**A**をねらう」 標準
▶本問では, **aim at A** のAは what で, 節の先頭に出ている。
+プラス 他動詞用法の aim を用いた **aim A at B**「AをBに向ける」もここで押さえる。

Part 3 イディオム

861 うちの近所はゴミがしばしば不法に捨てられる区域です。
862 車を手放したくなかったが, お金が必要だったので, 私はそれを売らなければならなかった。
863 その企業は, 経費を削減しなければならなかった。
864 君のねらいがわかったぞ。

854 ④ 855 ④ 856 ② 857 ④ 858 ① 859 ③ 860 ③ 861 ③ 862 ③ 863 ①
864 ②

865 John was able to hold (　　　) his anger and avoid a fight.
□□□ ① back　② out　③ up　④ on 〈明海大〉

866 He had a great deal of evidence to (　　　) his story.
□□□ ① turn down　② look into　③ back up　④ make out 〈明海大〉

867 My doctor said that I must (　　　) up a sport to keep fit.
□□□ ① get　② sit　③ stand　④ take 〈武庫川女子大〉

868 Please let him work as a part-timer. I'll (　　　) for his character.
□□□ ① reply　② answer　③ tell　④ help 〈四天王寺大〉

869 The teacher pointed (　　　) a few mistakes that the student had not corrected.
□□□ ① for　② in　③ out　④ with 〈早稲田大〉

870 The old woman was almost (　　　) over by a bus when she walked out into the road.
□□□ ① taken　② run　③ come　④ passed 〈北海学園大〉

871 The old couple (　　　) for peace.
□□□ ① demanded　② suggested　③ believed　④ longed 〈東京電機大〉

872 We just need to keep (　　　) our schedule if we are to finish on time.
□□□ ① for　② from　③ out　④ to 〈近畿大〉

873 The president insisted (　　　) traveling first-class.
□□□ ① to　② of　③ for　④ on 〈高岡法科大〉

874 I think I left my passport (　　　) at the hotel.
□□□ ① near　② beyond　③ behind　④ with 〈名城大〉

875 Mike asked (　　　) his friend, who was in hospital.
□□□ ① in　② on　③ to　④ after 〈亜細亜大〉

865 ジョンは怒りを抑え，けんかを避けることができた。
866 彼には，自分の話を裏付けるたくさんの証拠があった。
867 健康を保つためにスポーツを始めなければならないと，かかりつけの医者は言った。
868 どうか彼をアルバイトとして働かせてください。私が彼の人格を保証します。
869 先生は，その学生が直さなかった間違いをいくつか指摘した。
870 その老婦人は歩いて道路に出たときにバスにひかれそうになった。
871 その年老いた夫婦は平和を切望していた。

865 **hold back A / hold A back**「**A**(感情など)を抑える／**A**を秘密にしておく」 標準

866 **back up A / back A up**「**A**を立証する」 標準
＝**support A**
＋プラス **back up A / back A up** には「Aを後援する／支持する」(＝support A)の意味もあるので注意。
Nobody *backed up* Taro when he protested against the decision.
(太郎がその決定に抗議したとき，誰も彼を支援してくれなかった)

867 **take up A**「**A**(スポーツなど)を始める」 発展
＋プラス このほか「A(場所など)を占める」(➡735)「A(時間)をとる」「A(申し出など)に応じる」などの意味がある。

868 **answer for A**「**A**を保証する／**A**の責任を負う」 標準
＝**be responsible for A**(➡1067)

869 **point out A**「**A**を指摘する」 標準
＋プラス **point out that ...**「…であるということを指摘する」の用法もあるので注意。

870 **run over A**「**A**をひく」 標準
▶本問の almost は「危うく…するところ」の意味を表す(➡691)。

871 **long for A**「**A**を切望する」 標準
＝**be anxious for A** (➡1074), **be eager for A**
＋プラス **long for A to do**「Aが…するのを切望する」も重要。

872 **keep to A**「**A**(規則・計画など)に従う」 標準

873 **insist on A**「**A**を主張する」 標準

874 **leave behind A / leave A behind**「**A**を置き忘れる」 標準
＋プラス **leave behind A / leave A behind** には「Aをあとに残す」の意味もあるので注意。

875 **ask after A**「(第三者を通して)**A**の容態・健康を尋ねる」 標準
＝**inquire after A**

872 時間どおりに終えるつもりならば，予定に従うことが必要です。
873 社長は，ファーストクラスでの移動を主張した。
874 私はパスポートをホテルに置き忘れてきたと思う。
875 マイクは入院中の友人の容態を尋ねた。

865 ① 866 ③ 867 ④ 868 ② 869 ③ 870 ② 871 ④ 872 ④ 873 ④ 874 ③ 875 ④

876 I agree (　　　) him.
□□□ ① of　② for　③ before　④ with 〈上智大〉

877 Everyone in my family agreed (　　　) my proposal.
□□□ ① to　② down　③ for　④ into 〈亜細亜大〉

878 It is a good idea to (　　　) before you hand it in.
□□□ ① go over your paper　② look down your paper
③ look your paper into　④ read your paper on 〈四天王寺大〉

879 I'll (　　　) you off when you leave Matsuyama.
□□□ ① bear　② drive　③ see　④ run 〈松山大〉

880 We didn't pay the bill so they (　　　) our electricity.
□□□ ① cut off　② got off　③ took off　④ went off 〈鹿児島国際大〉

881 Keep (　　　) the grass.
□□□ ① over　② in　③ off　④ for 〈広島経大〉

882 I can't concentrate (　　　) my homework with the radio playing so loud.
□□□
① in　② on　③ for　④ with 〈南山大〉

883 John's first proposal was not accepted, but he (　　　) in his efforts and finally got the boss to adopt his plan.
□□□
① persisted　② persuaded　③ convinced　④ confronted 〈南山大〉

● ● ●

884 Our bill at the Chinese restaurant amounted to thirty dollars.
□□□ ① added　② exceeded　③ totaled　④ subtracted 〈立命館大〉

885 Because she spoke in a low voice, I couldn't make out what she was saying.
□□□
① reject　② imitate　③ summarize　④ understand 〈札幌学院大〉

886 I would like you to look over these documents.
□□□ ① classify　② demand　③ examine　④ fill in 〈近畿大〉

876 私は彼の考えに同意する。
877 家族みんなが私の提案に同意した。
878 提出する前に，答案を入念に見直すのはよい考えだ。
879 あなたが松山を離れるときには，お見送りしましょう。
880 料金を払わなかったので，電気を止められた。

876 **agree with A**「**A**(人・考え)に同意する」 標準

+プラス **agree with A** は「Aの体質に合う」の意味もあることに注意。
This food does not *agree with* me.
(この食べ物は私には合わない)

877 **agree to A**「**A**(提案など)に同意する」 標準

!!注意 通常，to の後には「人」は来ない。

878 **go over A**「**A**を入念に調べる」 標準

+プラス **go over A** には「Aを復習する」の意味もあるので注意。
Have you ever *gone over* the lesson?
(その課を復習しましたか)

879 **see A off**「**A**を見送る」 標準

+プラス 反意表現の meet A「Aを出迎える」もここで押さえる。

880 **cut off A / cut A off**「**A**(電気・電話・話など)を断つ」 標準

881 **keep off A**「**A**に立ち入らない」 標準

882 **concentrate on A**「**A**に集中する」 標準

883 **persist in A**「**A**を貫く／**A**に固執する」 標準

Part 3 イディオム

◉ ◉ ◉

884 **amount to A**「総計**A**になる」 標準
= **total A**

+プラス **amount to A** は「結局Aになる」の意味もあるので注意。
I don't think his proposals *amount to* much.
(彼の提案は結局たいしたものにはならないと思う)

885 **make out A / make A out**「**A**を理解する」 標準
= **understand A**, **comprehend A**, **figure out A / figure A out**(➡853)

886 **look over A / look A over**「**A**を調べる」 標準
= **examine A**, **check A**

881 芝生に立ち入るな。
882 ラジオが大きな音をたてているので，宿題に集中できない。
883 ジョンの最初の提案は受け入れられなかったが，彼は努力し続けて，ついに上司に彼の計画を採用させた。
884 中華料理店の勘定は合計30ドルになった。
885 彼女は小さな声で話したので，私は彼女が言っていることがわからなかった。
886 これらの書類に目を通していただきたいのですが。

876 ④ 877 ① 878 ① 879 ③ 880 ① 881 ③ 882 ② 883 ① 884 ③ 885 ④
886 ③

887 □□□ A committee was set up to look into the causes of the bus accident.

① disregard ② ignore ③ investigate ④ neglect 〈玉川大〉

888 □□□ She had to go through many hardships.

① achieve ② criticize ③ experience ④ utilize 〈近畿大〉

889 □□□ How did you come by this valuable book?

① pay ② save ③ display ④ obtain 〈日本工大〉

890 □□□ I can dispense with his advice.

① ask for ② do without ③ get on with ④ keep to 〈明治薬大〉

891 □□□ My brother sided with me in the argument with my father.

① accepted ② encouraged ③ praised ④ supported 〈玉川大〉

892 □□□ My mother always tells me to lay aside some money every month for a rainy day.

① stay ② save ③ spend ④ supply 〈玉川大〉

893 □□□ I want you to account for your rude behavior.

① stop ② explain ③ improve ④ change 〈専修大〉

894 □□□ Mary came across some old letters while cleaning the room.

① found ② received ③ lost ④ delivered 〈桃山学院大〉

895 □□□ Is it possible for a young lady to care for a man old enough to be her father?

① like ② undertake ③ tease ④ substitute 〈東京国際大〉

896 □□□ This committee was set up to supervise the activities of the market.

① ordered ② established ③ forced ④ defended 〈名古屋外大〉

887 バスの事故の原因を調査するために委員会が設置された。
888 彼女は，多くの苦難を経験しなければならなかった。
889 どうやって，この貴重な本を手に入れましたか。
890 私は，彼の忠告がなくてもやっていける。
891 兄は父との口論で私に味方してくれた。
892 母は常々まさかの時のために毎月いくらかの金を蓄えるように私に言い聞かせている。
893 君の無礼な振る舞いについて，私に説明してほしい。
894 メアリーは，部屋を掃除しているときに，何通かの古い手紙を見つけた。
895 若い女性が，自分の父親ほどの年齢の男を好きになることがあり得るだろうか。
896 この委員会は，市場での諸活動を監督するために設立された。

887 **look into A**「Aを調査する／研究する」 標準
=**investigate A, examine A, study A**
▶本英文は set up（➡896）の受身形。

888 **go through A**「Aを経験する」 標準
=**experience A, undergo A**

889 **come by A**「Aを手に入れる」 標準
=**obtain A, get A**

890 **dispense with A**「Aなしですます」 標準
=**do without A**（➡838）

891 **side with A**「A(人)に味方する」 読解 基本
=**take sides with A**（➡1047），**take A's side**

892 **lay aside A / lay A aside**「（将来に備えて）A（金など）を蓄える／（客のために）A（商品など）をとっておく」 標準
=**save A, lay by A / lay A by, put aside [by] A / put A aside [by]**（➡823）
+プラス ほかに「Aを一時中断する，A(悪習など)をやめる」の意味で使うこともある。

893 **account for A**「Aについて説明する」 標準
=**explain A**
+プラス **A account for B** の形で「A(事)はBの原因[説明]となる」(=A cause B)の意味も表すことに注意。
His carelessness *accounted for* (=caused) the car accident.
(彼が不注意だったために，その自動車事故が起こった)
また，**A account for B** は「A(物・人)がB(という割合)を占める」の意でも使われる。

894 **come across A**「Aを見つける／Aに出くわす」 標準
=**find A**
+プラス **come across A** は「Aに偶然出会う」(=**run into A**（➡756）)の意味もある。

895 **care for A**「Aを好む」 標準
=**like A**
!!注意 この意味での **care for A** は，通例，疑問文・否定文・条件文で用いる。
+プラス **care for A** は「Aの世話をする」(=**look after A**（➡753）)の意味もある。

896 **set up A / set A up**「Aを設立する」 読解 標準
=**establish A**

Part 3 イディオム

887 ③ 888 ③ 889 ④ 890 ② 891 ④ 892 ② 893 ② 894 ① 895 ① 896 ②

897 John promised to put forward a new proposal the following day.
□□□ ① attend ② collect ③ command ④ submit 〈名城大〉

898 All the students majoring in psychology must turn in their essays on dreams.
□□□ ① complete ② exchange ③ improve ④ submit 〈青山学院大〉

899 I usually write down in my notebook what I think is interesting.
□□□ ① hold up ② put up ③ put down ④ lay off 〈日本工大〉

900 Let's talk it over now.
□□□ ① finish it ② explain it
③ discuss it ④ investigate it 〈桃山学院大〉

901 Tom stands by me whenever I am in trouble.
□□□ ① supports ② stands next to
③ is against ④ objects to 〈日本工大〉

902 The snow added to the beauty of the ancient temple.
□□□ ① increased ② covered ③ blew ④ decorated 〈上智大〉

903 I'll call you up when I arrive in London tomorrow.
□□□ ① ask you ② telephone you ③ visit you ④ check you 〈拓殖大〉

904 Don't leave out my name from the mailing list.
□□□ ① move ② transfer ③ omit ④ put 〈大阪学院大〉

905 Alfred hit upon the answer to the problem as he was washing his car.
□□□ ① discovered by chance ② received
③ made quickly ④ gave 〈青山学院大〉

906 We arrived at the station just in time for the train.
□□□ ① went to ② stopped at ③ climbed up ④ got to 〈亜細亜大〉

907 I often refer to the dictionary in order to check my spelling.
□□□ ① dependent on ② look at ③ draw ④ consult 〈亜細亜大〉

897 ジョンは翌日に新たな案を提出すると約束した。
898 心理学を専攻する学生は全員，夢に関するレポートを提出しなければならない。
899 私は，興味深いと思うことはたいていノートに書き留めます。
900 さあ，そのことについて話し合いましょう。
901 トムは，私が困っているときはいつでも力になってくれる。
902 雪がその古代の寺の美しさを増した。

897 **put forward A / put A forward**「Aを提出する／Aを提案する」
+プラス Aが「人」の場合は「Aを推薦する」の意味になる。 発展

898 **turn in A / turn A in**「Aを提出する」 標準
= **submit A, present A, hand in A / hand A in** (➡748), **put forward A / put A forward** (➡897)

899 **write down A / write A down**「Aを書き留める」 標準
= **put down A / put A down**
▶本問は write down の目的語である what I think is interesting が，前置詞句の in my notebook の後に移動している形。

900 **talk over A / talk A over**「Aについて話し合う」 標準
= **discuss A**

901 **stand by A**「A(人)を支持する」 標準
= **support A, back up A / back A up** (➡866)
+プラス **stand by** が自動詞で用いられて「傍観する」の意味になることがある。
We cannot *stand* idly *by* while children go hungry.
(子どもたちがお腹を空かしているとき，何もしないでただ見ているわけにはいかない)

902 **add to A**「Aを増す」 標準
= **increase A**

903 **call up A / call A up**「Aに電話をする」 標準
= **telephone A, ring up A / ring A up**

904 **leave out A / leave A out**「Aを省く」 標準
= **omit A**

905 **hit on [upon] A**「Aを思いつく」 標準

906 **arrive at A**「Aに到着する」 基本
= **get to A, reach A**

907 **refer to A**「Aを参照する」 標準
= **consult A**
+プラス **refer to A** は「Aについて言及する」(=mention A)，「Aと関係がある」の意味もあるので注意。
+プラス **refer to A as B**「AをBだと言う／呼ぶ」(=call A B) も重要表現。

Part 3 イディオム

903 明日，ロンドンに着いたらあなたに電話します。
904 郵送先の名簿から私の名前を削除しないでください。
905 自分の車を洗っているときに，アルフレッドはその問題の解決策を思いついた。
906 私たちは，列車の時間にちょうど間に合って駅に着いた。
907 私は，綴りを確認するためにしばしば辞書を参照する。

897 ④　898 ④　899 ③　900 ③　901 ①　902 ①　903 ②　904 ③　905 ①　906 ④
907 ④

908 She picked out the shoes that matched the dress.
□□□ ① dictated ② saw ③ chose ④ put on 〈亜細亜大〉

909 The salesman found it easy to take in rich old women.
□□□ ① persuade ② help ③ deceive ④ sell 〈中央大〉

910 She put out the light and went to sleep.
□□□ ① presented ② moved ③ returned ④ extinguished 〈青山学院大〉

911 The painting was singled out to receive an award at the exhibition.
□□□ ① impressed ② displayed ③ cautioned ④ selected 〈東海大〉

912 It is difficult to keep up big old houses like these.
□□□ ① maintain ② rebuild ③ decorate ④ sell 〈桃山学院大〉

913 I hope you don't mind if I take back what I said.
□□□ ① rephrase ② repeat ③ clarify ④ withdraw 〈名古屋外大〉

914 Mountainous areas take up 70 percent of this country.
□□□ ① delete ② resign ③ account for ④ insist of 〈東京理科大〉

915 We must turn up the volume for the students sitting in the back row.
□□□ ① start ② raise ③ revolve ④ rise 〈東海大〉

916 She is looked on as a good teacher.
□□□ ① regarded ② respected ③ charmed ④ interested 〈駒澤大〉

917 He went out to see to the chickens.
□□□ ① collect ② exercise ③ attend to ④ look for 〈立命館大〉

918 An attractive young woman waited on me in that restaurant.
□□□ ① kept ② served ③ stood up to ④ stopped 〈立命館大〉

908 彼女はそのドレスに合う靴を選んだ。
909 そのセールスマンは，金持ちの老婦人たちをだますのは簡単だとわかった。
910 彼女は明かりを消して眠った。
911 展覧会でその絵が選ばれて受賞した。
912 これらのような大きな古い家を維持するのは難しい。
913 私が言ったことを撤回するのを，あなたが気にしなければいいのですが。
914 山岳地帯がこの国の７割を占める。

908 **pick out A / pick A out**「**A**を選ぶ」 標準
=**choose A, select A**

909 **take in A / take A in**「**A**をだます」 標準
=**deceive A, cheat A**
+プラス **take in A / take A in** は「Aを理解する」(=understand A)の意味もあることを再確認しておこう(➡830)。

910 **put out A / put A out**「**A**を消す」 標準
=**extinguish A, turn off A / turn A off**(➡754)
!!注意 ただし，**put out A / put A out, extinguish A** は「明かり」以外に「燃えている火」を「消す」場合にも用いられるが，**turn off A / turn A off** は「燃えている火」を「消す」場合には使えない。

911 **single out A / single A out**「**A**を選び出す／**A**を取り上げる」
=**choose A, select A, pick out A / pick A out**(➡908) 読解 標準

912 **keep up A / keep A up**「**A**を維持する／続ける」 標準
=**maintain A**

913 **take back A / take A back**「**A**(言葉など)を撤回する」 標準
=**withdraw A**

914 **take up A**「**A**を占める」 基本
=**occupy A, account for A**
▶Aには数詞のほか most of one's time や a lot of space[room](➡735)などといった語句も来る。

915 **turn up A / turn A up**「**A**(ラジオ(の音量)・ガス(の火力)・照明(の明るさ)など)を大きくする」 標準
⇔**turn down A / turn A down**(➡747)

916 **look on[upon] A as B**「**A**を**B**とみなす」 標準
=**regard A as B**(➡984), **think of A as B, see[view] A as B**

917 **see to A**「**A**の世話をする」 標準
=**attend to A, take care of A**(➡783), **look after A**(➡753), **care for A**

918 **wait on A**「**A**(人)に仕える／給仕する」 標準
=**serve A**

Part 3 イディオム

915 後ろの列に座っている生徒たちのために，音量を上げなければならない。
916 彼女はよい先生だとみなされている。
917 ニワトリの世話をするために，彼は外に出た。
918 あのレストランで，魅力的な若い女性が私に給仕をしてくれた。

908 ③ 909 ③ 910 ④ 911 ④ 912 ① 913 ④ 914 ③ 915 ② 916 ① 917 ③ 918 ②

919 Let's carry on this discussion some other time.
□□□ ① confer ② confirm ③ continue ④ convert 〈中央大〉

920 I really feel for the parents of that little boy who died.
□□□ ① argue with ② get angry at
③ give some advice to ④ sympathize with 〈日本大〉

921 I'm counting on you to support me—don't let me down!
□□□ ① blame me ② disappoint me ③ hurry me ④ surprise me
〈日本大〉

Point 183

922 I won't be able to get to work on time because my car broke
□□□ ( ).
① over ② down ③ in ④ off 〈高千穂大〉

923 Martha came right on time; she showed ( ) at 4 o'clock.
□□□ ① up ② on ③ by ④ in 〈南山大〉

924 Bill is sure to turn ( ) on time.
□□□ ① around ② off ③ in ④ up 〈日本大〉

925 You can stay ( ) till your mother comes home and then you
□□□ must go to bed.
① down ② over ③ in ④ up 〈青山学院大〉

926 Look ( )! There's a car coming!
□□□ ① at ② over ③ out ④ through 〈駒澤大〉

927 Don't ( ) up; hold on, please. He left a message for you.
□□□ ① back ② get ③ hang ④ stand 〈千葉商大〉

928 When the new encyclopedia ( ), everyone will be amazed at
□□□ its beautiful pictures.
① comes about ② comes in ③ comes due ④ comes out
〈慶應義塾大〉

919 いつか別のときに，この議論を続けよう。
920 亡くなった幼い少年の両親に深く同情します。
921 私を支えてくれることをあなたに期待しているんだ—私をがっかりさせないでくれ！
922 車が故障したので，時間通りに会社に行けそうもない。

919 **carry on A**「**A**を続ける」 標準
= **continue A**

920 **feel for A**「**A**に同情する」 標準
= **sympathize with A**
+プラス **feel for A** には「Aを手探りで探す」の意味もあるので注意。
He *felt for* his matches and found that he had only one left.
(彼は自分のマッチを手探りで探して，1本しか残っていないことがわかった)

921 **let down A / let A down**「**A**を失望させる」 標準
= **disappoint A**

Point 183 目的語をとらない2語動詞イディオム

922 **break down**「故障する／だめになる」 標準

923 **show up**「現れる」 標準
= **turn up** (➡924), **appear**, **come**, **arrive**

924 **turn up**「現れる」 標準

925 **stay up**「寝ずに起きている」 標準
= **sit up**
+プラス **stay up (till) late** = **sit up (till) late**「夜ふかしをする」も押さえる。

926 **look out (for A)**「(**A**に)気をつける／注意する」 標準
= **watch out (for A)**

927 **hang up**「電話を切る」 標準
= **ring off**
⇔ **hold [hang] on**, **hold the line**「電話を切らないでおく」(➡1262)

928 **come out**「(本などが)出版される」 標準
= **be published**
+プラス 他動詞表現の **bring out A / bring A out**「Aを出版する」も頻出。
Professor White *brought out* his first book last year.
(ホワイト教授は昨年，彼の処女作の本を出版した)

Part 3 イディオム

923 マーサはちょうど時間どおりに来た。つまり彼女は4時に現れた。
924 ビルはきっと時間どおりに姿を現すよ。
925 お母さんが家に帰ってくるまでは起きていてもいいけれど，帰ったら寝なくちゃだめだよ。
926 気をつけて！ 車が来るよ！
927 電話を切らずに，お待ちください。彼からのメッセージがあります。
928 その新しい百科事典が出版されると，美しい挿し絵にみな驚くでしょう。

919 ③ 920 ④ 921 ② 922 ② 923 ① 924 ④ 925 ④ 926 ③ 927 ③ 928 ④

929 Two men fought while a crowd of people looked (　　　).
□□□ ① after　② at　③ for　④ on 〈芝浦工大〉

930 The boxer finally (　　　) ten minutes after he had been knocked out.
□□□ ① pulled through　② turned out　③ came about　④ came to 〈近畿大〉

931 Jim was extremely rude. He broke (　　　) on our conversation.
□□□ ① in　② for　③ up　④ out 〈獨協大〉

932 He finally got married and settled (　　　).
□□□ ① down　② to　③ on　④ of 〈駒澤大〉

933 He usually walks to work, but yesterday he was late, so he called a cab. A few minutes later, a taxi (　　　) in front of his house.
□□□ ① caught up　② fixed up　③ pulled up　④ went up 〈佛教大〉

934 As it was her birthday, they decided to (　　　) for a change.
□□□ ① eat off　② eat out　③ eat through　④ eat up 〈早稲田大〉

● ● ●

935 Does everyone know what to do if a fire <u>breaks out</u>?
□□□ ① deserves　② explains　③ occurs　④ prevents 〈東海大〉

936 The meeting finally <u>broke up</u> at ten.
□□□ ① came to an end　② was canceled
③ was postponed　④ began 〈立命館大〉

937 The director <u>passed away</u> at eight o'clock last night.
□□□ ① disappeared gradually　② died
③ lost consciousness　④ went away 〈青山学院大〉

938 We don't know how the accident <u>came about</u>.
□□□ ① happened　② began　③ finished　④ started 〈拓殖大〉

929 群衆が見物する中，２人の男が取っ組み合いのけんかをした。
930 そのボクサーは，ノックアウトされてから10分後，ついに意識が戻った。
931 ジムは本当に無礼だった。彼は私たちの会話に割り込んだ。
932 彼はついに結婚し，身を固めた。
933 彼は，ふだんは歩いて仕事に行くが，昨日は遅くなってしまったのでタクシーを呼んだ。数分後，タクシーが彼の家の前に止まった。

929 **look on**「傍観する」 標準
=**stand by**(➡901)

930 **come to**「意識[正気]を取り戻す」 発展
+プラス 同意表現の **come around**, **come to one's senses** もここで押さえる。
The boy *came around* when we threw water on his face.
(私たちが顔に水をかけると，その少年は意識を取り戻した)
She *came to her senses* in hospital.
(彼女は病院で意識を取り戻した)

931 **break in (on A)**「(Aに)割り込む」 標準

932 **settle down**「落ち着く」 標準
+プラス **settle down** には「定住する／移住する」の意味もあるので注意。

933 **pull up**「(車が)止まる」 標準
+プラス **pull over**「(車が)片側に寄る」も一緒に押さえておこう。

934 **eat out**「外食する」 標準

◉ ◉ ◉

935 **break out**「急に起こる／勃発する」 標準
!!注意 **break out** は「戦争，火事，病気」などが主語になる。

936 **break up**「(会議が)散会する」 標準
+プラス **break up** は「(学校などが)休みになる」や「(関係などが)終わる」の意味もあるので注意。
▶① come to an end は「終わる」の意味のイディオムとして押さえる(➡1008)。

937 **pass away**「死ぬ／すたれる」 標準
=**die**

938 **come about**「起こる」 標準
=**happen**, **take place**
+プラス もう1つの同意表現 **come to pass** もここで押さえたい。
I will see that such a thing does not *come to pass*.
(そのようなことが起こらないように気をつけます)

Part 3 イディオム

934 彼女の誕生日だったので，彼らはいつもと違って外食をすることにした。
935 皆さんは火事が発生したときにどうすべきかご存じですか。
936 その会議はようやく10時に散会した。
937 その監督は昨夜8時に亡くなった。
938 私たちは，どうしてその事故が起こったのかわからない。

929 ④ 930 ④ 931 ① 932 ① 933 ③ 934 ② 935 ③ 936 ① 937 ② 938 ①

939 After lunch, they <u>set out</u> for the next destination.
□□□ ① brought ② started ③ vanished ④ reached 〈近畿大〉

940 The tourists <u>put up</u> at the hillside hotel.
□□□ ① built ② found ③ stayed ④ visited 〈日本工大〉

941 You will recognize him because he <u>stands out</u>.
□□□ ① is very tall ② is alone
③ walks strangely ④ is noticeable 〈立命館大〉

942 I tried to stop him, but he <u>made off</u>.
□□□ ① rushed ② stood up ③ got away ④ started 〈駒澤大〉

943 Please don't <u>cut in</u> while I'm talking with our boss.
□□□ ① hang up ② interrupt ③ ring up ④ deliver 〈東京経済大〉

944 An old bomb under the ground <u>went off</u> but nobody was injured.
□□□ ① was stolen ② was arranged ③ exploded ④ broke 〈関西外大〉

Point 184

---

945 I ran as fast as possible to (　　　) up with her.
□□□ ① go ② keep ③ get ④ put 〈北海学園大〉

946 I stayed home two weeks on account of illness, so I had to work
□□□ hard to (　　　) lost time.
① make for ② make up for ③ make out ④ make use of
〈城西大〉

947 She is absent today. I hear she (　　　) down with a cold.
□□□ ① blew ② came ③ gave ④ made 〈東京理科大〉

948 The money I have now falls short (　　　) what I need.
□□□ ① to ② of ③ by ④ on 〈青山学院大〉

939 昼食後，彼らは次の目的地に向けて出発した。
940 旅行者たちは，丘の中腹のホテルに泊まった。
941 彼は目立つから，すぐに彼に気づくでしょう。
942 私は彼を止めようとしたが，彼は急いで逃げていった。
943 私が上司と話しているときは横から口をはさまないでください。
944 地中の古い爆弾が爆発したが，誰もけがをしなかった。
945 彼女に遅れないでついていくために，私はできる限り速く走った。

939 **set out**「出発する」 標準
＝**start**
+プラス **set off** も同意表現としてここで押さえる。
After saying goodbye, he *set off* on a long journey.
(別れを告げた後，彼は長い旅に出発した)

940 **put up (at A)**「(Aに)泊まる」 標準
＝**stay (at A)**

941 **stand out**「目立つ」 標準

942 **make off[away]**「急いで逃げる／立ち去る」 標準
＝**get away**，**run away**，**escape**

943 **cut in**「(人の話を)さえぎる」 標準
＝**interrupt A**，**break in (on A)**(➡931)

944 **go off**「爆発する」 標準
＝**explode**

Point 184 目的語をとる3語動詞イディオム

945 **keep up with A**「Aに遅れずについていく」 標準
+プラス 同意表現の **keep pace with A**，**keep abreast of[with] A** も重要。
I can't *keep pace with* your plan.
(あなたの計画にはついていけない)
Doctors should *keep abreast of* all the latest developments in medicine.
(医者は，医学における全ての最新の進歩に遅れずについていくべきだ)

946 **make up for A**「Aを償う／埋め合わせる」 標準
＝**compensate for A**，**make amends for A**

947 **come down with A**「A(病気)にかかる」 発展
!!注意 よく似た表現に **come down to A**「結局Aに行き着く，A(人)に伝わる」もあるが意味の違いを正確にしておくこと。

948 **fall short of A**「Aに達しない」 標準

946 病気で2週間家にいたので，失った時間を埋め合わせるために，私は一生懸命働かなければならなかった。
947 彼女は今日欠席している。彼女は風邪をひいたそうだ。
948 今私が持っているお金では，私が必要としているお金に足りない。

939 ② 940 ③ 941 ④ 942 ③ 943 ② 944 ③ 945 ② 946 ② 947 ② 948 ②

949 It is very important to cut down (　　) the production of CO_2 to stop global warming.
□□□
① at ② for ③ on ④ with 〈南山大〉

950 The professor (　　) with his lecture even though the bell had rung.
□□□
① kept out ② ran for ③ went on ④ set in 〈南山大〉

951 What sports do most students (　　) these days?
□□□
① go over ② go in for ③ give in ④ consist of 〈関西外大短大部〉

952 They wanted to (　　) the rigid timetables of the past.
□□□
① come to rest ② get away from ③ come over ④ sit up late 〈武庫川女子大〉

953 (　　) back on the summer, I realize that it went by all too quickly.
□□□
① Recalling ② Remembering ③ Looking ④ Imagining 〈南山大〉

954 They are all nice boys, and I'm sure you'll get on (　　) them very well.
□□□
① by ② for ③ to ④ with 〈神田外大〉

● ● ●

955 The lawyer soon <u>got down to</u> business.
□□□
① began ② finished ③ left ④ rejected 〈日本大〉

956 Every child needs someonc to <u>look up to</u> and copy.
□□□
① respect ② despise ③ understand ④ make friends 〈青山学院大〉

957 We should not <u>look down on</u> people merely because they are poor.
□□□
① appreciate ② congratulate
③ despise ④ sympathize with 〈中部大〉

949 地球温暖化を食い止めるためには二酸化炭素の産出量を減らすことが非常に重要である。
950 教授は終了のベルが鳴ったのに講義を続けた。
951 最近，たいていの学生が好むスポーツは何ですか。
952 彼らは，昔の厳格な時間割から逃れたいと思っていた。
953 その夏を振り返ってみると，私は時があまりにも速く過ぎ去ったことに気づく。
954 彼らはみな良い少年たちです。私はきっと，あなたが彼らととても仲良くやっていけると思います。

949 **cut down on A**「A(量)を減らす」 標準
=**reduce A, cut down A / cut A down**(➡863), **cut back on A**

950 **go on with A**「Aを続ける」 標準
‼注意 **go on to do**「続けて…する」, 自動詞表現の **go on**「続く/行われる」との意味の違いに注意。

951 **go in for A**「Aを好む」 発展
＋プラス **go in for A** は「A(競技など)に参加する」や「Aを始める」の意味もある。

952 **get away from A**「Aから逃れる」 標準
=**escape from A**

953 **look back on[upon] A**「Aを振り返ってみる/思い出す」 読解 標準

954 **get on with A**「Aと仲良くやる」 標準
=**get along with A**(➡772)

955 **get down to A**「A(仕事・問題)に取り掛かる/Aの本題に入る」 発展
＋プラス「仕事に取り掛かる」の意味では **go about A's business** とも言う。

956 **look up to A**「Aを尊敬する」 標準
=**respect A**

957 **look down on A**「Aを見下す」 標準
=**despise A, scorn A**

955 弁護士はすぐに仕事に取り掛かった。
956 子どもにはみな, 尊敬し見習える人が必要だ。
957 単に貧しいからと言って, そのような人々を見下すべきではない。

949 ③ 950 ③ 951 ② 952 ② 953 ③ 954 ④ 955 ① 956 ① 957 ③

958 □□□ It is difficult for a son always to live up to the expectations of his parents.
① melt ② mean ③ mate ④ meet 〈大阪産大〉

959 □□□ The report which you submitted yesterday didn't come up to our expectations.
① meet ② observe ③ receive ④ resemble 〈玉川大〉

960 □□□ You'll catch up with him if you leave at once.
① pursue ② occupy ③ overtake ④ recover 〈近畿大〉

961 □□□ Shall we drop in at his house on our way home?
① call on ② visit ③ look at ④ go for 〈亜細亜大〉

962 □□□ Jim stood up for his views despite heavy criticism.
① expressed ② held ③ spread ④ defended 〈立命館大〉

963 □□□ It was brave of her to stand up to those bullies.
① afford ② continue ③ resist ④ welcome 〈東海大〉

964 □□□ I always have to give in to him.
① be polite ② be kind ③ submit ④ say hello 〈駒澤大〉

965 □□□ Have you signed up for the yoga class yet?
① enrolled in ② canceled ③ attended ④ checked with 〈東海大〉

966 □□□ New clothes are expensive, so you'll just have to make do with what you've got.
① manage with ② part with ③ show off ④ take off 〈日本大〉

967 □□□ She can't come here today, so she asked me to fill in for her.
① contact ② forgive ③ substitute for ④ wait for 〈日本大〉

958 息子が常に両親の期待に応えるのは難しい。
959 あなたが昨日提出したレポートは私たちの期待に応えていなかった。
960 すぐに出発すれば，あなたは彼に追いつくでしょう。
961 家に帰る途中，彼の家に寄っていきましょうか。
962 ジムは，激しい非難にもかかわらず，自分の意見を守り通した。
963 彼女がそのいじめっ子たちに立ち向かったのは勇敢だった。
964 私は常に彼に服従しなければならない。

958 **live up to A**「**A**(期待など)に応える」 標準

!!注意 通例，否定文で用いる。

▶④ meet は「(要求・期待など)を満たす／かなえる」の意味。

959 **come up to A**「**A**(期待など)に応える」 発展

= **live up to A**(➡958)

960 **catch up with A**「**A**に追いつく」 標準

= **overtake A**

961 **drop in at A**「**A**(場所)に立ち寄る」 標準

= **visit A**, **call at A**

▶①の call on A は，A に「人」が来て「A(人)のところに立ち寄る」の意味。本問では his house という「場所」が来ているので不可。

+プラス **drop in on A** = **call on A**(➡829)「A(人)のところに立ち寄る」もここで押さえる。

I'm going to *drop in on* him tomorrow.

(私は明日，彼のところに立ち寄るつもりだ)

962 **stand up for A**「**A**を擁護する」 標準

= **defend A**

963 **stand up to A**「**A**に抵抗する／**A**に(勇敢に)立ち向かう」 発展

= **resist A**

+プラス「Aに耐える」という意味でも使う。

964 **give in to A**「**A**に服従する」 標準

= **submit to A**, **yield to A**

965 **sign up for A**「**A**に参加申し込みをする／**A**に参加する」 標準

966 **make do with A**「**A**で間に合わす／すます」 発展

= **manage with A**

967 **fill in for A**「**A**(人)の代理を務める」 発展

= **substitute for A**

Part 3 イディオム

965 もうヨガのクラスに申し込みましたか。

966 新しい洋服は値段が高いので，あなたは自分が持っている服でなんとか間に合わせなければならないでしょう。

967 彼女は，今日はここに来られないから，私に彼女の代わりを務めるように頼んだ。

---

958 ④ **959** ① **960** ③ **961** ② **962** ④ **963** ③ **964** ③ **965** ① **966** ① **967** ③

Point 185

968 We tried to (　　　) his foolish idea of climbing the mountain alone, but he could not be persuaded to change his mind.
□□□
① cross him off　② talk him out of
③ give him up　④ throw him onto　〈北里大〉

969 I hope you will excuse me (　　　) doing so.
□□□
① to　② about　③ for　④ with　〈愛知学院大〉

970 He was named Robert (　　　) his father.
□□□
① into　② through　③ from　④ after　〈亜細亜大〉

971 The girl who saved the child from drowning has been (　　　) with an award for courage.
□□□
① given　② offered　③ presented　④ promised　〈センター試験〉

972 Tom ordered many books (　　　) an online bookstore.
□□□
① by　② to　③ from　④ over　〈名古屋学院大〉

973 The relief team (　　　) the villagers with food and blankets.
□□□
① brought　② gave　③ offered　④ supplied　〈桃山学院大〉

974 I can't (　　　) a genuine pearl from an imitation.
□□□
① say　② speak　③ tell　④ look　〈清泉女子大〉

975 For small children, it is difficult to distinguish good (　　　) evil.
□□□
① but　② from　③ over　④ to　〈佛教大〉

976 My mother forgot to add salt (　　　) the salad.
□□□
① off　② at　③ above　④ to　〈駒澤大〉

977 Death is often compared (　　　) sleep.
□□□
① by　② for　③ on　④ to　〈佛教大〉

968 私たちは単独で登山をするという愚かな考えを思いとどまるよう彼を説得してみたが，考えを変えるように説き伏せることはできなかった。
969 そのようにしたことについて，私を許していただきたいのです。
970 彼は，父親にちなんでロバートと名づけられた。
971 おぼれている子どもを助けた少女は，その勇気に対して賞を授与された。
972 トムはオンライン書店に多くの本を注文した。
973 救援隊は，村人たちに食料と毛布を支給した。

Point 185 「S+V+A+前置詞+B」の形をとる動詞イディオム

p.215【整理61】・【整理62】，p.214【整理63】，p.217【整理64】，p.216【整理65】，p.219【整理66】の表現も確認すること。

968 **talk A out of B / doing**「**A**(人)を説得して**B**／…することを思いとどまらせる」 標準

⇔**talk A into B / doing**「A(人)を説得してB／…させる」

969 **excuse [forgive] A for B**「**B**のことで**A**を許す」 標準

970 **name A after [for] B**「**B**にちなんで**A**に名前をつける」 標準

+プラス **name A B after C**「CにちなんでAにBという名前をつける」の用法もある。本問はこの用法で，Aが主語の受動態になっている点に注意。

971 **present A with B**「**A**に**B**を贈る」 標準

972 **order A from B**「**A**を**B**に注文する」 標準

973 **supply A with B**「**A**に**B**を供給する」 標準

▶同意表現の provide A with B(➡607)，provide B for A(➡608)もここで再確認しよう。

974 **tell A from B**「**A**を**B**と区別する」 標準

975 **distinguish A from B**「**A**を**B**と区別する」 標準

=**tell A from B**(➡974)

+プラス 同意表現の **know A from B** もここで押さえる。

It is difficult to *know* a good book *from* a bad one.

(良い本と悪い本を見分けるのは難しい)

976 **add A to B**「**A**を**B**に加える」 標準

▶add to A「Aを増す」(➡902) =increase A もここで再確認しよう。

977 **compare A to B**「**A**を**B**にたとえる」 標準

!!注意 **compare A to B** は **compare A with B**「AをBと比較する」と同意で用いられることもあるので注意。

Part 3 イディオム

974 私は，本物の真珠と模造品とを見分けられない。
975 小さな子どもたちにとって，良いことと悪いことを区別するのは難しい。
976 私の母は，サラダに塩を加えるのを忘れた。
977 死はよく眠りにたとえられる。

968 ② 969 ③ 970 ④ 971 ③ 972 ③ 973 ④ 974 ③ 975 ② 976 ④ 977 ④

978 The young doctor devoted himself (　　　) helping the poor and sick.
□□□
① on　② to　③ for　④ at　〈日本大〉

979 Ted asked a question (　　　) his teacher.
□□□
① to　② for　③ of　④ in　〈桜美林大〉

980 It's been years since I asked you (　　　) any help.
□□□
① for　② from　③ of　④ with　〈センター試験〉

981 His uncle left New York (　　　) Paris by plane yesterday.
□□□
① for　② forward　③ into　④ onto　〈京都学園大〉

982 It was reported that as high as 70% of the world's cases of illness can be (　　　) unclean water.
□□□
① attributed to　② caused to　③ consisted of　④ resulted from
〈玉川大〉

983 I must remember to congratulate your uncle (　　　) his new appointment.
□□□
① of　② on　③ with　④ to　〈摂南大〉

984 She is regarded by her parents (　　　) the cleverest of their children.
□□□
① on　② for　③ as　④ to　〈日本女子大〉

985 It was raining so much every day that I exchanged my silk jacket (　　　) a cotton one.
□□□
① for　② with　③ by　④ to　〈武庫川女子大〉

986 She doesn't like to depend on any man (　　　) support.
□□□
① as　② for　③ in　④ to　〈武蔵大〉

987 We (　　　) to them for economic aid.
□□□
① live　② depend　③ appear　④ look　〈聖心女子大〉

988 Your decision will (　　　) a great strain on our friendship.
□□□
① impose　② propose　③ expose　④ suppose　〈慶應義塾大〉

978 その若い医者は，貧しい人々や病気の人々を助けることに身をささげた。
979 テッドは先生に質問をした。
980 私があなたに援助を求めてから何年も経った。
981 昨日，彼のおじさんは飛行機で，パリに向けてニューヨークを出発した。
982 世界中の症例の７割もが汚れた水に起因している可能性があると報じられた。

978 devote **A** to **B**「**A**を**B**にささげる」 標準

▶本問のように，Aに再帰代名詞を用いた **devote oneself to A / doing**「A／…することに専念する」の形で出題されることが多い。

979 ask **B** of **A**「**A**に**B**を尋ねる」 標準

＝**ask A B**

‼注意 ask a question of A「Aに質問する」はかなり古い表現。ask A a question と表現するのが一般的。

980 ask **A** for **B**「**A**に**B**を求める」 標準

＋プラス 自動詞用法の ask を用いた **ask for A**「Aを求める」(➡765) も再確認しよう。

981 leave **A** for **B**「**B**に向けて**A**を出発する」 標準

＋プラス 自動詞用法の leave を用いた **leave for A**「Aに向けて出発する」もここで押さえる。

He *left for* America this morning.（彼は今朝，アメリカへ出発した）

982 attribute **A** to **B**「**A**を**B**に帰する」 標準

＝**ascribe A to B**

▶as high as A は「Aほども(高い)」という意味。as many as A (➡p.76【整理19】) を参照。

983 congratulate **A** on[upon] **B**「**A**を**B**のことで祝う」 標準

984 regard **A** as **B**「**A**を**B**とみなす」 標準

＝**see[view] A as B, think of A as B, look on[upon] A as B** (➡916)

985 exchange **A** for **B**「**A**を**B**と交換する」 標準

986 depend on[upon] **A** for **B**「**B**のことで**A**を当てにする」 標準

＋プラス 同意表現として **turn to A for B, look to A for B, rely on A for B, count on A for B** を押さえる。

987 look to **A** for **B**「**A**に**B**を期待する／**A**の**B**に頼る」 標準

＝**depend on[upon] A for B** (➡986), **turn to A for B, rely on A for B, count on A for B**

988 impose **A** on **B**「**A**を**B**に押しつける」 標準

Part 3 イディオム

983 私は，君のおじさんが新たな役職に就かれたことのお祝いを，忘れずに言わなくてはなりません。
984 彼女は両親から，子どもたちの中では最も頭がよいと見なされている。
985 毎日，雨がたくさん降っていたので，私は絹のジャケットを木綿のものに替えた。
986 彼女は，どんな男の人からの援助であっても，それを当てにしようという気がない。
987 私たちは，彼らに経済的な援助を当てにしている。
988 君の決断は，私たちの交友関係に相当な重圧を強いるだろう。

978 ② 979 ③ 980 ① 981 ① 982 ① 983 ② 984 ③ 985 ① 986 ② 987 ④ 988 ①

989 We were (　　　) to dinner at the home of the town's mayor.
□□□ ① bought ② tasted ③ treated ④ visited 〈南山大〉

Point 186

990 The government has to (　　　) considerable progress in solving environmental problems.
□□□ ① get ② keep ③ make ④ take 〈中央大〉

991 He (　　　) great pride in his skiing.
□□□ ① considers ② gives ③ pays ④ takes 〈聖学院大〉

992 Please take a (　　　) at page five in the book.
□□□ ① look ② looking ③ sight ④ seeing 〈広島修道大〉

993 Chance (　　　) an important part in many card games.
□□□ ① amuses ② loses ③ plays ④ wins 〈東京電機大〉

994 I hope you'll take notice (　　　) what I'm going to tell you.
□□□ ① for ② about ③ of ④ to 〈名古屋外大〉

995 (a) I just had to endure the pain.
□□□ (b) I had no choice (　　　) to put up with the pain.
① so ② and ③ though ④ but 〈中央大〉

996 No solution was reached in the discussion, as neither side would (　　　) the other.
□□□
① come away with ② make up to
③ give way to ④ get away with 〈國學院大〉

997 You have (　　　) good use of our school library.
□□□ ① taken ② made ③ come ④ enough 〈流通経大〉

998 I am afraid I am not prepared to (　　　) the risk of losing all my money.
□□□
① catch ② deal ③ put ④ take 〈センター試験〉

999 You have (　　　) to the Internet in this airport building.
□□□ ① available ② accountable ③ accessible ④ access 〈立正大〉

989 私たちは，町長の家で夕食をごちそうになった。
990 政府は環境問題の解決を相当に進めなければならない。

989 **treat A to B**「**A**に**B**をおごる／ごちそうする」 発展

Point 186 特定の名詞を用いる動詞イディオム

990 **make progress in[with] A / doing**「A／…することにおいて進歩する」 標準

991 **take pride in A**「**A**を誇りに思う」 標準
=**be proud of A**(➡797), **pride oneself on A**

992 **take[have] a look at A**「**A**を見る」 基本
+プラス **take a look at A** には「Aを検討する」の意味もあることに注意。

993 **play a part in A**「**A**で役割を演じる」 標準
=**play a role in A**

994 **take notice of A**「**A**に注意を払う」 標準

995 **have no choice but to do**「～するしかない／～せざるを得ない」
▶「～する以外に選択肢がない」が原義。 標準

996 **give way to A**「**A**に譲歩する／屈する」 標準

997 **make use of A**「**A**を利用する」 標準
=**take advantage of A**(➡782), **avail oneself of A**(➡1063)
▶本問では **make good use of A**「Aをうまく利用する」の形で使われている。このように use の前に形容詞が用いられることもある。

998 **take the risk of doing**「～する危険を冒す」 標準
+プラス よく似た表現に **run the risk of doing**「…する危険がある」もあるが，意味の違いを正確にしておくこと。

999 **have access to A**「**A**を利用できる」 標準
▶この access は「(利用する)権利」という意味。
+プラス **have access to A** には「A(人)に面会できる」という意味もあるので注意。

Part 3 イディオム

991 彼は，スキーの腕前をとても自慢に思っている。
992 本の5頁を見てください。
993 多くのトランプのゲームにおいては，運が重要な役割を果たす。
994 私が君に言おうとしていることに，君が注意を払ってくれることを望みます。
995 (a) (b) 私は痛みをがまんするよりほか仕方がなかった。
996 どちらの側も一方の側に譲歩しようとしなかったので，討議ではどのような結論にも達しなかった。
997 君は，学校の図書館をうまく利用したね。
998 申し訳ないが，有り金を全部失う危険を冒す覚悟はできていないよ。
999 この空港ビルではご自由にインターネットをお使いいただけます。

989 ③ 990 ③ 991 ④ 992 ① 993 ③ 994 ③ 995 ④ 996 ③ 997 ② 998 ④
999 ④

1000 □□□ The crowd parted right and left, and made ( ) for the procession.
① side ② way ③ step ④ walk 〈中央大〉

1001 □□□ I'm going to ( ) the sights of Kyoto on my next vacation.
① see ② have ③ get ④ put 〈千葉工大〉

1002 □□□ The giant panda at Ueno Zoo ( ) birth to a cub.
① gave ② had ③ produced ④ made 〈東京電機大〉

1003 □□□ Our teacher says computers will never take ( ) of books.
① a chance ② a change ③ the lend ④ the place 〈センター試験〉

1004 □□□ If you dress like that at your age, you'll ( ) a fool of yourself.
① make ② think ③ turn ④ be 〈成蹊大〉

1005 □□□ The food in Thailand was very good. So I put ( ) a lot of weight during my vacation there.
① in ② out ③ on ④ up 〈東北学院大〉

1006 □□□ He said I should go ( ) a diet to lose weight.
① in ② of ③ on ④ with 〈九州産大〉

1007 □□□ The U.S. major league players went ( ) strike for better pay and conditions.
① by ② about ③ at ④ on 〈産能大〉

1008 □□□ The contract will ( ) to an end next week.
① run ② go ③ come ④ get 〈九州産大〉

1009 □□□ He ( ) a point of attending all the meetings.
① gets ② gives ③ makes ④ takes 〈名古屋女子大〉

1010 □□□ ( ) early hours is good for your health.
① Getting ② Doing ③ Taking ④ Keeping 〈関西外大〉

1000 群衆は左右に分かれて，行列のために道をあけた。
1001 次の休暇には京都を見物するつもりです。
1002 上野動物園のジャイアントパンダが子を産んだ。
1003 私たちの先生は，コンピュータが本に取って代わることは決してないだろうと言っています。
1004 君の年齢であのような服を着れば，君は笑いものになるだろう。
1005 タイの食べ物は非常においしかった。それで，そこで過ごした休暇の間に，相当体重が増えてしまった。

1000 **make way for A**「**A**に道をあける」 標準

1001 **see the sights of A**「**A**を見物する」 標準

!!注意 **do the sights of A** とも言うが，do を使うのは古い言い方。

1002 **give birth to A**「**A**を産む／生む」 標準

＋プラス **give birth to A** には「Aの原因となる」の意味もあることに注意。その同意表現である **give rise to A**(➡1036) もここで押さえる。

His attitude *gave rise to* such a misunderstanding.

(彼の態度が原因でそのような誤解が生まれた)

1003 **take the place of A**「**A**に取って代わる」 標準

＝**replace A**

1004 **make a fool of oneself**「ばかなことをして笑いものになる」 標準

＋プラス **make a fool of A**「Aをばかにする」(＝**make fun of A**(➡1038)) もここで押さえる。

1005 **put on weight**「太る」 標準

＝**gain weight**

＋プラス 反意表現の **lose weight** も頻出。

This is a good exercise to help you *lose weight*.

(これはあなたがやせるのに役立つ適切な運動です)

1006 **go on a diet**「ダイエットをする」 標準

＋プラス **be on a diet**「ダイエットをしている」も一緒に覚えておこう。

1007 **go on (a) strike**「ストライキをする」 標準

1008 **come to an end**「終わる」 標準

＋プラス **put[make] an end to A**「Aを終わらせる」もここで押さえよう。

We must *put an end to* this kind of quarrel.

(このようなけんかは終わらせなければならない)

1009 **make a point of doing**「…することにしている」 標準

＝**make it a point to do**, **make it a rule to do**

1010 **keep early hours**「早寝早起きする」 標準

＝**keep good hours**, **keep regular hours**

Part 3 イディオム

1006 彼は私にダイエットをして減量した方がいいと言った。
1007 アメリカ合衆国のメジャーリーグの野球選手たちは，より良い報酬と待遇を求めて，ストライキをした。
1008 来週，その契約は期限切れとなります。
1009 彼は，会議には全部出席するようにしている。
1010 早寝早起きは健康によい。

1000 ② 1001 ① 1002 ① 1003 ④ 1004 ① 1005 ③ 1006 ③ 1007 ④ 1008 ③
1009 ③ 1010 ④

1011 □□□ We spend as much money as we earn; we just manage to ( ) ends meet.

① help ② put ③ get ④ make 〈札幌大〉

1012 □□□ You cannot smoke till you have ( ) of age.

① became ② become ③ come ④ got 〈東北学院大〉

1013 □□□ It will ( ) no difference to me whether he participates in the game.

① get ② find ③ take ④ make 〈東京国際大〉

1014 □□□ Jim likes painting pictures, but he doesn't make his ( ) that way. He works as a public servant.

① alive ② life ③ live ④ living 〈明星大〉

1015 □□□ What he says just doesn't make ( ) to me.

① importance ② meaning ③ sense ④ truth 〈センター試験〉

1016 □□□ Since my grandfather stopped working, he takes walks in the park to ( ) time.

① break ② buy ③ kill ④ keep 〈昭和女子大〉

1017 □□□ When the doorbell rang, my mother ( ) her breath.

① held ② made ③ poured ④ drank 〈西南学院大〉

1018 □□□ When my younger brother and I were children, my mother often asked me to keep ( ) him so he wouldn't get lost.

① an eye on ② away from ③ back from ④ in time with 〈センター試験〉

1019 □□□ He ( ) the trouble to send me the book.

① got ② had ③ made ④ took 〈梅花女子大〉

1020 □□□ It makes no ( ) to her whether she lives in a city or in the country.

① aim ② difference ③ distinction ④ value 〈学習院大〉

1021 □□□ When marking your examination papers, the teacher will take your long illness ( ) consideration.

① into ② on ③ to ④ at 〈愛知学院大〉

1011 私たちは，稼いだだけのお金を使う。つまり，何とか収入内でやりくりをしている。
1012 成人になるまでタバコを吸うことはできません。

1011 **make (both) ends meet**「収支を合わせる／収入内で生活する」 標準

1012 **come of age**「成人に達する」 標準

1013 **make a difference to A**「**A**にとって重要である／**A**に影響を与える」。 標準

▶Aには「人」が来ることも，「環境，健康」などの他の名詞が来ることもある。

+プラス to A の部分がない make a[all the] difference「状況を良くする」もあるが，意味の違いを明確にしておくこと。

1014 **make one's[a] living**「生計を立てる」 標準

!!注意 make の代わりに **earn**，**gain**，**get** を用いることもある。

1015 **make sense**「意味をなす」 標準

+プラス **make sense** には「賢明である」の意味もあるので注意。

1016 **kill time**「時間をつぶす」 標準

1017 **hold one's breath**「息を殺す／息を止める」 標準

+プラス 類似の形として **hold one's tongue**「黙っている」もここで押さえる。
All the children *held their tongues* while Father talked.
(父親が話をしている間，子どもたちはみんな黙っていた)

1018 **keep an eye on A**「**A**から目を離さない／**A**に気をつける」 標準

▶本英文の so は，so that の that が省略された形。

1019 **take (the) trouble to do**「わざわざ…する」 標準

1020 **It makes no difference to A wh-** 節「…は**A**にとってどうでもよい」
=**It doesn't matter to A wh-** 節(➡641) 標準

1021 **take A into consideration**「**A**を考慮に入れる」 標準

Part 3 イディオム

1013 彼が試合に参加するのかどうかは私にとってはどうでもよいことだ。
1014 ジムは絵を描くのが好きだが，それで生計を立ててはいない。彼は公務員として働いている。
1015 彼が言うことは，私にはまったく理解できない。
1016 仕事を辞めたので，私の祖父は時間をつぶすために公園の散歩をしている。
1017 ドアのベルが鳴ったとき，母は息を止めた。
1018 弟と私が子どもだったころ，弟が迷子にならないよう彼から目を離さないようにとしばしば母に頼まれた。
1019 彼は，わざわざ私にその本を送ってくれた。
1020 彼女にとっては，都会に住もうが田舎に住もうが，どうでもよいことです。
1021 先生は，試験の答案を採点するときに，あなたが長い間病気だったことを考慮に入れるでしょう。

1011 ④ 1012 ③ 1013 ④ 1014 ④ 1015 ③ 1016 ③ 1017 ① 1018 ① 1019 ④
1020 ② 1021 ①

1022 In judging her work you should take into ( ) that she has been quite sick recently.

① arrangement ② acquaintance ③ account ④ attention 〈東京電機大〉

1023 You have to be home by 11 o'clock. Keep that in ( ).

① heart ② mind ③ head ④ bosom 〈玉川大〉

1024 We decided to ( ) another visit the next day.

① go ② take ③ pay ④ buy 〈関東学院大〉

1025 Ms. Rosen usually has her son ( ) the grocery shopping for her.

① do ② does ③ go ④ goes 〈神奈川大〉

1026 I ( ) a very good time in New York.

① took ② stayed ③ had ④ passed 〈上智大〉

1027 I told Diane to ( ) a break because she looked so tired.

① make ② take ③ get ④ do 〈南山大〉

1028 Many things left by the ancient Egyptians in tombs have been brought to ( ) by scientists and explorers.

① advantage ② bed ③ hand ④ light 〈日本福祉大〉

1029 The temple was so enormous that it took our ( ) away.

① breath ② eyes ③ heart ④ soul 〈千葉商大〉

1030 My first impulse when the truth was exposed was to avoid losing ( ).

① face ② leg ③ head ④ sight 〈駒澤大〉

1022 彼女の仕事ぶりを評価する際には，彼女が最近とても具合が悪いことをあなたは考慮すべきです。
1023 11時までには家に帰って来なければだめだよ。そのことを心に留めておきなさい。
1024 私たちは，翌日もう一度訪ねることに決めた。
1025 ローゼン夫人は普段息子に食料品の買い物に行ってもらっている。
1026 私は，ニューヨークでとても楽しい時を過ごした。
1027 私はダイアンがとても疲れているように見えたので，休憩するように言った。

1022 **take A into account**「Aを考慮に入れる」 標準
=**take A into consideration**(➡1021)
▶本問は，take の目的語である that 節が into account の後に移動している形となっている。
+プラス「Aを考慮に入れる」は他にも，**take account of A**，**allow for A** がある。
You should *take account of* your family budget when you buy a car.
(車を買うときには家計を考慮に入れるべきだ)
Unfortunately, our calculations failed to *allow for* possible errors in the experiment.
(残念なことに，われわれは実験における事前の計算の中に起こりうる誤りを考慮に入れていなかった)

1023 **keep[bear] A in mind**「Aを心に留めておく」 標準
=**remember A**

1024 **pay a visit (to A)**「(Aを)訪問する」 標準

1025 **do the shopping**「買い物をする」 標準
=**do some shopping**
+プラス **do A's shopping**「A(人)の買い物をする」，**go shopping for A**「Aを買いに行く」も押さえる。

1026 **have a good[great / big] time (of it)**「楽しい時を過ごす」 標準
⇔**have a hard time (of it)**「ひどい目にあう」

1027 **take a break**「休憩する」 基本
=**take a rest**
+プラス **take a day[two days] off**「1日[2日]休みをとる」(➡1394)，**take a holiday**「休暇をとる」もここで押さえたい。

1028 **bring A to light**「Aを明るみに出す／暴露する」 標準
+プラス **come to light**「(秘密などが)明るみに出る」もここで押さえる。
The staff at the company tried to cover up the truth, but soon it *came to light*.
(その会社の社員は事実を隠そうとしたが，すぐにそれは明るみに出た)

1029 **take A's breath away**「Aをはっとさせる」 発展

1030 **lose face**「メンツを失う」 読解 標準

1028 古代エジプト人によって墓の中に残されたたくさんのものが，科学者や探検家の手によって明らかにされてきた。
1029 その神殿はとてつもなく大きかったので，私たちは息をのんだ。
1030 真実が明らかにされたとき，私が衝動的にまず考えたのは，自分のメンツを失うのを避けることだった。

1022 ③ 1023 ② 1024 ③ 1025 ① 1026 ③ 1027 ② 1028 ④ 1029 ① 1030 ①

1031 You should stop beating (　　　) the bush not to confuse the issue.
□□□
① above　② away　③ against　④ around 〈関西学院大〉

1032 He was determined to (　　　) into practice everything he had learned on the training course.
□□□
① come　② get　③ put　④ take 〈大阪学院大〉

1033 In 1998 a national law (　　　) that banned smoking in all public indoor spaces.
□□□
① put into effect　② had effective
③ came into effect　④ started effective 〈立教大〉

1034 All at once everybody in the class burst (　　　) laughter.
□□□
① to　② for　③ toward　④ into 〈亜細亜大〉

1035 Do any health problems (　　　) in your family?
□□□
① come　② get　③ go　④ run 〈日本大〉

● ● ●

1036 Such conduct might give rise to misunderstanding.
□□□
① cause　② deepen　③ increase　④ reveal 〈立命館大〉

1037 Our team will get the better of the rivals in the tournament.
□□□
① breed　② defeat　③ negotiate　④ yield 〈青山学院大〉

1038 It was unnecessary to make fun of your sister in front of everybody. She seemed so embarrassed.
□□□
① amuse　② support　③ ridicule　④ entertain 〈上智大〉

1039 Did all the students take part in the meeting?
□□□
① join　② like　③ respect　④ stop 〈帝京大〉

1040 My mother made a face at the piled dishes in the kitchen.
□□□
① cried　② frowned　③ screamed　④ smiled 〈立命館大〉

1031 あなたは問題を複雑にしないように，回りくどい言い方をやめるべきだ。
1032 彼は，その訓練課程で学んだすべてのことを実行しようと決心していた。
1033 1998年にすべての公共施設の屋内での喫煙を禁止する国の法律が施行された。
1034 突然，クラスのみんなが笑い出した。
1035 あなたのご家族に見られる遺伝的な健康問題が何かありますか。
1036 そのような振る舞いは，誤解を招くかもしれない。
1037 私たちのチームはトーナメントでライバルチームを負かすだろう。

1031 beat around the bush「まわりくどい言い方をする／遠回しに言う」 読解 標準
⇔**come to the point**「要点に触れる」, **cut to the chase**「単刀直入に話す」

1032 put A into practice「**A**を実行する」 標準
▶本問では，目的語のAが移動して put into practice A の形になっている点に注意。

1033 come [go] into effect「(法律などが)実施される」 標準
!!注意 受け身の意味になることに注意。
+プラス put [bring] A into effect「Aを実施する」も一緒に覚えておこう。

1034 burst into laughter「突然笑い出す」 標準
=**burst out laughing**
+プラス **burst into tears**「突然泣き出す」=**burst out crying** もここで押さえよう。

1035 run in the family「(性質や病気などが)家族に遺伝している／伝わる」 発展

Part 3 イディオム

◉ ◉ ◉

1036 give rise to A「**A**を引き起こす／生む」 標準
=**give birth to A**(➡1002), **cause A**, **lead to A**, **bring about A**/ **bring A about**(➡764)

1037 get the better of A「**A**(人)を負かす／**A**(議論など)に勝つ」 発展

1038 make fun of A「**A**をばかにする／からかう」 標準
=**ridicule A**, **make a fool of A**(➡1004)

1039 take part in A「**A**に参加する」 標準
=**join A**
+プラス 同意表現の **participate in A** も重要。
I invited my elder brother to *participate in* the meeting.
(私は兄に，その会合に参加するように勧めた)

1040 make a face [faces] at A「**A**にしかめつらをする」 発展
=**frown at A**, **grimace at A**

1038 君はみんなの前で妹[姉]をからかう必要はなかった。彼女はとても当惑しているようだった。
1039 学生たちは全員，その集会に参加したのですか。
1040 母は，台所に積み上げられた食器を見て，顔をしかめた。

1031 ④ 1032 ③ 1033 ③ 1034 ④ 1035 ④ 1036 ① 1037 ② 1038 ③ 1039 ①
1040 ②

1041 Tomorrow is not a holiday. Don't believe George. He's just pulling your leg.
□□□
① counting on you ② making fun of you
③ letting you down ④ getting you into trouble
〈慶應義塾大〉

1042 Since the deadline isn't until next Friday, you may take your time.
□□□
① do it as slowly as possible ② use your own time
③ act in an unhurried way ④ begin later 〈中央大〉

1043 Don't lose your temper. It won't help you.
□□□
① catch cold ② be impolite
③ get angry ④ feel disappointed 〈青山学院大〉

1044 If you break your word, you will get a reputation for dishonesty.
□□□
① promise ② career ③ mind ④ way 〈八戸工大〉

1045 Janet is a spoilt child. She always gets her own way.
□□□
① makes her own living ② loses her temper
③ does whatever she wants ④ gets lots of toys 〈日本工大〉

1046 You should learn by heart a lot of useful English idioms.
□□□
① recite ② study ③ remember ④ memorize 〈大阪学院大〉

1047 I took sides with him in the argument.
□□□
① succeeded to ② supported
③ worked together with ④ defeated 〈愛知工大〉

1048 Most people who work in Tokyo must come to terms with commuting long distances.
□□□
① receive ② believe ③ accept ④ teach 〈中央大〉

1049 They had words again yesterday, so they're not speaking today.
□□□
① had a quarrel ② had a chat
③ had a discussion ④ had a speech 〈駒澤大〉

1050 The boys get on my nerves with that noise they make.
□□□
① amuse me ② irritate me ③ surprise me ④ encourage me
〈青山学院大〉

1041 明日は休日ではない。ジョージの言うことを信じてはいけない。彼はあなたをからかっているだけだ。
1042 来週の金曜日まで締め切りは来ないので，あなたはゆっくりとやってよい。

1041 **pull A's leg**「**A**をからかう」 標準
=**make fun of A**(➡1038), **tease A**
‼注意 日本語では「じゃまをする」という意味で「足を引っぱる」と言うが, pull A's leg はその意味では使えない。

1042 **take one's time**「ゆっくり時間をかける」 標準

1043 **lose one's temper**「腹を立てる」 標準
=**get angry**
＋プラス temper を用いた **keep one's temper**「怒りを抑える」も重要。
There's no need to get so angry; *keep your temper.*
(そんなに腹を立てる必要はありません。じっとがまんしなさい)

1044 **break one's word**「約束を破る」 標準
=**break one's promise**
⇔**keep one's word[promise]**「約束を守る」

1045 **get[have] one's (own) way**「自分の思いどおりにする」 標準

1046 **learn A by heart**「**A**を暗記する」 標準
=**memorize A**
▶本問では, 目的語のAが移動して learn by heart A の形になっている点に注意。

1047 **take sides with A**「**A**の側につく」 標準
=**support A**, **side with A**

1048 **come to terms with A**「**A**(病気・困難など)を受け入れる／**A**に慣れる」 発展
＋プラス **come to terms with A** は「Aと折り合いがつく」の意味もあるので注意。

1049 **have words (with A)**「(**A**と)口論をする」 標準
=**have a quarrel (with A)**

1050 **get on A's nerves**「**A**の神経にさわる」 発展
=**irritate A**

Part 3 イディオム

1043 腹を立てないでください。怒ったところでしょうがないでしょう。
1044 もし約束を破れば, あなたは不誠実だという評判を得るでしょう。
1045 ジャネットは甘やかされた子どもだ。彼女は, いつも自分の思いどおりにしようとする。
1046 あなたは, 役に立つ英語の慣用語句をたくさん覚えるべきです。
1047 その議論で, 私は彼の側についた。
1048 東京で働くほとんどの人が遠距離通勤を受け入れなければならない。
1049 昨日, 彼らはまた口論をした。それで, 彼らは今日, 口をきいていない。
1050 少年たちは, うるさく騒ぎたてて私をいらいらさせる。

1041 ② 1042 ③ 1043 ③ 1044 ① 1045 ③ 1046 ④ 1047 ② 1048 ③ 1049 ①
1050 ②

Point 187

1051 We had better not make too much ( ) this incident.
□□□ ① of ② in ③ to ④ for 〈中央大〉

1052 Those young girls don't ( ) fashion.
□□□ ① think much of ② look like
③ do away with ④ hold back from 〈札幌学院大〉

1053 John was about to say something more, but then he seemed to
□□□ ( ) better of it.
① know ② see ③ sense ④ think 〈立教大〉

1054 When Tom ate dessert with his fingers, his father told him to
□□□ ( ) himself.
① act ② do ③ behave ④ get 〈神田外大〉

1055 I don't know ( ) with these books. Please tell me where to
□□□ put them.
① what to do ② where to be done ③ how to do ④ how come
〈流通科学大〉

1056 ( ) to it that this letter gets posted today.
□□□ ① Glance ② Watch ③ See ④ View 〈昭和女子大〉

1057 When you leave your room, please ( ) sure that the door is
□□□ locked.
① do ② get ③ have ④ make 〈千葉商大〉

1058 His composition ( ) much to be desired.
□□□ ① appears ② grows ③ leaves ④ throws 〈国士舘大〉

1059 This letter will ( ) home to you how much she loves you.
□□□ ① lead ② read ③ bring ④ feel 〈聖心女子大〉

1051 私たちは，この出来事をあまりに重視しない方がよい。
1052 その女の子たちは，ファッションをあまり重視しない。
1053 ジョンはもっと何かを言おうとしていたが，考え直してやめたようだった。
1054 トムが手づかみでデザートを食べていたとき，父親は彼に行儀よくするように言った。
1055 私は，これらの本をどう扱ってよいのかわかりません。どこに置いたらよいのか教えてください。

Point 187 ⋮ その他の動詞を含む重要イディオム

1051 make much of A「Aを重視する」 標準

+プラス 反意表現の **make light[little] of A**「Aを軽視する」も重要。

He *made light of* the difficulty he would possibly encounter.

（彼は，直面する可能性のある困難さを軽視した）

1052 think much of A「Aを重視する」 標準

＝**think highly of A**，**make much of A**（➡1051）

+プラス **think little of A**「Aを軽視する」＝**think light of A**，**make light[little] of A**（➡1051）もここで押さえよう。

1053 think better of A「Aを考え直す」 標準

＝**have second thought(s) about A**

1054 behave oneself「行儀よくする」 標準

1055 what ... do with A「Aをどう処理するか／扱うか」 標準

▶本問は「疑問詞＋to 不定詞」の形となっている点に注意。

1056 see (to it) that 節「…するように取り計らう」 標準

1057 make sure that 節「…を確かめる」 標準

+プラス **make sure of A**「Aを確かめる」もここで押さえる。

Search your pockets again to *make sure of* it.

（それがあるか確かめるために，もう一度ポケットの中を調べなさい）

1058 leave much to be desired「改善の余地がかなりある」 標準

⇔**leave nothing to be desired**「申し分ない」

▶to be desired は形容詞用法の不定詞。**leave much to be desired**「望まれる点をたくさん残している」，**leave nothing to be desired**「望まれる点を何も残していない」という本来の意味から上記の訳語になる。

1059 bring[drive] A home to B「AのことをBにしみじみわからせる」 発展

▶本問のように，目的語のAが移動して bring[drive] home to B A という形になることが多い。

+プラス **come home to A**「Aにしみじみわかる」もここで押さえる。

Part 3 イディオム

1056 今日この手紙が投函されるように取り計らってください。
1057 自分の部屋を出るときには，ドアに鍵がかかっていることを確かめてください。
1058 彼の作文は，改善の余地がかなりある。
1059 この手紙で，彼女があなたをどれだけ愛しているか，痛いほどわかるでしょう。

1051 ① 1052 ① 1053 ④ 1054 ③ 1055 ① 1056 ③ 1057 ④ 1058 ③ 1059 ③

1060 Do you see (　　　) of him these days?
□□□ ① least　② many　③ most　④ much　〈京都産大〉

1061 My brother wanted to (　　　) on working until he was 65.
□□□ ① keep　② continue　③ get　④ step　〈中央大〉

◉　◉　◉

1062 Bob <u>made believe</u> that he was very hungry.
□□□ ① pretended　② convinced
③ firmly believed　④ was afraid　〈江戸川大〉

1063 Why don't you <u>avail yourself of</u> the free classes to improve your English?
□□□
① enjoy　② devote yourself to　③ get　④ make use of　〈獨協大〉

1064 This rule <u>holds good</u> at all times and places.
□□□ ① is made much of　② is thought highly of
③ is valid　④ is practical　〈立命館大〉

1065 He <u>made the most of</u> his limited space in the dormitory when he was a college student.
□□□
① enjoyed very much　② created nearly all of
③ decorated beautifully　④ utilized effectively　〈立命館大〉

1060 ここ最近，彼によく会いますか。
1061 兄は65歳まで働き続けていたかった。
1062 ボブは，とてもお腹が空いているふりをした。
1063 君の英語力を向上させるために，無料の授業を利用したらどうだい？
1064 この規則はいつでもどこでも有効です。
1065 彼は大学生のとき，寮での限られたスペースを最大限に利用した。

1060 **see much of A**「Aによく会う」 標準
▶通例，疑問文・否定文で用いる。

1061 **keep on doing**「…し続ける」 標準
＝**continue doing**

◉ ◉ ◉

1062 **make believe that 節**「…のふりをする」 標準
＝**pretend that 節**
‼注意 **make believe** は目的語に that 節または不定詞をとる。

1063 **avail oneself of A**「Aを利用する」 標準
＝**take advantage of A**（➡782），**make use of A**（➡997）

1064 **hold good**「有効である」 標準
＝**be valid**

1065 **make the most of A**「Aを最大限に利用する」 標準
‼注意 よく似た表現に **make the best of A**「A（不利な状況）を精一杯利用する／何とかうまく切り抜ける」があるが，意味の違いを正確にしておくこと。
I didn't want to work with her, but I *made the best of* it.
（私は彼女と一緒に仕事をしたくなかったが，なんとかがまんして切り抜けた）

1060 ④ 1061 ① 1062 ① 1063 ④ 1064 ③ 1065 ④

その他の覚えておきたい 動詞を含むイディオム

□ **appeal to A**「**A**に訴える／**A**の気をひく」
The necklace he bought in Paris **appealed to** his girlfriend.
(彼がパリで買ったネックレスはガールフレンドの気をひいた)

□ **hand over A / hand A over**「**A**を手渡す」
He **handed over** the keys of the office to the police.
(彼はオフィスの鍵を警察に手渡した)

□ **head for A**「**A**に向かって(まっすぐ)進む」
In the fall many birds **head for** the south.
(秋にはたくさんの鳥が南に向かう)

□ **make up A / make A up**「**A**をでっちあげる」
I **made up** an excuse for being late for class.
(私は授業に遅れた理由をでっちあげた)

□ **meet with A**「**A**に遭遇する／偶然会う」
My uncle **met with** a traffic accident yesterday.
(私のおじは，昨日，交通事故に遭った)

□ **resort to A**「**A**に訴える／頼る」
The President warned that if the enemy did not withdraw their troops he would have to **resort to** military force.
(大統領は，敵が軍隊を撤退させなければ，軍事力に訴えざるをえなくなると警告した)

□ **catch on**「流行する」
The new style seems to have **caught on** this year.
(その新しいスタイルは今年流行しているようだ)

□ **die out**「(家系・種族などが)絶滅する」
This bird is in danger of **dying out**.
(この鳥は絶滅の危機に瀕している)

□ **leave A to B**「**A**を**B**に任せる」(➡p.219【整理66】)
I'll **leave** the matter **to** your judgment.
(この件はあなたの判断に任せます)

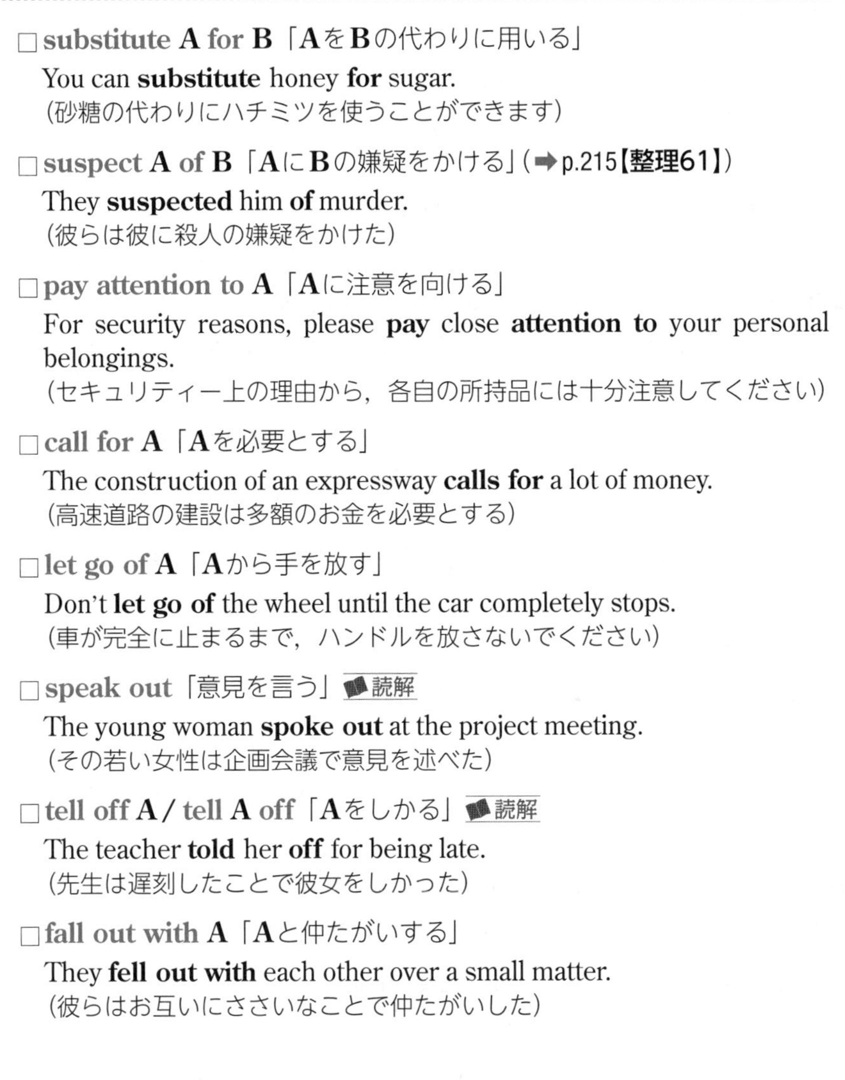

other essential idioms

□ **substitute A for B**「AをBの代わりに用いる」

You can **substitute** honey **for** sugar.
(砂糖の代わりにハチミツを使うことができます)

□ **suspect A of B**「AにBの嫌疑をかける」(➡p.215【整理61】)

They **suspected** him **of** murder.
(彼らは彼に殺人の嫌疑をかけた)

□ **pay attention to A**「Aに注意を向ける」

For security reasons, please **pay** close **attention to** your personal belongings.
(セキュリティー上の理由から，各自の所持品には十分注意してください)

□ **call for A**「Aを必要とする」

The construction of an expressway **calls for** a lot of money.
(高速道路の建設は多額のお金を必要とする)

□ **let go of A**「Aから手を放す」

Don't **let go of** the wheel until the car completely stops.
(車が完全に止まるまで，ハンドルを放さないでください)

□ **speak out**「意見を言う」読解

The young woman **spoke out** at the project meeting.
(その若い女性は企画会議で意見を述べた)

□ **tell off A / tell A off**「Aをしかる」読解

The teacher **told** her **off** for being late.
(先生は遅刻したことで彼女をしかった)

□ **fall out with A**「Aと仲たがいする」

They **fell out with** each other over a small matter.
(彼らはお互いにささいなことで仲たがいした)

第22章 形容詞・副詞を含むイディオム

Point 188

1066 My father is ( ) of watching soccer games on TV after dinner.
□□□
① favorite ② love ③ prefer ④ fond 〈名古屋学院大〉

1067 You are responsible ( ) your conduct.
□□□
① at ② for ③ with ④ on 〈佛教大〉

1068 I am ( ) his reason for going to America.
□□□
① ignorant of ② familiar to ③ short of ④ different from 〈駒澤大〉

1069 The label says this bread is ( ) of genetically modified ingredients.
□□□
① much ② free ③ good ④ characteristic 〈中央大〉

1070 The Internet has become as ( ) as the pencil and eraser.
□□□
① children familiar to ② familiar children to
③ familiar to children ④ to children familiar 〈大阪経大〉

1071 I am quite familiar ( ) this machine.
□□□
① on ② to ③ up ④ with 〈学習院大〉

1072 The colleges in France are very ( ) to those in our country.
□□□
① like ② likely ③ same ④ similar 〈日本大〉

1073 I'm ( ) about my driving test next week.
□□□
① sensational ② unknown ③ anxious ④ dreadful 〈芝浦工大〉

1074 All the people in the country are anxious ( ) peace.
□□□
① at ② on ③ in ④ for 〈千葉商大〉

1075 I am ( ) of today's politics.
□□□
① sick ② tire ③ boring ④ fun 〈中央大〉

1066 父は夕食の後テレビでサッカーの試合を見るのが好きだ。
1067 あなたは，自分の行いに対して責任がある。
1068 私は，彼がアメリカに行った理由を知らない。
1069 このパンには遺伝子組み換えの材料は含まれていないとラベルに書いてある。

Point 188 「be+形容詞+前置詞+A」の形のイディオム

1066 be fond of A「**A**が好きである」 基本
=**like A**

1067 be responsible for A「**A**に対して責任がある／**A**が原因である」
=**answer for A**「Aの責任を負う」(➡868) 標準

1068 be ignorant of A「**A**を知らない」 標準

1069 be free from [of] A「**A**がない」 標準
!!注意 **be free from A**も**be free of A**も「Aがない」の意味だが，たとえば「料金や税金が免除されている」の意味では**be free of A**の方が好まれる。

1070 be familiar to A「**A**によく知られている」 標準
▶本問は，be動詞の代わりにbecomeが用いられたbecome familiar to A「Aによく知られるようになる」に，原級による比較表現as ... as 〜(➡179)が入り込んだ形になっている。

1071 be familiar with A「**A**をよく知っている」 標準

1072 be similar to A「**A**に似ている」 標準

1073 be anxious about A「**A**を心配している」 基本

1074 be anxious for A「**A**を切望する」 標準
=**long for A**(➡871), **be eager for A**
+プラス **be anxious about A**「Aを心配している」(➡1073)とあわせて押さえる。
Mary *was anxious about* missing the last train.
(メアリーは，最終電車に乗り遅れるのではないかと心配していた)

1075 be sick of A「**A**にうんざりしている」 標準
=**be tired of A**, **be weary of A**, **be fed up with A**(➡1099)

1070 インターネットは，鉛筆や消しゴムと同じくらい，子どもたちにとってなじみ深くなっている。
1071 私は，この機械のことをとてもよく知っている。
1072 フランスの大学は，私たちの国の大学ととても似ている。
1073 私は来週の運転免許試験のことを心配している。
1074 その国の人々はみな，平和を切望している。
1075 私は，近頃の政治にはうんざりしている。

1066 ④ 1067 ② 1068 ① 1069 ② 1070 ③ 1071 ④ 1072 ④ 1073 ③ 1074 ④
1075 ①

1076 Sarah is an excellent teacher who is popular (　　　) the students.
□□□
① with　② to　③ about　④ for　〈日本大〉

1077 The country is rich (　　　) natural resources.
□□□
① to　② in　③ by　④ about　〈青山学院大〉

1078 He is not very keen (　　　) classical music.
□□□
① for　② in　③ of　④ on　〈摂南大〉

1079 The movie version was not (　　　) to the book.
□□□
① exact　② correct　③ same　④ true　〈南山大〉

1080 I'm (　　　) of cash. May I use a credit card?
□□□
① enough　② much　③ short　④ tired　〈愛知学院大〉

1081 He is lacking (　　　) common sense.
□□□
① in　② of　③ on　④ with　〈姫路獨協大〉

1082 (a) The task is beyond his ability.
□□□
(b) He is not (　　　) to the task.
① eager　② easy　③ equal　④ even　〈国士舘大〉

1083 The prices are (　　　) change without notice.
□□□
① subject to　② interested in　③ prior to　④ dependent on
〈西南学院大〉

1084 I am not (　　　) of him.
□□□
① fear　② frighten　③ afraid　④ feared　〈上智大〉

1085 He is well (　　　) of being hated by us all.
□□□
① known　② care　③ taken　④ aware　〈桜美林大〉

1086 Kazumi is entirely dependent (　　　) her parents.
□□□
① by　② at　③ on　④ of　〈鶴見大〉

1087 My father just can't stop smoking. He should be (　　　) of himself.
□□□
① anxious　② ashamed　③ laughing　④ relaxed
〈神戸松蔭女子学院大〉

1076　サラは，生徒たちに人気のある優秀な先生です。
1077　その国は天然資源に恵まれている。
1078　彼は，クラシック音楽にあまり熱中してはいない。

1076 **be popular with [among] A**「**A**に人気がある」 標準

1077 **be rich in A**「**A**に富んでいる／恵まれている」 標準
⇔**be poor in A**「Aに乏しい」

1078 **be keen on A**「**A**に熱中している」 標準

1079 **be true to A**「**A**に忠実である」 標準
+プラス **be true of A**「Aに当てはまる」(=**apply to A**)も頻出。
This *is true of* students.
(このことは学生たちに当てはまる)

1080 **be short of A**「**A**が不足している」 標準

1081 **be lacking in A**「**A**を欠いている」 標準

1082 **be equal to A**「(人・能力などが)**A**に耐えられる／匹敵する」 標準
▶(a)の **beyond A's ability** は「Aの力の及ばない」の意味を表す重要イディオム(➡416)。

1083 **be subject to A**「**A**を受けやすい／**A**に従属している」 標準

1084 **be afraid of A**「**A**を恐れている／心配している」 基本
▶② frighten は不可。たとえば frightened であれば，**be frightened of A** で「Aを怖いと思う」となり可。④の fear は「…を恐れる」の意味を表す他動詞だから，I am not feared は「私は(他の人によって)恐れられていない」といった意味になる。

1085 **be aware of A**「**A**に気づいている」 標準
=**be conscious of A**(➡1088)

1086 **be dependent on [upon] A**「**A**に頼る／**A**しだいである」 標準
=**depend on [upon] A**(➡819)
⇔**be independent of A**(➡791)

1087 **be ashamed of A**「**A**を恥じている」 標準

Part 3 イディオム

1079 映画化されたものは，本に忠実ではなかった。
1080 現金が足りません。クレジットカードを使ってもいいですか。
1081 彼には常識が欠けている。
1082 (a) その仕事は彼の能力ではできない。
(b) 彼にはその仕事をするだけの力量がない。
1083 価格は予告なしに変更されることがあります。
1084 私は彼を恐れていない。
1085 彼は私たち全員に嫌われていることに十分気づいている。
1086 カズミは，まるっきり両親に頼っている。
1087 父はタバコをやめることがまったくできない。彼は自分を恥じるべきだ。

1076 ① 1077 ② 1078 ④ 1079 ④ 1080 ③ 1081 ① 1082 ③ 1083 ① 1084 ③
1085 ④ 1086 ③ 1087 ②

1088 My company is very (　　　) of the importance of advertising.
□□□ ① interested ② anxious ③ conscious ④ keen 〈東海大〉

1089 He is (　　　) of his cousin's success.
□□□ ① anxious ② concerned ③ jealous ④ zealous 〈松山大〉

1090 Some television programs are not suitable (　　　) by children.
□□□ ① for viewing ② in viewing ③ on seeing ④ to seeing 〈日本女子大〉

Point 189

1091 I saw you talking to Mary Smith the other day. How did you become (　　　) with her?
□□□ ① acquainted ② acquainting ③ knowing ④ known 〈広島市立大〉

1092 Mike is (　　　) with a difficult problem.
□□□ ① facing ② confusing ③ confronted ④ forbidden 〈専修大〉

1093 Ichiro was so (　　　) in the book that he didn't hear the doorbell ring.
□□□ ① abandoned ② absorbed ③ irritated ④ obliged 〈駒澤大〉

1094 He was lost (　　　) thought and didn't hear me call him.
□□□ ① after ② for ③ in ④ by 〈神田外大〉

1095 Our foreign policy is based (　　　) the principle of peaceful coexistence.
□□□ ① to ② by ③ with ④ on 〈近畿大〉

1096 She was just (　　　) about your health.
□□□ ① afraid ② felt ③ regrettable ④ concerned 〈東京薬大〉

1097 Sheila's father (　　　) her marriage to William.
□□□ ① was opposed to ② was opposite to
③ was opposite of ④ was opposed about 〈神田外大〉

1088 私の会社は，広告の重要性についてちゃんと気づいている。
1089 彼はいとこの成功をねたんでいる。
1090 テレビ番組の中には，子どもたちが見るのにふさわしくないものがある。
1091 先日あなたがメアリー・スミスと話をしているのを見かけました。どうやって彼女と知り合ったのですか。

1088 be conscious of A「**A**に気づいている」 標準
=**be aware of A**(➡1085)

1089 be jealous of A「**A**をねたんでいる」 標準
+プラス ほぼ同意表現の **be envious of A**「Aをうらやんでいる」(➡p.340)も重要。

1090 be suitable for A「**A**に適している」 標準

Point 189 「be+過去分詞+前置詞+A」の形のイディオム

1091 be acquainted with A「**A**と知り合いである/**A**をよく知っている」 標準
▶本問は，be 動詞の代わりに become を用いた **become acquainted with A**「Aと知り合いになる」の形となっている。

1092 A be confronted with B「**A**(人)は**B**(困難など)に直面する」 標準
▶**confront A with B**「A(人)をB(困難など)に直面させる」を受身形にした表現。

1093 be absorbed in A「**A**に没頭している」 標準

1094 be lost in A「**A**に夢中になる/**A**に没頭している」 標準
=**lose oneself in A**, **be absorbed in A**(➡1093)

1095 be based on[upon] A「**A**に基づいている」 標準

1096 be concerned about A「**A**を心配する/気にする」 標準
+プラス **be concerned with A**「Aに関係する/関心がある」も重要。
Geography is the science that *is concerned with* the earth and its climate, products and inhabitants.
(地理学は，地球とその気候，産物，住民とを扱う科学である)

1097 be opposed to A「**A**に反対している」 標準
+プラス ②の **be opposite to A** は「Aとは正反対である」の意味を表す重要イディオム。
Your views *are* quite *opposite to* mine.
(あなたの見解は私のとは正反対です)

Part 3 イディオム

1092 マイクは難しい問題に直面している。
1093 イチローはその本にとても夢中になっていたので，ドアのベルが鳴ったのが聞こえなかった。
1094 彼は考えごとに没頭していて，私が彼を呼んだのが聞こえなかった。
1095 私たちの外交政策は，平和的共存という原理に基づいている。
1096 彼女は，あなたの健康を本当に心配していた。
1097 シーラの父親は，彼女がウィリアムと結婚することに反対していた。

1088 ③ 1089 ③ 1090 ① 1091 ① 1092 ③ 1093 ② 1094 ③ 1095 ④ 1096 ④
1097 ①

1098 He is well known (　　　) us as the leader of the volunteer group.
□□□
① to　② about　③ with　④ for　〈関西学院大〉

◉　◉　◉

1099 <u>I'm fed up with</u> this wet weather.
□□□
① I'm very interested in　② I'm completely satisfied with
③ I'm indifferent to　④ I'm tired of　〈青山学院大〉

Point 190

1100 Despite ample evidence against him he was (　　　) to admit that his report had not been true.
□□□
① delighted　② incapable　③ possible　④ reluctant　〈立教大〉

1101 A careless person is (　　　) to make mistakes.
□□□
① apt　② eager　③ reluctant　④ willing　〈佛教大〉

1102 If there's anything you don't understand, (　　　) to ask me.
□□□
① feel free　② help yourself　③ get away　④ go ahead　〈西南学院大〉

1103 He was (　　　) to get the old car.
□□□
① eager　② eaten　③ desired　④ empty　〈駒澤大〉

1104 I am (　　　) to know the results of the examination in chemistry.
□□□
① anxious　② good　③ kind　④ rude　〈武蔵大〉

1105 You are late. You (　　　) be here an hour ago.
□□□
① have expected to　② ought to
③ should　④ were supposed to　〈東京経大〉

◉　◉　◉

1098 彼は私たちの間ではボランティアグループのリーダーとしてよく知られている。
1099 このじめじめした天気にはうんざりしている。
1100 彼にとって不利になる十分な証拠があるにもかかわらず，彼は自分の報告が真実ではなかったことを認めたがらなかった。
1101 注意力が散漫な人は間違いを犯しがちである。
1102 もし何かわからないことがあれば，遠慮なく私に尋ねてください。

1098 be known to A「A(人)によく知られている」 基本

‼注意 **be known for A**「Aで有名である」, **be known as A**「Aで通っている」との意味の違いをしっかり区別しよう。

● ● ●

1099 be fed up with A「Aに飽き飽きしている」 標準

= **be tired of A**, **be sick of A**(➡1075), **be weary of A**

Point 190 「be+形容詞[過去分詞]+to do」の形のイディオム

1100 be reluctant to do「…することに気が進まない」 標準

= **be unwilling to do**

▶② incapable は to do ではなくて **be incapable of doing** の形をとる。(➡p.234【整理75】)

1101 be apt to do「…しがちである」 標準

= **tend to do**, **be liable to do**

1102 be free to do「自由に…できる」 標準

▶本問は be 動詞の代わりに feel が用いられている。

1103 be eager to do「…したがっている」 標準

+プラス **be eager for A**「Aを切望する」も重要。

1104 be anxious to do「…したがっている」 基本

= **be eager to do**(➡1103)

+プラス **be anxious for A**「Aを切望する」とあわせて押さえる。

1105 be supposed to do「…することになっている/…してください」 標準

▶**be supposed to do** には, (1)「〜することになっている」(予定), (2)「〜しなければならない」(義務)などの用法がある。

+プラス **be supposed to do** は **You are supposed to do** の形になると「…してください」という意味になる。

● ● ●

Part 3 イディオム

1103 彼は，その古い車を手に入れることを熱望した。
1104 私はどうしても化学の試験結果を知りたい。
1105 遅刻したね。1時間前にここに来るはずでしたね。

1098 ①　1099 ④　1100 ④　1101 ①　1102 ①　1103 ①　1104 ①　1105 ④

1106 Keiko was not willing to go to college until recently.
□□□ ① consistent ② contented ③ disappointed ④ reluctant
〈清泉女子大〉

1107 He is bound to pass the entrance examination.
□□□ ① will never ② will fortunately
③ will certainly ④ is unlikely to 〈日本大〉

Point 191

1108 "When do I have to hand in this report?"
□□□ "( ), please. We have little time."
① Sooner or later ② Right away
③ For the moment ④ At the present 〈東京家政大〉

1109 We don't see her very often, but ( ) we talk with her over
□□□ the telephone.
① from times to times ② at time ③ now and then ④ in time
〈福岡大〉

1110 Jim wrote to a pen pal in Japan ( ) for five years.
□□□ ① off and on ② up and down ③ in and out ④ to and from
〈南山大〉

1111 There are a few things that I don't like about my new job, but
□□□ ( ) and large it's all right.
① at ② by ③ in ④ of 〈早稲田大〉

1112 I haven't earned much money as ( ).
□□□ ① yet ② still ③ past ④ being 〈拓殖大〉

1113 I was busy with my homework last night. I didn't have time to eat
□□□ supper, ( ) watch TV.
① as to ② but for ③ except for ④ let alone 〈名城大〉

1106 ケイコは最近まで大学に行く気がしなかった。
1107 彼はきっと入学試験に合格するよ。
1108 「この報告書はいつ提出しなければならないのですか」
「すぐに提出してください。ほとんど時間がありません」
1109 私たちは彼女とあまり頻繁に会いませんが，ときどき電話では話をします。
1110 ジムは5年間，日本にいる文通相手にときどき手紙を書いた。

1106 be willing to do「…する気がある／…するのをいとわない／…する用意がある」 基本

⇔**be reluctant to do**（➡1100）

▶not がつくと「〜する気がしない」の意味になる。

1107 be bound to do「必ず…する」 標準

＝**be sure to do**（➡798）

+プラス **be bound for A**「A行きである」もここで押さえておこう。

The train *is bound for* London.

（その列車はロンドン行きだ）

Point 191 ⋮ 形容詞・副詞を含むその他のイディオム

1108 right away「すぐに」 標準

＝**at once**，**right now**

1109 (every) now and then[again]「ときどき」 標準

+プラス 同意表現の **from time to time**（➡1208），**at times**，**on occasion**，**once in a while**（➡807）も重要。

I call on Mary *at times* to help her with her housework.

（家事を手伝うために，私はときどきメアリーを訪問します）

I am not much of a movie fan, but I do go to the movies *on occasion*.

（私はさほど映画ファンではないが，時には実際に映画に行くこともあります）

1110 off and on / on and off「断続的に／不規則に」 標準

1111 by and large「概して／大体のところ」 標準

＝**as a rule**（➡1165），**on the whole**（➡1195）

1112 as yet「今までのところ」 標準

▶**as yet** は通例，否定文で用いる。

+プラス 同意表現の **so far**「今まで」（＝**until[till] now**）（➡1116）も重要。

1113 let alone A「**A**は言うまでもなく」 標準

▶**let alone A** は通例，否定文の後で用い，Aには名詞や動詞が来る点を押さえておく。

Part 3 イディオム

1111 私の新しい仕事は気に入らない点が少しあるが，概してまずまずといったところだ。
1112 私は今までのところ，あまりお金を稼いでいない。
1113 昨夜は宿題で忙しかった。夕食を食べる時間も，ましてやテレビを見る時間もなかったほどだ。

1106 ④ 1107 ③ 1108 ② 1109 ③ 1110 ① 1111 ② 1112 ① 1113 ④

1114 Salter held the bag by the corners and shook it (　　　).
□□□ ① down upside　② inside up　③ up inside　④ upside down
〈創価大〉

◉　◉　◉

1115 The rescue team tried to save the drowning man in vain.
□□□ ① with courage　② without success
③ with skill　④ without haste
〈東海大〉

1116 This is the most beautiful place I have visited so far.
□□□ ① no where　② distant　③ till now　④ not near
〈流通経大〉

1117 Jane was badly off before she came to Japan.
□□□ ① lacking in ability　② short of money
③ in a bad temper　④ in trouble
〈立命館大〉

1118 What with the smoke and the noise, the party made me feel quite ill.
□□□ ① By means of　② In spite of
③ Instead of　④ Because of
〈立命館大〉

1119 This computer is more or less what I want.
□□□ ① nevertheless　② incidentally
③ roughly　④ precisely
〈大阪学院大〉

1120 More often than not he loses his temper.
□□□ ① Once in a while　② Very rarely
③ More than usual　④ Most of the time
〈立命館大〉

1121 It is next to impossible for me to help him out at the moment.
□□□ ① absolutely　② almost　③ partly　④ perhaps
〈愛知学院大〉

1122 Mary told him once and for all that she wouldn't go out with him.
□□□ ① all at once　② many times
③ in the first place　④ in a final manner
〈千葉工大〉

1114 ソルターはそのバッグの角を持って，逆さまにして振った。
1115 救助チームは溺れている男性を助けようとしたがだめだった。
1116 ここは，今まで私が訪れた中で最も美しい場所です。
1117 ジェーンは，日本に来るまでは暮らし向きが悪かった。
1118 タバコの煙やら騒々しさやらで，私はそのパーティーでとても気分が悪くなった。
1119 このコンピュータは，だいたいのところ私がほしいものです。

1114 upside down「逆さまに」 標準

◉ ◉ ◉

1115 in vain「(努力の)甲斐なく／無駄に」 標準
＝**vainly**, **for nothing**(➡1152), **to no purpose**

1116 so far「今まで」 標準
＝**until[till] now**

1117 be badly[poorly] off「暮らし向きが悪い」 標準
＋プラス 反意表現の **be well off**「暮らし向きがよい」も頻出。
His parents *are well off*; they have bought him a new car for his birthday.
(彼の両親は裕福で，誕生日に彼に新車を買ってやった)

1118 what with A and (what with) B「**A**やら**B**やらで」 標準
▶通例，よくない理由を２つ以上あげる場合に用いる。この場合の what は副詞で「いくぶん／ある程度」の意味。

1119 more or less「多かれ少なかれ／ほとんど／およそ」 標準
＋プラス 類似形の **sooner or later**「遅かれ早かれ」も頻出。
He will come *sooner or later.*
(彼は，遅かれ早かれやって来るだろう)

1120 more often than not「しばしば／たいてい」 標準
▶④ most of the time は「たいてい」の意味を表すイディオム。

1121 next to A「ほとんど**A**」 標準
＝**almost A**
‼注意 **next to A** の A には通例，否定の意味の形容詞，または nothing などが来る。

1122 once (and) for all「これを最後に／きっぱりと」 標準
▶① all at once は「突然に」(➡1182)，③ in the first place は「まず第一に」の意味を表すイディオム。

Part 3 イディオム

1120 しばしば彼は腹を立てる。
1121 今のところ，私が彼を援助するのはほとんど不可能です。
1122 メアリーは，彼とデートをするつもりはないときっぱり彼に言った。

1114 ④ 1115 ② 1116 ③ 1117 ② 1118 ④ 1119 ③ 1120 ④ 1121 ② 1122 ④

その他の覚えておきたい 形容詞・副詞を含むイディオム

□ **be characteristic of A**「**A**に特有である」

Her sweet disposition **is characteristic of** her.
(気立ての優しさは彼女に特有のものである)

□ **be envious of A**「**A**をうらやんでいる」

John **is envious of** your new car.
(ジョンは君の新車をうらやましく思っている)

□ **be guilty of A**「**A**の罪を犯している」

I don't think he **is guilty of** stealing.
(彼が盗みの罪を犯したとは，私は考えていない)

□ **be indispensable to A**「**A**になくてはならない」

A Longman English Dictionary **is indispensable to** me.
(ロングマン英語辞典は私には欠くことのできないものです)

□ **be peculiar to A**「**A**に特有である」

Such a custom **is** not **peculiar to** the British.
(そのような習慣は英国人特有のものではない)

□ **be preferable to A**「**A**よりも好ましい」(➡p.83【整理22】)

Any job **is** definitely **preferable to** none.
(どんな仕事であっても仕事がないより好ましいに決まっている)

□ **be contented [content] with A**「**A**に満足している」

Mother's face showed that she **was contented with** her new home.
(母親の顔を見れば，新居に満足していることがわかった)

□ **be derived from A**「**A**に由来する」＝**derive from A**

These words **are derived from** Latin.
(これらの単語はラテン語に由来している)

□ **be exposed to A**「**A**にさらされる」

As a photographer in the war, he **was exposed to** many dangers.
(彼は戦争を専門に扱う写真家なので，多くの危険にさらされた)

other essential idioms

□ **be faced with A**「**A**に直面している」
Jack **was faced with** many difficulties.
(ジャックは多くの困難に直面していた)

□ **be involved in A**「**A**に巻き込まれる」
A city bus and a train **were involved in** a terrible crash at the railway crossing.
(市バスと電車が踏切での激しい衝突事故に巻き込まれた)

□ **be equipped with A**「**A**が備わっている」
All the rooms **are equipped with** coffee makers.
(全室にコーヒーメーカーが備え付けられている)

□ **be known for A**「**A**で知られている」
Our city **is known for** its beauty all over the world.
(私たちの町はその美しさで世界中に知られている)

□ **be known by A**「**A**でわかる」
A tree **is known by** its fruit.
(果実を見れば木の善し悪しがわかる)

□ **all but A**「ほとんど**A**」
The street was **all but** deserted.
(その通りはほとんど人通りがなかった)

□ **inside out**「裏返しに」
I don't understand why he is wearing his sweater **inside out**.
(どうして彼がセーターを裏返しに着ているのか私にはわからない)

□ **be relevant to A**「**A**と関係がある」
That comment **is not relevant to** the problem.
(あのコメントはその問題には関係がない)

□ **all along**「初めから/ずっと」
Tom suspected **all along** that I was telling a lie.
(トムは初めから私がうそをついていると思っていた)

第23章 名詞を含むイディオム

Point 192

1123 He is (　　　) nature a wise, kind man.
□□□ ① by　② for　③ to　④ with　〈青山学院大〉

1124 If you want to know anything (　　　) detail, feel free to email me.
□□□ ① along　② at　③ in　④ off　〈東京理科大〉

1125 No one knows (　　　) if there is life on other planets.
□□□ ① certain　② for certain　③ better　④ to be sure　〈拓殖大〉

1126 Mr. Patterson arrived (　　　) time, not a minute early or a minute late.
□□□ ① at　② for　③ in　④ on　〈東北学院大〉

1127 Tom will be able to arrive (　　　) for the ceremony.
□□□ ① in time　② off limit　③ time off　④ time slip　〈武庫川女子大〉

1128 I didn't like the book at first, but (　　　) degrees I got to enjoy reading it.
□□□ ① by　② in　③ on　④ with　〈成城大〉

1129 I would like to speak to you (　　　) private.
□□□ ① at　② in　③ of　④ to　〈学習院大〉

1130 Mr. Takizawa and Mr. Higashi are (　　　) work now.
□□□ ① on　② at　③ from　④ by　〈産能大〉

1131 Instead of sending somebody on your behalf, you had better go and speak in (　　　).
□□□ ① change　② line　③ person　④ yourself　〈武蔵大〉

1132 You should take an umbrella with you just (　　　) case.
□□□ ① at　② of　③ as　④ in　〈名城大〉

1123 彼は，生まれつき賢くて優しい男性です。
1124 詳しくお知りになりたいことが何かあるときは，遠慮なく私宛てにEメールをお送りください。
1125 他の惑星に生命体が存在するかどうかは，誰もはっきりとはわからない。

Point 192 2語からなる名詞を含むイディオム

1123 by nature「生来／生まれながら」 標準

1124 in detail「詳細に」 標準

1125 for certain「はっきりと／確かに」 標準
=**for sure**

1126 on time「時間どおりに」 標準
=**punctually**

1127 in time (for A)「(Aに)間に合って」 標準
+プラス **in time** には「やがて」の意味もある。また **behind time**「遅れて」もここで押さえる。

1128 by degrees「徐々に／次第に」 標準
=**gradually**
▶get to do「〜するようになる」

1129 in private「内密に／ひそかに」 標準
⇔**in public**「人前で／公然と」

1130 at work「仕事中で」 標準
+プラス 類似表現の **at table**「食事中で」, **at rest**「休憩中で」, **at play**「遊んでいて」も押さえる。

1131 in person「自分で／本人自らが」 標準
▶on [in] A's behalf「Aの代理として」=on [in] behalf of A (➡1239)。

1132 (just) in case「(通例, 文尾で)万一の場合に備えて」 標準
+プラス **in case** は接続詞としてもよく使われる(➡374)。

Part 3 イディオム

1126 パターソンさんは, 1分早くも遅くもなく, 時間どおりに着いた。
1127 トムは, 式典に間に合うように到着できるでしょう。
1128 最初はその本が好きでなかったが, だんだんと読むのが楽しくなってきた。
1129 あなたと内密にお話ししたいのですが。
1130 タキザワさんとヒガシさんは今, 仕事中です。
1131 あなたの代理を行かせるのではなく, あなたが出向いて直接話す方がいいでしょう。
1132 念のため傘を持っていくべきだ。

1123 ① 1124 ③ 1125 ② 1126 ④ 1127 ① 1128 ① 1129 ② 1130 ② 1131 ③ 1132 ④

1133 The policeman was (　　　) that night.
□□□ ① on purpose　② in advance　③ by accident　④ on duty 〈近畿大〉

1134 The escaped prisoners are still (　　　) in the area.
□□□ ① at stake　② at large　③ at random　④ at any cost 〈青山学院大〉

1135 When he writes, he always keeps a dictionary (　　　).
□□□ ① at hand　② from hand　③ for hand　④ with hand 〈日本大〉

1136 At the beginning of each term I always tell some jokes to make the newcomers feel (　　　) ease.
□□□ ① at　② for　③ of　④ with 〈関西学院大〉

1137 Three sites are (　　　) consideration for the new factory.
□□□ ① above　② of　③ under　④ with 〈愛知医科大〉

1138 We'll soon have to tackle the problem (　　　) earnest.
□□□ ① in　② at　③ for　④ on 〈立命館大〉

1139 They have nothing at all (　　　) common.
□□□ ① on　② with　③ for　④ in 〈中央大〉

1140 I found it elegant furniture, but it was not (　　　) sale.
□□□ ① for　② with　③ all　④ others 〈中京大〉

1141 I used to live in Sydney, but (　　　) present I'm living in Tokyo.
□□□ ① for　② on　③ at　④ in 〈上智大〉

● ● ●

1142 Children need many things, but, <u>above all</u>, they need love.
□□□ ① voluntarily　② especially　③ far from　④ on earth 〈亜細亜大〉

1133 その警官は，その晩は勤務に当たっていた。
1134 脱獄した囚人たちは，いまだにその地域を逃亡中である。
1135 ものを書くときには，彼はいつも手元に辞書を置いておく。
1136 各学期の始まりの際に，新入生の気持ちを和らげるために，私はいつも冗談をいくつか言う。
1137 新しい工場用に 3 か所の敷地が検討されている。
1138 私たちはまもなく，まじめにその問題に取り組まなければならないだろう。

1133 on duty「勤務時間中で／当番で」 標準
⇔**off duty**「勤務時間外で／非番で」
▶①on purpose「故意に」(➡1153), ②in advance「あらかじめ」(➡1149), ③by accident「偶然に」

1134 at large「捕まらないで」 標準
+プラス **at large** には，名詞の後で「一般の／全体としての」の意味を表す用法もある。
That can be said of mankind *at large*.
(そのことは人間全般について言える)

1135 at hand「手元に」 標準
+プラス **at hand** には「(時間的に)近づいて」の意味もある。この場合，直前に close や near が用いられることが多い。
The festival is near [close] *at hand*.
(その祭りはもうすぐだ)

1136 at ease「気楽に／くつろいで」 標準
▶④ with を入れた with ease は「容易に」の意。「with＋抽象名詞」＝副詞の用例(➡405)。

1137 under consideration「考慮中で／検討中で」 標準
+プラス 類似表現の **under discussion**「討議中で」, **under repair**「修理中で」, **under construction**「工事中で」も押さえる。

1138 in earnest「まじめに／本気で」 標準

1139 in common「共通の／共通に」 標準

1140 for sale「売り物の」 標準
+プラス **on sale**「販売されて」も一緒に覚えておこう。
Concert tickets are *on sale* at this office.
(コンサートのチケットは当所で販売中です)

1141 at present「現在は」 標準

● ● ●

1142 above all「とりわけ」 基本
＝**especially**

Part 3 イディオム

1139 彼らには共通点がまったくない。
1140 私はそれを上品な家具だと思ったが，それは売り物ではなかった。
1141 私はかつてシドニーに住んでいたが，現在は東京に住んでいる。
1142 子どもたちはたくさんのものを必要とするが，とりわけ愛情を必要とする。

1133 ④ 1134 ② 1135 ① 1136 ① 1137 ③ 1138 ① 1139 ④ 1140 ① 1141 ③ 1142 ②

1143 He will get here before long.
□□□ ① soon ② late ③ later ④ early 〈日本工大〉

1144 That American student is quite at home in Japanese politics.
□□□ ① well off in ② elastic in
③ knowledgeable about ④ easy with 〈関西外大〉

1145 Penny feels at home with Roger's family.
□□□ ① regular ② at heart ③ on edge ④ comfortable 〈亜細亜大〉

1146 He sat there for hours on end.
□□□ ① silently ② continuously ③ at last ④ strait 〈名古屋外大〉

1147 The project is not yet under way.
□□□ ① closed down ② set about
③ in progress ④ half over 〈日本大〉

1148 You must return my money next Friday without fail.
□□□ ① for certain ② partly ③ eventually ④ thoroughly 〈亜細亜大〉

1149 They knew about it in advance.
□□□ ① at most ② beforehand ③ for certain ④ least of all 〈中部大〉

1150 I met her sister on the campus by chance.
□□□ ① unwillingly ② fortunately
③ reasonably ④ accidentally 〈札幌学院大〉

1151 At length the two countries reached an agreement after much discussion.
□□□ ① Strongly ② Before long ③ At last ④ Easily 〈亜細亜大〉

1152 All my efforts were for nothing.
□□□ ① unlikely ② in vain ③ unhappily ④ for granted 〈近畿大〉

1153 I think she did it on purpose.
□□□ ① accidentally ② intentionally
③ reluctantly ④ willingly 〈帝京大〉

1143 彼はまもなくここに到着するでしょう。
1144 あのアメリカ人の学生は，日本の政治にとても精通している。
1145 ペニーはロジャーの家族といると気楽である。
1146 彼は何時間もずっとそこに座っていた。
1147 その計画はまだ進行していない。
1148 あなたは，今度の金曜日に必ず私にお金を返さなければならない。

1143 before long「まもなく」 基本
=**soon**

1144 (be) at home (in[with] A)「(Aに)精通して(いる)」 標準

1145 at home「くつろいで／気楽な」 標準
=**comfortable**

+プラス **at home** は，前問および本問の意味以外に「㋐祖国で，㋑在宅して」の意味でも用いられる。

1146 on end「続けて」 標準
=**continuously**

1147 under way「進行中で」 標準
=**in progress**

1148 without fail「必ず／きっと」 標準
=**for certain**(➡1125)，**for sure**

1149 in advance「あらかじめ／前もって」 標準
=**beforehand**

1150 by chance「偶然に」 標準
=**accidentally**，**by accident**

1151 at length「ついに／ようやく／やっと」 標準
=**at last**

1152 for nothing「むだに」 標準
=**in vain**(➡1115)，**to no purpose**

+プラス **for nothing** では，これ以外に「㋐無料で(➡265)，㋑何の理由もなく」の意味も押さえる。

㋐ She got it *for nothing.* (彼女はそれをただで手に入れた)

㋑ They quarreled *for nothing.* (彼らは何の理由もなくけんかした)

1153 on purpose「故意に／わざと」 標準
=**intentionally**，**deliberately**

1149 そのことについて，彼らはあらかじめ知っていた。
1150 私は，キャンパスで彼女の姉[妹]さんに偶然会った。
1151 多くの議論を重ね，ついにその2国は協定を結んだ。
1152 私の努力は，すべてむだになった。
1153 私は彼女がそれをわざとしたと思う。

1143 ① 1144 ③ 1145 ④ 1146 ② 1147 ③ 1148 ① 1149 ② 1150 ④ 1151 ③
1152 ② 1153 ②

Part 3 イディオム

1154 In short they had a difficult trip.
□□□
① At least ② For a while
③ For instance ④ To sum up 〈愛知工大〉

1155 The two students told their teacher about the strange experience by turns.
□□□
① persuasively ② alternately
③ repeatedly ④ expressively 〈愛知工大〉

1156 Has Jack left the office for good this time?
□□□
① excellently ② truly
③ permanently ④ willingly 〈札幌学院大〉

1157 Yesterday I cut my finger by mistake.
□□□
① willingly ② deeply ③ accidentally ④ intentionally 〈明海大〉

Point 193

1158 We mustn't speak ill of a man (　　　) his back.
□□□
① over ② after ③ behind ④ under 〈名古屋学院大〉

1159 In the judo match, he threw his opponent (　　　) no time at all.
□□□
① at ② in ③ on ④ to 〈立命館大〉

1160 He thinks that life is a voyage in a (　　　).
□□□
① score ② sense ③ extent ④ extension 〈駒澤大〉

1161 I can express myself in English (　　　), but I still have a lot to learn.
□□□
① as much as possible ② by all means
③ to some extent ④ for the moment 〈名城大〉

1162 She refused to do what they wanted. (　　　), she wasn't going to let them push her around.
□□□
① Overall ② By the way ③ In other words ④ In all 〈関西外大〉

1163 I glance through the newspapers and watch TV every day so as not to be (　　　) the times.
□□□
① up ② behind ③ late ④ slow 〈立命館大〉

1154 要するに，彼らはつらい旅をしたのだ。
1155 その2人の学生は，先生にその奇妙な体験のことを，かわるがわる語った。

1154 in short「要するに／手短に言えば」 標準
=**in brief**, **to sum up**
▶① at least「少なくとも」, ② for a while「しばらくの間」

1155 by turns「交替で／かわるがわる」 標準
=**alternately**

1156 for good (and all)「永久に／これを最後に」 標準
=**permanently**, **forever**

1157 by mistake「誤って／間違って」 標準
▶accidentally の本来の意味は「偶然に(=by chance)」であるが，英文の内容によっては，本問のように「誤って(=by mistake)」の意味で用いることもある。
I *accidentally* fell down the stairs. (誤って階段からころげ落ちた)

Point 193 ⋮ 3語からなる名詞を含むイディオム

1158 behind A's back「Aのいないところで」 標準
⇔**to A's face**「Aに面と向かって」
+プラス 文中の **speak ill of A**「Aの悪口を言う」も重要イディオム(➡789)。

1159 in no time「すぐに／間もなく」 標準

1160 in a sense「ある意味では」 標準
=**in a way**

1161 to some extent「ある程度」 標準
+プラス **to a great[large] extent** なら「大いに」の意味になる。

1162 in other words「言いかえれば」 標準
=**to put it another way**, **that is to say**

1163 behind the times「時代遅れで／時勢に遅れて」 標準
+プラス **behind time** は「遅れて」の意味。

Part 3 イディオム

1156 ジャックは今回，これを最後に会社を辞めたのですか。
1157 昨日，私は誤って指を切った。
1158 私たちは，陰で人の悪口を言ってはならない。
1159 柔道の試合で，彼は相手をあっという間に投げ飛ばした。
1160 彼は，ある意味では人生とは航海だ，と考える。
1161 ある程度は英語で言いたいことが言えますが，まだまだ学ぶべきことがたくさんあります。
1162 彼女は，彼らが望むことをするのを拒絶した。言いかえれば，彼女は彼らに，自分をこき使わせないようにしたのだ。
1163 時代に遅れないように，私は毎日，新聞にざっと目を通し，テレビを見ている。

1154 ④ 1155 ② 1156 ③ 1157 ③ 1158 ③ 1159 ② 1160 ② 1161 ③ 1162 ③
1163 ②

1164 □□□ I would like to withdraw comment on that <u>for the present</u>.

① right away ② to the moment
③ now and then ④ for the time being 〈東京理科大〉

1165 □□□ Most students finish their coursework by the end of May as a ( ).

① majority ② reality ③ rule ④ fact 〈西南学院大〉

1166 □□□ We were at a ( ) where to go.

① cross ② loss ③ road ④ crossroad 〈拓殖大〉

1167 □□□ I'd like to see the merchandise ( ).

① at first hand ② at a first hand
③ at the first hand ④ at first hands 〈学習院女子大〉

1168 □□□ Children are likely to get ( ) if no one cares about disciplining them.

① away from the hand ② away from hand
③ out of hand ④ out of the hand 〈東海大〉

1169 □□□ "Could you tell me where the elevator is?"
"I'm sorry, but it's out of ( )."

① energy ② hand ③ order ④ place 〈センター試験〉

1170 □□□ (a) This type of shoe is no longer in fashion.
(b) This type of shoe is out of ( ).

① date ② order ③ leather ④ shine 〈関西学院大〉

1171 □□□ Your explanation was very much to the ( ).

① dot ② place ③ point ④ spot 〈千葉商大〉

1172 □□□ In the late 1700's and early 1800's, neoclassical architecture was ( ) its best.

① at ② by ③ in ④ on 〈青山学院大〉

1173 □□□ Students travel half-price on that airline. ( ), have you bought your ticket for New York yet?

① As a result ② By the way
③ Nevertheless ④ What is more 〈京都産大〉

1164 当分の間はその件に関する見解を差し控えることにしたい。
1165 たいていの学生は，概して５月末までには彼らの学習課程を終える。
1166 どこに行ったらいいのか，私たちは途方にくれた。

1164 for the present「さしあたり／当分は」 標準
=**for the time being**(➡1197), **for some time**
▶③ now and then「時々」も押さえておこう(➡1109)。

1165 as a rule「概して／大体のところ」 標準
=**on the whole**(➡1195), **generally**, **by and large**(➡1111)

1166 (be) at a loss「途方にくれる」 標準
+プラス **(be) at a loss for words** なら「言葉につまる」の意味。

1167 at first hand「直接に／じかに」 標準
+プラス **at second hand**「間接に」もここで押さえる。

1168 out of hand「手に負えない(で)」 発展
+プラス **out of hand** には「即座に」(=immediately)の意味もある。

1169 out of order「故障して」 標準
⇔**in order**「順調で／きちんとして」
!!注意 **out of order** は，原則として公共性のある施設や機械の場合に用いる。
+プラス ④ **out of place**「場違いな／不適当な」も押さえておこう。

1170 out of date「時代遅れで」 標準
⇔**up to date**「最新の」
+プラス **out of fashion**「すたれて」⇔**in fashion**「流行して」も重要イディオム。

1171 to the point「要領を得た」 標準
⇔**beside[off] the point**「要点をはずれて／要領を得ない」(➡1193)

1172 at one's best「最高の状態で／全盛で」 標準

1173 by the way「ところで」 標準
▶① as a result「結果として」, ④ what is more「その上に／さらに」(➡309)

Part 3 イディオム

1167 直接，商品を見たいのですが。
1168 子どもたちは，もし彼らのしつけを気づかう人がいなければ，手に負えなくなるだろう。
1169 「エレベーターがどこにあるか教えていただけませんか」
「申し訳ございませんが，エレベーターは故障しています」
1170 (a) この型の靴はもはやはやっていない。
(b) この型の靴は時代遅れだ。
1171 君の説明は，とても要領を得ていた。
1172 1700年代後半と1800年代前半は，新古典主義的な建築様式の全盛期だった。
1173 あの航空会社には，学生は半額で乗れます。ところで，あなたはもうニューヨーク行きの航空券を買ってしまいましたか。

1164 ④ 1165 ③ 1166 ② 1167 ① 1168 ③ 1169 ③ 1170 ① 1171 ③ 1172 ①
1173 ②

1174 Take a camera (　　　)—there will be a chance of some unforgettable shots during the trip.
□□□
① by all means　② by any chance
③ by chance　④ by no means　〈東京電機大〉

1175 That picture doesn't seem ugly to me; (　　　), I think it's beautiful.
□□□
① however　② in opposition
③ on the contrary　④ on the other hand　〈センター試験〉

1176 He went to see the football game in spite of his doctor's advice (　　　) the contrary.
□□□
① in　② on　③ at　④ to　〈慶應義塾大〉

1177 Keep all medicines out of (　　　) of our baby.
□□□
① touch　② hand　③ reach　④ area　〈福岡国際大〉

1178 A few minutes later, the helicopter was out of (　　　).
□□□
① date　② question　③ season　④ sight　〈武蔵大〉

1179 Ms. Kato is a famous designer, and in her (　　　), long skirts will be in fashion this year.
□□□
① opinion　② point　③ voice　④ order　〈奥羽大〉

1180 We must prevent that kind of disaster (　　　).
□□□
① with any expenses　② to any cost
③ with any risks　④ at all costs　〈福岡大〉

1181 On (　　　) thoughts, I agreed to his plan.
□□□
① repeated　② second　③ twice　④ two　〈北海学園大〉

● ● ●

1182 <u>All at once</u> the old lady burst into tears.
□□□
① Immediately　② Suddenly　③ Quickly　④ Usually　〈札幌学院大〉

1183 Everything is probably all right. <u>All the same</u>, I had better go and make sure.
□□□
① And　② Besides　③ For　④ Nevertheless　〈中央大〉

1174 ぜひともカメラを持って行きなさい。旅行中には，思い出に残る写真を撮る機会があるだろうから。
1175 その絵は，私には見苦しいとは思えません。それどころか，美しいと思います。

1174 by all means「ぜひとも」 標準

▶② by any chance「ひょっとして」(➡1184), ④ by no means「決して…でない」(➡484, p.175【整理45】)

1175 on the contrary「それどころか」 標準

1176 to the contrary「(修飾する語句の後で)それと反対の[に]」 標準

1177 out of reach **(of A)**「(Aの)手の届かないところに」 標準

＋プラス **out of[beyond] (A's) reach**「(Aの)手の届かないところに」⇔ **within (A's) reach**「(Aの)手の届くところに」の関係をしっかり理解しよう。

1178 out of sight「視界から見えなくなって」 基本

!!注意 sight は無冠詞で使う。

＋プラス **out of A's sight** は「Aの目が届かないところに[で]」という意味。

1179 in **A's** opinion「**A**の考えでは」 標準

1180 at all costs「ぜひとも／どんな犠牲を払っても」 標準

＝**at any cost**

1181 on second thought**(s)**「考え直してみると」 発展

Part 3 イディオム

◉ ◉ ◉

1182 all at once「突然に」 標準

＝**suddenly**, **all of a sudden**(➡1200)

1183 all the same「それでも(やはり)」 標準

＝**nevertheless**, **just the same**

＋プラス **all the same** は形容詞句として「まったく同じことだ，どうでもいいことだ」の意味でも使う。

1176 医者の忠告にもかかわらず，それに逆らって彼はフットボールの試合を見に行った。
1177 薬はすべて，赤ちゃんの手の届かないところに置いておいて。
1178 数分後，ヘリコプターは視界から見えなくなった。
1179 カトウさんは有名なデザイナーで，彼女の考えでは，今年はロングスカートがはやるそうだ。
1180 私たちは，あのような大惨事はどんな犠牲を払ってでも防がなければならない。
1181 考え直してみて，私は彼の計画に賛成した。
1182 突然，その老婦人はわっと泣き出した。
1183 たぶんすべて順調に進んでいるのだろう。それでもやはり私が行って確認したほうがよい。

1174 ①　1175 ③　1176 ④　1177 ③　1178 ④　1179 ①　1180 ④　1181 ②　1182 ②　1183 ④

1184 By any chance, could you be Mr. White?
□□□
① By and by ② By the way
③ By some possibility ④ By accident 〈青山学院大〉

1185 Can you finish the work on your own?
□□□
① alone ② completely
③ with your best effort ④ as you like 〈青山学院大〉

1186 Fred is good at all sports. At tennis he is second to none.
□□□
① unsuccessful ② insignificant
③ behind ④ unbeatable 〈日本大〉

1187 I was ill at ease while I was waiting for my girlfriend at Shinjuku.
□□□
① uncomfortable ② useless ③ happy ④ alone 〈国士舘大〉

1188 I don't let anything get in my way. I keep trying.
□□□
① help me ② touch me ③ order me ④ stop me 〈大阪大谷大〉

1189 Gradually my little daughter came to trust the old man.
□□□
① All over ② At first
③ In no time ④ Little by little 〈桃山学院大〉

1190 Tell the truth in any case.
□□□
① at any rate ② all the way
③ eventually ④ really 〈青山学院大〉

1191 My library is at your disposal.
□□□
① to be got rid of by you ② not guaranteed by you
③ to be used as you wish ④ up to you 〈名古屋外大〉

1192 He applied for the job and was hired on the spot.
□□□
① right away ② by all means
③ in person ④ on credit 〈日本大〉

1193 His idea is interesting, but unfortunately it is beside the point.
□□□
① irrelevant ② to the point ③ appropriate ④ on purpose
〈駒澤大〉

1194 He's always on the go, from morning to night.
□□□
① excited ② passionate ③ relaxed ④ busy 〈青山学院大〉

1184 ひょっとして，ホワイトさんでいらっしゃいますか。
1185 ひとりでその仕事を終えることができますか。
1186 フレッドはあらゆるスポーツが得意だ。テニスでは誰にも劣らない。

1184 **by any chance**「ひょっとして／万一にも」 標準
=**by some possibility**

1185 **on one's own**「ひとりで／独力で」 標準
=**alone**

1186 **second to none**「誰[何]にも劣らない」 標準

1187 **ill at ease**「落ち着かない／不安な」 標準
=**uncomfortable**
⇔**at ease**「気楽に／くつろいで」(➡1136)

1188 **in A's way**「(Aの)じゃまになって」 標準
⇔**out of A's way**「Aのじゃまにならないように」
▶**get in A's way**で「Aのじゃまをする」の意味になる。
+プラス **in the way (of A)**「(Aの)じゃまになって」⇔**out of the way (of A)**「(Aの)じゃまにならないように」という表現も押さえておこう。

1189 **little by little**「少しずつ／徐々に」 標準
=**gradually**, **by degrees**(➡1128)
▶② at first「初めのうちは／最初は」(➡703), ③ in no time「すぐに」(➡1159)

1190 **in any case**「とにかく／いずれにせよ」 標準
=**at any rate**

1191 **at A's disposal**「Aの自由になる(ように)」 読解 発展
▶正答の③は「あなたの望む通りに使ってよい」の意味になる。
‼注意 このイディオムは,読解問題でも問われやすいので要注意。

1192 **on the spot**「即座に／直ちに」 標準
=**right away**(➡1108), **at once**

1193 **beside[off] the point**「要点をはずれて／要領を得ない」 標準
⇔to the point「要領を得た」(➡1171)
▶④の on purpose は「故意に」の意味(➡1153)。

1194 **on the go**「忙しく働いて／活動して」 発展
=**(very) busy**

Part 3 イディオム

1187 私は新宿でガールフレンドを待っている間落ち着かなかった。
1188 何ものにも私のじゃまをさせない。私は努力し続ける。
1189 徐々に,私の幼い娘はその年老いた男を信用するようになった。
1190 いずれにせよ,真実を話しなさい。
1191 私の蔵書は,あなたの好きなようにしてよい。
1192 彼はその仕事に応募して,即座に雇われた。
1193 彼の着想はおもしろいが,残念ながら的はずれだ。
1194 彼は,いつも朝から晩まで忙しく働く。

1184 ③ 1185 ① 1186 ④ 1187 ① 1188 ④ 1189 ④ 1190 ① 1191 ③ 1192 ①
1193 ① 1194 ④

1195 On the whole, our company has been successful for the last ten years.
□□□
① Generally ② Clearly ③ Naturally ④ Definitely 〈中部大〉

Point 194

1196 Do you take me for forty? You are wide (　　) the mark.
□□□
① of ② at ③ in ④ to 〈南山大〉

1197 I need a new computer but (　　) I'll have to continue using the old one.
□□□
① for good ② for the time being
③ in the long run ④ once in a while 〈東北学院大〉

1198 (　　) the first time, they could communicate across the Pacific Ocean.
□□□
① For ② In ③ At ④ On 〈青山学院大〉

1199 When he asked if he could use all of our savings to buy a new car, I refused. I told him that it was (　　) the question.
□□□
① in to ② out of ③ part of ④ up to 〈京都産大〉

1200 All of a (　　) the river rose and broke its banks.
□□□
① glimpse ② minute ③ while ④ sudden 〈いわき明星大〉

1201 I may work this summer. (　　), I may take a long vacation.
□□□
① More and more ② On the whole
③ On the other hand ④ At first hand 〈日本大〉

1202 From a commercial point of (　　), this film is a failure.
□□□
① look ② sale ③ sense ④ view 〈センター試験〉

1203 As a matter of (　　), she has never been to London.
□□□
① truth ② honest ③ frank ④ fact 〈拓殖大〉

1204 I thought Jason had been arrested and Brian hadn't, but the fact is it was the other way (　　).
□□□
① around ② out ③ over ④ up 〈武庫川女子大〉

1195 概して私たちの会社はこの10年間業績が好調だった。
1196 私のことを40歳だと思っているの？ とんだ的はずれだわ。

1195 **on the whole**「概して／大体のところ」 標準
=**generally**, **as a rule**(➡1165), **by and large**(➡1111)

Point 194 ⋮ 4語以上からなる名詞を含むイディオム

1196 **wide of the mark**「的はずれで／要領を得ない」 標準
=**beside[off] the mark**, **beside[off] the point**(➡1193)

1197 **for the time being**「当分の間／さしあたり」 標準
▶③ in the long run「結局は／長い目でみれば」(➡1207), ④ once in a while「ときどき」(➡807)

1198 **for the first time**「初めて」 標準
+プラス 似たイディオムの **at first**「初めのうちは／最初は」(➡703), **first of all**=**in the first place**「まず第一に」との違いも正確に押さえておこう。

1199 **out of the question**「論外で／考えられない」 標準

1200 **all of a sudden**「突然に」 標準
=**suddenly**, **all at once**(➡1182)

1201 **on the other hand**「他方では」 基本
+プラス **on the other hand** は **on one hand**「一方では」と呼応して用い,「一方では…, 他方では〜」の意味を表すこともある。

1202 **from A's point of view**「Aの見地からすれば」 標準

1203 **as a matter of fact**「実際のところ」 読解 標準

1204 **the other way around**「あべこべに」 発展

Part 3 イディオム

1197 新しいコンピューターが必要なのだが, さしあたり古いのを使い続けなければならないだろう。
1198 初めて彼らは, 太平洋を越えて通信し合うことができた。
1199 彼が, 新しい車を買うのに私たちの貯金を全部使ってよいかと尋ねたとき, 私は断った。私は彼に, それは論外だと言った。
1200 突然, その川は増水し土手を破壊した。
1201 この夏は仕事をするかもしれない。他方では, 長い休暇を取るかもしれない。
1202 商業的な見地からすれば, この映画は失敗作である。
1203 実際のところ, 彼女は一度もロンドンに行ったことがない。
1204 私は, ジェイソンが逮捕され, ブライアンは逮捕されていないと思っていたが, 事実はあべこべだ。

1195 ① 1196 ① 1197 ② 1198 ① 1199 ② 1200 ④ 1201 ③ 1202 ④ 1203 ④
1204 ①

1205 That elementary school (　　) teachers who can conduct English classes in English.
□□□
① is in serious need of　② is wanted to hire
③ is required seriously　④ wants recruiting　〈早稲田大〉

1206 The name of that CD is on the tip of my (　　) but I just can't remember it.
□□□
① head　② mouth　③ nail　④ tongue　〈国士舘大〉

● ● ●

1207 <u>In the long run</u>, you will have to practice more.
□□□
① Briefly　② Secretly
③ Eventually　④ Swiftly　〈札幌学院大〉

1208 We would like to have barbecue parties <u>from time to time</u>.
□□□
① frequently　② occasionally
③ consequently　④ freely　〈名古屋外大〉

1209 Sally visited us <u>out of the blue</u>.
□□□
① because she was sad　② on a sunny day
③ unexpectedly　④ when we were out　〈立命館大〉

1210 His grandmother was kind enough to <u>make good on</u> his debts.
□□□
① refuse　② pay　③ account　④ offer　〈名城大〉

1211 Her future plan is <u>up in the air</u>.
□□□
① promising　② strange　③ undecided　④ wonderful　〈日本大〉

1205 その小学校では英語のクラスを英語で行うことができる教師の必要に迫られている。
1206 そのCDの名前はのどまで出かかっているのに，どうしても思い出すことができない。
1207 長い目でみれば，あなたはもっと練習しなければならないでしょう。
1208 私たちは，ときどきバーベキュー・パーティーを開きたい，と思います。
1209 サリーは突然，私たちを訪ねて来た。
1210 彼の祖母は親切にも彼の借金を返済してくれた。
1211 彼女の将来の計画はまだ固まっていない。

1205 **be in need of A**「Aを必要としている」 標準

1206 **on the tip of A's tongue**「のどまで出かかって(いるが思い出せない)」 発展

+プラス **on the tip of A's tongue** は「危うく口から出かかって」の意でも使われる。

◉ ◉ ◉

1207 **in the long run**「結局は／長い目でみれば」 標準

＝**eventually**, **ultimately**, **in the end**

1208 **from time to time**「ときどき」 標準

＝**occasionally**

+プラス「ときどき」の意味を表すイディオムは，本問の他に，**at times**(➡1109)，**on occasion**(➡1109)，**once in a while**(➡807)，**(every) now and then [again]**(➡1109)の4つを押さえる。

1209 **out of the blue**「予告なしに／突然」 発展

＝**unexpectedly**

1210 **make good (on) A**「Aを埋め合わせる」 発展

▶**make good (on) a debt** で「借金を返済する」の意味。

+プラス **make good (on) a loss**「損失を補てんする」も押さえる。

1211 **up in the air**「未決定で，未定で」 発展

‼注意 be up in the air の形で使う。

＝**in the air**

+プラス **up in the air** には副詞句「空高く」の意味もあるので注意。

1205 ①　1206 ④　1207 ③　1208 ②　1209 ③　1210 ②　1211 ③

その他の覚えておきたい 名詞を含むイディオム

□ **at any rate**「とにかく／いずれにせよ」＝**in any case**（➡1190）
At any rate we can go out when it stops raining.
（雨がやんだらとにかく私たちは出かけられる）

□ **at random**「手当たりしだいに／無作為に」
The professor chose a student **at random** from the audience.
（教授は聴講者の中から無作為に１人の学生を選んだ）

□ **at will**「意のままに／自由に」
You cannot control the workings of your heart **at will**.
（心臓の働きを意のままにすることはできない）

□ **for ages**「長い間」
I haven't smoked **for ages**.
（私は長い間タバコを吸っていない）

□ **in progress**「進行中で」＝**under way**（➡1147）
The project is now **in progress**.
（その計画は今進行中である）

□ **in the way (of A)**「（**A**の）じゃまになって」（➡1188）
He was helping his mother prepare for dinner, but he was **in the way**.
（彼は母親の夕食の準備を手伝っていたが，じゃまになっていた）

□ **in turn**「今度は」
I explained how to use the remote control to my father, and he **in turn** explained it to my mother.
（私がそのリモコンの使用法を父に説明し，今度は父がそれを母に説明した）

□ **out of place**「場違いな／不適当な」
I never quite overcame the sense of being **out of place**.
（私は決して場違いな気持ちから抜け出せたわけではなかった）

other essential idioms

□ **in short supply**「品薄で」

It's very cold this winter and blankets are **in short supply**.
（今年の冬は非常に寒いので，毛布が品薄になっている）

□ **at one's own risk**「自分の責任で」

You can swim here **at your own risk**.
（ここでは自己責任で泳いでください）

□ **at short notice**「急に／突然に」

The president ordered to call a press conference **at short notice**.
（社長は緊急に記者会見を開くよう命じた）

□ **be on edge**「いらいらして／緊張して」

She **was on edge** as she waited for her test results.
（彼女はテスト結果を待っていたのでいらいらしていた）

□ **bear fruit**「実を結ぶ」

His long research is now **bearing fruit**.
（長期にわたる彼の研究が今実を結びつつある）

□ **in the market for A**「**A**を買いたいと思っている」

I am **in the market for** a good digital camera.
（私は良いデジタルカメラを買いたいと思っている）

□ **on the grounds of A**「**A**の理由で／**A**を根拠に」

The police released the suspect **on the grounds of** lack of evidence.
（警察は容疑者を証拠不十分で釈放した）

□ **on the verge of A**「いまにも**A**しそうである」

The Japanese economy was **on the verge of** collapse 20 years ago.
（20年前，日本の経済は崩壊寸前であった）

第24章 前置詞の働きをするイディオム(群前置詞)

Point 195

1212 The train was delayed (　　) the heavy rain.
□□□
① on account of　② by means of
③ for the sake of　④ caused by　〈東海大〉

1213 Severe food shortages will occur, (　　) to the effects of global warming.
□□□
① because　② owing　③ by　④ reason　〈東京薬大〉

1214 The airport was closed (　　) the fog.
□□□
① because　② by way of　③ for all　④ due to　〈亜細亜大〉

1215 (　　) your kind cooperation, we were able to finish the project within three days.
□□□
① Thanks to　② For the sake of
③ Free from　④ In consideration of　〈立教大〉

1216 The competition to get into that company was very high. Nonetheless, she was successful (　　) of her clear motivation.
□□□
① by virtue　② by way　③ in favor　④ in place　〈法政大〉

Point 196

1217 He is decorating the house with a (　　) it.
□□□
① view to selling　② view in selling
③ purpose to selling　④ purpose to sell　〈中央大〉

1218 Society exists for the (　　) of the individual.
□□□
① motive　② reason　③ cause　④ sake　〈鶴見大〉

1212　大雨のため，その列車は遅れた。
1213　地球温暖化の影響のために，深刻な食糧不足が起きるだろう。
1214　霧のために，その空港は閉鎖された。
1215　あなたの親切なご協力のおかげで，私たちはプロジェクトを3日以内で終わらせることができました。

Point 195 ⋮ 理由を表す群前置詞

以下の群前置詞はほぼ同意の表現と考えてよい。

1212 on account of A「Aの理由で」 標準
▶③ for the sake of A「Aの(利益の)ために/Aを目的として」(➡1218)

1213 owing to A「Aの理由で」 標準

1214 due to A「Aの理由で」 標準
+プラス ㋐ **be due to A**「Aが原因[理由]である」, ㋑ **be due to do**「…する予定である」の用法も押さえる。
㋐ Her absence *was due to* illness.
(彼女の欠席は病気によるものだった)
㋑ She *is due to* come here today.
(今日, 彼女はここに来る予定だ)

1215 thanks to A「Aの理由で/Aのおかげで」 標準
!!注意 Aには良いことだけでなく, 悪いことも来ることに注意。
Thanks to the terrible weather, we had to postpone our trip.
(ひどい天気だったので, 私たちは旅行を延期しなければならなかった)

1216 by virtue of A「Aのおかげで」 読解 発展
▶② by way of A「Aのつもりで/Aを経由して」(➡1237), ③ in favor of A「Aを支持して/Aに賛成して」(➡1233), ④ in place of A「Aの代わりに」(➡1240), =instead of A)

Point 196 ⋮ 目的を表す群前置詞

1217 with a view to doing「…する目的で」 標準
=**for the purpose of doing**
+プラス **so as to do / in order to do**(➡124)との言いかえも頻出。

1218 for the sake of A「Aの(利益の)ために/Aを目的として」 標準

1216 その会社に入るための競争はとても激しかった。それにもかかわらず彼女は明確な志望動機のおかげで合格した。
1217 家を売る目的で, 彼は家にペンキを塗っている。
1218 社会は個人のために存在する。

1212 ① 1213 ② 1214 ④ 1215 ① 1216 ① 1217 ① 1218 ④

Point 197

1219 (　　　) her promises, Jane hasn't paid the money back.
□□□ ① For all　② But for　③ Instead of　④ In addition to　〈防衛大学校〉

1220 Everybody here, (　　　) of age or sex, likes soccer.
□□□ ① excluding　② regardless　③ needless　④ ignoring　〈千葉商大〉

Point 198

1221 "Lots of people criticize her for working too slowly at the office."
□□□ "I know, but (　　　) what people say about her, she always finishes her work before the deadline."
① against　② away from　③ compares to　④ contrary to
〈センター試験〉

1222 I cannot agree with her (　　　) regards this.
□□□ ① to　② with　③ as　④ from　〈駒澤大〉

1223 As (　　　) me, I don't mind working on the holiday.
□□□ ① for　② with　③ by　④ at　〈広島工大〉

1224 (　　　) from the cost of heating it, it was a fantastic house.
□□□ ① Different　② Something　③ Apart　④ Far　〈拓殖大〉

1225 There is a lively debate about whether any animals (　　　) than humans have the ability to speak.
□□□ ① better　② less　③ inferior　④ other　〈上智大〉

1226 It is (　　　) you to decide how much to spend on the plan.
□□□ ① responsible for　② depend on　③ up to　④ along with
〈学習院大〉

● ● ●

1219　約束したにもかかわらず，ジェーンはまだお金を返していない。
1220　ここにいるみんなは，年齢も性別も関係なく，サッカーが好きです。
1221　「たくさんの人たちが彼女のことを，会社での仕事が遅すぎると非難している」
「知ってるわ。けれども彼女について人が言うこととは逆に，彼女はいつも締め切り前には仕事を終えるわ」
1222　この件に関しては，私は彼女に同意できません。
1223　私に関して言えば，休日に働くのはかまいません。

Point 197 ⋮ 譲歩を表す群前置詞

1219 for all A「**A**にもかかわらず」 標準
=**despite A**(➡418), **with all A**, **in spite of A**(➡811)
▶② but for A「もしAがなければ」(➡**94**), ④ in addition to A「Aに加えて」(➡**810**)

1220 regardless of A「**A**(のいかん)にかかわらず」 標準
=**irrespective of A**

Point 198 ⋮ 2語からなる群前置詞

1221 contrary to A「**A**とは逆に/**A**に反して」 標準
▶①の against には「…に反対して」の意味があるが, 主語の she が「反対の姿勢」を持っているわけではないので, 本問では不可。
‼注意 **on the contrary**「それどころか」(➡**1175**), **to the contrary**「それと反対の[に]」(➡**1176**)も再確認しておこう。

1222 as regards A「**A**に関して」 発展

1223 as for A「(文頭で)**A**について言えば」 標準
+プラス よく似た表現の **as to A**「Aについては」=**about A** はどの位置でも使える。

1224 apart from A「**A**は別にすると/**A**はさておき」 標準

1225 other than A「**A**以外の」
+プラス other than A は否定語とともに使うと「Aよりほかに…ない, Aしかない」の意味になる。
He has no friend to talk with *other than* Ted.
(彼はテッドのほかに話をする友人がいない)

1226 (be) up to A「**A**(人)の責任で」 読解 標準

Part 3 イディオム

1224 暖房費のことを別にすると, それはすばらしい家でした。
1225 ヒト以外の動物で話す力が備わっているものが何かいるかどうかという点についての活発な議論が交わされている。
1226 その計画にどれくらい経費をかけるかを決めるのは, あなたの責任です。

1219 ① 1220 ② 1221 ④ 1222 ③ 1223 ① 1224 ③ 1225 ④ 1226 ③

1227 I think he is <u>up to</u> something bad.
□□□
① hitting ② climbing
③ planning ④ lifting 〈立命館大〉

Point 199

1228 Many Japanese emigrated to Hawaii and to California in ( ) of a better life.
□□□
① search ② pursue ③ chase ④ hunt 〈南山大〉

1229 A welcome meeting was held ( ) honor of Mr. Smith.
□□□
① to ② in ③ on ④ at 〈早稲田大〉

1230 We couldn't take a bath ( ) lack of water.
□□□
① for ② in ③ on ④ to 〈愛媛大〉

1231 He kept quiet for ( ) of waking the baby.
□□□
① the purpose ② fear ③ the sake ④ case 〈関西学院大〉

1232 We want to give you this little present in ( ) for your kindness.
□□□
① return ② change ③ response ④ thank 〈立命館大〉

1233 The politician is ( ) reforming the current educational system.
□□□
① a favor ② favored ③ in favor ④ in favor of 〈実践女子大〉

1234 Living in New York is cheap in ( ) with living in Tokyo.
□□□
① compare ② comparison ③ compared ④ comparing 〈拓殖大〉

1235 To tell you the truth, I don't like Tom very much. He considers everything ( ) profit and loss.
□□□
① thanks to ② at the cost of ③ in terms of ④ for lack of
〈東邦大〉

1236 Politics in Japan is getting complicated. What do you think ( ) regard to this problem?
□□□
① at ② in ③ for ④ by 〈神戸松蔭女子学院大〉

1237 He returned home ( ) New York.
□□□
① in honor of ② by way of ③ for the purpose of ④ in case of
〈愛知工大〉

1227 **(be) up to A**「**A**(よくないこと)をたくらんで」 読解 発展

▶前問および本問の **(be) up to A** は読解上も重要。

Point 199 ⋮ 3語からなる群前置詞

1228 **in search of A**「**A**を探して」 標準

1229 **in honor of A**「**A**に敬意を表して/**A**を祝して」 標準

1230 **for lack of A**「**A**の不足のために」 標準

=**for want of A**

1231 **for fear of A / doing**「**A**を恐れて/…しないように」

‼注意 **for fear (that) S should [might / would / will]** …「…しないように/…する場合に備えて」(➡373)との形の違いに注意。

1232 **in return for A**「**A**のお返しに」 標準

1233 **in favor of A**「**A**に賛成して」 標準

=**for A**(➡401)

⇔**against A**(➡401)

1234 **in [by] comparison with A**「**A**と比較すると」 標準

1235 **in terms of A**「**A**の点から」 標準

▶① thanks to A「Aの理由で」(➡1215), ② at the cost of A「Aを犠牲にして」(➡1243), ④ for lack of A「Aの不足のために」(➡1230)

1236 **in regard to A**「**A**に関して」 標準

=**in respect of A**

1237 **by way of A**「**A**を経由して」 標準

+プラス **by way of A** は「Aのつもりで」の意味でも用いられる。

She said that *by way of* a joke.

(彼女は冗談のつもりでそう言った)

Part 3 イディオム

1227 私は，彼は何か悪いことをたくらんでいると思います。
1228 たくさんの日本人が，より良い生活を求めてハワイとカリフォルニアへ移住した。
1229 スミス氏に敬意を表して，歓迎会が開催された。
1230 水不足のために，私たちはお風呂に入れなかった。
1231 彼は赤ん坊を起こさないように静かにしていた。
1232 親切にしてくれたお返しに，私たちはあなたにこのささやかな贈り物をしたい。
1233 その政治家は現行の教育制度を改革することに賛成している。
1234 ニューヨークに住むのは，東京に住むのに比べると安上がりです。
1235 本当のことを言うと，私はトムがあまり好きではない。彼は何事も損得の点からとらえるからだ。
1236 日本の政治は複雑になりつつある。この問題について，あなたはどう思いますか。
1237 彼はニューヨークを経由して帰国した。

1227 ③ 1228 ① 1229 ② 1230 ① 1231 ② 1232 ① 1233 ④ 1234 ② 1235 ③
1236 ② 1237 ②

1238 Who is in (　　　) of the office while the boss is away?
□□□ ① charge　② responsibility　③ care　④ head　〈立命館大〉

1239 The secretary spoke (　　　) of the minister, who was ill.
□□□ ① because　② in consequence　③ in spite　④ on behalf　〈中部大〉

1240 For this recipe you can always use olive oil in (　　　) of butter.
□□□ ① regard　② manner　③ place　④ charge　〈北海学園大〉

Point 200

1241 He explained the strange phenomena (　　　) recent scientific knowledge.
□□□
① in the light of　② in case of　③ in point of　④ in respect of　〈久留米大〉

1242 (　　　) the sight of a snake, the girl gave a cry.
□□□ ① On　② With　③ To　④ At　〈桜美林大〉

1243 He argues that the tax cut will benefit the rich at the (　　　) of the poor.
□□□
① expense　② help　③ mercy　④ suspense　〈学習院大〉

1244 We spent the night on the mountain (　　　) the wind and rain.
□□□
① at the sight of　② at the cost of
③ at the mercy of　④ at the rate of　〈青山学院大〉

1238 社長が不在のとき，誰が会社の責任者なのですか。
1239 秘書が大臣に代わって話をしたが，それは大臣が病気だったからだ。
1240 このレシピではいつでもバターの代わりにオリーブオイルを使うことができます。
1241 最近の科学知識の観点から，彼はその不思議な現象を解説した。
1242 ヘビを見ると，その少女は悲鳴を上げた。
1243 彼は今度の減税は貧乏人を犠牲にして金持ちを優遇するものだと主張している。
1244 風と雨にほんろうされるがままに，私たちは山で一夜を過ごした。

1238 **in charge of A**「**A**の担当で／**A**の責任を負っている」 標準
▶本問のように，be 動詞の後で補語的に使われることが多い。

1239 **on [in] behalf of A**「**A**の代理として／代表として」 標準
+プラス **on [in] behalf of A** は「Aのために」の意味でも用いられる。
They work *on behalf of* the country.
（彼らは国のために働く）

1240 **in place of A**「**A**の代わりに」 標準
= **instead of A**
▶④ in charge of A は「Aの担当で／Aの責任を負っている」の意味（➡1238）。

Point 200 ⋮ 4語からなる群前置詞

1241 **in (the) light of A**「**A**の観点から／**A**を考慮して」 標準

1242 **at the sight of A**「**A**を見ると」 標準

1243 **at the expense [cost] of A**「**A**を犠牲にして」 標準

1244 **at the mercy of A**「**A**のなすがままに」 標準

1238 ①　1239 ④　1240 ③　1241 ①　1242 ④　1243 ①　1244 ③

Next Stage

Part 4 会話表現

いろいろと勉強しても最後までカバーできないのが，本パートの会話表現である。本パートでは，会話の定型表現を効率的に学習できるように，入試問題をベースにした全問空所補充問題とし，同意表現も同時に扱える形式にすることにした。問題形式を全面的に改めたため，出典大学は付記していない。なお，Part 4「会話表現」と Part 6「アクセント・発音」については，録音したCD が付いている。十分に利用して，効率的な学習を心がけてほしい。

Point 201 あいさつと付き合い

CD1

1245 「私はウィリアム・スミスと言います」「はじめまして」
□□□ "I'm William Smith." "(　　　) do you (　　　)?"

1246 「ロバート，こちらがリンダよ」「はじめまして」
□□□ "Robert, this is Linda." "Nice (　　　) (　　　) you."

1247 「調子はいかがですか」「まずまずです」
□□□ "How are things (　　　) with you? = How's everything (　　　)?" "Not bad."

1248 「最近いかがお過ごしですか」
□□□ "How are you (　　　) along these days?"

1249 「ご出身はどちらですか」
□□□ "Where (　　　) you from? = Where (　　　) you (　　　) from?"

1250 「どちらにお勤めですか」「東京エンジニアリングです」
□□□ "(　　　) do you work for?" "I work for Tokyo Engineering Company."

1251 「今日は何日ですか」「７月25日です」
□□□ "What is (　　　) (　　　) today?" "Today's July 25th."

1252 「お久しぶりですね」
□□□ "It's been a long time (　　　) I saw you (　　　). = I (　　　) seen you (　　　) a long time."

1253 「そろそろおいとましなくては。すてきなパーティーでした」「お会いできてよかったです」
□□□ "I must be (　　　) now. It was a nice party." "Nice (　　　) you. = I'm glad to (　　　) (　　　) you."

Point 201 あいさつと付き合い

1245 **How do you do?**「はじめまして」 基本

+プラス **How are you?**「お元気ですか」は日常的なあいさつ。

1246 **Nice to meet you.**「はじめまして」 基本

1247 **How are things going (with you)?**「調子はいかがですか」 標準

=**How's everything (going)?**

1248 **How are you getting along?**「(ごぶさたしていますが)いかがお過ごしですか」 標準

=**How are you doing?**

1249 **Where are you from?**「ご出身はどちらですか」 標準

=**Where do you come from?**

‼注意 現在時制を用いることに注意。(➡455)

1250 **Who do you work for?**「どちらにお勤めですか」 発展

‼注意 **Who** を使うことに注意。この who は団体名を問うときに使われるもので，通例，会社名で答える。*What* do you work *for*?「何のために働くのか」との違いに注意。なお，*Where* do you work?「どこで働いていますか」であれば，I work in a bank.「銀行に勤めています」などと答える。

1251 **What is the date today?**「今日は何日ですか」 標準

=**What date is it today?**

‼注意 What day (of the week) is (it) today? は「今日は何曜日ですか」という意味になる。

1252 **It's been a long time since I saw you last.**「お久しぶりですね」

=**I haven't seen you for[in] a long time.** 標準

▶最初の文は「あなたに最後にお会いしてからずいぶんたちますね」(➡p.25【整理3】)，2番目の文は「長い間あなたにお目にかかっていませんね」の意味で，それぞれのニュアンスから「お久しぶりですね」の意味になる。

1253 (A) **I must be going[leaving / off] now.**「そろそろおいとましなくてはなりません」 標準

(B) **Nice meeting you.**「お会いできてよかったです」

=**I'm glad to have met you.**

‼注意 会ったときのあいさつ **Nice to meet you.**(➡1246)と別れのあいさつ **Nice meeting you.** とを混同しないこと。

Part 4 会話表現

1245 How, do 1246 to meet 1247 going, going 1248 getting 1249 are, do, come 1250 Who 1251 the date 1252 since, last, haven't, for[in] 1253 going[leaving/off], meeting, have met

1254「それじゃ，また」「さようなら」
□□□ “(　　　) (　　　) later. = I'll be (　　　) you later.” “Take (　　　).”

1255「よい休日を」「そちらこそ」
□□□ “Have a nice holiday.” “The (　　　) to you.”

1256「いい１日を」「あなたもね」
□□□ “(　　　) a good day.” “Same to you.”

1257「ご家族によろしくお伝えください」
□□□ “Please (　　　) me (　　　) your family.
= Please say (　　　) (　　　) your family.
= Please (　　　) my best (　　　) (　　　) your family.”

1258「明日アメリカに帰ります」「とても寂しくなりますね」
□□□ “I'm going back to the U.S. tomorrow.” “We'll (　　　) you a lot.”

Point 202 電話でのやりとり

CD 2

1259「もしもし，ABC 社の鈴木です」
□□□ “Hello, this is Suzuki from ABC Company (　　　).”

1260「ボブをお願いできますか」「私です」
□□□ “May I (　　　) to Bob?” “(　　　).”

1261「山田さん，いらっしゃいますか」「どなた様でしょうか」
□□□ “Is Mr. Yamada there?” “(　　　) calling, please? = Who is (　　　), please?”

1262「(電話を)切らずにそのままお待ちください」
□□□ “Please (　　　) (　　　). = Please (　　　) the (　　　).”

1263「まだ電話を切らないでください」
□□□ “Don't hang (　　　) yet, please.”

1264「トム，あなたに電話よ」
□□□ “Tom, you are (　　　) (　　　) the phone.”

1254 (A) **See you later[soon].**「それじゃ(またあとで)」 基本
=**I'll be seeing you later[soon].**

(B) **Take care.**「さようなら」
=**Good bye. / So long.**

!! 注意 See you later[soon]. は，目上の人には用いないことに注意。

1255 **(The) same to you.**「あなたもご同様に」 標準

＋プラス "Happy New Year!" や "Merry Christmas!" などの返答にもよく用いられる。また，侮辱的なことばに対する言い返しとして用いられることもある。

1256 **Have a good[nice] day.**「いい1日を」 標準

＋プラス Have a good day. とか Have a good time. は「行ってらっしゃい」あるいは「じゃあ，またね」の意味でも使う。Thank you. と言ってから(The) same to you. = You, too. と返すこともある。

1257 **Remember me to A.**「私のことをAによろしく伝えてください」
=**Say hello to A.** = **Give my (best) regards to A.**(➡713) 標準

1258 **We'll miss you a lot.**「とても寂しくなりますね」 標準
=**We'll miss you when you leave.**

Point 202 ⋮ 電話でのやりとり

1259 **This is Suzuki from ABC Company speaking.**「ABC社のスズキと申します」 標準

▶電話口で「こちらはボブです」と言う場合は This is Bob speaking. と言う。

1260 (A) **May I speak[talk] to A?**「Aをお願いできますか」 標準
=**I'd like to speak[talk] to A, please.**

(B) **Speaking.**「((A)に対して)私です」
=**This is he. / It's me.**

1261 **Who's calling[speaking], please?**「どなた様でしょうか」 標準
=**Who is this[it], please?**

1262 **Please hold[hang] on.**「(電話を)切らずにそのままお待ちください」
=**Please hold the line.** 標準

1263 **Don't hang up yet, please.**「まだ電話を切らないでください」 標準

▶**hang up**「電話を切る」(➡927)⇔**hang on**「電話を切らずにおく」の関係をしっかり押さえること。

1264 **You are wanted on the phone.**「あなたに電話です」 標準
=**You have a phone call.**

Part 4 会話表現

1254 See you, seeing, care **1255** same **1256** Have **1257** remember, to, hello to, give, regards to **1258** miss **1259** speaking **1260** speak[talk], Speaking
1261 Who's, this[it] **1262** hold[hang] on, hold, line **1263** up **1264** wanted on

1265 「ご伝言をうかがいましょうか」「ええ，折り返し，すぐ私に電話するよう彼に伝えてください」
□□□ "Shall I (　　　) a message?" "Yes, please ask him to (　　　) me back soon."

1266 「番号をお間違えのようですが」
□□□ "I'm afraid you have the (　　　) (　　　)."

1267 「ジャックに電話したけれど，話し中だったんだ」
□□□ "I called Jack but the line was (　　　)."

1268 「スミスさんにつないでください」
□□□ "Please put me (　　　) to Mr. Smith. = Please (　　　) me with Mr. Smith."

1269 「山田さんを電話口に呼び出してください」
□□□ "Please (　　　) Mr. Yamada on the phone."

1270 「私の代わりに電話に出てくれませんか」
□□□ "Will you (　　　) the phone for me?"

1271 「もしもし，今夜の夕食の予約をしたいのですが」
□□□ "Hello, I'd like to make a (　　　) for dinner tonight."

1272 「彼は別の電話に出ています」
□□□ "He is (　　　) another (　　　)."

1273 「もしもし，聞こえるかい，トム」
□□□ "Are you (　　　), Tom?"

1274 「もしもし，田中氏はいらっしゃいますか」「あいにくですが，ただいま外出しております」
□□□ "Hello, is Mr. Tanaka in?" "Sorry, but he is (　　　) now. = Sorry, but he is not (　　　) now."

1265 (A) **Shall [May] I take a message?**「ご伝言をうかがいましょうか」 標準

+プラス **May I leave a message (with A)?**「(Aに)伝言を残したいのですが」も押さえておこう。

(B) **call back A / call A back**「Aに折り返し電話する」

1266 **You have the wrong number.**「番号を間違えています」 標準

1267 **The line is busy [engaged].**「お話し中です」 標準

1268 **Please put me through to B.**「私の電話をBにつないでくれますか」
= **Please connect me with B.** 標準
▶**put A through to B**, **connect A with B** で「Aの電話をBにつなぐ」の意味を表す。

1269 **Please get A on the phone.**「Aを電話に呼び出してください」 標準

▶get には **get A(人)** で「Aを(電話に)呼び出す」の意味を表す用法がある。

1270 **Will [Could] you answer the (tele)phone?**「電話に出てくれませんか」 標準
▶**answer A** で「A(電話・ノックなど)に応答する」の意味を表す。

1271 **I'd like to make a reservation for A.**「A(レストランやホテルなど)の予約を取りたい」 標準

‼注意 医者などの予約は **appointment** を用いることに注意。(➡720)

1272 **A is on another line [phone].**「Aは別の電話に出ています」 標準
▶**on the line [phone]** で「電話に出て/電話中で」の意味を表す。

1273 **Are you there?**「もしもし，聞こえますか」 標準
▶電話で聞きとりにくいときに用いる表現。

+プラス 電話で話したい相手がそこにいるかどうかを尋ねる場合にも **Is A there [in]?**「Aはそこにいらっしゃいますか」を用いる。
"Hello, *is* Mr. Yoshida *there* [*in*]?"
(「もしもし，ヨシダさんはそこにいらっしゃいますか」)

1274 **Sorry, (but) A is out now [at the moment].**「あいにくですが，Aは今，外出中です」 標準
= **Sorry, (but) A is not in now [at the moment].**
▶be out「外出中です」は be not in とも表現する。

Part 4 会話表現

1265 take, call **1266** wrong number **1267** busy [engaged] **1268** through, connect
1269 get **1270** answer **1271** reservation **1272** on, line [phone] **1273** there
1274 out, in

Point 203 買い物でのやりとり

1275 「いらっしゃいませ，何にいたしましょうか」「見ているだけですので」
□□□ "May I (　　　) you? = What can I (　　　) for you?" "I'm just (　　　)."

1276 「どうぞ，ご自由にごらんください」
□□□ "Please feel (　　　) (　　　) look around."

1277 「この帽子はいくらですか」
□□□ "What's the (　　　) of this cap? = How (　　　) is this cap?"

1278 「妻へのプレゼントを探しているのですが」「何かご希望はありますか」
□□□ "I'm looking for a present for my wife." "Do you have anything (　　　) (　　　)?"

1279 「3ドル50セントのおつりです」
□□□ "Here's three dollars and fifty cents in (　　　)."

1280 「他にはよろしいですか」「それで結構です」
□□□ "(　　　) else?" "That's all."

Point 204 レストランでのやりとり

CD4

1281 「ご注文をうかがってもよろしいですか」
□□□ "May[Can] I (　　　) your (　　　)?"

1282 「ご注文をおうかがいいたしましょうか」
□□□ "Are you (　　　) to (　　　)?"

1283 「ご用をおうかがいしていますか」
□□□ "Have you been (　　　) on? = Have you been (　　　)?"

Point 203 ⋮ 買い物でのやりとり

1275 **(A) May[Can] I help you?**「いらっしゃいませ，何にいたしましょうか」 基本

=What can I do for you?

▶店員が客に対して用いる表現。

(B) I'm just looking.「見ているだけです」

1276 **Please feel free to look around.**「どうぞご自由にごらんください」

▶**feel[be] free to do**「自由に…できる」を用いた表現。(➡1102) 標準

1277 **What's the price of A?**「Aはいくらですか」=**How much is A?** 標準

▶本問の what は **What is S?** の形で「Sはどのくらいなのか」の意味を表す。**What is your age[height / weight]?**「あなたの年齢[身長／体重]はどれくらいですか」なども一緒に押さえておこう。

1278 **Do you have anything in mind?**「(買い物などで)何か考えているものはありますか」 標準

1279 **Here's three dollars and fifty cents (in) change.** 標準

▶**change** は「つり銭」の意味。(➡1386) Keep the change.「おつりはとっておいてください」(➡1431)，Here's your change.「はい，おつりです」

1280 **Anything else?**「他にはよろしいですか」 標準

▶店員が他に買いたいものはないかと尋ねる表現。

Part 4 会話表現

Point 204 ⋮ レストランでのやりとり

1281 **May[Can] I take your order?**「ご注文をうかがってもよろしいですか」 標準

+プラス 客側の **Could[Can] you take our order, please?**「注文してもよろしいですか」も一緒に押さえておこう。

1282 **Are you ready to order?**「ご注文をうかがいましょうか」 標準

▶**be ready to do**「…する準備ができている」を用いた表現。May I take your order? とほぼ同意表現。

1283 **Have you been waited on?**「ご用をおうかがいしていますか」標準

=**Have you been served? / Are you being attended to?**

▶店員が客に向かって用いる表現。**wait on A / serve A** は「Aの用をうかがう」の意味。

1275 help, do, looking　1276 free to　1277 price, much　1278 in mind　1279 change
1280 Anything　1281 take, order　1282 ready, order　1283 waited, served

1284 「この店の自慢料理は何ですか」
□□□ "What is your (　　　)?"

1285 「ローストビーフをください」「私にも同じものをください」
□□□ "I'll have the roast beef, please." "Same (　　　). = The same (　　　) me."

1286 「塩をとっていただけますか」
□□□ "Could you (　　　) me the salt?"

1287 「もっとアップルパイはいかがですか」「いえ，結構です。お腹がいっぱいですので」
□□□ "Would you like some more apple pie?" "No, thank you. I've had (　　　). = I'm (　　　)."

1288 「割り勘にしましょう」
□□□ "We'll (　　　) the (　　　)."

Point 205 許可・依頼とその応答

CD5

1289 「ここでたばこを吸ってもかまいませんか」「ええ，どうぞ」
□□□ "Do you (　　　) if I smoke here?" "(　　　), I don't. = (　　　), (　　　) at all. = (　　　) not. = (　　　) (　　　) not."

1290 「この電話を使ってもいいですか」「ええ，どうぞ」
□□□ "May I use this phone?" "Yes, (　　　) ahead."

1291 「仲間に入ってもいいですか」「いいですとも」
□□□ "May I join you?" "Why (　　　)?"

1284 **What is your specialty?**「この店の自慢料理は何ですか」 発展
▶**specialty** は「名物／得意料理」の意味。

1285 **Same here.**「私にも[こっちにも]同じものをください」 標準
=**The same for me.**
▶誰かが注文したものと同じものを注文する場合に用いる表現。ここでの same は「同じもの」の意味を表す。
+プラス **Same here.** は，相手の言葉に答えて「こっちも同じだ」の意味を表す場合もある。
"I'm very tired." "*Same here.*"
(「とっても疲れているよ」「こっちもだよ」)

1286 **Could [Would] you pass (me) the salt?**「塩をとっていただけますか」 標準
▶相手の前にあるものを手を伸ばして取るのは失礼とされるので，この表現が使われる。

1287 **I've had enough [plenty / lots].**「お腹がいっぱいです(ごちそうさま)」 標準
=**I'm full.**

1288 **We'll [Let's] split the bill.**「割り勘にしよう」 標準
+プラス **Let me pay my bill [share].**「私の勘定分を払わせてください」もよく用いられる表現。一緒に押さえよう。

Part 4 会話表現

Point 205 許可・依頼とその応答

1289 (A) **Do [Would] you mind if I do ...?**「…してもいいですか」 標準
=Do [Would] you mind my [me] doing ...?

(B) **No, I don't.**「((A)の問いに対して)はい，どうぞ」
=**No, not at all.** =**Certainly not.** =**Of course not.**
!!注意 (A)で用いられている mind は本来「いやがる」の意味の動詞だから，日本語で「いいですよ」という意味にするためには「いやではありません」という否定で答えることになる。(➡637)
+プラス 断る場合は，**I'd rather you didn't.** などと言う。

1290 **Go ahead.**「さあ，どうぞ」 標準
▶許可を求める発言に対して承諾を表す表現。
+プラス 同様に承諾を表すものとして，**Sure. / Certainly. / All right. / Yes, of course.** なども用いられる。

1291 **Why not?**「いいですとも」 標準

1284 specialty 1285 here, for 1286 pass 1287 enough [plenty/lots], full
1288 split, bill 1289 mind, No, No, not, Certainly, Of course 1290 go 1291 not

1292 「このCDを2，3日お借りできるでしょうか」「いいですとも」
□□□ "I (　　) if I can borrow this CD for a couple of days." "(　　) problem."

1293 「これらの手紙を投函していただけませんでしょうか」
□□□ "Would you be (　　) enough (　　) post these letters for me?"

1294 「スミスさん，明日うかがってもよろしいですか」「ええ，ぜひどうぞ」
□□□ "May I call on you tomorrow, Mr. Smith?" "Yes, by all (　　)."

1295 「お願いしたいことがあるのですが」
□□□ "Would you (　　) me a (　　)? = May I (　　) a (　　) (　　) you?"

1296 「お金をいくらか貸してくれますか」「だめです」
□□□ "Will you lend me some money?" "No (　　). = Absolutely (　　)."

Point 206　提案・勧誘とその応答

CD6

1297 「ドライブに行きませんか」
□□□ "(　　) do you (　　) to going for a drive? = How (　　) going for a drive?"

1298 「近くのレストランで食事をしていきませんか」「いいですね」
□□□ "(　　) we could have dinner at a nearby restaurant?" "Sounds nice."

1299 「もう少しワインをいかがですか」「いいえ，結構です」
□□□ "(　　) don't you have some more wine?" "No, (　　)."

1300 「あそこの警官に聞いてみたらどうかな」
□□□ "Why (　　) ask the policeman over there?"

1301 「喫茶店に寄っていかないか」「うん，そうしよう」
□□□ "(　　) don't we drop in at a coffee shop?" "Yes, (　　)."

1292 (A) **I wonder if I can ...** 「…できるでしょうか」 標準
▶ひかえめに許可・依頼を表す言い方。

(B) **No problem.** 「いいですとも」

1293 **Would you be kind[good] enough to do ...?** 「…していただけませんか」 標準
＝**Would you be so kind[good] as to do ...?**
▶... enough to do, so ... as to do (➡121, 123) を用いて丁寧な依頼を表す表現。

1294 **By all means.** 「ぜひどうぞ」 標準
▶許可を求めたり提案を表したりする発言に対し，同意・承諾を表す。
＋プラス **by all means** は「ぜひとも」という意味の副詞句でもある。(➡1174)

1295 **Would you do me a favor?** 「お願いがあるのですが」(➡575) 標準
＝**May I ask a favor of you? / May I ask you a favor?**

1296 **No way.** 「いやだ／だめだ／とんでもない」 標準
＝**Absolutely not. / That's absolutely out of the question.**
▶依頼の返答として，強い拒否を表す表現。

Point 206 提案・勧誘とその応答

1297 **What do you say to doing ...?** 「…しませんか」(➡147) 標準
＝**What[How] about doing ...?** (➡463)

1298 **Perhaps[Maybe] we could do ...** 「…しませんか」 標準
▶丁寧な提案・勧誘を表す。maybe の方が控えめな提案・勧誘になる。
＋プラス perhaps[maybe]は「…していただけませんか」という依頼の意味も表す。Perhaps[Maybe] you could help me.「手伝っていただけませんか」。Perhaps[Maybe]の代わりに I was hoping を使うこともある。

1299 (A) **Why don't you do ...?** 「…したらどうですか」(➡461) 標準

(B) **No, thanks.** 「いいえ，結構です」
＝**No, thank you.**

1300 **Why not do ...?** 「…したらどうですか」(➡461) 標準

1301 (A) **Why don't we do...?** 「…しませんか」(➡462) 標準

(B) **Yes, let's.** 「はい，そうしましょう」

1292 wonder, No　1293 kind[good], to　1294 means　1295 do, favor, ask, favor of
1296 way, not　1297 What, say, about　1298 Perhaps[Maybe]　1299 Why, thanks
1300 not　1301 Why, let's

Part 4 会話表現

1302 「私の家で食事をご一緒しませんか」「ええ，喜んで」
□□□ "Will you have dinner with us at my home?" "Yes, ( ) pleasure."

1303 「お先にどうぞ」「ありがとうございます」
□□□ "( ) you, please." "Thank you."

1304 「ここに寄ってコーヒーを飲みましょう」「いいですね」
□□□ "Let's stop here for a cup of coffee." "( ) great."

Point 207 感謝・謝罪とその応答

CD7

1305 「助けてくれてありがとう」「どういたしまして」
□□□ "Thanks ( ) helping me." "Don't ( ) it. = You're ( ). = ( ) at all. = That's all ( )."

1306 「手伝ってくれてどうもありがとう」
□□□ "I really ( ) your help."

1307 「手伝ってくれてありがとう」「いつでもどうぞ」
□□□ "Thanks for your help." "( ). = ( ) ( )."

1308 「うそをついてごめんなさい」「気にするなよ」
□□□ "I'm sorry I told a lie." "Never ( )."

1309 「長い間お待たせして申し訳ありません」「かまいませんよ」
□□□ "I'm ( ) to have kept you waiting so long." "Don't ( ) about it."

1310 「すみませんが，駅への道を教えていただけませんか」「私もこのあたりは不案内なのです」「そうですか，どうもありがとう」
□□□ "( ) me, but could you tell me the way to the station?" "I'm a ( ) here myself." "I see. Thanks ( ). = Thank you just the ( )."

1302 **Yes, with pleasure.**「はい，喜んで」 標準
▶快諾を表す表現。With pleasure. だけでも可。

1303 **After you (, please).**「お先にどうぞ」 標準
▶順番などをゆずるときの表現で「私はあなたの後から」の意味。

1304 **(That) sounds great [nice].**「いいですね」 標準
▶相手の提案を喜んで受け入れる場合に用いる表現。本問のように主語となる That が省略されることも多い。

Point 207 感謝・謝罪とその応答

1305 (A) **Thanks for doing …**「…してくれてありがとう」 標準
= Thank you for doing …

(B) **Don't mention it.**「どういたしまして」
= **You're welcome.** = **Not at all.** = **That's all right.**

+プラス **You're welcome.** は「よくおいでくださいました」の意味でも使われる。

1306 **I really appreciate your help.**「手伝ってくれてどうもありがとう」
= **Thank you so much for giving me a hand.** 標準
▶appreciate「〜に感謝する／〜をありがたく思う」

1307 **Anytime.**「いつでもどうぞ／どういたしまして」 標準
= **Any time.**

1308 **Never mind.**「気にするなよ」 標準
!!注意 Don't mind. とは言わないことに注意。

1309 (A) **I'm sorry to have kept you waiting.**「お待たせして申し訳ありません」 標準

!!注意 I'm sorry の後には，不定詞以外に for doing … / that 節を伴うこともある。

(B) **Don't worry about it.**「(謝罪に対して)かまいませんよ←そんなこと気にしないで」
= **Don't mention it.**

▶Don't worry about A. は，本来「Aについて気にするな」の意味。

1310 (A) **Excuse me, but …**「すみませんが…」 標準

(B) **I'm a stranger here myself.**「このあたりは不案内なのです」

(C) **Thanks [Thank you] anyway.**「(とにかく)ありがとう」
= **Thanks [Thank you] just [all] the same.**

▶自分の依頼・希望に相手が応えられなかったときに，お礼として用いる表現。

1302 with 1303 After 1304 Sounds 1305 for, mention, welcome, Not, right
1306 appreciate 1307 Anytime, Any time 1308 mind 1309 sorry, worry
1310 Excuse, stranger, anyway, same

1311「荷物を運ぶのを手伝ってくれてどうもありがとう」
□□□ “(　　　) was very kind (　　　) you to help me with my luggage.”

1312「パーティーに出席していただければありがたいのですが」
□□□ “I would (　　　) it if you would come to the party.”

Point 208 賛成・反対とその応答 CD8

1313「あなたはこの計画に賛成ですか，反対ですか」
□□□ “Are you (　　　) or (　　　) the plan?”

1314「私はあなたの考えに全面的に賛成です」
□□□ “I don’t have any (　　　) to your plan.”

1315「私はあなたの考えに反対です」
□□□ “I’m (　　　) to your plan.”

1316「私はあなたの考えに全面的に賛成です」
□□□ “I quite (　　　) with you.”

Point 209 勧める・申し出る・断るとその応答 CD9

1317「お飲み物はいかがですか」
□□□ “Would you (　　　) a drink?”

1318「コーヒーをお持ちしましょうか」
□□□ “Can I (　　　) you some coffee?”

1319「アイスティーはいかがですか」
□□□ “Did you (　　　) to have an iced tea?”

1311 It was kind [nice] of you to do ... 「…してくれてありがとう」 標準

1312 I would appreciate it if you would do ... 「…していただけるとありがたいのですが」 標準

▶ **appreciate**「…をありがたく思う」は「人」を目的語にしない動詞(➡613)。本問の表現では **appreciate の後に it が来る**ことも押さえておこう。

Point 208 賛成・反対とその応答

1313 Are you for or against the plan? 「あなたはこの計画に賛成ですか，反対ですか」 標準

▶賛成の場合は I'm for the plan. または I'm in favor of the plan.，反対の場合は I'm against the plan. と答える。(➡401)

1314 I don't have any objection to your plan. 「私はあなたの考えに全面的に賛成です」 標準

= **I have no objection to your plan.**

1315 I'm opposed to your plan. 「私はあなたの考えに反対です」 標準

= **I'm (very much) against your plan.**

1316 I quite agree with you. 「私はあなたの考えに全面的に賛成です」

= **I couldn't agree with you more.** 標準

+プラス 「あなたの考えに全面的に反対です」と言う場合は I totally [entirely] disagree with you. や I couldn't agree with you less. のように言う。

Part 4 会話表現

Point 209 勧める・申し出る・断るとその応答

1317 Would you like a drink? 「お飲み物はいかがですか」 標準

= **Would you like something to drink?**

▶この場合の a drink は「アルコールを含む飲料」を指すこともある。

1318 Can I get you some coffee? 「コーヒーをお持ちしましょうか」 標準

▶この get は「〜を持ってくる」という意味。相手に「飲み物を持ってきてください」と頼むときには，Can you get me something to drink? のように言う。

1319 Did you want to have an iced tea? 「アイスティーはいかがですか」

= **Would you care for an iced tea?** 標準

+プラス この Did you want to do? は「〜をなさりたいですか」と丁寧に相手の意向を尋ねるときの聞き方。Do you want to have some ...? とも言う。

1311 It, of　1312 appreciate　1313 for, against　1314 objection　1315 opposed
1316 agree　1317 like　1318 get　1319 want

1320「かばんをお持ちしましょうか」
□□□ "Can I (　　　) you with your bags?"

1321「お申し出はお断りいたします」
□□□ "I can't (　　　) your offer."

1322「昼食に行かないか」「今日はやめておくよ」
□□□ "Why don't we have lunch?" "I'll (　　　) on that today."

Point 210 体調を尋ねる表現とその応答

CD10

1323「どうしたのですか」「体中が痛いんです」
□□□ "What's (　　　) (　　　)? = What's (　　　)?" "I ache all over."

1324「どうかしたの」「たいしたことじゃないよ」
□□□ "(　　　) up?" "Nothing much."

1325「食欲が全然ないんです」
□□□ "I don't have any (　　　). = I have no (　　　). = I have (　　　) my (　　　)."

1326「のどがひりひりするんです」
□□□ "I (　　　) a sore (　　　). = My (　　　) is sore."

1327「熱があるんじゃないの？」「まだ測っていないんだ」
□□□ "You have a fever, don't you?" "I haven't (　　　) my (　　　) yct."

1320 Can I help you with your bags?「かばんをお持ちしましょうか」
=**Would you like me to carry your bags?** 標準
▶help A with B「BについてA(人)を手伝う」
＋プラス 相手に援助を申し出るときの一般的な言い方は Do you need some help? や Can I help you with ...? などである。

1321 I can't accept your offer.「お申し出はお断りいたします」 標準
=**I have to say no to your offer.**
▶より丁寧に，I am very sorry, but I will decline your offer. のように言うこともある。

1322 I'll pass on that today[this time].「今日[今回]はやめておきます」 標準
▶この pass は「遠慮する，辞退する」の意味で，pass up を使うこともある。

Point 210 体調を尋ねる表現とその応答

1323 What is the matter[problem] (with you)?「どうしたのですか」
=**What is wrong (with you)?** 標準
▶相手の体調などを尋ねる表現。

1324 What's up (with you)?「どうかしたの」 標準
＋プラス **What's up (with you)?** は相手の体調を尋ねる表現だが，「あいさつ」としても用いられ，「やあ，どうだい」といった意味で使われることも多い。
▶Nothing much. は「たいしたことはない／とりたてて言うことはない」の意味で，本問のように What's up? の返答としてよく用いられる。

Part 4 会話表現

1325 I don't have any appetite.「食欲がまったくない」 標準
=**I have no appetite.** =**I have lost my appetite.**
▶appetite は「食欲」の意味。
＋プラス 「食欲がある」は **I have a good appetite.** で，「食欲が旺盛である」は **I have a big[huge] appetite.** と表現する。

1326 I have a sore throat.「のどが痛い」 標準
=**My throat is sore.**
＋プラス 症状を述べる表現として，**I have a slight[bad] headache.**「軽い[ひどい]頭痛がする」，**I have a slight[bad] cold.**「軽い[ひどい]風邪をひいている」，**I have a slight[high] fever.**「微熱[高熱]である」なども一緒に押さえておこう。

1327 I haven't taken my temperature yet.「まだ熱を測っていないんだ」
▶**take one's temperature** で「熱を測る」を意味する。 標準

1320 help 1321 accept 1322 pass 1323 the matter[problem], wrong
1324 What's 1325 appetite, appetite, lost, appetite 1326 have, throat, throat
1327 taken, temperature

1328 「風邪はよくなった？」「おかげさまで，もうすっかりよくなったわ」
□□□ "Have you (　　　) (　　　) your cold?" "Yes, thank you. I'm completely well now."

1329 「お体をお大事に」
□□□ "Take (　　　) of (　　　)."

Point 211 ビジネスに関する重要な会話表現

CD11

1330 「さあ，仕事に取り掛かろう」
□□□ "Let's (　　　) (　　　) to business."

1331 「今晩野球を見に行かない？」「今日は用事があるんだ。また，誘ってくれる？」
□□□ "Why don't we go see the ball game tonight?" "Sorry, but I have another engagement. Can I take a (　　　) (　　　)?"

1332 「今度の木曜日のご都合はいかがですか」「ええ，いいですよ」
□□□ "Is this coming Thursday (　　　) for you?" "Yes, it's OK with me."

1333 「最初からやり直しだね」「うまくいかないこともあるさ」
□□□ "We have to do it again (　　　) (　　　)." "Well, you can't win them all."

Point 212 その他の重要な会話表現

CD12

1334 「新しいドレスはどうですか」「とても気に入ってます」
□□□ "(　　　) do you (　　　) your new dress?" "I really like it."

1328 Have you recovered from A?「**A**はよくなった？」 標準

▶**recover from A**「A(病気)から回復する」を用いた表現。

=**Did you get over A?**

1329 Take care of yourself[yourselves].「お体をお大事に」 標準

▶**take care of A**「Aの世話をする／Aに気をつける」を用いた表現。(➡783)

+プラス 別れのあいさつとして，「お気をつけて」といった意味でも用いられる。

Point 211 ビジネスに関する重要な会話表現

1330 Let's get down to business.「さあ，仕事に取り掛かろう」 標準

▶「仕事に取り掛かる」の表現は数多く，start work, get to work, get on the stick などがよく使われる。

1331 Can I take a rain check?「また，誘ってくれる？」 発展

=**Can you give me a rain check?**

▶rain check「(野球などの)雨天順延券」のことで，このほかに「後日の誘い，別の機会」の意味で使われることがある。

1332 Is (this coming) Thursday convenient for you?「(今度の)木曜日のご都合はいかがですか」 標準

=**Are you available on (this coming) Thursday?**

▶「都合がつく」という意味で，Are you convenient on ...? と聞くのは誤り。

1333 We have to do it again from scratch.「最初からやり直しだね」 発展

▶from scratch は「最初から，ゼロから」の意味でよく使われる。from the start ともいう。You'd better make a fresh start.「最初からやり直した方がいいよ」のような言い方をすることもある。You can't win them all. は「なんでも自分の思い通りにはいかない」という含みを持つ表現。

Point 212 その他の重要な会話表現

1334 How do[would] you like A?「(意見・判断を求めて)**A**はどうですか」 標準

+プラス **How do[would] you like A?** は，調理のしかたなどの好みの状態を問う用法もある。
"*How would*[*do*] *you like* your steak, sir?" "Well done, please."
(「ステーキはどう焼きましょうか」「よく焼いてください」)

Part 4 会話表現

1328 recovered from 1329 care, yourself[yourselves] 1330 get down
1331 rain check 1332 convenient 1333 from scratch 1334 How, like

1335「そのハンカチを見せてくれませんか」「はい，どうぞ」
□□□ "Will you show me the handkerchief?" "Here (　　　) is. = Here (　　　) are."

1336「さあ，着いたよ」「えっ，もう東京駅に着いたんですか」
□□□ "(　　　) (　　　) are." "Oh, are we already at Tokyo Station?"

1337「住所をうかがいたいのですが」「今，何とおっしゃいましたか」
□□□ "May I ask your address?" "I (　　　) your (　　　)? = (　　　) me?"

1338「風邪をひいているんです」「それはいけませんね」
□□□ "I've got a cold." "That's too (　　　)."

1339「どうぞ，くつろいでください」
□□□ "Please make (　　　) at (　　　)."

1340「どうぞ，ご自由にサラダをお取りください」
□□□ "Please (　　　) yourself (　　　) the salad."

1341「ご冗談でしょう？　そんなはずはありません」
□□□ "You must be (　　　). = (　　　) (　　　). It can't be true."

1342「少し待ってくれませんか。お手洗いに行きたいの」「どうぞ。ごゆっくり」
□□□ "Will you wait a minute? I want to wash my hands." "Of course. (　　　) your (　　　)."

1343「君のばかげた話はもううんざりだ」
□□□ "I've had (　　　) of your nonsense."

1344「君の知ったことじゃない」
□□□ "(　　　) your own business. = It's (　　　) of your business."

1345「そんなささいなことを気にするなよ。気楽にやれよ」
□□□ "Don't worry about such trivial things. (　　　) it (　　　)."

1335 **Here it is.**「(相手に物を渡すとき)はい，どうぞ」 標準
=**Here you are.**
▶どちらもよく使われる表現。物に重点がある場合は **Here it is.**，相手に重点がある場合は **Here you are.** が使われる傾向がある。

1336 **Here we are.**「さあ，着いたぞ」 標準
+プラス 自分たちが探しているものを見つけたとき，「ここにありますよ」という意味でも用いられる。

1337 **I beg your pardon?**「もう一度おっしゃってください」 標準
=**Pardon me?**
!!注意 語尾を上昇調で発音する。書き言葉では通例「?」をつける。なお，下降調に発音すれば「ごめんなさい」という謝罪を表すことになる。この場合には「?」はつけない。

1338 **That's[It's] too bad.**「それはお気の毒に」 標準
▶よくないことへの思いやりを示す表現。

1339 **Please make yourself[yourselves] at home.**「どうぞ，楽にしてください」 標準
=**Please make yourself[yourselves] comfortable.**
▶この at home は「くつろいで」の意味。(➡269，1145)

1340 **Please help yourself[yourselves] to A.**「**A**を自由に取って食べて[飲んで]ください」(➡268) 標準

1341 **You must be kidding[joking].**「ご冗談でしょう？」 標準
=**No kidding.**

1342 **Take your time.**「ごゆっくり」 標準
▶take one's time で「ゆっくり時間をかける」という意味のイディオム。(➡1042)

1343 **I've had enough of A.**「**A**はもううんざり」 標準
▶have had enough of A で「Aはもうたくさんだ」という意味のイディオム。
!!注意 類似表現の **I've had enough.**「お腹がいっぱいです(ごちそうさま)」(➡1287)もここで再確認しておこう。

1344 **Mind your own business.**「君の知ったことじゃない／余計なお世話だ」 標準
=**(It's) none of your business.**
!!注意 **None of your business.** だけで用いることも多い。

1345 **Take it easy.**「気楽にね／落ち着いてね」 標準
+プラス 主としてアメリカでは，別れのあいさつとして「それじゃまた」といった意味で用いられることもある。

1335 it, you　1336 Here we　1337 beg, pardon, Pardon　1338 bad　1339 yourself[yourselves], home　1340 help, to　1341 kidding[joking], No kidding　1342 Take, time　1343 enough　1344 Mind, none　1345 Take, easy

1346 「何時ですか」「今，ちょうど10時15分です」
□□□ "Do you have (　　　) (　　　)? = What (　　　) is it? = What is (　　　) (　　　)?" "It's ten fifteen right now."

1347 「この地図で，私たちがどこにいるのか教えてくれますか」「ええと…この通りのここですよ」
□□□ "Please show me where we are on this map." "Let (　　　) (　　　) .... We are here on this street."

1348 「その映画見たいな」「私もです」
□□□ "I want to see the movie." "(　　　) (　　　)."

1349 「本気でそう言っているのですか」「はい，そうです」
□□□ "Do you really (　　　) it?" "Yes, I do."

1350 「列車に乗り遅れましたね」「かまわないよ」
□□□ "We've missed the train." "It doesn't (　　　)."

1351 「メアリーはトムと婚約したよ」「それは初耳ですね」
□□□ "Mary has gotten engaged to Tom." "That's (　　　) to me."

1352 「彼は試験に受からなかったわ」「なんとも残念だね」
□□□ "He didn't pass the examination." "(　　　) (　　　) shame! = (　　　) (　　　) pity!"

1353 「昨日，運転免許の試験に合格したわ」「よくやったね」
□□□ "I passed my driving test yesterday." "Well (　　　)!"

1354 「それは退屈な仕事だったに違いないわね」「まったくそのとおりだよ」
□□□ "It must have been a boring job." "You (　　　) (　　　) that again."

1355 「君は来ることができるかい」「残念ながら行けません」
□□□ "Will you be able to come?" "I'm (　　　) (　　　)."

1356 「下に降りて来なさい。夕食ですよ」「今，行きます」
□□□ "Come downstairs. Dinner's ready." "I'm (　　　)."

1346 **Do you have the time?**「何時ですか」 標準
=**What time is it?** =**What is the time?**

1347 **Let me see[think].**「ええと」 標準
▶思案しているときに用いる表現。

1348 **Me too.**「私もです」 標準
+プラス so を用いて **So do I.** とも表現できる。(➡473)
+プラス 否定表現に応答する「私もです」の表現は, "That's something I've never heard of." "Me, neither." ["Me, either."](「そんな話は聞いたことがないな」「私もです」)

1349 **Do you really mean it?**「本気でそう言っているのか」 標準
+プラス **I mean it.**「本気で言っているのです」も重要表現。

1350 **It doesn't matter.**「かまわないよ」 標準
▶matter は「重要である」の意味を表す自動詞。**It doesn't matter to A wh- 節**「…はAにとってどうでもいい」の形で用いられることも多い。(➡641)

1351 **That's news to me.**「それは初耳です」 標準

1352 **What a shame!**「なんと残念な[気の毒な]!」 標準
=**What a pity!**
+プラス What a shame that he didn't pass the examination! のように **What a shame that …!** の形で「…はなんとも残念だ」の意味を表すことも多い。

1353 **Well done!**「よくやった!」 標準
▶何かを成し遂げた相手をほめる表現。
+プラス 同意表現の **You did it! / You did a good job! / Good job!** も一緒に押さえておこう。

1354 **You can say that (again).**「いかにもそのとおり」 標準
=**You said it. / You've said it. / You're telling me. / I couldn't agree with you more.**
▶相手の発言に対する強い肯定を表す。

1355 **I'm afraid not.**「残念ながら…ない」 標準
▶not は否定の that 節の代用。本問での **I'm afraid not.** は I'm afraid that I won't be able to come. と考える。(➡263)

1356 **I'm coming.**「今, 行きます」 標準
!!注意 I'm going. としないこと。「相手の方に行く」場合は go ではなく **come** を用いる。

Part 4 会話表現

1346 the time, time, the time 1347 me see[think] 1348 Me too 1349 mean
1350 matter 1351 news 1352 What a, What a 1353 done 1354 can say
1355 afraid not 1356 coming

1357 「まあ，仕方がないよ」
□□□ "Well, it can't (　　　) (　　　)."

1358 「冬休みはどうでしたか」「最高でしたよ」
□□□ "How were your winter holidays?" "Couldn't have (　　　) (　　　)."

1359 「レポートの締切はいつですか」「明日の午前10時です」
□□□ "When is the paper (　　　)?" "Ten in the morning tomorrow."

1360 「おめでとうございます。健康な男の子の赤ちゃんですよ」
□□□ "(　　　)! You have a healthy baby boy."

1361 「3時に人に会う約束があるんだろ。間に合うかい」「うん，間に合うよ」
□□□ "You have an appointment at 3:00, don't you? Can you (　　　) it?" "Yes, I can."

1362 「僕の家はちょうどその角にあるので，難なく見つかりますよ」
□□□ "My house is just on the corner. You can't (　　　) it."

1363 「トム，お願いがあるんだけど」「何でも言ってごらん」
□□□ "Will you do me a favor, Tom?" "You (　　　) it. = Just (　　　) it."

1364 「パーティーに行きますか」「ええっと，状況次第だね」
□□□ "Will you go to the party?" "Well, that (　　　)."

1357 It can't be helped.「仕方がない」 標準
=**There is no choice. / I have very little choice.**
▶本問の help は「…を避ける」の意味。

1358 Couldn't have been better.「最高だった」 発展
▶They couldn't have been better. の主語の they が省略された形。本問のように主語を省略して使う場合も多い。直訳の「(私の冬休みは) それ以上良いものになり得なかっただろう」から「最高だった」の意味を表す。Couldn't be better.「最高である」もよく用いられる表現。

1359 When is A due?「Aの提出[支払い]期日はいつですか」 標準
▶due は形容詞で「期限になって／支払い期日で」の意味を表す。

1360 Congratulations!「(成功・幸福などを祝して)おめでとう！」 基本
!!注意 複数形で用いることに注意。

1361 Can you make it?「間に合いますか」 標準
▶**make it** は「(約束の時間などに)間に合う」の意味を表す。慣用的な表現として押さえておこう。
+プラス **make it** は「成功する」の意味でも用いられる。
He *made it* as a professional golfer.
(彼はプロのゴルファーとして成功した)

Part 4 会話表現

1362 You can't miss it.「(必ずわかるので)見逃すはずがない」 標準
▶ここでの **miss** は「…を見落とす／…に気づかない」の意味。

1363 You name it.「何でも言ってごらん」 発展
= **(Just) name it.**
▶ここでの **name** は「…を指定して言う／…をはっきり定める」の意味。

1364 That[It] (all) depends.「状況次第だ」 標準

1357 be helped　1358 been better　1359 due　1360 Congratulations　1361 make
1362 miss　1363 name, name　1364 depends

Next Stage

Part 5 単語・語い

単語・語いに関する問題の出題頻度は毎年増加傾向にある。特に，センター試験や私大入試では，名詞や形容詞の意味の紛らわしい単語に関する問題が増えている。また，いろいろな意味を持つ基本単語，いわゆる多義語を連立完成の形式で書かせる共通語補充問題や，長文問題の中で派生語や反意語を書かせる問題も毎年安定して出題されている。
名詞・形容詞の問題，多義語の問題は毎年出題される頻度の高いものを集めてある。また，派生語や反意語はできるだけ暗記しやすいようにアルファベット順の一覧表にしてある。忍耐力を要するパートだが最後までやり通してほしい。

第26章 注意すべき語い(名詞・形容詞)

Point 213

1365 I was caught in a traffic (　　) yesterday.
□□□ ① jam ② junction ③ pack ④ tightness 〈浜松大〉

1366 Her jokes about the Japanese were in very poor (　　).
□□□ ① humor ② view ③ feeling ④ taste 〈獨協大〉

1367 It's a (　　) your wife couldn't come. I really wanted to meet her.
□□□ ① harm ② shame ③ sorrow ④ trouble 〈センター試験〉

1368 The cutting down of trees for firewood is an example of unwise land use (　　).
□□□ ① drills ② exercises ③ practices ④ trials 〈上智大〉

1369 When you fill out the application, be sure to state all your job (　　).
□□□ ① qualifications ② qualifies ③ qualifying ④ qualitative 〈北里大〉

1370 A man is known by the (　　) he keeps.
□□□ ① company ② corporation ③ friend ④ group 〈千葉商大〉

1371 The show will be on the (　　) within a week.
□□□ ① air ② television ③ ticket ④ wire 〈清泉女子大〉

1372 A (　　) is a down and up movement of the head used in many countries to show that you agree with or understand something.
□□□ ① nod ② pat ③ shake ④ wink 〈センター試験〉

1365 私は昨日，交通渋滞に巻き込まれた。
1366 彼女の日本人についての冗談は，とても品が悪かった。
1367 君の奥さんが来られなかったのは残念だ。彼女にとても会いたかった。
1368 薪のために木を切るのは，土地の利用法としては賢くない習慣の一例だ。
1369 出願書類に記入するときは，必ず職務資格を全て記入してください。
1370 人は付き合っている仲間でわかる。
1371 その番組は1週間以内に放送されるだろう。
1372 うなずきとは，何かに同意したり何かを理解したりすることを示すために，多くの国で使われている，頭を上げたり下げたりする動作のことである。

Point 213 ⋮ 注意すべきさまざまな名詞の意味

1365 **a traffic jam**「交通渋滞」 基本
▶jam は「**込み合い／雑踏**」の意味で,「**交通渋滞**」は **a traffic jam** である。
▶be caught in A は「A(雨や交通渋滞など)にあう」(➡**38**)。

1366 **in poor[bad] taste**「下品で」 標準
▶taste には「**品／センス**」の意味もある。
+プラス 反意表現の **in good taste**「**上品で**」もここで押さえておこう。

1367 **It is a shame+that** 節「…は残念なことだ」 発展
▶shame は「恥ずかしさ」の他にも **a shame** で「**残念なこと／遺憾なこと**」(＝a pity)を表す。本問のように **It is a shame+that 節**の形で用いられることも多い。なお,本問では接続詞 that が省略されている。
▶③ sorrow「**悲しみ**」は,親しい人を亡くすなどの不幸なことの悲しみを表す場合に用いる。また,本問のような形式主語の構文で用いることはない。

1368 **practice**「社会的習慣／社会の習わし」 標準
+プラス「**個人的な習慣**」は **habit** を用いる。(➡**718**)

1369 **qualification**「資格／適性」 標準

1370 **A man is known by the company he keeps.**「人は付き合っている仲間でわかる」 標準
▶company には,単数形と複数形が同じ形の集合名詞で「**仲間／友だち**」の意味を表す用法がある。**the company he keeps** は「付き合っている仲間たち」の意味。本問は「ことわざ」なので,そのまま覚えておこう。

1371 **on (the) air**「放送されて」 標準
▶air には **(the) air** で「**テレビ[ラジオ]による放送**」の意味を表す用法がある。**on (the) air**「**放送されて**」で覚えておこう。
+プラス 反意表現の **off the air**「**放送していないで**」も重要。

1372 **nod**「(同意を表す)うなずき」 標準
▶② pat「**軽くたたくこと**」, ③ shake「**振ること**」, ④ wink「**目くばせ**」

Part 5 単語・語い

1365 ①　1366 ④　1367 ②　1368 ③　1369 ①　1370 ①　1371 ①　1372 ①

1373 The other day we gained (　　) to the governor.
□□□ ① access ② appointment ③ interview ④ meet 〈東北学院大〉

1374 Rapid weight loss can be a (　　) of a serious illness.
□□□ ① consciousness ② involvement ③ sign ④ doubt 〈芝浦工大〉

1375 The department store has been losing more and more (　　) because of this bad economy.
□□□
① patients ② customers ③ passengers ④ audience
〈札幌学院大〉

1376 We had to get (　　) to erect an antenna in front of the main entrance.
□□□
① admission ② application
③ permission ④ prescription 〈南山大〉

1377 As the (　　) of living is higher in Tokyo than in Nagoya, I decided to live in Nagoya.
□□□
① expensive ② money ③ price ④ cost 〈南山大〉

1378 We gave the singer a big (　　).
□□□ ① hand ② leg ③ nose ④ stomach 〈国士舘大〉

1379 Brett has many spare-time (　　): he swims, paints, plays the violin, and so on.
□□□
① actions ② exercises ③ activities ④ habits 〈センター試験〉

1380 My grandmother always said you should sweat to reduce the (　　) when you have the flu.
□□□
① medicine ② illness ③ fever ④ pressure 〈センター試験〉

1381 When the rich man passed away, he left a large (　　) to a good cause.
□□□
① cash ② wealth ③ money ④ fortune 〈南山大〉

1373 先日，私たちは知事と面会した。
1374 急激な体重減少は，重い病気の兆候である可能性がある。
1375 百貨店はこの不景気のためにますます客を失ってきている。
1376 私たちは，正面入口の前にアンテナを立てる許可を取らなければならなかった。
1377 名古屋よりも東京での生活費が高いので，私は名古屋に住むことに決めた。
1378 私たちはその歌手に盛大な拍手を送った。

1373 **access to A**「Aとの面会(許可)」 標準
▶名詞の access「**近づくこと/接近**」は gain[obtain / get] access to A で「**Aに面会[接近/参入]する**」の意味を表す。

1374 **sign**「兆候/表れ」 標準
▶① consciousness「**意識**」, ② involvement「**関与**」

1375 **customer**「お店の客/顧客」 標準
▶① patient「**患者**」, ④ audience「**聴衆**」

1376 **permission to do**「…する許可」 標準
▶① admission「**入場[入会/入社/入学]許可**」, ② application「**申請/要請**」, ④ prescription「**(病気の)処方せん/指示**」

1377 **the cost of living**「生活費」 標準
▶名詞の cost「**費用/経費**」を用いた the cost of living は「生活費」の意味を表す。(➡p.257【整理86】)。

1378 **a big[good] hand**「大きな拍手」 標準
▶名詞の hand には「**拍手**」の意味がある。give A a big[good] hand で「**Aに大きな拍手を送る**」の意味を表す。

1379 **activity**「(反復される一定の)活動」 標準
▶① action「**行動/行為**」, ② exercise「**運動**」, ④ habit「**習慣/癖**」

1380 **fever**「病気による熱/発熱」 標準
▶① medicine「**薬**」, ② illness「**病気**」, ④ pressure「**圧力**」

1381 **a large fortune**「大きな財産」 標準
▶fortune には「幸運」の他に「**財産**」の意味がある。
▶① cash は不可算名詞で「**現金**」の意味(➡p.257【整理86】)。② wealth にも「**富/財産**」の意味があるが, wealth は通例, 不可算名詞。large wealth とは言わないが, **great wealth「莫大な財産」**は可。

1379 ブレットには余暇の活動がたくさんある。水泳をしたり, 絵を描いたり, バイオリンを弾いたり, などである。
1380 私の祖母はいつも, 流感にかかったら熱を下げるために汗をかいた方がよいと言った。
1381 亡くなったとき, そのお金持ちは慈善事業に大きな財産を残した。

1373 ①　1374 ③　1375 ②　1376 ③　1377 ④　1378 ①　1379 ③　1380 ③　1381 ④

1382 My TV set is almost 15 years old, but it still has a good (　　　).
□□□ ① message　② photo　③ picture　④ scene　〈センター試験〉

1383 "May I speak to Mr. Hall, please?"
□□□ "I'm sorry, he's not here at the moment. Can I take a (　　　)?"
① memo　② message　③ note　④ record　〈センター試験〉

1384 His shoes were so old that his (　　　) were sticking out of
□□□ them.
① tips　② toes　③ thumbs　④ fingers　〈駿河台大〉

1385 Getting used to a foreign culture is a (　　　) that takes some
□□□ time.
① career　② characteristic　③ policy　④ process　〈センター試験〉

1386 When you buy something that costs ¥985, and you pay with a
□□□ ¥1,000 bill, how much (　　　) should the store give you back?
① rate　② exchange　③ change　④ trade　〈東京経大〉

1387 A (　　　) is someone who has been hurt or killed in an accident
□□□ or during a crime.
① patient　② rival　③ surgeon　④ victim　〈センター試験〉

1388 Because of improved technology, factory (　　　) is expected to
□□□ rise this year.
① outbreak　② outcome　③ outlook　④ output　〈学習院大〉

1389 Since people use air conditioners a lot in summer, electricity
□□□ (　　　) rises sharply.
① consumption　② quantity　③ amount　④ sum　〈南山大〉

1390 Kyoto is a (　　　) for tourists.
□□□ ① must　② service　③ hole　④ look　〈國學院大〉

1391 The view from the (　　　) of the mountain was extremely
□□□ beautiful.
① altitude　② valley　③ hill　④ summit　〈立教大〉

1382 私のテレビは15年も前のものだが，まだよく映っている。
1383 「ホールさんとお話ししたいのですが」
「申し訳ありませんが，彼はただ今，席をはずしております。私が伝言をおうかがいしましょうか」
1384 彼の靴はとても古いので，つま先がはみ出していた。

1382 **picture**「(テレビ・映画の)画面/画質」 標準
▶① message「伝言」, ② photo「写真」, ④ scene「場面」

1383 **take a message**「伝言をうかがう」 標準
▶**take a message** で**「伝言をうかがう」**の意味(➡1265)。
▶① memo「簡単な記録」=memorandum, ③ note「覚え書き」, ④ record「記録」

1384 **toe**「つま先/足の指」 標準
▶① tip「先端」, ③ thumb「手の親指」, ④ finger「手の指」
+プラス「足の親指」は **big[large] toe** ということも押さえておこう。

1385 **process**「過程」 標準
▶① career「経歴」, ② characteristic「特徴」, ③ policy「方針」

1386 **change**「つり銭/小銭」 標準
▶名詞の **change** には,「変化」の他にも**「つり銭/小銭」**の意味がある(➡732 +プラス, 1279)。
▶① rate「割合/相場」, ② exchange「為替」, ④ trade「商売/貿易」

1387 **victim**「犠牲者」 標準
▶① patient「患者」(➡p.259【整理87】), ② rival「競争相手」, ③ surgeon「外科医」

1388 **output**「生産高」 標準
▶① outbreak「発生」, ② outcome「成果」, ③ outlook「展望」

1389 **consumption**「消費量」 標準

1390 **a must**「必見のもの」 発展
▶**must** には名詞用法があり,**「必見[必読/必修]のもの/不可欠なもの」**の意味を表す。

1391 **summit**「(山の)頂上」 標準
▶① altitude「高度/標高」, ② valley「谷間」, ③ hill「丘/小山」

Part 5 単語・語い

1385 外国の文化に慣れるというのは,それなりの時間がかかる過程である。
1386 985円のものを買って1,000円札で支払うとき,お店はあなたにいくらのおつりを渡すでしょうか。
1387 犠牲者とは,事故や犯罪で負傷したり死んだりした人のことである。
1388 技術改良のおかげで,今年の工場の生産高は上昇すると期待されている。
1389 夏にはエアコンを多く使うので,電力消費量が急激に増加する。
1390 京都は観光客必見の場所だ。
1391 その山の頂上からの眺望は,この上なく美しかった。

1382 ③ 1383 ② 1384 ② 1385 ④ 1386 ③ 1387 ④ 1388 ④ 1389 ① 1390 ①
1391 ④

1392 A (　　　) is an area of land without trees or water, usually covered with sand.
□□□
① hill ② desert ③ valley ④ mountain 〈名古屋学院大〉

1393 Agricultural (　　　) sprayed on crops do great harm to both human beings and animals.
□□□
① medicines ② drugs ③ chemicals ④ harvests 〈南山大〉

1394 I had to take a (　　　) off on that day because of a severe headache.
□□□
① day ② holiday ③ rest ④ work 〈桜美林大〉

1395 I'd like to send this large package to New Zealand by registered (　　　).
□□□
① letter ② mail ③ post office ④ stamps 〈学習院大〉

1396 If a cube has sides ten centimeters long, its (　　　) is 1,000 cubic centimeters.
□□□
① area ② length ③ volume ④ width 〈摂南大〉

1397 The yen is the (　　　) of currency used in Japan.
□□□
① unit ② union ③ unity ④ united 〈杏林大〉

1398 It's clear there's a strong (　　　) between smoking and heart disease.
□□□
① effect ② joint ③ link ④ sense 〈南山大〉

1399 Sometimes, it takes a long time to reach technical support on the phone. From the customer's (　　　), it has to run smoothly.
□□□
① perspective ② permission ③ persuasion ④ percussion
〈芝浦工大〉

1400 Penelope put so much salt in the soup that she spoiled the (　　　).
□□□
① flavor ② scent ③ smell ④ odor 〈関東学院大〉

1392 砂漠とは，木や水がなく，たいていは砂で覆われている地域のことである。
1393 穀物に散布された農薬は，人間にも動物にも多大な害を及ぼす。
1394 ひどい頭痛のためあの日は１日休暇をとらざるを得なかった。
1395 この大きな荷物を，書留郵便でニュージーランドに送りたいのですが。
1396 立方体の辺の長さが10cmなら，その体積は1,000cm^{3}である。
1397 円は日本で使用されている通貨単位である。

1392 desert「砂漠」 標準
▶① hill「丘／小山」, ③ valley「谷間」, ④ mountain「山」

1393 agricultural chemicals「農薬」 発展
▶形容詞の chemical は「化学の」の意味だが, 名詞の **chemical** は通例, 複数形で**「化学薬品[製品]」**の意味を表す。

1394 take a day off「1日休みをとる」 標準
‼注意 take a day off, **take a holiday**「休暇をとる」, **take a rest**「ひと休みする」をまとめて覚えておこう。

1395 by registered mail「書留郵便で」 標準
▶**mail** には**「郵便(制度)」**の意味があり, **by mail** で**「郵便で」**の意味を表す。
▶registered は形容詞で「書留の／登録された」の意味。
‼注意 イギリス英語では, 一般的に **by mail** よりも **by post** を用いる。

1396 volume「体積」 標準
▶cube は**「立方体」**の意味。① area**「面積」**, ② length**「長さ」**, ④ width**「幅／広さ」**

1397 unit「(計量の)単位」 標準
▶② union「結合／組合／連合」, ③ unity「単一(性)／調和」, ④ united「団結した」

1398 a strong link between A and B「AとBの強い関連」 標準
▶名詞の **link** には**「関連／つながり」**の意味があり, **a link between A and B** で**「AとBの関連」**の意味を表す。

1399 from A's perspective / from the perspective of A「A(人)の観点から」 標準

1400 flavor「(ある物に特有の)風味／味」 発展
▶② scent「(特に)好ましい香気／香り」, ③ smell「におい／悪臭」, ④ odor「(物から出る)においい／臭気」

Part 5 単語・語い

1398 喫煙と心臓病の間に強い関連があるのは明らかである。
1399 時々電話でテクニカルサポートにつながるのに長い時間がかかる。客の観点からみれば, スムーズに運営されるべきです。
1400 ペネロペはスープの中に大量の塩を入れてしまったので, 味を台無しにしてしまった。

1392 ② 1393 ③ 1394 ① 1395 ② 1396 ③ 1397 ① 1398 ③ 1399 ① 1400 ①

1401 My mother is making a fast ( ) after the operation on her knee last week.
□□□
① repair ② treatment ③ recovery ④ benefit 〈センター試験〉

1402 Jack's major is ( ); he often speaks excitedly to us about how the mind works and influences behavior.
□□□
① geography ② chemistry
③ psychology ④ geometry 〈京都外大〉

1403 ( ) is the scientific study of forces such as heat, light, and sound, and the way they affect objects.
□□□
① Politics ② Chemistry ③ Physics ④ Geography 〈センター試験〉

Point 214

1404 I'd like to have some rather ( ) coffee now.
□□□
① deep ② dense ③ strong ④ thick 〈慶應義塾大〉

1405 Ruth didn't like the steak because it was too ( ).
□□□
① tough ② strong ③ hard ④ solid 〈学習院大〉

1406 The portions at this restaurant are ( ), so I don't know if I can eat all of mine.
□□□
① delicious ② dominant ③ generous ④ grateful 〈立命館大〉

1407 Some schools have very ( ) rules of behavior which must be obeyed.
□□□
① strong ② solid ③ straight ④ strict 〈東海大〉

1408 The traffic was so ( ) that we couldn't be in time for the train.
□□□
① great ② large ③ big ④ heavy 〈法政大〉

1409 Close your eyes and take a ( ) breath to relax.
□□□
① deep ② heavy ③ short ④ thick 〈中部大〉

1401 先週ひざの手術を受けてから，母は急速に回復しつつある。
1402 ジャックの専攻は心理学です。彼はよく興奮気味に私たちに，精神がどのように作用し，どのように行動に影響を与えるかについて語ってくれる。
1403 物理学とは，熱・光・音といった力と，そうした力が物体にどう作用するかを扱う，科学的な学問である。
1404 今は少し濃いコーヒーが飲みたい。

1401 **recovery**「回復」 標準
▶① repair「修理」, ② treatment「治療」, ④ benefit「利益」

1402 **psychology**「心理学」 標準
▶① geography「地理(学)」, ② chemistry「化学」, ④ geometry「幾何(学)」

1403 **physics**「物理学」 標準
▶① politics「政治(学)」, ② chemistry「化学」, ④ geography「地理(学)」

Point 214 注意すべきさまざまな形容詞の意味

1404 **strong coffee[tea]**「濃いコーヒー[お茶]」 標準
▶**strong** には **「(コーヒー・お茶が)濃い」** の意味がある。
+プラス「(色が)濃い」は①**deep**,「(霧が)濃い」は②**dense** や④**thick**,「(スープが)濃い」は④**thick** を, それぞれ用いる。**deep blue**「濃紺」, **dense[thick] fog**「濃霧」, **thick soup**「濃いスープ」で覚えておこう。

1405 **The steak is too tough.**「そのステーキはかたすぎる」 標準
▶**tough** には「頑丈な／強硬な」などの他に **「(ステーキなどが)かたい／かみにくい」** の意味がある。
▶③ hard にも「かたい」の意味があるが, hard steak とは言わない。「かたくてかみ切れないもの」には **tough** を用いることに注意。

1406 **generous**「たっぷりの」 標準

1407 **strict rules**「厳しい規則」 標準
▶ **「(規則・命令などが)厳しい」** の意味では **strict** を用いる。

1408 **heavy traffic**「激しい交通量」 基本
▶**heavy** には **「(交通量が)激しい」** の意味がある。
+プラス「(交通量が)少ない」場合には **light** を用いることも押さえておこう。

1409 **take a deep breath**「深呼吸をする」 標準
▶**deep** は **「(呼吸・ため息などが)深い」** の場合にも用いられる。

Part 5 単語・語い

1405 そのステーキはかたすぎて, ルーシは好きではなかった。
1406 このレストランの一人前は大盛りなので, 自分の分を全部食べられるかどうかわからない。
1407 学校の中には, 従わなければならない行動に関する規則がとても厳しいところがある。
1408 交通量が多かったので私たちは電車に間に合うことができなかった。
1409 リラックスするために, 目を閉じて深呼吸をしなさい。

1401 ③ 1402 ③ 1403 ③ 1404 ③ 1405 ① 1406 ③ 1407 ④ 1408 ④ 1409 ①

1410 Every winter, colds are (　　　) at school.
□□□ ① familiar　② popular　③ broad　④ common　〈センター試験〉

1411 "Is this the way to the station?"
□□□ "Yes, that's the (　　　) way."
① good　② right　③ true　④ well　〈センター試験〉

1412 This is a (　　　) leather jacket, not an imitation.
□□□ ① honest　② strict　③ genuine　④ realistic　〈清泉女子大〉

1413 "How beautiful your diamond ring is!"
□□□ "This diamond is not (　　　), I'm afraid."
① right　② correct　③ real　④ true　〈鹿児島国際大〉

1414 My watch is always four or five minutes (　　　).
□□□ ① early　② fast　③ quick　④ soon　〈高岡法科大〉

1415 Sending flowers to the funeral parlor would be the (　　　) thing
□□□ to do.
① accurate　② correct　③ exact　④ precise　〈慶應義塾大〉

1416 Do not rely on the room clock for the (　　　) time of day.
□□□ ① good　② exact　③ most　④ explicit　〈慶應義塾大〉

1417 "Excuse me, is this seat taken?"
□□□ "No. It's (　　　)."
① open　② unseated　③ occupied　④ free　〈愛知学院大〉

1418 After he retired, the post remained (　　　) for three months.
□□□ ① absent　② blank　③ free　④ vacant　〈桃山学院大〉

1410 毎年，冬になると学校で風邪がはやります。
1411 「駅へはこの道でいいですか」
「ええ，それでいいですよ」
1412 これは模造品ではなく本物の革のジャケットです。
1413 「あなたのダイヤモンドの指輪はなんてきれいなんでしょう」
「残念なことに，このダイヤモンドは本物ではないのです」
1414 私の腕時計はいつも４分か５分進んでいます。
1415 葬儀場には花を送るのが適切でしょう。
1416 正確な時間を知りたければ，その部屋の時計を当てにするな。
1417 「すみませんが，この席はふさがっていますか」
「いいえ。空いていますよ」
1418 彼が辞めたあと，その地位は３か月間，空席のままだった。

1410 Colds are common.「風邪がはやる」 標準

▶common には「**ありふれた／ありがちな**」の意味がある。

▶① familiar にも「ありふれた」の意味があるが，a familiar legend「ありふれた言い伝え」のように「**よく知られている**」の意味。② popular にも「はやって」の意味があるが，a popular song「流行歌」のように「**流行している／人気のある**」の意味。③ broad には「広範囲に及ぶ」の意味があるが，broad support「幅広い支持」のように支持や合意(agreement)などの名詞を修飾する。この意味では，通例，限定用法(名詞を修飾)で用いる。

1411 the right A「適切なA／正しいA」 標準

▶right には **the right A** の形で「**適切なA／正しいA**」の意味を表す用法がある。Aには，way の他にも time，place，number，train，direction，person などがくる。

+プラス 反意表現の **the wrong A**「**間違ったA**」も重要(➡681)。

1412 genuine leather「本物の革」 標準

▶genuine には「**本物の**」の意味がある。

1413 real「本物の」 標準

▶real には **genuine** と同様に「**本物の**」の意味がある。

1414 My watch is five minutes fast.「私の腕時計は5分進んでいる」 標準

▶fast には「**(時計が)進んで**」の意味がある。

+プラス **My watch is five minutes slow.**「私の腕時計は5分遅れている」のように，「(時計が)遅れて」には **slow** を用いることもここで押さえておく。

1415 the correct thing (to do)「…(するのに)適切なこと」 発展

▶correct には「**適切な／正しい**」の意味がある。the correct thing は慣用的な表現。**the correct thing to do**「**…するのに適切なこと**」や **do the correct thing**「適切なことをする」で押さえておこう。

▶① accurate「**正確な／精密な**」，③ exact「**正確な／きっかりの**」，④ precise「**正確な／精密な**」

1416 the exact time (of day)「正確な時間」 標準

▶exact には「**正確な／きっかりの**」の意味がある。**the exact time**「**正確な時間**」，**the exact date**「正確な日付」，**the exact sum**「正確な額」などで覚えておく。

1417 This seat is free.「この席は空いている」 標準

▶**free** には「**(場所が)空いて／ふさがっていなくて**」の意味がある。

▶① open「**開いて**」，② unseated「**ふるい落とされて／議席を奪われて**」，③ occupied「**ふさがって**」

1418 vacant「(職・地位などが)空位の／欠員になって」 標準

+プラス vacant は，本問の用法以外に「**(場所が)空いて／使用されなくて**」(=free)の意味も重要。**This seat is vacant.** (この席は空いています)

Part 5 単語・語い

1410 ④ 1411 ② 1412 ③ 1413 ③ 1414 ② 1415 ② 1416 ② 1417 ④ 1418 ④

1419 □□□ "Do you have a single room for tonight?"
"Yes, we have one ( )."
① available ② conceivable ③ helpful ④ useful 〈学習院大〉

1420 □□□ The firefighter barely escaped death at the fire.
= The firefighter had a ( ) escape from death at the fire.
① narrow ② quick ③ short ④ clean 〈関西学院大〉

1421 □□□ Something's wrong with the car! We must have a ( ) tire.
① broken ② dead ③ flat ④ weak 〈センター試験〉

1422 □□□ The rent is ( ) tomorrow but I have no money in my bank account.
① coming ② due ③ paying ④ ready 〈学習院大〉

1423 □□□ In the city library, I happened to find a book with some pages ( ). Fortunately, they were not the pages I needed to photocopy.
① losing ② lost ③ missed ④ missing 〈神奈川大〉

1424 □□□ Roger is a ( ) person; he can easily adapt to new circumstances.
① flexible ② frightening ③ simple ④ stubborn 〈京都外大〉

1425 □□□ Jimmy is ( ), being open and honest in stating what he thinks or wants.
① frank ② modest ③ shy ④ kind 〈京都外大〉

1426 □□□ Chris is very friendly and ( ), so she is liked by her classmates.
① outgoing ② moody ③ gloomy ④ jealous 〈学習院大〉

1427 □□□ Sarah is always able to answer the teacher's questions. She is such a ( ) girl.
① dependent ② lazy ③ shy ④ smart 〈センター試験〉

1419 「今晩，シングルルームは空いていますか」
「はい，１部屋ご用意できます」
1420 その消防士は，火事の現場でかろうじて死なずにすんだ。
1421 この車はどこかおかしい。タイヤがパンクしているに違いない。
1422 家賃は明日が支払期日だが，私の銀行口座にはお金がまったくない。
1423 市の図書館で，何ページかがなくなっている本をたまたま見つけた。運がよかったことに，そのページは，私がコピーを取る必要があったページではなかった。

1419 available「利用できて／入手できて」 標準

▶**available** は「**利用できて／入手できて**」の意味を表す。本問の available は a single room を指す one を後置修飾している。

▶② conceivable「**考えられる／ありそうな**」, ③ helpful「**役に立って／有益な**」, ④ useful「**有益な／有用な**」

1420 have a narrow escape **from A**「**A**を間一髪でのがれる」 標準

▶**narrow** には「狭い」の他にも，通例，限定用法(名詞修飾)で「**かろうじての／やっとの**」の意味がある。

＋プラス この **narrow** を用いた表現，**a narrow victory**「辛勝」，**a narrow defeat**「惜敗」，**a narrow majority**「ぎりぎりの過半数」なども覚えておこう。

1421 a flat tire「パンクした[空気の抜けた]タイヤ」 標準

▶**flat** には「平らな」の他にも「**(タイヤなどが)空気の抜けた**」の意味がある。

1422 **The rent is** due **tomorrow.**「家賃は明日が支払期日である」 標準

▶**due** には「**支払期日の／満期の**」の意味がある。**A is due** ...の形で「A は…が支払期日である」の意味を表す。(➡1359)

1423 **a book with some pages** missing「何ページかがなくなっている本」 標準

▶「**欠けている／あるべきところにない**」の意味では **missing** を用いる。

▶② lost は不可。**lost** は「失われた／紛失した」の意味であり，**lost memory**「失われた記憶」，**a lost key**「紛失した鍵」などとは言うが，some lost pages とは言わない。

＋プラス **missing**, **lost** ともに「**行方不明の**」の意味があることも重要。**my missing [lost] dog**「行方不明の私のイヌ」

1424 a flexible person「順応性のある人」 標準

▶② frightening「**ぎょっとさせるような**」, ③ simple「**単純な**」, ④ stubborn「**頑固な**」

1425 frank「ざっくばらんな／率直な」 標準

▶② modest「**控え目な**」, ③ shy「**内気な**」, ④ kind「**親切な**」

1426 outgoing「社交的な／外交的な」 標準

▶② moody「**気分の変わりやすい**」, ③ gloomy「**陰気な**」, ④ jealous「**しっと深い**」

1427 smart「利口な／頭のよい」 標準

▶① dependent「**依存して**」, ② lazy「**怠けて**」, ③ shy「**内気な**」

Part 5 単語・語い

1424 ロジャーは順応性のある人だ。彼は，新しい環境に簡単に順応することができる。
1425 ジミーはざっくばらんで，考えていることや望んでいることを言うのに，あけっぴろげで正直である。
1426 クリスはとても親しみやすく社交的だ。だから，彼女はクラスメートから好かれている。
1427 サラは，先生の質問にいつも答えることができる。彼女はとても頭がよい女の子だ。

1419 ①　1420 ①　1421 ③　1422 ②　1423 ④　1424 ①　1425 ①　1426 ①　1427 ④

1428 The maid was so ( ) that we dismissed her.
□□□ ① cheerful ② lazy ③ diligent ④ earnest 〈京都外大〉

1429 Don't be so ( ). Try to think more flexibly and take into account other people's opinions.
□□□ ① obstinate ② shy ③ slow ④ timid 〈京都外大〉

1430 Tom is very ( ); he is always well-mannered and is considerate of other people's feelings and needs.
□□□ ① curious ② idle ③ polite ④ rude 〈京都外大〉

1428 そのお手伝いはひどい怠け者だったので，私たちは彼女を辞めさせた。
1429 そんなに意地を張らないで。もっと柔軟に考えて，他の人の意見も考慮に入れるようにしなさい。
1430 トムはとても礼儀正しい。彼はいつも行儀がよく，他人の感情や要求に思いやりを示す。

1428 **lazy**「怠惰な／怠けて」 標準

▶① cheerful「元気のいい」, ③ diligent「勤勉な」, ④ earnest「まじめな」

1429 **obstinate**「頑固な／強情な」 標準

▶**obstinate** は「**頑固な／強情な**」の意味を表す。**stubborn**「頑固な」とほぼ同意。

▶② shy「内気な」, ③ slow「鈍い」, ④ timid「臆病な」

!!注意 **take A into account**「Aを考慮に入れる」のAが into account の後に移動した形となっている。(➡1022)

1430 **polite**「礼儀正しい」 標準

▶① curious「好奇心の強い」, ② idle「怠けて」, ④ rude「無礼な」

+プラス 本問中の **be considerate of A** は「**Aに理解がある／Aに思いやりがある**」の意味。(➡p.233【整理74】)

Part 5 単語・語い

1428 ② 1429 ① 1430 ③

第27章 重要多義語

Point 215

■ 次の(　　)に共通する語を入れなさい。

1431 □□□
(a) The shop clerk gave me 200 yen in (　　　).
(b) I want to (　　　) the day of the meeting.

1432 □□□
(a) Oh, the girls look so (　　　) in those pink dresses.
(b) I was (　　　) tired after walking all day.

1433 □□□
(a) This pen isn't (　　　). It belongs to Susan.
(b) A few years ago many people were rescued alive from a (　　　) accident in Chile.
(c) The researchers developed a robot with the ability to remove a land (　　　).

1434 □□□
(a) The boss will (　　　) you if you don't work harder.
(b) The photo albums were burned in the (　　　).

1435 □□□
(a) I haven't read that (　　　) by Ms. Rowling yet.
(b) Let's (　　　) the plane tickets today.

1436 □□□
(a) Roger opened a (　　　) of tuna.
(b) (　　　) you play the violin?

1437 □□□
(a) We visited the (　　　) of our grandparents in the cemetery.
(b) She had a (　　　) expression on her face.

1438 □□□
(a) My sister works at a publishing (　　　) in New York.
(b) Can you keep my dog (　　　) until I get back?

1431 (a) 店員は私におつりを200円渡した。
(b) 会議の日にちを変更したい。
1432 (a) おや，女の子たちは，それらのピンクのドレスを着るととてもかわいく見えるね。
(b) 一日中歩いたら，かなり疲れました。
1433 (a) このペンは私のものではありません。スーザンのものです。
(b) 数年前，たくさんの人がチリの炭鉱事故から生きて救出された。
(c) 研究者は地雷を除去できる能力を備えたロボットを開発した。

Point 215 重要多義語

1431 (a) **change** は名詞で「**つり銭／小銭**」の意味(➡1386)。この **change** を用いた慣用表現 **Keep the change.**「おつりはとっておいてください」は頻出。(➡1279) 標準

(b) **change** は動詞で「**…を変更する**」の意味。

1432 (a) **pretty** は形容詞で「**かわいい**」の意味。 標準

(b) **pretty** は副詞で「**かなり**」の意味。(➡694)

1433 (a) **mine** は所有代名詞で「**私のもの**」の意味。 標準

(b) **mine** は名詞で「**鉱坑，鉱山**」の意味。

(c) **mine** は名詞で「**地雷，機雷**」の意味(＝landmine)。

1434 (a) **fire** は動詞で「**…を解雇する**」の意味。同意語の **dismiss** と一緒に覚えておこう。 標準

(b) **fire** は名詞で「**火事**」の意味。

1435 (a) **book** は名詞で「**本**」の意味。 標準

(b) **book** は動詞で「**…を予約する**」の意味。**reserve** と同意。

1436 (a) **can** は名詞で「**缶**」の意味。 標準

(b) **can** は助動詞で「**…できる**」の意味。

1437 (a) **grave** は名詞で「**墓**」の意味。 発展

(b) **grave** は形容詞で「**(顔つき・態度などが)重々しい／深刻な**」の意味。

1438 (a) **company** は名詞で「**会社**」の意味。 標準

(b) **company** は名詞で「**同伴**」の意味。**keep A company** で「Aと一緒にいる」の意味を表す。

1434 (a) もっと一生懸命働かないと，上司は君を解雇するだろう。
(b) その写真アルバムは火事で焼けてしまった。
1435 (a) ローリング女史が書いたその本を，まだ私は読んでいない。
(b) 今日，航空券を予約しましょう。
1436 (a) ロジャーはツナ缶を開けた。
(b) あなたはバイオリンが弾けますか。
1437 (a) 私たちは共同墓地に祖父母の墓を訪ねた。
(b) 彼女は顔に重々しい表情を浮かべた。
1438 (a) 私の姉[妹]はニューヨークの出版社で働いている。
(b) 私が戻ってくるまで私の犬と一緒にいてくれますか。

1431 change **1432** pretty **1433** mine **1434** fire **1435** book **1436** (a) can (b) Can
1437 grave **1438** company

1439 □□□
(a) If you hit the glass with a hammer, it will (　　　) easily.
(b) Let's take a ten-minute (　　　) before we start working again.

1440 □□□
(a) In some countries people do not have the (　　　) to vote.
(b) The question was so difficult that only a few students found the (　　　) answer.

1441 □□□
(a) The opposition parties took a strong (　　　) against raising taxes.
(b) The teacher asked all the students to (　　　) up and bow.
(c) There is a big supermarket where the hotel used to (　　　).
(d) He couldn't (　　　) her rude behavior.

1442 □□□
(a) She went to bed at eleven and was (　　　) asleep by midnight.
(b) Two of those movies (　　　) interesting.

1443 □□□
(a) You must be (　　　) to animals and never hurt them.
(b) I'm sorry, we don't have that (　　　) of shampoo in this store.

1444 □□□
(a) Please give me a (　　　) at my office tomorrow.
(b) Sushi is a food which the Japanese can (　　　) their own.

1445 □□□
(a) The problem of crows eating garbage is really getting out of (　　　).
(b) I have to (　　　) him this document by tomorrow.
(c) Can you give me a (　　　) to move this table?

1439 (a) ハンマーでたたけば，ガラスは簡単に割れるでしょう。
(b) 仕事を再開する前に，10分間の休憩をとりましょう。
1440 (a) 国民が投票権を持っていない国もある。
(b) その問題はとても難しかったので，ごく少数の生徒しか正解できなかった。
1441 (a) 野党は，増税に反対する強い立場をとった。
(b) 先生は，すべての生徒に起立しておじぎをするよう求めた。
(c) ホテルが立っていた場所は大きなスーパーマーケットになっている。
(d) 彼は彼女の失礼な態度ががまんならなかった。
1442 (a) 彼女は11時に床に就き，真夜中までには熟睡していた。
(b) それらのうちの２つの映画は面白そうだ。

1439 (a) **break** は動詞で「**割れる／こわれる**」の意味。 標準
(b) **break** は名詞で「**休憩**」の意味。

1440 (a) **right** は名詞で「**権利**」の意味。 標準
(b) **right** は形容詞で「**正しい**」の意味。

1441 (a) **stand** は名詞で「**立場**」の意味。 発展
(b) **stand** は動詞で，**stand up** は「**起立する**」の意味。
(c) **stand** は動詞で「**立っている**」の意味。
(d) **stand** は動詞で「**…をがまんする**」の意味。この意味では否定文のみで使う。

1442 (a) **sound** は副詞で，asleep を修飾して「**ぐっすりと**」の意味を表す。 標準
sound asleep「**熟睡して**」はイディオムとして押さえる。(➡697)
(b) **sound** は動詞で，**sound＋形容詞**は「**…に聞こえる／…のようである**」の意味。

1443 (a) **kind** は形容詞で「**優しい**」の意味。 標準
(b) **kind** は名詞で「**種類**」の意味。

1444 (a) **call** は名詞で「**電話**」の意味。**give A a call** で「**Aに電話をする**」の意味を表す。**give A a ring** と同意。(➡p.256【**整理85**】) 標準
(b) **call** は動詞で，**call O C** は「**OをCと言う／呼ぶ**」の意味。

1445 (a) **hand** は名詞で，**get out of hand** は「**手に負えなくなる**」の意味を表す。(➡1168) 発展
(b) **hand** は動詞で「**…を手渡す／渡す**」の意味。
(c) **hand** は名詞で「**手助け／人手**」の意味。この意味では常に単数形で使う。

Part 5 単語・語い

1443 (a) 動物には優しく接しなければならず，決して傷つけてはいけません。
(b) 申し訳ありませんが，当店にはその種のシャンプーは置いてございません。
1444 (a) 明日，私のオフィスに電話してください。
(b) 寿司は，日本人が日本独自のものと言える食べ物だ。
1445 (a) 生ごみを食べるカラスの問題は，本当に手に負えなくなりつつある。
(b) 明日までに彼にこの文書を渡さなければならない。
(c) このテーブルを動かすのを手伝ってくれませんか。

1439 break 1440 right 1441 stand 1442 sound 1443 kind 1444 call 1445 hand

1446 □□□ (a) Please take off your coat and make yourself at ( ).
(b) The novel brought ( ) to me the meaning of true friendship.

1447 □□□ (a) This computer uses a good ( ) of electricity.
(b) The government must ( ) with the problem of traffic jams.

1448 □□□ (a) Beethoven has a special ( ) in music history.
(b) Be careful when you ( ) the CD on the tray.
(c) This is a good ( ) to buy used clothes.

1449 □□□ (a) He told me the ( ) to the bank.
(b) A crying baby will always get his or her ( ).
(c) This is the American ( ) of living.

1450 □□□ (a) The beach was ( ) enough to play soccer on.
(b) Unfortunately, my bicycle has a ( ) tire.
(c) Liz lives in a small ( ) in London.

1451 □□□ (a) It seems to be my ( ) in life.
(b) There is a parking ( ) behind the store.
(c) This math problem is a ( ) easier than that one.

1452 □□□ (a) She ( ) become president of the company next year.
(b) My grandfather wrote his ( ) before he died.
(c) She seemed to have lost her ( ) to live.

1446 (a) コートを脱いで，くつろいでください。
(b) この小説は私に，真の友情の大切さを痛感させてくれた。
1447 (a) このコンピュータは大量の電気を消費する。
(b) 政府は，交通渋滞の問題に対処しなければならない。
1448 (a) ベートーベンは，音楽史において特別な地位を占めている。
(b) CD をトレーに置くときは注意しなさい。
(c) ここは古着を買うのによい場所だ。
1449 (a) 彼は私に銀行までの道順を教えてくれた。
(b) 泣いている赤ちゃんは，いつでもわがまま放題にふるまうものです。
(c) これはアメリカ流の生活様式です。

1446 (a) **home** は名詞で，**at home** は「**くつろいで**」= **comfortable** の意味（➡1145）。**make oneself at home**「**くつろぐ**」は頻出表現。（➡269） 標準

(b) **home** は副詞で「**十分に／痛烈に**」の意味。**bring A home to B** = **bring home to B A** で「**AのことをBにしみじみわからせる**」の意味。（➡1059）

1447 (a) **deal** は名詞で「**量**」の意味。**a good[great] deal of A**（不可算名詞）で「**たくさんのA／多量のA**」の意味を表す。（➡649） 標準

(b) **deal** は動詞で，**deal with A** は「**Aを扱う／Aに対処する**」の意味。（➡825）

1448 (a) **place** は名詞で「**(社会的な)地位，身分**」の意味。 標準

(b) **place** は動詞で「**…を(ある位置に)置く**」の意味。

(c) **place** は名詞で「**場所**」の意味。

1449 (a) **way** は名詞で「**道順**」の意味。 標準

(b) **way** は名詞で「**やり方**」の意味。**get[have] one's (own) way** は「**自分の思いどおりにする**」というイディオム。（➡1045）

(c) **way** は名詞で，「やり方」から派生した「**様式／風習**」の意味。

1450 (a) **flat** は形容詞で「**平らな**」の意味。 発展

(b) **flat** は形容詞で「**(タイヤなどが)空気の抜けた**」の意味。**a flat tire**「**パンクしたタイヤ**」で押さえておく。（➡1421）

(c) **flat** はイギリス用法の名詞で「**アパート**」の意味。

1451 (a) **lot** は名詞で「**運命**」の意味。 発展

(b) **lot** は名詞で「**(土地の)一区画**」の意味。**a parking lot** で「**駐車場**」の意味を表す。

(c) **a lot** は比較級の強調表現で「**はるかに…**」の意味を表す。（➡p.77【**整理20**】）

1452 (a) **will** は未来を表す助動詞で「**…だろう**」の意味。 標準

(b) **will** は名詞で「**遺言(書)**」の意味。

(c) **will** は名詞で「**意欲／意志**」の意味。

Part 5 単語・語い

1450 (a) その浜辺は，サッカーができるくらい平らだった。
(b) あいにく私の自転車はタイヤがパンクしている。
(c) リズは，ロンドンの小さなアパートに住んでいる。

1451 (a) それは，人生における私の運命のように思える。
(b) 店の裏手に駐車場があります。
(c) この数学の問題はあの問題よりずっと簡単だ。

1452 (a) 彼女は来年，その会社の社長になるでしょう。
(b) 私の祖父は，死ぬ前に遺言書を書いた。
(c) 彼女は，生きる意欲を失っていたようだった。

1446 home **1447** deal **1448** place **1449** way **1450** flat **1451** lot **1452** will

1453 □□□
(a) You can drink the water from the (　　　).
(b) She is in the hospital, but I'm sure she'll get (　　　) soon.
(c) Masako speaks French (　　　).

1454 □□□
(a) Do you have anything in (　　　)?
(b) You must be out of your (　　　)!
(c) Would you (　　　) closing the door, please?

1455 □□□
(a) That will (　　　) more harm than good.
(b) Any ballpoint pen will (　　　).
(c) She had nothing to (　　　) with the crime.

1456 □□□
(a) Can you (　　　) out the problem to me?
(b) There is no (　　　) in crying about it.
(c) Try to understand his (　　　) of view.

1457 □□□
(a) We hope the discovery will serve a useful (　　　).
(b) My office is at the (　　　) of the hall.
(c) The book has been a best seller for years on (　　　).
(d) If you don't eat healthier food, you will (　　　) up sick.

1458 □□□
(a) He gave his personal opinion at the meeting from a (　　　) point of view.
(b) They played a (　　　) role in the success of the project.
(c) The doctor looks serious today because one of her patients is in (　　　) condition.

1453 (a) 井戸の水を飲んでもかまいません。
(b) 彼女は入院しているが，きっとすぐ元気になるさ。
(c) マサコは，フランス語を上手に話す。
1454 (a) 何かお考えのものはありますか。
(b) 君は正気を失っているんだよ！
(c) ドアを閉めていただけませんか。
1455 (a) あれは，利益よりはむしろ害をもたらすだろう。
(b) どんなボールペンでもいいですよ。
(c) 彼女はその犯罪とは無関係だった。
1456 (a) 私に問題点を指摘してくれますか。
(b) そのことで泣いてもむだだ。
(c) 彼の観点を理解するよう努めなさい。
1457 (a) 私たちは，その発見が有益な目的にかなうようにと願っている。
(b) 私のオフィスは廊下の突き当たりにあります。
(c) その本は何年も連続でベストセラーである。
(d) もっと体によい食品を食べないと，最後には病気になりますよ。

1453 (a) **well** は名詞で「**井戸**」の意味。 **標準**
(b) **well** は形容詞で「**健康で**」の意味。**get well** で「**元気になる**」の意味を表す。
(c) **well** は副詞で「**上手に**」の意味。

1454 (a) **mind** は名詞で「**考え**」の意味。**have A in mind** で「**Aを計画中[考慮中]である**」の意味を表す。**Do you have anything in mind?**「**(買い物などで)何かお考えのものはありますか**」は頻出表現。(➡1278) **標準**
(b) **mind** は名詞で「**理性／正気**」の意味。**out of one's mind** で「**正気を失って**」の意味を表す。
(c) **mind** は動詞で「**…を嫌がる**」の意味。**Would you mind doing …?**「**…していただけませんか**」は重要表現。(➡515)

1455 (a) **do** は他動詞。**do harm** で「**害になる**」, **do good** で「**ためになる**」の意味(➡573, 574)。本問の **do more harm than good**「**ためになるよりも害になる**」も頻出表現。 **標準**
(b) **do** は自動詞で「**間に合う／十分である**」の意味。(➡584)
(c) **have nothing to do with A**「**Aと何の関係もない**」は慣用表現として押さえる。(➡264)

1456 (a) **point** は動詞で, **point out A** は「**Aを指摘する**」の意味。 **標準**
(b) **point** は名詞で「**目的／意味**」の意味。**There is no point (in) doing …**「**…してもむだである**」は頻出表現。(➡140)
(c) **point** は名詞で「**要点**」の意味。**A's point of view**「**Aの観点**」は重要表現。

1457 (a) **end** は名詞で「**目的**」の意味。同意語の **purpose**, **aim**, **object** と一緒に覚えておこう。 **発展**
(b) **end** は名詞で「**端／突き当たり**」の意味。
(c) **on end**「**続けて**」= **continuously** はイディオムとして押さえる。(➡1146)
(d) **end** は動詞で, **end up + C[形容詞・名詞]** は「**最後には…になる**」の意味を表す。**end up (by) doing**「**…することで終わる**」も一緒に覚えておこう。

1458 (a) **critical** は形容詞で「**批判的な**」の意味。 **標準**
(b) **critical** は形容詞で「**重要な**」の意味。
(c) **critical** は形容詞で「**危機的な**」の意味。

Part 5 単語・語い

1458 (a) 彼は会議で批判的な観点から個人的な意見を述べた。
(b) 彼らはその企画の成功に重要な役割を果たした。
(c) 今日患者の一人が危篤状態なのでその医者は深刻な表情をしている。

1453 well **1454** mind **1455** do **1456** point **1457** end **1458** critical

1459 □□□ (a) The curtain had an (　　　) pattern of flowers.
(b) He would not (　　　) on the reason for his absence.

1460 □□□ (a) Can you clear the (　　　) as quickly as possible?
(b) The figures of births in this city last year are shown in the (　　　) above.

1461 □□□ (a) Global warming is a very important (　　　) for the world.
(b) I read an interesting article about nuclear power in the latest (　　　) of the magazine.
(c) The company is going to (　　　) a press release announcing a new product tomorrow.

1462 □□□ (a) A service charge is included in the (　　　).
(b) Can you change a 10 dollar (　　　) into singles?
(c) A new tax (　　　) was passed by Congress yesterday.

1463 □□□ (a) It would be better for us to accept his offer in this (　　　).
(b) The police are investigating the (　　　) as a murder.

1464 □□□ (a) There is (　　　) evidence for his guilt.
(b) We enjoyed good food at a (　　　) price at the Italian restaurant.

1465 □□□ (a) I (　　　) I should arrive there by 2:30.
(b) Please look at (　　　) 3 which shows yearly imports of corn.
(c) The unemployment (　　　) is the lowest in ten years.

1466 □□□ (a) I paid a 100-dollar (　　　) for speeding.
(b) We can see a (　　　) view from this hotel.

1467 □□□ (a) I have to (　　　) my house at 6:00 a.m. for Osaka.
(b) In Japan, employees usually have sixteen weeks of maternity (　　　).

1459 (a) そのカーテンは複雑な花の模様であった。
(b) 彼は休んだ理由を詳しく述べようとしなかった。
1460 (a) 急いでテーブルを片づけていただけませんか。
(b) この市の昨年の出生数は上の表に示されています。
1461 (a) 地球温暖化は世界にとって大変重要な問題である。
(b) その雑誌の最新号で，原子力発電の興味深い記事を読んだ。
(c) 明日，その会社は新製品を発表するプレスリリースを行うことになっている。

1459 (a) **elaborate** は形容詞で **「手の込んだ／複雑な」** の意味。 標準
(b) **elaborate** は動詞で **「詳しく述べる」** の意味。

1460 (a) **table** は名詞で **「テーブル」** の意味。 標準
(b) **table** は名詞で **「表」** の意味。「下の表に」は in the table below と言う。

1461 (a) **issue** は名詞で **「問題点」** の意味。 標準
(b) **issue** は名詞で **「(雑誌などの)号」** の意味。
(c) **issue** は動詞で **「…を発行する／発表する」** の意味。

1462 (a) **bill** は名詞で **「請求書／勘定書」** の意味。 標準
(b) **bill** は名詞で **「紙幣」** の意味。
(c) **bill** は名詞で **「法案」** の意味。

1463 (a) **case** は名詞で **「状況／場合」** の意味。 標準
(b) **case** は名詞で **「事件」** の意味。

1464 (a) **reasonable** は形容詞で **「妥当な／合理的な」** の意味。 標準
(b) **reasonable** は形容詞で **「手ごろな」** の意味。

1465 (a) **figure** は動詞で **「…と考える／判断する」** の意味。 標準
(b) **figure** は名詞で **「図／図表」** の意味。
(c) **figure** は名詞で **「数値」** の意味。

1466 (a) **fine** は名詞で **「罰金」** の意味。 標準
(b) **fine** は形容詞で **「立派な／すばらしい」** の意味。

1467 (a) **leave** は動詞で **「…を出発する」** の意味。 標準
(b) **leave** は名詞で **「休暇／休暇期間」** の意味。

Part 5 単語・語い

1462 (a) サービス料は勘定に含まれています。
(b) 10ドル札を１ドル札に替えてもらえますか。
(c) 新税法案が昨日議会で通過した。
1463 (a) この場合，彼の申し出を受け入れる方がよいだろう。
(b) 警察はその事件を殺人事件として捜査している。
1464 (a) 彼が有罪であるという合理的な証拠がある。
(b) そのイタリア料理店でおいしい料理を手ごろな値段で楽しんだ。
1465 (a) 私は２時30分までにそこに到着するべきだと思う。
(b) トウモロコシの年間輸入量を示す図３をご覧ください。
(c) 失業者数はこの10年で最も少ない。
1466 (a) スピード違反で100ドルの罰金を払った。
(b) このホテルからすばらしい眺めを見ることができる。
1467 (a) 午前６時に大阪に向けて家を出発しなければならない。
(b) 日本では従業員はふつう16週の出産休暇を取る。

1459 elaborate **1460** table **1461** issue **1462** bill **1463** case **1464** reasonable
1465 figure **1466** fine **1467** leave

1468 □□□
(a) She is notorious for being (　　　) to everyone.
(b) What does "omotenashi" (　　　) in English?

1469 □□□
(a) The theater is only one (　　　) from the station on foot.
(b) The print is so (　　　) that it is difficult to read.

1470 □□□
(a) Names in the data base are in alphabetical (　　　).
(b) What did the president (　　　) him to do?

1471 □□□
(a) In the United Kingdom, people always (　　　) "realize" with an "s."
(b) After a short (　　　) of fine weather we had a heavy snow.
(c) The professor always insists on the need for inflation to stimulate economy as if it were a magic (　　　).

1472 □□□
(a) First, can you (　　　) your full name and phone number?
(b) Those who live here can enter the (　　　) university with a small tuition fee.
(c) The company has been in a bad (　　　) for a couple of years because of the recession.

1473 □□□
(a) The TV drama was based on a true (　　　) from World War II.
(b) Her apartment is on the ninth (　　　).

1474 □□□
(a) If I could find her (　　　), I would send her an invitation to thc party.
(b) The professor gave an (　　　) at the ceremony.
(c) We need to (　　　) the problem of climate change now.

1468 (a) 彼女は誰に対しても意地が悪いことで有名である。
(b)「おもてなし」とは英語でどういう意味ですか。
1469 (a) 劇場は駅から歩いてたったの１分です。
(b) 活字があまりに小さいので読みにくい。
1470 (a) そのデータベースでは名前はアルファベット順になっています。
(b) 社長は彼に何をするように命じたのですか。
1471 (a) イギリスでは realize は常に s を使ってつづる。
(b) 少しの間良い天気が続いた後，大雪になった。
(c) その教授はいつも，魔法の呪文であるかのように，経済を刺激するインフレの必要性を主張する。

1468 (a) **mean** は形容詞で「**意地の悪い／卑劣な**」の意味。 標準
(b) **mean** は動詞で「**…を意味する**」の意味。

1469 (a) **minute** は名詞で「**分**」の意味。 標準
(b) **minute** は形容詞で「**微小な**」の意味。発音に注意。

1470 (a) **order** は名詞で「**順序／順番**」の意味。 標準
(b) **order** は動詞で「**…を命じる**」の意味。

1471 (a) **spell** は動詞で「**(単語)をつづる**」の意味。 標準
(b) **spell** は名詞で「**期間**」の意味。
(c) **spell** は名詞で「**呪文**」の意味。

1472 (a) **state** は動詞で「**…を述べる**」の意味。 標準
(b) **state** は名詞で「**州**」の意味。
(c) **state** は名詞で「**状態**」の意味。

1473 (a) **story** は名詞で「**物語**」の意味。 標準
(b) **story** は名詞で「**階**」の意味。

1474 (a) **address** は名詞で「**住所**」の意味。 標準
(b) **address** は名詞で「**演説**」の意味。
(c) **address** は動詞で「**…に取り組む**」の意味。

1472 (a) 最初に，氏名と電話番号を言ってください。
(b) その州に住んでいる人は，安い授業料で州立大学に入学することができる。
(c) その会社は，不況のためにこの2，3年悪い状態である。
1473 (a) そのテレビドラマは第2次世界大戦の実話に基づいていた。
(b) 彼女の部屋は9階にあります。
1474 (a) 彼女の住所がわかっていれば，パーティーの招待状を送るのに。
(b) 教授はその式典で演説を行った。
(c) 私たちは気候変動の問題にすぐに取りかかる必要がある。

1468 mean **1469** minute **1470** order **1471** spell **1472** state **1473** story
1474 address

整理 89 その他の重要多義語

本書の問題以外にも多義語の出題は多く，英文読解上も重要である。以下，頻出語を挙げておくので，確認しておこう。

- **look** 動見る／(外観が)…に見える／(物事が)…のようである 名表情／外観
- **touch** 動…に触る／…を感動させる 名感触／少量
- **game** 名ゲーム／獲物
- **capital** 名首都／資本／大文字
- **character** 名性格／登場人物／文字
- **room** 名部屋／場所／余地
- **amount** 名量 動総計…になる／到達する
- **respect** 名点 動…を尊敬する
- **interest** 名関心／利子／利害 動関心を持たせる
- **even** 形平らな／規則正しい／同等の 副…でさえ
- **clear** 形澄んだ／確かな／離れて 動AからBを取り除く／晴れる
- **cover** 名表紙 動…を含む／(ある距離)を行く／(費用など)をまかなう
- **pay** 動支払う／…に報いる／償いをする／割に合う 名給料
- **last** 形最後の／(the ～)最も…しそうにない(人・物) 動続く／もちこたえる
- **rest** 名休息／(the ～)(…の)残り 動休息する
- **gift** 名贈り物／(生まれつきの)才能
- **match** 名試合／競争相手／似合いの人・物 動…と調和する
- **badly** 副下手に／とても／大いに
- **count** 動…を数える／重要である
- **object** 名物体／目的 動反対する
- **subject** 名話題／科目 形支配をうける／(…を)受けやすい
- **charge** 動…を告発する 名料金／責任
- **miss** 動…に乗り遅れる／…しそこなう／…がいないのを寂しく思う／…を免れる
- **part** 名部分／役割／(一方の)側 動(人と)別れる
- **arm** 名腕／(複数で)武器 動…を武装させる
- **fall** 動落下する／名秋，滝
- **firm** 形堅い 名会社
- **measure** 動…を測る 名対策
- **park** 名公園 動(車)を駐車する
- **term** 名用語，言葉／学期
- **tongue** 名舌／言語

第28章

注意すべき単語の語形変化

Point 216 注意すべき派生語

● 赤字の部分をシートで隠して派生語をチェックしよう。

	動　詞		名　詞		形容詞	
1	enable	に可能にさせる	ability	能力	able	できる
2	abound	富む	abundance	豊富	abundant	豊富な
3	absorb	を吸収する	absorption	吸収	——	
4	accept	を受け入れる	acceptance	受容	acceptable	受け入れられる
5	accomplish	を成し遂げる	accomplishment	業績	——	
6	achieve	を成し遂げる	achievement	達成	——	
7	acknowledge	を認める	acknowledgement	承認	——	
8	acquaint	に知らせる	acquaintance	知り合い	——	
9	act	行動する	action	行動	active	活動的な
10	adapt	に適応させる	adaptation	適応	adaptable	適応できる
11	add	を加える	addition	追加	additional	追加の
12	adjust	を調整する	adjustment	調整	——	
13	admire	に感心する	admiration	感嘆	admirable	感心な
14	adopt	を採用する	adoption	採用	——	
15	advertise	を広告する	advertisement	広告	——	
16	advise	に忠告する	advice	助言	advisable	賢明な
	——		——		advisory	勧告する
17	agree	同意する	agreement	同意	agreeable	同意できる
18	allow	を許す	allowance	許容	——	
19	——		ambition	野心	ambitious	野心のある
20	amuse	をおもしろがらせる	amusement	娯楽	——	
21	analyze	を分析する	analysis	分析	——	
22	announce	を公表する	announcement	公表	——	
23	annoy	をいらいらさせる	annoyance	いらだち	——	
24	anticipate	を予想する	anticipation	予想	——	
25	——		anxiety	心配	anxious	心配している

	動詞		名詞		形容詞	
26	apologize	あやまる	apology	謝罪	——	
27	appear	現れる	appearance	出現	——	
28	apply	を応用する	application	応用	applicable	応用できる
29	appoint	を任命する	appointment	任命	——	
30	approve	賛成する	approval	賛成	——	
31	argue	議論する	argument	議論	——	
32	arrange	を配列する	arrangement	配列	——	
33	assemble	を集める	assembly	集会	——	
34	assert	を断言する	assertion	断言	——	
35	assign	に割り当てる	assignment	割り当て	——	
36	assist	を手伝う	assistance	助力	——	
37	associate	を連想する	association	連想	——	
38	assume	を想定する	assumption	想定	——	
39	assure	に確信させる	assurance	確信	——	
40	——		atom	原子	atomic	原子の
41	attend	注意を払う	attention	注意	attentive	注意深い
42	attract	を引きつける	attraction	魅力	attractive	魅力的な
43	avail	に役立つ	——		available	利用できる
44	avoid	を避ける	avoidance	回避	——	
45	——		awe	恐れ	awful	恐ろしい
46			basis	基礎	basic	基礎の
47	——		benefit	利益	beneficial	有益な
48	betray	を裏切る	betrayal	裏切り	——	
49	bleed	出血する	blood	血	——	
50	——		bravery	勇敢	brave	勇敢な
51	broaden	を広くする	breadth	広さ	broad	広い
52	bury	を埋葬する	burial	埋葬	——	
53	calculate	を計算する	calculation	計算	——	
54	celebrate	を祝う	celebration	祝い	——	
55	——		chaos	混沌	chaotic	混沌とした
56	——		child	子ども	childlike	子どもらしい
	——		childhood	子どものころ	childish	子どもっぽい

	動 詞		名 詞		形容詞	
57	——		character	性格	characteristic	特徴的な
58	civilize	を文明社会にする	civilization	文明	civil	市民の
	——		——		civilized	文明化した
59	classify	を分類する	classification	分類	——	
60	combine	を結合させる	combination	結合	——	
61	——		comedy	喜劇	comic	喜劇的な
62	commit	に委託する	commitment	委託	——	
63	communicate	意思疎通をする	communication	意思疎通	——	
64	compare	を比較する	comparison	比較	comparative	比較して
		匹敵する	——		comparable	匹敵して
65	compel	に強いる	compulsion	強制	compulsory	強制的な
66	compensate	を補償する	compensation	補償	——	
67	compete	競争する	competition	競争	competitive	競争的な
68	complain	不平を言う	complaint	不平	——	
69	——		complexity	複雑さ	complex	複雑な
70	compose	を組み立てる	composition	組み立て	——	
71	comprehend	を理解する	comprehension	理解力	comprehensible	理解できる
		を包括する	——		comprehensive	包括的な
72	concentrate	集中する	concentration	集中	——	
73	conclude	を結論づける	conclusion	結論	——	
74	confess	を告白する	confession	告白	——	
75	confide	信頼する	confidence	信頼	confident	確信して
		秘密を打ち明ける		秘密	confidential	秘密の
76	confirm	を確認する	confirmation	確認	——	
77	confuse	を混乱させる	confusion	混乱	——	
78	conquer	を征服する	conquest	征服	——	
79	——		conscience	良心	conscientious	良心的な
80	consider	を考慮する	consideration	考慮	considerate	思いやりのある
	——		——		considerable	かなりの
81	constitute	を制定する	constitution	憲法	——	
82	construct	を建設する	construction	建設	constructive	建設的な
83	consume	を消費する	consumption	消費	——	

	動詞		名詞		形容詞	
84	contribute	貢献する	contribution	貢献	——	
85	convince	を納得させる	conviction	確信	——	
86	cooperate	協力する	cooperation	協力	——	
87	correspond	一致する	correspondence	一致	——	
88	encourage	を励ます	courage	勇気	courageous	勇気のある
89	create	を創作する	creation	創作	creative	創造的な
90	——		crime	罪	criminal	犯罪の
91	——		crisis	危機	critical	危機的な
92	——		cruelty	残酷	cruel	残酷な
93	——		curiosity	好奇心	curious	好奇心の強い
94	deceive	を欺く	deceit	詐欺	——	
95	decide	決める	decision	決定	decisive	決定的な
96	declare	を宣言する	declaration	宣言	——	
97	deepen	を深める	depth	深さ	deep	深い
98	defend	を防御する	defense	防御	defensive	防御の
99	define	を定義する	definition	定義	definite	明確な
	——		——		definitive	決定的な
100	deliver	を配達する	delivery	配達	——	
101	demonstrate	を実演する	demonstration	実演	——	
102	——		density	密度	dense	密集した
103	deny	を否定する	denial	否定	——	
104	depend	～次第である	dependence	依存	dependent	頼っている
	——		——		dependable	頼りになる
105	depress	を憂うつにする	depression	憂うつ	——	
106	describe	を詳しく説明する	description	説明	——	
107	——		despair	絶望	desperate	絶望的な
108	destroy	を破壊する	destruction	破壊	destructive	破壊的な
109	determine	を決定する	determination	決断(力)	determined	断固とした
	——		——		determining	決定的な
110	die	死ぬ	death	死	dead	死んだ
	——		——		deadly	致命的な
111	differ	異なる	difference	相違	different	異なった

	動詞		名詞		形容詞	
	——		differential	差	differential	差別的な
112	direct	を指導する	direction	指示	direct	直接の
	——		directory	名簿	——	
113	——		disadvantage	不利	disadvantageous	不利な
114	discover	を発見する	discovery	発見	——	
115	disclose	をあばく	disclosure	暴露	——	
116	discriminate	を差別する	discrimination	差別	——	
117	disobey	に従わない	disobedience	不服従	——	
118	distinguish	を区別する	distinction	区別	distinct	はっきりした
119	distribute	を配る	distribution	配布	——	
120	disturb	を妨げる	disturbance	妨害	——	
121	dominate	で優位に立つ	dominance	優勢	dominant	優勢な
		を支配する	domination	支配	——	
122	——		economy	経済，節約	economic	経済の
	——		economics	経済学	economical	節約になる
123	educate	を教育する	education	教育	educational	教育の
124	elect	を選ぶ	election	選挙	——	
125	embarrass	を当惑させる	embarrassment	当惑	——	
126	emphasize	を強調する	emphasis	強調	——	
127	endure	に耐える	endurance	耐久(性)	endurable	がまんできる
	——		——		enduring	永続する
128	——		energy	エネルギー	energetic	精力的な
129	enjoy	を楽しむ	enjoyment	楽しみ	enjoyable	楽しい
130	entertain	を楽しませる	entertainment	娯楽	——	
131	——		environment	環境	environmental	環境の
132	err	誤る	error	誤り	erroneous	誤った
133	equip	を備え付ける	equipment	設備	——	
134	establish	を設立する	establishment	創設	——	
135	evolve	進化する	evolution	進化	——	
136	exceed	を超える	excess	超過	excessive	過度の
137	excel	秀でる	excellence	優秀さ	excellent	優秀な
138	exclude	を除外する	exclusion	除外	exclusive	排他的な

	動　詞		名　詞		形容詞	
139	exhibit	を展示する	exhibition	展示(物)	——	
140	exist	存在する	existence	存在	——	
141	expand	を拡大する	expansion	拡大	——	
142	expect	を期待する	expectation	予期	expected	見込まれた
	——		expectancy	期待	expectant	期待している
143	expend	を費やす	expense	費用	expensive	高価な
144	explain	を説明する	explanation	説明	explanatory	説明的な
145	explode	爆発する	explosion	爆発	——	
146	explore	を探検する	exploration	探検	——	
147	expose	を暴露する	exposure	暴露	——	
148	extend	伸びる	extension	拡張	extensive	広大な
149	extinguish	を絶滅させる	extinction	絶滅	extinct	絶滅した
150	fail	失敗する	failure	失敗	——	
151	——		faith	信頼	faithful	忠実な
152	familiarize	を世間に広める	familiarity	熟知	familiar	よく知られた
153	fascinate	を魅惑する	fascination	魅惑	——	
154	favor	を(より)好む	favor	好意	favorite	お気に入りの
	——		——		favorable	好意的な
155	——		finance	財政	financial	財政上の
156	——		flexibility	柔軟性	flexible	柔軟な
157	——		fluency	流暢	fluent	流暢な
158	——		fortune	幸運	fortunate	幸運な
159	found	を創設する	foundation	創設	——	
160	free	を解放する	freedom	自由	free	自由な，無料の
161	——		friend	友人	friendly	親切な
162	frighten	をおびえさせる	fright	恐怖	frightful	恐ろしい
163	frustrate	を挫折させる	frustration	挫折	——	
164	fulfill	を果たす	fulfillment	遂行	——	
165	——		generosity	気前よさ	generous	気前がよい
166	——		globe	地球	global	全世界的な
167	——		gloom	暗闇	gloomy	薄暗い
168	——		glory	栄光	glorious	栄光ある

	動 詞		名 詞		形容詞	
169	govern	を統治する	government	政治	——	
170	graduate	卒業する	graduation	卒業	——	
171	——		habit	習慣	habitual	習慣的な
172	hate	を憎む	hatred	憎しみ	hateful	憎むべき
173	hesitate	をためらう	hesitation	ためらい	——	
174	heighten	を高くする	height	高さ	high	高い
175	hinder	を妨げる	hindrance	妨害	——	
176	——		history	歴史	historic	歴史的に重要な
	——		——		historical	歴史上の
177	——		hono(u)r	名誉	hono(u)rable	名誉な
178	——		humility	謙虚	humble	謙虚な
179	——		hunger	飢え	hungry	空腹の
180	idealize	を理想化する	idea	考え	ideal	理想的な
	——		ideal	理想	——	
181	identify	を同一視する	identity	同一であること	identical	全く同一の
182	ignore	を無視する	ignorance	無知	ignorant	無知の
183	imagine	を想像する	image	印象	imaginative	想像力に富む
	——		——		imaginary	想像上の
	——		——		imaginable	想像できる
184	imitate	をまねる	imitation	模倣	imitative	模倣的な
185	imply	を(暗に)意味する	implication	(裏の)意味	——	
186	impress	に印象づける	impression	印象	impressive	印象的な
187	improve	を改善する	improvement	改善	——	
188	incline	をする気にさせる	inclination	傾向	——	
189	include	を含む	inclusion	包含	inclusive	含めて
190	industrialize	を工業化する	industry	工業	industrial	工業の
	——		——		industrious	勤勉な
191	inform	に知らせる	information	情報	informative	有益な
192	injure	にけがをさせる	injury	負傷	——	
193	insist	主張する	insistence	主張	insistent	しつこい
194	inspect	を点検する	inspection	点検	——	
195	inspire	に霊感を与える	inspiration	霊感	——	

	動詞		名詞		形容詞	
196	instruct	を指導する	instruction	指導	instructive	教育的な
197	intend	を意図する	intention	意図	intentional	意図的な
198	intensify	を強める	intensity	強さ	intense	激しい
199	interfere	に干渉する	interference	干渉	——	
200	——		intimacy	親密	intimate	親密な
201	intrude	に押し入る	intrusion	押し入り	——	
202	invade	を侵略する	invasion	侵略	——	
203	invent	を発明する	invention	発明	inventive	創意に富む
204	investigate	を調査する	investigation	調査	——	
205	irritate	をいらいらさせる	irritation	いらだち	irritable	怒りっぽい
206	isolate	を孤立させる	isolation	孤立	——	
207	——		jealousy	嫉妬	jealous	嫉妬深い
208	——		justice	公正	just	公正な
	justify	を正当化する	justification	正当化	——	
209	know	を知っている	knowledge	知識	knowledgeable	知識のある
210	laugh	笑う	laughter	笑い	——	
211	lengthen	を長くする	length	長さ	long	長い
212	——		letter	手紙，文字	literal	文字通りの
	——		literature	文学	literary	文学の
	——		literacy	読み書きの能力	literate	読み書きのできる
213	——		likelihood	ありそうなこと	likely	ありそうな
214	live	生きる	life	生命	lively	活発な
	——		——		living	生きている
215	lose	を失う	loss	損失	lost	道に迷って
216	maintain	を維持する	maintenance	維持	——	
217	manage	を管理する	management	管理	——	
218	marry	と結婚する	marriage	結婚	——	
219	——		medicine	薬，医学	medical	医学の
	medicate	に投薬する	medication	投薬	——	
220	memorize	を記憶する	memory	記憶	memorial	記念の
221	——		minority	少数派	minor	小さい方の
222	——		moment	瞬間	momentary	瞬間の

	動詞		名詞		形容詞	
	——		——		momentous	重大な
223	——		mystery	なぞ	mysterious	不思議な
224	——		nation	国家	national	国家の
	——		nationality	国籍	native	出生地の
225	naturalize	に市民権を与える	nature	自然	natural	自然の
226	obey	に従う	obedience	服従	obedient	従順な
227	object	異議を唱える	objection	異議	——	
228	oblige	に義務づける	obligation	義務	——	
229	observe	を観察する	observation	観察	——	
		を守る	observance	順守	——	
230	occur	起こる	occurrence	発生	——	
231	offend	の感情を害する	offense	不愉快なこと	offensive	不快な
232	omit	を省く	omission	省略	——	
233	oppose	に反対する	opposition	反対	opposite	正反対の
234	oppress	を圧迫する	oppression	圧迫	oppressive	苛酷な
235	organize	を組織する	organization	組織	——	
236	originate	始まる	origin	起源	original	独創的な，元の
237	——		part	部分	partial	部分的な，不公平な
238	——		passion	情熱	passionate	情熱的な
239	pay	を支払う	payment	支払い	payable	支払うことができる
240	permit	に許可する	permission	許可	permissible	許可されて
					permissive	寛大な
241	persist	固執する	persistence	固執	persistent	頑固な
242	persuade	を説得する	persuasion	説得	persuasive	説得力のある
243	please	を喜ばせる	pleasure	楽しみ	pleasant	気持ちのいい
244	——		poison	毒	poisonous	有毒な
245	pollute	を汚染する	pollution	汚染	——	
	——		pollutant	汚染物質	——	
246	——		population	人口	populous	人口の多い
247	possess	を所有する	possession	所有	possessive	独占欲の強い
248	——		poverty	貧困	poor	貧しい
249	empower	に権限を与える	power	権力	powerful	有力な

	動詞		名詞		形容詞	
250	predict	を予言する	prediction	予言	——	
251	prefer	を好む	preference	好み	preferable	好ましい
252	prepare	を用意する	preparation	準備	——	
253	preserve	を保存する	preservation	保存	——	
254	prevent	を防ぐ	prevention	防止	preventive	予防の
255	——		priority	優先	prior	(時間・順序が)前の
256	privatize	を民営化する	privacy	プライバシー	private	個人の，民営の
	——		privatization	民営化	——	
257	——		probability	見込み	probable	ありそうな
258	produce	を生産する	production	生産	productive	生産的な
			product	生産品	——	
259	pronounce	を発音する	pronunciation	発音	——	
		を宣言する	pronouncement	宣言	——	
260	propose	を提案する	proposal	提案	——	
261	prosper	繁栄する	prosperity	繁栄	prosperous	繁栄している
262	——		pride	自慢	proud	誇りに思って
263	provide	を供給する	provision	供給，準備	provisional	臨時の
	——		——		provident	先見の明のある
264	prove	を証明する	proof	証明	——	
265	punish	を罰する	punishment	処罰	——	
266	purify	を清潔にする	purity	純粋さ	pure	純粋な
267	——		purpose	目的	purposeful	目的のある
268	pursue	を追跡する	pursuit	追跡	——	
269	qualify	に資格を与える	qualification	資格	——	
270	quote	を引用する	quotation	引用	——	
271	——		race	人種	racial	人種上の
272	realize	を実現する	realization	実現	——	
273	——		reason	理性	reasonable	道理にかなった
274	receive	を受け取る	receipt	領収書	——	
		を接待する	reception	接待	——	
275	recognize	を認識する	recognition	認識	——	
276	recommend	を推薦する	recommendation	推薦	——	

	動 詞		名 詞		形容詞	
277	reduce	を減らす	reduction	縮小	——	
278	refer	言及する	reference	言及	referential	参照用の
279	reflect	を反射する	reflection	反射	reflective	反射して
280	refuse	を拒否する	refusal	拒否	——	
281	regulate	を規制する	regularity	規則正しさ	regular	規則的な
282	reject	を拒絶する	rejection	拒絶	——	
283	relate	を関連づける	relation	関係	relative	相対的な
	——		——		related	関係のある
284	relieve	を安心させる	relief	安心	——	
285	——		religion	宗教	religious	宗教の
286	rely	頼る	reliance	信頼	reliable	信頼できる
287	remember	を思い出す	remembrance	思い出	——	
288	remove	を取り去る	removal	除去	——	
289	repeat	をくり返す	repetition	くり返し	repetitive	くり返しの(多い)
290	require	を必要とする	requirement	要求	requisite	必要な
	——		request	要請	——	
291	resemble	に似ている	resemblance	類似	——	
292	reserve	を予約する	reservation	予約	——	
293	resist	に抵抗する	resistance	抵抗	——	
294	respect	を尊敬する	respect	尊敬	respectful	礼儀正しい
	——		——		respectable	まともな
	——		——		respective	それぞれの
295	respond	答える	response	応答	——	
296	restrict	を制限する	restriction	制限	——	
297	retire	退職する	retirement	退職	——	
298	revolve	回転する	revolution	革命	revolutionary	革命の
299	enrich	を豊富にする	richness	富	rich	豊かな
300	sadden	を悲しませる	sadness	悲しみ	sad	悲しい
301	satisfy	を満足させる	satisfaction	満足	satisfactory	満足な
302	——		science	科学	scientific	科学の
303	see	が見える	sight	視力	——	
304	sense	を感じる	sense	感覚	sensitive	敏感な

	動詞		名詞		形容詞	
	——		sensibility	感受性	sensible	分別のある
	——		——		sensual	官能的な
	——		——		sensory	感覚の
305	——		sentiment	感傷	sentimental	感傷的な
306	separate	を分ける	separation	分離	separate	分かれた
307	serve	(飲食物)を出す	service	公共事業	——	
308	settle	を解決する	settlement	解決	settled	落ち着いた
309	shorten	を短縮する	shortage	不足	short	短い
310	——		similarity	類似	similar	よく似た
311	simplify	を単純にする	simplicity	単純	simple	単純な
312	——		skill	技能	skillful	技量のある
	——		——		skilled	熟練した
313	socialize	を社交的にする	society	社会	social	社会的な
	——		——		sociable	社交的な
314	soften	を柔らかくする	softness	柔らかさ	soft	柔らかい
315	——		solitude	孤独	solitary	孤独な
316	solve	を解決する	solution	解決	——	
317	specialize	専門にする	specialty	専門	special	特別の
318	specify	を詳しく述べる	specification	仕様書	specific	特定の
319	——		spirit	精神	spiritual	精神の
320			stability	安定	stable	安定した
321	state	をはっきり述べる	statement	声明	——	
322	stimulate	を刺激する	stimulus	刺激	——	
323	strengthen	を強くする	strength	力	strong	強い
324	substitute	を代わりに用いる	substitution	代用	——	
325	succeed	成功する	success	成功	successful	成功した
		続く	succession	連続	successive	連続した
326	suggest	を提案する	suggestion	提案	——	
327	suppose	だと想像する	supposition	仮定	——	
328	survive	生き残る	survival	生存	——	
329	suspect	を怪しいと思う	suspicion	疑惑	suspicious	疑わしい
330	symbolize	を象徴する	symbol	象徴	symbolic	象徴的な

	動 詞		名 詞		形容詞	
331	sympathize	に同情する	sympathy	同情	sympathetic	同情的な
332	——		system	組織	systematic	組織的な
333	——		technique	技術	technical	技術上の
334	——		technology	科学技術	technological	科学技術の
335	tempt	を誘惑する	temptation	誘惑	——	
336	tend	傾向がある	tendency	傾向	——	
337	——		tension	緊張	tense	緊張した
338	thieve	盗む	theft	盗み	——	
339	think	考える	thought	思考	thoughtful	思慮深い
340	tolerate	を許容する	tolerance	寛容	tolerant	寛容な
341	translate	を翻訳する	translation	翻訳	——	
342	treat	を扱う	treatment	取り扱い	——	
343	——		truth	真実	true	本当の
	——		——		truthful	誠実な
344	——		misfortune	不運	unfortunate	不運な
345	——		universe	宇宙	universal	世界共通の
346	use	を使う	use	使用	useful	役に立つ
	——		usage	用法	used	中古の
	——		——		usable	使用可能な
347	utter	を口に出す	utterance	発言	——	
348	value	を尊重する	value	価値	valuable	価値のある
	——		valuables	貴重品	——	
	——		valuation	評価(額)	——	
349	vary	変わる	variation	変化	variable	変わりやすい
		異なる	variety	多様性	various	さまざまの
350	——		virtue	美徳	virtuous	徳の高い
351	widen	を広くする	width	幅	wide	幅が広い
352	——		wisdom	知恵	wise	賢明な

Point 217 注意すべき反意語

● 赤字の部分をシートで隠して反意語をチェックしよう。ただし，書き出しの文字が与えられています。

	動 詞			
1	accept	を受け入れる	refuse / reject	を拒否する／を拒絶する
2	advance	前進する	retreat	退却する
3	allow	を許す	forbid	を禁じる
4	ascend	昇る	descend	下る
5	borrow	を借りる	lend	を貸す
6	conceal	を隠す	reveal	を明らかにする
7	confine	を監禁する	release	を自由にする
8	connect	をつなぐ	separate	を引き離す
9	construct	を建設する	destroy	を破壊する
10	deny	を否定する	admit	を認める
11	employ	を雇う	dismiss	を解雇する
12	encourage	を励ます	discourage	を落胆させる
13	float	浮かぶ	sink	沈む
14	forgive	を許す	punish	を罰する
15	import	を輸入する	export	を輸出する
16	include	を含む	exclude	を除外する
17	increase	増える	decrease	減る
18	persuade	を説得する	dissuade	を思いとどまらせる
19	praise	を賞賛する	blame	を非難する
20	produce	を生産する	consume	を消費する
21	respect	を尊敬する	despise	を軽べつする
22	strengthen	を強くする	weaken	を弱くする

	名 詞			
23	analysis	分析	synthesis	総合
24	ancestor	先祖	descendant	子孫
25	anxiety	心配	relief	安心
26	cause	原因	effect	結果

27	comedy	喜劇	tragedy	悲劇
28	consensus	一致	disagreement	不一致
29	conservative	保守主義者	radical	急進論者
30	danger	危険	safety	安全
31	demand	需要	supply	供給
32	departure	出発	arrival	到着
33	duty	義務	right	権利
34	expert	専門家	amateur	しろうと
35	gain	利益	loss	損失
36	heaven	天国	hell	地獄
37	hope	希望	despair	絶望
38	immigrant	(外国からの)移民	emigrant	(外国への)移民
39	income	収入	expense / expenditure	支出
40	lazy	怠惰な	industrious	勤勉な
41	majority	多数派	minority	少数派
42	marriage	結婚	divorce	離婚
43	merit	長所	fault	短所
44	optimist	楽観論者	pessimist	悲観論者
45	predecessor	前任者	successor	後任者
46	profit	利益	loss	損失
47	prose	散文	verse	韻文
48	quality	質	quantity	量
49	retail	小売り	wholesale	卸売り
50	solid	固体	liquid	液体
51	success	成功	failure	失敗
52	sympathy	共感	antipathy	反感
53	theory	理論	practice	実践
54	top	頂上	bottom	底
55	victory	勝利	defeat	敗北
56	virtue	美徳	vice	悪徳
57	wealth	富	poverty	貧困

	形容詞			
58	absolute	絶対的な	relative	相対的な
59	abstract	抽象的な	concrete	具体的な
60	active	積極的な	passive	消極的な
61	affirmative	肯定的な	negative	否定的な
62	alive	生きている	dead	死んでいる
63	ancient	古代の	modern	現代の
64	awake	起きて	asleep	眠って
65	aware	気づいて	ignorant	知らない
66	beautiful	美しい	ugly	みにくい
67	bold	大胆な	timid	小心な
68	casual	普段着の	formal	正式の
69	cheap	安い	expensive	高価な
70	clean	きれいな	dirty	汚い
71	clear	はっきりした	obscure	あいまいな
72	common	ありふれた	unusual	珍しい
73	complicated	複雑な	simple	単純な
74	compulsory	強制的な	voluntary	自発的な
75	courageous	勇気のある	cowardly	おく病な
76	deep	深い	shallow	浅い
77	deliberate	故意の	spontaneous	自然発生的な
78	diligent	勤勉な	lazy	怠惰な
79	divine	神の	human	人間の
80	even	偶数の	odd	奇数の
81	fat	太った	thin	やせた
82	fertile	(土地が)肥えた	barren	不毛の
83	foreign	外国の	domestic	国内の
84	forward	前方の	backward	後方の
85	friendly	親しい	hostile	敵意のある
86	fundamental	根本的な	superficial	表面的な
87	general	一般の	special	特別の
88	genuine	本物の	fake	偽物の
89	guilty	有罪の	innocent	無罪の

90	heavy	重い	light	軽い
91	initial	最初の	final	最後の
92	inner	内側の	outer	外側の
93	internal	内部の	external	外部の
94	major	主要な	minor	重要でない
95	material	物質的な	spiritual	精神的な
96	maximum	最大の	minimum	最小の
97	modest	謙虚な	arrogant	ごうまんな
98	moist	湿った	dry	乾いた
99	natural	自然の	artificial	人工の
100	objective	客観的な	subjective	主観的な
101	obvious	明白な	ambiguous	あいまいな
102	permanent	永続的な	temporary	一時的な
103	physical	物質の	mental	精神の
104	present	出席して	absent	欠席で
105	progressive	進歩的な	conservative	保守的な
106	public	公共の	private	民間の
107	rough	でこぼこした	smooth	なめらかな
108	senior	年上の	junior	年下の
109	sharp	鋭い	dull	にぶい
110	skillful	巧みな	clumsy	不器用な
111	solid	固体の	liquid	液体の
112	strong	強い	weak	弱い
113	superficial	皮相的な	essential	本質的な
114	superior	優れた	inferior	劣った
115	tame	飼いならされた	wild	野生の
116	thick	厚い	thin	薄い
117	tight	きつい	loose	ゆるい
118	true	本当の	false	いつわりの
119	upper	上部の	lower	下部の
120	urban	都市の	rural	田舎の
121	vertical	垂直の	horizontal	水平の

Point 218 接頭辞を加えた反意語

● 赤字の部分シートで隠して接頭辞を加えた反意語をチェックしよう。

	動 詞			
1	agree	同意する	disagree	異議がある
2	appear	現れる	disappear	消える
3	lead	を導く	mislead	を誤り導く
4	obey	に従う	disobey	に従わない
5	please	を喜ばせる	displease	を不快にする

	名 詞			
6	advantage	利点	disadvantage	不利な点
7	balance	つりあい	imbalance	不つりあい
8	fortune	幸運	misfortune	不運
9	justice	公正	injustice	不正
10	satisfaction	満足	dissatisfaction	不満足

	形容詞			
11	adequate	十分な	inadequate	不十分な
12	Arctic	北極の	Antarctic	南極の
13	capable	有能な	incapable	能力がない
14	consistent	首尾一貫した	inconsistent	首尾一貫していない
15	convenient	便利な	inconvenient	不便な
16	dispensable	なくても済む	indispensable	絶対必要な
17	familiar	よく知っている	unfamiliar	なじみの薄い
18	honest	正直な	dishonest	不正直な
19	legal	合法的な	illegal	違法の
20	literate	読み書きができる	illiterate	読み書きができない
21	logical	論理的な	illogical	非論理的な
22	mature	成熟した	immature	未熟の
23	moral	道徳的な	immoral	不道徳な
24	mortal	死を免れない	immortal	不死の
25	natural	自然な	unnatural	不自然な

26	necessary	必要な	unnecessary	不必要な
27	normal	正常な	abnormal	異常な
28	obedient	従順な	disobedient	反抗的な
29	ordinary	ふつうの	extraordinary	並はずれた
30	patient	忍耐強い	impatient	忍耐のない
31	perfect	完全な	imperfect	不完全な
32	polite	礼儀正しい	impolite	無作法な
33	possible	可能な	impossible	不可能な
34	rational	合理的な	irrational	不合理な
35	regular	規則的な	irregular	不規則な
36	relevant	関係のある	irrelevant	無関係の
37	significant	重要な	insignificant	重要でない
38	tolerable	耐えられる	intolerable	耐えられない
39	visible	目に見える	invisible	目に見えない

Next Stage

Part 6 アクセント・発音

アクセント

アクセントとスペルの関係には，入試において役立つルールがいくつかある。最初にそのルールを挙げてあるので，必ず目を通してから，アクセント問題の頻出単語に取り組んでもらいたい。ここで扱う単語は300語。ルールに当てはまるものにはルールの番号を付して，どのルールなのかわかるようにしてあるので活用してほしい。

発音

発音もスペルとの関連性があると言われてきた。例えば，スペルの -ear には [iə*r*] [eə*r*] [ɑː*r*] [əː*r*] の 4 通り，-ei には [ei] [ai] [iː] の 3 通りの発音があるなどという「発音ルール」が学習参考書に記されてきた。しかし，この「ルール」なるものを覚えたからといって pear「洋なし」という単語の ear のスペルが，また，height「高さ」という単語の ei のスペルがどの発音になるのかという問題は何ら解決されない。したがって，膨大にあり，例外も多いスペルと発音の関連性を覚えることは時間の無駄と言える。結論として，短期間で最も効率のよい発音の学習は，毎年くり返し出題される発音問題の単語をすべて耳と目で覚えてしまうことである。ここで扱う単語は過去の入試問題を徹底的に調べて，厳選した444語。多いように思われるかもしれないが，本書についているCDをフルに利用すれば，意外なほど短期間でマスターできるはずである。

チェック問題

アクセント・発音はセクションごとにまとめられているが，セクションの後に確認のためのチェック問題を載せてある。大いに活用してもらいたい。

第29章 アクセント問題頻出単語

1. アクセントのルール(特定の語尾のつづりとの関係)

ルール〈1〉● アクセントが特定のつづりの音節にあるもの

① -ésque / -íque / -ígue

(例) pic-tur-**ésque**, tech-n**íque**, fa-t**ígue**

② -ólogy

(例) bi-**ól-o-gy**, tech-n**ól-o-gy**

③ -éntal

(例) ac-ci-d**én-tal**

④ -ónomy

(例) as-tr**ón-o-my**, e-c**ón-o-my**

⑤ -ée / -éer / -óo / -óon

(例) em-ploy-**ée**, vol-un-t**éer**, bam-b**óo**, ty-ph**óon**

＊ com-mít-tee は例外として押さえる。

ルール〈2〉● アクセントが特定のつづりの直前の音節にあるもの

① -tion / -sion / -cian / -gion

(例) su-per-stí-*tion*, de-cí-*sion*, pol-i-tí-*cian*, re-lí-*gion*

② -ity / -ety

(例) e-lec-tríc-*i-ty*, anx-í-*e-ty*

③ -cial / -tial / -tual

(例) ben-e-fí-*cial*, in-flu-én-*tial*, ha-bít-*u-al*

＊ spír-i-tu-al は例外として押さえる。

④ -eous / -ious

(例) ad-van-tá-g*eous*, mys-tér-*i-ous*

⑤ -pathy

(例) sým-*pa-thy*, an-tí-*pa-thy*

⑥ -ic / -ics

(例) dem-o-crát-*ic*, math-e-mát-*ics*

＊ pól-i-tics は例外として押さえる。

⑦ -meter

(例) ba-ró*m-e-ter*, di-á*m-e-ter*

⑧ -ience

（例）ex-pé-r*i-ence*, cón-sc*ience*

＊ scí-ence は例外として押さえる。

⑨ -sive

（例）com-pre-hén-*sive*, ag-grés-*sive*

⑩ -ient

（例）ef-fí-c*ient*, suf-fí-c*ient*

⑪ -cracy

（例）de-mó*c-ra-cy*, ar-is-tó*c-ra-cy*

⑫ -itute / -itude

（例）cón-st*i-tute*, át-t*i-tude*

ルール〈3〉● アクセントが特定のつづりの 2 つ前の音節にあるもの

① -ate / -ite

（例）ap-pró-pri-*ate*, déf-i-*nite*, hés-i-*tate*

② -sis

（例）a-nál-y-*sis*, ém-pha-*sis*

＊ o-á-sis は例外として押さえる。

③ -ism

（例）crít-i-*cism*, hér-o-*ism*

④ -ize / -ise

（例）réc-og-n*ize*, cóm-pro-m*ise*

⑤ -graph

（例）phó-to-*graph*, tél-e-*graph*

―― 使用記号の説明 ――

① 発音　アクセント問題の単語で発音問題にも頻出の単語。
② 外来語　外来語やカタカナ文字の頻出単語。アクセント・発音とも注意を要する。
③ ➡ルール〈1〉①　アクセントのルール〈1〉-①を示す。
④ アクセント　発音問題の単語でアクセント問題にも頻出の単語。

2. アクセント問題頻出単語

Section 1 ／ 2音節の単語

① 第1音節にアクセントがある単語

CD 13

□1	**ím**-age	[ímidʒ]	名「姿／イメージ」 外来語
□2	**mán**-age	[mǽnidʒ]	動「…を経営する」
□3	**més**-sage	[mésidʒ]	名「伝言」
□4	**cón**-science	[kánʃəns]	名「良心」 ➡ルール〈2〉⑧ 発音
□5	**pród**-uct	[prádəkt]	名「製品」
□6	**pát**-tern	[pǽtərn]	名「模範／パターン」 外来語
□7	**ín**-stinct	[ínstiŋkt]	名「本能」
□8	**ól**-ive	[áliv]	名「オリーブ」 外来語
□9	**próv**-erb	[právərb]	名「ことわざ」
□10	**púr**-chase	[pə́:rtʃəs]	動「…を購入する」
□11	**sánd**-wich	[sǽndwitʃ]	名「サンドイッチ」 外来語
□12	**súr**-face	[sə́:rfəs]	名「表面」
□13	**préf**-ace	[préfəs]	名「序文」
□14	**é**-qual	[í:kwəl]	形「等しい／平等の」 外来語
□15	**bál**-ance	[bǽləns]	名「均衡／バランス」 外来語
□16	**sóuth**-ern	[sʌ́ðərn]	形「南の」 発音
□17	**mís**-chief	[místʃif]	名「いたずら」
□18	**éf**-fort	[éfərt]	名「努力」
□19	**cóm**-fort	[kʌ́mfərt]	名「快適さ」
□20	**cóm**-merce	[kámərs]	名「商業」
□21	**díf**-fer	[dífər]	動「異なる」
□22	**óf**-fer	[ɔ́(:)fər]	動「…を提供する」
□23	**mód**-ern	[mádərn]	形「現代の」
□24	**vól**-ume	[válju(:)m]	名「容積／ボリューム」 外来語
□25	**réf**-uge	[réfju:dʒ]	名「避難」
□26	**fám**-ine	[fǽmin]	名「飢餓」 発音
□27	**cér**-tain	[sə́:rtən]	形「確かな」
□28	**fé**-male	[fí:meil]	形「女の」
□29	**ím**-pulse	[ímpʌls]	名「衝動」
□30	**súf**-fer	[sʌ́fər]	動「苦しむ」
□31	**próc**-ess	[práses]	名「過程」

❷ 第 2 音節にアクセントがある単語

No.	単語	発音	意味	備考
□32	fa-**tígue**	[fətí:g]	名「疲労」 発音	➡ルール〈1〉①
□33	tech-**níque**	[tekní:k]	名「技術」 発音	➡ルール〈1〉①
□34	u-**níque**	[juní:k]	形「唯一の」 発音	➡ルール〈1〉①
□35	ca-**réer**	[kəríə*r*]	名「経歴／キャリア」 外来語	➡ルール〈1〉⑤
□36	bam-**bóo**	[bæmbú:]	名「竹」	➡ルール〈1〉⑤
□37	ty-**phóon**	[taifú:n]	名「台風」	➡ルール〈1〉⑤
□38	re-**fér**	[rifə́:*r*]	動「言及する」	
□39	pre-**fér**	[prifə́:*r*]	動「…が好きである」	
□40	oc-**cúr**	[əkə́:*r*]	動「起こる」	
□41	gui-**tár**	[gitɑ́:*r*]	名「ギター」 外来語	
□42	ad-**míre**	[ədmáiə*r*]	動「…に敬服する」	
□43	po-**líce**	[pəlí:s]	名「警察」	
□44	ad-**více**	[ədváis]	名「忠告」 発音	
□45	con-**císe**	[kənsáis]	形「簡潔な」	
□46	ca-**nál**	[kənǽl]	名「運河」	
□47	ci-**gár**	[sigɑ́:*r*]	名「葉巻」	
□48	con-**tról**	[kəntróul]	動「…を支配する」	
□49	ho-**tél**	[houtél]	名「ホテル」 外来語	
□50	how-**éver**	[hauévə*r*]	副「しかしながら」	
□51	hu-**máne**	[hju:méin]	形「思いやりのある」 発音	
□52	ne-**gléct**	[niglékt]	動「…を無視する」	
□53	through-**óut**	[θru:áut]	前「…の至る所に」	
□54	sur-**víve**	[sə*r*váiv]	動「生き残る」	
□55	sur-**páss**	[sə:*r*pǽs]	動「…にまさる」	
□56	with-**ín**	[wiðín]	前「…の内部に」	
□57	al-**lów**	[əláu]	動「…を許す」 発音	
□58	a-**grée**	[əgrí:]	動「同意する」	
□59	com-**pléte**	[kəmplí:t]	形「全部の／完全な」	
□60	con-**cérn**	[kənsə́:*r*n]	動「…に関係する」	
□61	con-**táin**	[kəntéin]	動「…を含む」	
□62	e-**vént**	[ivént]	名「できごと」	
□63	ex-**tréme**	[ikstrí:m]	形「極端な」	
□64	la-**mént**	[ləmént]	動「…を悲しむ」	
□65	main-**táin**	[meintéin]	動「…を維持する」	
□66	pa-**ráde**	[pəréid]	名「行列／パレード」 外来語	

Check! 次の①～④の中から，アクセントの位置が異なる単語を１つ選びなさい。

	①	②	③	④
(1)	① ho-tel	② pre-fer	③ fam-ine	④ pa-rade
(2)	① prod-uct	② fa-tigue	③ pat-tern	④ dif-fer
(3)	① ne-glect	② oc-cur	③ sur-face	④ po-lice
(4)	① con-cise	② ol-ive	③ im-age	④ south-ern
(5)	① tech-nique	② bal-ance	③ sur-pass	④ bam-boo
(6)	① fe-male	② mod-ern	③ com-fort	④ ca-reer
(7)	① mes-sage	② ad-mire	③ e-vent	④ ex-treme
(8)	① proc-ess	② suf-fer	③ com-merce	④ con-trol
(9)	① pre-face	② with-in	③ gui-tar	④ ca-nal
(10)	① ef-fort	② e-qual	③ al-low	④ im-pulse

解答

	①	②	③	④
(1)	①[houtél](➡49)	②[prifə́:r](➡39)	③[fǽmin](➡26)	④[pəréid](➡66)
(2)	①[prɑ́dəkt](➡5)	②[fətí:g](➡32)	③[pǽtərn](➡6)	④[dífər](➡21)
(3)	①[niglékt](➡52)	②[əkə́:r](➡40)	③[sə́:rfəs](➡12)	④[pəlí:s](➡43)
(4)	①[kənsáis](➡45)	②[ɑ́liv](➡8)	③[ímidʒ](➡1)	④[sʌ́ðərn](➡16)
(5)	①[tekní:k](➡33)	②[bǽləns](➡15)	③[sə:rpǽs](➡55)	④[bæmbú:](➡36)
(6)	①[fí:meil](➡28)	②[mɑ́dərn](➡23)	③[kʌ́mfərt](➡19)	④[kəríər](➡35)
(7)	①[mésidʒ](➡3)	②[ədmáiər](➡42)	③[ivént](➡62)	④[ikstrí:m](➡63)
(8)	①[prɑ́ses](➡31)	②[sʌ́fər](➡30)	③[kɑ́mərs](➡20)	④[kəntróul](➡48)
(9)	①[préfəs](➡13)	②[wiðín](➡56)	③[gitɑ́:r](➡41)	④[kənǽl](➡46)
(10)	①[éfərt](➡18)	②[í:kwəl](➡14)	③[əláu](➡57)	④[ímpʌls](➡29)

Section 2 3音節の単語

1 第１音節にアクセントがある単語

CD 15

□67	**ób**-vi-ous	[ɑ́bviəs]	形「明らかな」	➡ルール〈2〉④
□68	**cú**-ri-ous	[kjúəriəs]	形「好奇心が強い」	➡ルール〈2〉④
□69	**sým**-pa-thy	[símpəθi]	名「同情」	➡ルール〈2〉⑤
□70	**cón**-sti-tute	[kɑ́nstətjù:t]	動「…を構成する」	➡ルール〈2〉⑫
□71	**súb**-sti-tute	[sʌ́bstətjù:t]	動「…の代わりに用いる」	➡ルール〈2〉⑫
□72	**át**-ti-tude	[ǽtitjù:d]	名「姿勢／態度」	➡ルール〈2〉⑫
□73	**cón**-cen-trate	[kɑ́nsəntrèit]	動「集中する」	➡ルール〈3〉①
□74	**dém**-on-strate	[démənstrèit]	動「…を論証する」	➡ルール〈3〉①
□75	**éd**-u-cate	[édʒəkèit]	動「…を教育する」	➡ルール〈3〉①
□76	**cúl**-ti-vate	[kʌ́ltəvèit]	動「…を耕す」	➡ルール〈3〉①
□77	**sép**-a-rate	[sépərèit]	動「…を引き離す」	➡ルール〈3〉①
□78	**és**-ti-mate	[éstəmèit]	動「…を見積る」	➡ルール〈3〉①
□79	**hés**-i-tate	[hézitèit]	動「ためらう」	➡ルール〈3〉①
□80	**fás**-ci-nate	[fǽsənèit]	動「…を魅惑する」	➡ルール〈3〉①

No.	単語	発音	意味	備考
□81	**ím**-i-tate	[ímətèit]	動「…を見習う／まねる」	
□82	**ád**-e-quate	[ǽdikwət]	形「十分な量の」	
□83	**ác**-cu-rate	[ǽkjərət]	形「正確な」	
□84	**dél**-i-cate	[délikət]	形「優美な」	
□85	**úl**-ti-mate	[ʌ́ltəmət]	形「究極の」	
□86	**óp**-po-site	[ɑ́pəzit]	形「反対側の」	
□87	**déf**-i-nite	[défənət]	形「一定の」	
□88	**ín**-fi-nite	[ínfənət]	形「無限の」	➡ルール〈3〉①（81〜88）
□89	**ém**-pha-sis	[émfəsis]	名「強調」	➡ルール〈3〉②
□90	**hér**-o-ism	[hérouìzəm]	名「英雄的資質」	
□91	**jóur**-nal-ism	[dʒə́ːrnəlìzəm]	名「ジャーナリズム」 外来語	➡ルール〈3〉③（90〜93）
□92	**méch**-a-nism	[mékənìzəm]	名「機械装置」	
□93	**crít**-i-cism	[krítəsìzəm]	名「批評」	
□94	**réc**-og-nize	[rékəgnàiz]	動「…を認める」	
□95	**cóm**-pro-mise	[kɑ́mprəmàiz]	動「妥協する」	➡ルール〈3〉④（94〜96）
□96	**én**-ter-prise	[éntərpràiz]	名「事業」	
□97	**phó**-to-graph	[fóutəgræ̀f]	名「写真」	➡ルール〈3〉⑤（97〜98）
□98	**tél**-e-graph	[téləgræ̀f]	名「電報」	
□99	**más**-cu-line	[mǽskjəlin]	形「男性的な」	
□100	**án**-ces-tor	[ǽnsestər]	名「祖先」	発音
□101	**át**-mo-sphere	[ǽtməsfìər]	名「大気」	発音
□102	**cál**-en-dar	[kǽləndər]	名「カレンダー」	外来語
□103	**cón**-se-quence	[kɑ́nsəkwèns]	名「結果」	
□104	**díp**-lo-mat	[dípləmæ̀t]	名「外交官」	
□105	**dém**-o-crat	[déməkræ̀t]	名「民主主義者」	
□106	**én**-er-gy	[énərdʒi]	名「精力／エネルギー」	外来語
□107	**réc**-on-cile	[rékənsàil]	動「…を和解させる」	
□108	**ú**-ni-verse	[júːnəvə̀ːrs]	名「宇宙」	
□109	**ín**-stru-ment	[ínstrəmənt]	名「道具」	
□110	**ín**-dus-try	[índəstri]	名「産業」	
□111	**mán**-ag-er	[mǽnidʒər]	名「経営者」	
□112	**mán**-age-ment	[mǽnidʒmənt]	名「管理」	
□113	**ín**-fa-mous	[ínfəməs]	形「不名誉な」	発音
□114	**ím**-mi-grant	[ímigrənt]	名「移民」	
□115	**ín**-flu-ence	[ínfluəns]	名「影響」	
□116	**ín**-tel-lect	[íntəlèkt]	名「知性」	
□117	**ín**-ter-est	[íntərəst]	名「関心」	
□118	**ín**-ter-val	[íntərvəl]	名「間隔」	

□119	**mán**-i-fest	[mǽnəfèst]	形「明らかな」	
□120	**nég**-li-gent	[néglidʒənt]	形「怠慢な」	
□121	**ób**-sta-cle	[ɑ́bstəkəl]	名「障害」	
□122	**ór**-i-gin	[ɔ́(:)ridʒin]	名「起源」	
□123	**pól**-i-tics	[pɑ́lətìks]	名「政治」	➡ルール〈2〉⑥の例外
□124	**sác**-ri-fice	[sǽkrəfàis]	名「犠牲」	
□125	**ú**-ni-form	[jú:nəfɔ̀:rm]	名「制服／ユニフォーム」	外来語
□126	**vét**-er-an	[vétərən]	名「老練な人／ベテラン」	外来語
□127	**chár**-ac-ter	[kǽrəktər]	名「個性」	
□128	**ór**-ches-tra	[ɔ́:rkəstrə]	名「オーケストラ」	外来語
□129	**sát**-is-fy	[sǽtisfài]	動「…を満たす」	
□130	**préf**-er-ence	[préfərəns]	名「好み」	発音
□131	**réf**-er-ence	[réfərəns]	名「言及」	
□132	**cír**-cum-stance	[sə́:rkəmstæ̀ns]	名「事情」	
□133	**íg**-no-rant	[ígnərənt]	形「無知の」	
□134	**íg**-no-rance	[ígnərəns]	名「無知」	
□135	**dís**-ci-pline	[dísəplin]	名「訓練」	
□136	**ín**-no-cent	[ínəsənt]	形「無邪気な」	
□137	**tém**-pera-ture	[témpərtʃər]	名「温度」	

❷ 第2音節にアクセントがある単語

CD 16

□138	mu-**sí**-cian	[mju:zíʃən]	名「音楽家／ミュージシャン」 外来語	➡ルール〈2〉①
□139	de-**cí**-sion	[disíʒən]	名「決定」	➡ルール〈2〉①
□140	re-**lí**-gion	[rilídʒən]	名「宗教」	➡ルール〈2〉①
□141	of-**fí**-cial	[əfíʃəl]	形「公の」	➡ルール〈2〉③
□142	de-**lí**-cious	[dilíʃəs]	形「とてもおいしい」	➡ルール〈2〉④
□143	cou-**rá**-geous	[kəréidʒəs]	形「勇気のある」	➡ルール〈2〉④
□144	per-**cént**-age	[pərséntidʒ]	名「百分率」	
□145	dra-**mát**-ic	[drəmǽtik]	形「劇的な」	➡ルール〈2〉⑥
□146	ter-**ríf**-ic	[tərífik]	形「ものすごい」	➡ルール〈2〉⑥
□147	ro-**mán**-tic	[roumǽntik]	形「空想的な」	➡ルール〈2〉⑥
□148	ag-**grés**-sive	[əgrésiv]	形「攻撃的な」	➡ルール〈2〉⑨
□149	ef-**fí**-cient	[ifíʃənt]	形「有能な」	➡ルール〈2〉⑩
□150	suf-**fí**-cient	[səfíʃənt]	形「十分な」	➡ルール〈2〉⑩
□151	pro-**fí**-cient	[prəfíʃənt]	形「熟達した」	➡ルール〈2〉⑩
□152	ap-**pár**-ent	[əpǽrənt]	形「明白な」	
□153	con-**síd**-er	[kənsídər]	動「…をよく考える」	
□154	con-**tín**-ue	[kəntínju:]	動「続く」	

□155	con-**tríb**-ute	[kəntríbju:t]	動「貢献する」	
□156	dis-**tríb**-ute	[distríbjət]	動「…を分配する」	
□157	de-**vél**-op	[divéləp]	動「…を発達させる」	
□158	de-**tér**-mine	[ditə́:rmin]	動「…を決心する」	
□159	i-**mág**-ine	[imǽdʒin]	動「…を想像する」	
□160	in-**tér**-pret	[intə́:rprət]	動「…を解釈する」	
□161	oc-**cúr**-rence	[əkə́:rəns]	名「できごと」	
□162	en-**déav**-o(u)r	[endévər]	動「努める」	
□163	fa-**míl**-iar	[fəmíljər]	形「よく知られた」	
□164	ho-**rí**-zon	[həráizən]	名「地平線」	
□165	i-**dé**-a	[aidí:ə]	名「考え／アイデア」	外来語
□166	i-**dé**-al	[aidí:əl]	名「理想」	
□167	tri-**úm**-phant	[traiʌ́mfənt]	形「勝利を得た」	
□168	ca-**thé**-dral	[kəθí:drəl]	名「大聖堂」	
□169	com-**mít**-tee	[kəmíti]	名「委員会」	➡ルール〈1〉⑤の例外
□170	suc-**céss**-ful	[səksésfəl]	形「成功した」	
□171	pro-**cé**-dure	[prəsí:dʒər]	名「手順」	

③ 第3音節にアクセントがある単語

CD 17

□172	pic-tur-**ésque**	[pìktʃərésk]	形「絵のように美しい」	➡ルール〈1〉①
□173	pi-o-**néer**	[pàiəníər]	名「開拓者」	
□174	vol-un-**téer**	[vɑ̀ləntíər]	名「ボランティア」	外来語
□175	en-gi-**néer**	[èndʒəníər]	名「エンジニア」	外来語　（173〜177）➡ルール〈1〉⑤
□176	guar-an-**tée**	[gæ̀rəntí:]	名「保証」	
□177	em-ploy-**ée**	[implɔií:]	名「従業員」	
□178	as-cer-**táin**	[æ̀sərtéin]	動「…を確かめる」	
□179	en-ter-**táin**	[èntərtéin]	動「…を楽しませる」	
□180	in-ter-**fére**	[ìntərfíər]	動「じゃまをする」	
□181	in-ter-**rúpt**	[ìntərʌ́pt]	動「…を妨げる」	
□182	per-se-**vére**	[pə̀:rsəvíər]	動「辛抱する」	
□183	rec-om-**ménd**	[rèkəménd]	動「…を推奨する」	
□184	rep-re-**sént**	[rèprizént]	動「…を表す」	
□185	un-der-**stánd**	[ʌ̀ndərstǽnd]	動「…を理解する」	
□186	cig-a-**rétte**	[sìgərét]	名「巻きタバコ」	
□187	in-tro-**dúce**	[intrədjú:s]	動「…を紹介する」	

Check! 次の①～④の中から，アクセントの位置が異なる単語を1つ選びなさい。

(1) ① de-ci-sion ② of-fi-cial ③ rec-og-nize ④ per-cent-age
(2) ① an-ces-tor ② ap-par-ent ③ in-ter-val ④ tem-pera-ture
(3) ① in-ter-fere ② in-ter-rupt ③ rep-re-sent ④ dem-on-strate
(4) ① cul-ti-vate ② con-cen-trate ③ en-deav-o(u)r ④ ul-ti-mate
(5) ① ca-the-dral ② in-fa-mous ③ en-er-gy ④ dip-lo-mat
(6) ① mech-a-nism ② at-mo-sphere ③ vol-un-teer ④ sat-is-fy
(7) ① en-ter-tain ② en-ter-prise ③ em-ploy-ee ④ en-gi-neer
(8) ① un-der-stand ② sym-pa-thy ③ op-po-site ④ crit-i-cism
(9) ① in-fi-nite ② ef-fi-cient ③ suf-fi-cient ④ ter-rif-ic
(10) ① rec-om-mend ② de-li-cious ③ con-sid-er ④ re-li-gion
(11) ① im-i-tate ② in-ter-pret ③ pref-er-ence ④ dis-ci-pline
(12) ① i-mag-ine ② guar-an-tee ③ i-de-al ④ de-vel-op
(13) ① vet-er-an ② pro-fi-cient ③ sac-ri-fice ④ in-flu-ence
(14) ① ad-e-quate ② in-stru-ment ③ ig-no-rant ④ cou-ra-geous
(15) ① dis-trib-ute ② per-se-vere ③ ag-gres-sive ④ con-tin-ue
(16) ① i-de-a ② or-i-gin ③ or-ches-tra ④ u-ni-verse
(17) ① pi-o-neer ② as-cer-tain ③ oc-cur-rence ④ cig-a-rette
(18) ① ed-u-cate ② fas-ci-nate ③ jour-nal-ism ④ pro-ce-dure

解答

(1) ① [disíʒən](➡139) ② [əfíʃəl](➡141)
③ [rékəgnàiz](➡94) ④ [pərséntidʒ](➡144)
(2) ① [ǽnsestər](➡100) ② [əpǽrənt](➡152)
③ [íntərvəl](➡118) ④ [témpərtʃər](➡137)
(3) ① [ìntərfíər](➡180) ② [ìntərʌ́pt](➡181)
③ [rèprizént](➡184) ④ [démənstrèit](➡74)
(4) ① [kʌ́ltəvèit](➡76) ② [kɑ́nsəntrèit](➡73)
③ [endévər](➡162) ④ [ʌ́ltəmət](➡85)
(5) ① [kəθí:drəl](➡168) ② [ínfəməs](➡113)
③ [énərdʒi](➡106) ④ [dípləmæ̀t](➡104)
(6) ① [mékənìzəm](➡92) ② [ǽtməsfìər](➡101)
③ [vɑ̀ləntíər](➡174) ④ [sǽtisfài](➡129)
(7) ① [èntərtéin](➡179) ② [éntərpràiz](➡96)
③ [implɔií:](➡177) ④ [èndʒəníər](➡175)
(8) ① [ʌ̀ndərstǽnd](➡185) ② [símpəθi](➡69)
③ [ɑ́pəzit](➡86) ④ [krítəsìzəm](➡93)
(9) ① [ínfənət](➡88) ② [ifíʃənt](➡149)
③ [səfíʃənt](➡150) ④ [tərífik](➡146)
(10) ① [rèkəménd](➡183) ② [dilíʃəs](➡142)
③ [kənsídər](➡153) ④ [rilídʒən](➡140)
(11) ① [ímətèit](➡81) ② [intə́:rprət](➡160)
③ [préfərəns](➡130) ④ [dísəplin](➡135)
(12) ① [imǽdʒin](➡159) ② [gæ̀rəntí:](➡176)
③ [aidí:əl](➡166) ④ [divéləp](➡157)

(13) ① [vétərən] (➡126) ② [prəfíʃənt] (➡151)
③ [sǽkrəfàis] (➡124) ④ [ínfluəns] (➡115)
(14) ① [ǽdikwət] (➡82) ② [ínstrəmənt] (➡109)
③ [ígnərənt] (➡133) ④ [kəréidʒəs] (➡143)
(15) ① [distríbjət] (➡156) ② [pə̀:rsəvíər] (➡182)
③ [əgrésiv] (➡148) ④ [kəntínju:] (➡154)
(16) ① [aidí:ə] (➡165) ② [ɔ́(:)ridʒin] (➡122)
③ [ɔ́:rkəstrə] (➡128) ④ [jú:nəvə̀:rs] (➡108)
(17) ① [pàiəníər] (➡173) ② [æ̀sərtéin] (➡178)
③ [əká:rəns] (➡161) ④ [sìgərét] (➡186)
(18) ① [édʒəkèit] (➡75) ② [fǽsənèit] (➡80)
③ [dʒə́:rnəlìzəm] (➡91) ④ [prəsí:dʒər] (➡171)

Section 3 4音節の単語

1 第1音節にアクセントがある単語 CD 18

□188	**vól**-un-tar-y	[vɑ́ləntèri]	形「自発的な」
□189	**mó**-men-tar-y	[móuməntèri]	形「瞬間的な」
□190	**ád**-mi-ra-ble	[ǽdmərəbəl]	形「賞賛に値する」 発音
□191	**cóm**-fort-a-ble	[kʌ́mfətəbəl]	形「快適な」 発音
□192	**préf**-er-a-ble	[préfərəbəl]	形「好ましい」
□193	**mém**-o-ra-ble	[mémərəbəl]	形「記憶すべき」
□194	**cón**-se-quent-ly	[kɑ́nsəkwèntli]	副「その結果」
□195	**néc**-es-sar-y	[nésəsèri]	形「必要な」
□196	**dél**-i-ca-cy	[délikəsi]	名「優美さ」
□197	**mél**-an-chol-y	[mélənkɑ̀li]	名「憂うつ」
□198	**ár**-chi-tec-ture	[ɑ́:rkətèktʃər]	名「建築」
□199	**ág**-ri-cul-ture	[ǽgrikʌ̀ltʃər]	名「農業」
□200	**lít**-er-a-ture	[lítərətʃər]	名「文学」
□201	**ín**-ter-est-ing	[íntərəstiŋ]	形「興味を引き起こす」
□202	**él**-e-va-tor	[éləvèitər]	名「エレベーター」 外来語
□203	**óp**-er-a-tor	[ɑ́pərèitər]	名「オペレーター」 外来語
□204	**séc**-re-tar-y	[sékrətèri]	名「秘書」
□205	**cóm**-pli-cat-ed	[kɑ́mpləkèitəd]	形「込み入った」
□206	**spír**-i-tu-al	[spíritʃuəl]	形「精神的な」 ➡ルール〈2〉③の例外
□207	**sú**-per-mar-ket	[sú:pərmɑ̀:rkət]	名「スーパーマーケット」 外来語

2 第2音節にアクセントがある単語 CD 19

□208	bi-**ól**-o-gy	[baiɑ́lədʒi]	名「生物学」	
□209	zo-**ól**-o-gy	[zouɑ́lədʒi]	名「動物学」	➡ルール〈1〉②
□210	tech-**nól**-o-gy	[teknɑ́lədʒi]	名「科学技術」	

Part 6 アクセント・発音

No.	単語	発音	意味	ルール
□211	e-**cón**-o-my	[ikɑ́nəmi]	名「節約すること」	➡ルール〈1〉④
□212	as-**trón**-o-my	[əstrɑ́nəmi]	名「天文学」	
□213	au-**thór**-i-ty	[əθɔ́:rəti]	名「権威」	
□214	ne-**cés**-si-ty	[nəsésəti]	名「必要」	➡ルール〈2〉②
□215	anx-**í**-e-ty	[æŋzáiəti]	名「心配」 発音	
□216	ha-**bít**-u-al	[həbítʃuəl]	形「習慣的な」	➡ルール〈2〉③
□217	mys-**tér**-i-ous	[mistíəriəs]	形「不可解な」	
□218	lux-**ú**-ri-ous	[lʌgʒúəriəs]	形「豪華な」	➡ルール〈2〉④
□219	spon-**tá**-ne-ous	[spɑntéiniəs]	形「自発的な」	
□220	an-**tí**-pa-thy	[æntípəθi]	名「反感」	➡ルール〈2〉⑤
□221	di-**ám**-e-ter	[daiǽmətər]	名「直径」	
□222	ther-**móm**-e-ter	[θərmɑ́mitər]	名「温度計」	➡ルール〈2〉⑦
□223	ba-**róm**-e-ter	[bərɑ́mitər]	名「気圧計」	
□224	ex-**pé**-ri-ence	[ikspíəriəns]	名「経験」	➡ルール〈2〉⑧
□225	de-**móc**-ra-cy	[dimɑ́krəsi]	名「民主主義」	➡ルール〈2〉⑪
□226	de-**líb**-er-ate	[dilíbərət]	形「慎重な」	
□227	ap-**pré**-ci-ate	[əprí:ʃièit]	動「…を正しく理解する」	
□228	par-**tíc**-i-pate	[pɑ:rtísəpèit]	動「参加する」	➡ルール〈3〉①
□229	com-**mú**-ni-cate	[kəmjú:nikèit]	動「…を伝達する」	
□230	in-**vés**-ti-gate	[invéstəgèit]	動「…を調べる」	
□231	a-**nál**-y-sis	[ənǽləsis]	名「分析」	➡ルール〈3〉②
□232	in-**dús**-tri-al	[indʌ́striəl]	形「産業の」	
□233	o-**ríg**-i-nal	[ərídʒənəl]	形「最初の」	
□234	en-**ví**-ron-ment	[enváiərənmənt]	名「環境」	
□235	de-**vél**-op-ment	[divéləpmənt]	名「発達」	
□236	bi-**óg**-ra-phy	[baiɑ́grəfi]	名「伝記」	
□237	ge-**óg**-ra-phy	[dʒiɑ́grəfi]	名「地理学」	
□238	pho-**tóg**-ra-phy	[fətɑ́grəfi]	名「写真撮影」	
□239	pho-**tóg**-ra-pher	[fətɑ́grəfər]	名「写真をとる人」	
□240	ri-**díc**-u-lous	[ridíkjələs]	形「ばかげた」	
□241	mo-**nót**-o-nous	[mənɑ́tənəs]	形「単調な」	
□242	ex-**éc**-u-tive	[igzékjətiv]	名「管理職」	
□243	al-**tér**-na-tive	[ɔ:ltə́:rnətiv]	形「どちらか1つを選ぶべき」	
□244	pe-**dés**-tri-an	[pədéstriən]	名「歩行者」	
□245	in-**tél**-li-gence	[intélidʒəns]	名「知能」	
□246	ac-**cés**-so-ry	[əksésəri]	名「付属品／アクセサリー」 外来語	
□247	in-**tér**-pret-er	[intə́:rprətər]	名「通訳」	
□248	en-**thú**-si-asm	[enθjú:ziæ̀zm]	名「熱狂」	
□249	me-**tróp**-o-lis	[mətrɑ́pəlis]	名「主要な都市」	

□250	par-**tíc**-u-lar	[pərtíkjələr]	形「特定の」	
□251	spec-**tác**-u-lar	[spektǽkjələr]	形「見世物の」	
□252	sig-**níf**-i-cant	[signífikənt]	形「重大な」	
□253	mag-**níf**-i-cent	[mægnífəsənt]	形「壮大な」	

③ 第3音節にアクセントがある単語

CD 20

□254	fun-da-**mén**-tal	[fʌ̀ndəméntəl]	形「基本的な」	⇒ルール〈1〉③
□255	ac-ci-**dén**-tal	[æksidéntəl]	形「偶然の」	
□256	pol-i-**tí**-cian	[pɑ̀lətíʃən]	名「政治家」	⇒ルール〈2〉①
□257	su-per-**stí**-tion	[sù:pərstíʃən]	名「迷信」	
□258	in-flu-**én**-tial	[influénʃəl]	形「影響を及ぼして」	⇒ルール〈2〉③
□259	ben-e-**fí**-cial	[bènəfíʃəl]	形「有益な」	
□260	ad-van-**tá**-geous	[æ̀dvəntéidʒəs]	形「有利な」	⇒ルール〈2〉④
□261	ec-o-**nóm**-ic	[èkənɑ́mik]	形「経済の」	⇒ルール〈2〉⑥
□262	ec-o-**nóm**-ics	[èkənɑ́miks]	名「経済学」	
□263	en-er-**gét**-ic	[ènərdʒétik]	形「精力的な」	
□264	sci-en-**tíf**-ic	[sàiəntífik]	形「科学の」	
□265	pho-to-**gráph**-ic	[fòutəgrǽfik]	形「写真の」	
□266	sym-pa-**thét**-ic	[sìmpəθétik]	形「同情して」	
□267	dem-o-**crát**-ic	[dèməkrǽtik]	形「民主主義の」	
□268	dip-lo-**mát**-ic	[dìpləmǽtik]	形「外交官の」	
□269	math-e-**mát**-ics	[mæ̀θəmǽtiks]	名「数学」	
□270	com-pre-**hén**-sive	[kɑ̀mprihénsiv]	形「広範囲にわたる」	⇒ルール〈2〉⑨
□271	Eu-ro-**pé**-an	[jùərəpí:ən]	形「ヨーロッパの」	
□272	in-de-**pén**-dent	[ìndipéndənt]	形「自立して」	
□273	prop-a-**gán**-da	[prɑ̀pəgǽndə]	名「宣伝」	

Check! 次の①～④の中から，アクセントの位置が異なる単語を１つ選びなさい。

(1) ① sec-re-tar-y ② in-ter-est-ing ③ com-pli-cat-ed ④ in-dus-tri-al
(2) ① lux-u-ri-ous ② au-thor-i-ty ③ op-er-a-tor ④ pho-tog-ra-pher
(3) ① in-ves-ti-gate ② ag-ri-cul-ture ③ spec-tac-u-lar ④ de-lib-er-ate
(4) ① com-fort-a-ble ② nec-es-sar-y ③ ha-bit-u-al ④ con-se-quent-ly
(5) ① prop-a-gan-da ② sci-en-tif-ic ③ fun-da-men-tal ④ ba-rom-e-ter
(6) ① ad-van-ta-geous ② me-trop-o-lis ③ com-mu-ni-cate ④ o-rig-i-nal
(7) ① vol-un-tar-y ② anx-i-e-ty ③ mel-an-chol-y ④ ar-chi-tec-ture
(8) ① su-per-mar-ket ② pho-to-graph-ic ③ ac-ci-den-tal ④ ec-o-nom-ics
(9) ① mys-ter-i-ous ② del-i-ca-cy ③ tech-nol-o-gy ④ pho-tog-ra-phy
(10) ① in-tel-li-gence ② par-tic-u-lar ③ mo-men-tar-y ④ mag-nif-i-cent

解答

(1) ① [sékrətèri] (➡204) ② [íntərəstiŋ] (➡201)
③ [kɑ́mpləkèitəd] (➡205) ④ [indʌ́striəl] (➡232)

(2) ① [lʌgʒúəriəs] (➡218) ② [əθɔ́:rəti] (➡213)
③ [ɑ́pərèitər] (➡203) ④ [fətɑ́grəfər] (➡239)

(3) ① [invéstəgèit] (➡230) ② [ǽgrikʌ̀ltʃər] (➡199)
③ [spektǽkjələr] (➡251) ④ [dilíbərət] (➡226)

(4) ① [kʌ́mfətəbəl] (➡191) ② [nésəsèri] (➡195)
③ [həbítʃuəl] (➡216) ④ [kɑ́nsəkwèntli] (➡194)

(5) ① [prɑ̀pəgǽndə] (➡273) ② [sàiəntífik] (➡264)
③ [fʌ̀ndəméntəl] (➡254) ④ [bərɑ́mitər] (➡223)

(6) ① [ӕ̀dvəntéidʒəs] (➡260) ② [mətrɑ́pəlis] (➡249)
③ [kəmjú:nikèit] (➡229) ④ [ərídʒənəl] (➡233)

(7) ① [vɑ́ləntèri] (➡188) ② [æŋzáiəti] (➡215)
③ [mélənkɑ̀li] (➡197) ④ [ɑ́:rkətèktʃər] (➡198)

(8) ① [sú:pərmɑ̀:rkət] (➡207) ② [fòutəgrǽfik] (➡265)
③ [æ̀ksidéntəl] (➡255) ④ [èkənɑ́miks] (➡262)

(9) ① [mistíəriəs] (➡217) ② [délikəsi] (➡196)
③ [teknɑ́lədʒi] (➡210) ④ [fətɑ́grəfi] (➡238)

(10) ① [intélidʒəns] (➡245) ② [pərtíkjələr] (➡250)
③ [móuməntèri] (➡189) ④ [mægnífəsənt] (➡253)

Section 4 5音節の単語

CD 21

□274	e-lec-**tríc**-i-ty	[ilèktrísəti]	名「電気」	➡ルール〈2〉②
□275	op-por-**tú**-ni-ty	[ɑ̀pərtjú:nəti]	名「機会」	➡ルール〈2〉②
□276	cu-ri-**ós**-i-ty	[kjùəriɑ́səti]	名「好奇心」	➡ルール〈2〉②
□277	gen-er-**ós**-i-ty	[dʒènərɑ́səti]	名「物惜しみしないこと」	➡ルール〈2〉②
□278	u-ni-**vér**-si-ty	[jù:nəvə́:rsəti]	名「大学」	➡ルール〈2〉②
□279	in-tel-**léc**-tu-al	[ìntəléktʃuəl]	形「知性の」	➡ルール〈2〉③
□280	char-ac-ter-**ís**-tic	[kæ̀rəktərístik]	形「特有な」	➡ルール〈2〉⑥
□281	en-thu-si-**ás**-tic	[enθjù:ziǽstik]	形「熱狂的な」	➡ルール〈2〉⑥
□282	ar-is-**tóc**-ra-cy	[æ̀ristɑ́krəsi]	名「貴族階級」	➡ルール〈2〉⑪
□283	con-**tém**-po-rar-y	[kəntémpərèri]	形「同時代の」	
□284	i-**mág**-i-nar-y	[imǽdʒənèri]	形「想像上の」	
□285	in-di-**víd**-u-al	[ìndəvídʒuəl]	形「個々の」	
□286	sat-is-**fác**-to-ry	[sæ̀tisfǽktəri]	形「満足な」	

Check! 次の①～④の中から，アクセントの位置が異なる単語を１つ選びなさい。

(1) ① cu-ri-os-i-ty ② char-ac-ter-is-tic
③ in-di-vid-u-al ④ gen-er-os-i-ty

(2) ① con-tem-po-rar-y ② in-tel-lec-tu-al
③ ar-is-toc-ra-cy ④ op-por-tu-ni-ty

解答

(1) ① [kjùəriɑ́səti] (➡276) ② [kæ̀rəktərístik] (➡280)
③ [ìndəvídʒuəl] (➡285) ④ [dʒènərɑ́səti] (➡277)

(2) ① [kəntémpərèri] (➡283) ② [ìntəléktʃuəl] (➡279)
③ [æ̀ristɑ́krəsi] (➡282) ④ [ɑ̀pərtjú:nəti] (➡275)

Section 5 名前動後の単語

CD 22

同じつづりの単語で，名詞は前の音節，動詞は後の音節にアクセントがあるものがある。以下のものを覚えておくこと。

No.	単語	発音	意味
□287	**cón**-duct	[kɑ́ndʌkt]	名「行為」
	con-**dúct**	[kəndʌ́kt]	動「…を行う」
□288	**cón**-tent	[kɑ́ntent]	名「中身」
	con-**tént**	[kəntént]	動「…を満足させる」
□289	**dés**-ert	[dézərt]	名「砂漠」
	de-**sért**	[dizə́:rt]	動「…を見捨てる」
□290	**éx**-port	[ékspɔ:rt]	名「輸出」
	ex-**pórt**	[ikspɔ́:rt]	動「…を輸出する」
□291	**ím**-port	[ímpɔ:rt]	名「輸入」
	im-**pórt**	[impɔ́:rt]	動「…を輸入する」
□292	**ín**-sult	[ínsʌlt]	名「侮辱」
	in-**súlt**	[insʌ́lt]	動「…を侮辱する」
□293	**ób**-ject	[ɑ́bdʒikt]	名「物体」
	ob-**jéct**	[əbdʒékt]	動「異議を唱える」
□294	**prés**-ent	[prézənt]	名「贈り物」
	pre-**sént**	[prizént]	動「…を贈呈する」
□295	**pród**-uce	[próudju:s]	名「生産量」
	pro-**dúce**	[prədjú:s]	動「…を生産する」
□296	**prόg**-ress	[prɑ́gres]	名「進歩」
	pro-**gréss**	[prəgrés]	動「前進する」
□297	**prój**-ect	[prɑ́dʒekt]	名「計画」
	pro-**jéct**	[prədʒékt]	動「…を計画する」
□298	**pró**-test	[próutest]	名「抗議」
	pro-**tést**	[prətést]	動「抗議する」
□299	**réc**-ord	[rékərd]	名「記録」
	re-**córd**	[rikɔ́:rd]	動「…を記録する」
□300	**súb**-ject	[sʌ́bdʒekt]	名「テーマ／主題」
	sub-**jéct**	[səbdʒékt]	動「…を服従させる」

Check! 下線部(a)・(b)の単語で，アクセントの位置が正しい組み合わせを，次の①～④から選びなさい。

(1) He is the greatest (a) musician that Japan has ever (b) produced.
① (a) músician (b) prodúced ② (a) musícian (b) próduced
③ (a) musícian (b) prodúced ④ (a) músician (b) próduced

(2) The people in the (a) elevator were bothered by the (b) conduct of the noisy child.
① (a) elevátor (b) cónduct ② (a) élevator (b) condúct
③ (a) elevátor (b) condúct ④ (a) élevator (b) cónduct

解答

(1) ③ [mju:zíʃən] (➡138)，[prədjú:st] (➡295)
(2) ④ [éləvèitər] (➡202)，[kándʌkt] (➡287)

(1) 彼は，これまでに日本が生んだ最も偉大な音楽家です。
(2) エレベーターに乗り合わせた人たちは，やかましい子どものふるまいに困惑した。

第30章 発音問題頻出単語

Section 1 [母音]

1 [au] の発音

CD 23

□1	foul	[fául]	形「不潔な」
□2	plough / plow	[pláu]	名「(耕作用の)すき」
□3	allow	[əláu]	動「…を許す」 アクセント
□4	drown	[dráun]	動「おぼれる」
□5	endow	[endáu]	動「…を寄付する」
□6	owl	[ául]	名「フクロウ」
□7	towel	[táuəl]	名「タオル」 外来語
□8	aloud	[əláud]	副「声を出して」
□9	proud	[práud]	形「誇りを持って」
□10	ounce	[áuns]	名「オンス」 外来語
□11	trousers	[tráuzərz]	名「ズボン」

2 [ou] の発音

CD 24

□12	only	[óunli]	形「唯一の」
□13	grove	[gróuv]	名「小さな森」
□14	coat	[kóut]	名「上着／コート」 外来語
□15	toe	[tóu]	名「つま先」
□16	bowl	[bóul]	名「(料理用の)ボウル」 外来語
□17	bureau	[bjúərou]	名「案内所／局」
□18	alone	[əlóun]	形「ただひとりの」
□19	both	[bóuθ]	形「両方の」
□20	comb	[kóum]	名「くし」
□21	control	[kəntróul]	動「…を支配する」
□22	ghost	[góust]	名「幽霊」
□23	globe	[glóub]	名「地球」
□24	home	[hóum]	名「家庭」
□25	post	[póust]	名「柱」
□26	rose	[róuz]	名「バラ」
□27	coast	[kóust]	名「海岸」
□28	toast	[tóust]	名「トースト」 外来語
□29	sew	[sóu]	動「縫う」
□30	soap	[sóup]	名「石けん」
□31	crow	[króu]	名「カラス」

□32	arrow	[ǽrou]	名「矢」
□33	shoulder	[ʃóuldər]	名「肩」
□34	folk	[fóuk]	名「人々」
□35	loan	[lóun]	名「貸し付け」
□36	road	[róud]	名「道路」
□37	odo(u)r	[óudər]	名「におい」

③ [ɔ:(r)] の発音

CD 25

□38	alter	[ɔ́:ltər]	動「…を変える」
□39	hall	[hɔ́:l]	名「集会所／ホール」
□40	walk	[wɔ́:k]	動「歩く」
□41	warm	[wɔ́:rm]	形「暖かい」
□42	war	[wɔ́:r]	名「戦争」
□43	abroad	[əbrɔ́:d]	副「外国に」
□44	cough	[kɔ́(:)f]	名「咳」
□45	caught	[kɔ́:t]	動〈catch の過去・過去分詞〉
□46	pour	[pɔ́:r]	動「…を注ぐ」
□47	extraordinary	[ikstrɔ́:rdənèri]	形「並はずれた」 アクセント
□48	law	[lɔ́:]	名「法律」
□49	board	[bɔ́:rd]	名「板」
□50	bought	[bɔ́:t]	動〈buy の過去・過去分詞〉
□51	dawn	[dɔ́:n]	名「夜明け」
□52	author	[ɔ́:θər]	名「著者」

④ [ə:(r)] の発音

CD 26

□53	work	[wə́:rk]	動「働く」
□54	worm	[wə́:rm]	名「ミミズ／虫」
□55	worship	[wə́:rʃəp]	名「崇拝」
□56	hurt	[hə́:rt]	動「…を傷つける」
□57	occur	[əkə́:r]	動「起こる／生じる」
□58	purchase	[pə́:rtʃəs]	動「…を買う」 アクセント
□59	pearl	[pə́:rl]	名「真珠」
□60	earth	[ə́:rθ]	名「地球」
□61	courage	[kə́:ridʒ]	名「勇気」
□62	interpret	[intə́:rprət]	動「…を解釈する」 アクセント
□63	journey	[dʒə́:rni]	名「旅行」
□64	thorough	[θə́:rou]	形「完璧な」
□65	circumstance	[sə́:rkəmstæ̀ns]	名「事情／境遇」

⑤ [ɑː(r)] の発音

CD 27

No.	単語	発音	意味
□66	heart	[hάːrt]	名「心臓」
□67	hard	[hάːrd]	副「熱心に」
□68	farther	[fάːrðər]	副「もっと遠くに」
□69	calm	[kάːm]	形「穏やかな」
□70	star	[stάːr]	名「星」
□71	part	[pάːrt]	名「部分」
□72	guard	[gάːrd]	動「…を守る」
□73	article	[άːrtikl]	名「記事」
□74	argue	[άːrgjuː]	動「議論する」
□75	remarkable	[rimάːrkəbəl]	形「注目すべき」

⑥ [æ] の発音

CD 28

No.	単語	発音	意味
□76	ancestor	[ǽnsestər]	名「祖先／先祖」 アクセント
□77	admirable	[ǽdmərəbəl]	形「賞賛に値する」 アクセント
□78	amateur	[ǽmətʃùər]	名「素人／アマチュア」 外来語
□79	atmosphere	[ǽtməsfìər]	名「大気」
□80	calendar	[kǽləndər]	名「カレンダー」 外来語
□81	accurate	[ǽkjərət]	形「正確な」 アクセント ➡ルール〈3〉①
□82	guarantee	[gæ̀rəntíː]	動「…を保証する」 アクセント ➡ルール〈1〉⑤
□83	manager	[mǽnidʒər]	名「経営者」 アクセント
□84	pattern	[pǽtərn]	名「模範／パターン」 外来語 アクセント
□85	add	[ǽd]	動「…を加える」
□86	cabbage	[kǽbidʒ]	名「キャベツ」 外来語
□87	planet	[plǽnit]	名「惑星」
□88	examine	[igzǽmin]	動「…を調べる」
□89	comparison	[kəmpǽrisən]	名「比較」
□90	capacity	[kəpǽsəti]	名「能力／才能」 ➡ルール〈2〉②
□91	salad	[sǽləd]	名「サラダ」 外来語

⑦ [ʌ] の発音

CD 29

No.	単語	発音	意味
□92	son	[sʌ́n]	名「息子」
□93	won	[wʌ́n]	動〈win の過去・過去分詞〉
□94	month	[mʌ́nθ]	名「(暦の) 月」
□95	color	[kʌ́lər]	名「色」
□96	money	[mʌ́ni]	名「お金」
□97	among	[əmʌ́ŋ]	前「…の間に」
□98	dove	[dʌ́v]	名「ハト」

□99	company	[kʌ́mpəni]	名「会社」
□100	government	[gʌ́vərnmənt]	名「行政／政府」
□101	onion	[ʌ́njən]	名「タマネギ」
□102	compass	[kʌ́mpəs]	名「方位計／コンパス」 外来語
□103	above	[əbʌ́v]	前「…の上に」
□104	tongue	[tʌ́ŋ]	名「舌」
□105	front	[frʌ́nt]	名「前部／前方」
□106	glove	[glʌ́v]	名「手袋／グローブ」 外来語
□107	wonder	[wʌ́ndər]	動「…を不思議に思う」
□108	comfort	[kʌ́mfərt]	名「快適さ」
□109	oven	[ʌ́vən]	名「オーブン」 外来語
□110	southern	[sʌ́ðərn]	形「南の」 アクセント
□111	country	[kʌ́ntri]	名「国／田舎」
□112	cousin	[kʌ́zən]	名「いとこ」
□113	blood	[blʌ́d]	名「血／血液」
□114	flood	[flʌ́d]	名「洪水」
□115	luck	[lʌ́k]	名「運」
□116	stomach	[stʌ́mək]	名「胃」
□117	rough	[rʌ́f]	形「きめのあらい」
□118	tough	[tʌ́f]	形「堅い」
□119	tunnel	[tʌ́nəl]	名「トンネル」 外来語

8 [ɑ] の発音

CD 30

□120	knowledge	[nɑ́lidʒ]	名「知識」
□121	wander	[wɑ́ndər]	動「歩き回る」
□122	monarch	[mɑ́nərk]	名「君主」
□123	collar	[kɑ́lər]	名「(服の)えり」
□124	conquer	[kɑ́ŋkər]	動「…を征服する」
□125	modern	[mɑ́dərn]	形「現代の」
□126	policy	[pɑ́ləsi]	名「方針」
□127	novel	[nɑ́vəl]	名「小説」

9 [e] の発音

CD 31

□128	sweat	[swét]	名「汗」
□129	meant	[mént]	動〈mean の過去・過去分詞〉
□130	deaf	[déf]	形「耳が聞こえない」
□131	tread	[tréd]	動「歩く」
□132	spread	[spréd]	動「…を広げる」
□133	thread	[θréd]	名「糸」

□134 breast [brést] 名「胸」
□135 steady [stédi] 形「安定した」
□136 dealt [délt] 動〈deal の過去・過去分詞〉
□137 heaven [hévən] 名「天国」
□138 jealous [dʒéləs] 形「ねたんで」
□139 dread [dréd] 動「…を恐れる」
□140 threat [θrét] 名「脅迫」
□141 realm [rélm] 名「領域」
□142 ready [rédi] 形「用意ができた」
□143 sweater [swétər] 名「セーター」 外来語
□144 weapon [wépən] 名「武器」
□145 leopard [lépərd] 名「ヒョウ」
□146 cleanse [klénz] 動「…を清潔にする」
□147 feather [féðər] 名「羽／羽毛」
□148 pleasant [plézənt] 形「楽しい」
□149 peasant [pézənt] 名「小作農」
□150 meadow [médou] 名「牧草地」
□151 bury [béri] 動「…を埋める」
□152 possess [pəzés] 動「…を所有する」
□153 preface [préfəs] 名「序文」

⑩ [ei] の発音

CD 32

□154 steak [stéik] 名「ステーキ」 外来語
□155 create [kriéit] 動「…を創造する」
□156 ancient [éinʃənt] 形「古代の」 アクセント ➡ルール〈2〉⑩
□157 danger [déindʒər] 名「危険」
□158 freight [fréit] 名「貨物運送」
□159 label [léibəl] 名「札／ラベル」 外来語
□160 vague [véig] 形「ぼんやりした」
□161 alien [éiliən] 形「外国の」
□162 angel [éin(d)ʒəl] 名「天使」 外来語
□163 sacred [séikrid] 形「神聖な」
□164 patient [péiʃənt] 形「忍耐強い」 ➡ルール〈2〉⑩
□165 gauge [géidʒ] 名「計器／規格」
□166 oasis [ouéisis] 名「オアシス」 外来語 アクセント ➡ルール〈3〉②の例外

⑪ [ai] の発音

CD 33

□167 height [háit] 名「高さ」

□168	horizon	[həráizən]	名「地平線」
□169	lively	[láivli]	形「生き生きとした」
□170	guide	[gáid]	動「…を案内する」
□171	violent	[váiələnt]	形「激しい」
□172	anxiety	[æŋzáiəti]	名「心配」 アクセント ➡ルール〈2〉②
□173	reply	[riplái]	動「答える」
□174	item	[áitəm]	名「項目」
□175	tiny	[táini]	形「ごく小さい」

12 [i:] の発音

CD 34

□176	creature	[krí:tʃər]	名「生き物」
□177	evil	[í:vl]	形「邪悪な」
□178	decent	[dí:sənt]	形「見苦しくない」
□179	previous	[prí:viəs]	形「以前の」
□180	police	[pəlí:s]	名「警察」 アクセント
□181	appreciate	[əprí:ʃièit]	動「…を正しく理解する」 アクセント ➡ルール〈3〉①
□182	feature	[fí:tʃər]	名「特徴」
□183	treat	[trí:t]	動「…を扱う」
□184	seize	[sí:z]	動「…をつかむ」
□185	breathe	[brí:ð]	動「呼吸する」
□186	ceiling	[sí:liŋ]	名「天井」
□187	people	[pí:pəl]	名「人々」
□188	genius	[dʒí:njəs]	名「天才／天分」
□189	even	[í:vən]	副「…でさえ」
□190	secret	[sí:krət]	名「秘密」
□191	region	[rí:dʒən]	名「地域／地方」 アクセント ➡ルール〈2〉①
□192	extreme	[ikstrí:m]	形「極端な」
□193	fever	[fí:vər]	名「熱／発熱」
□194	vehicle	[ví:ikəl]	名「乗り物」
□195	species	[spí:ʃi(:)z]	名「(分類上の)種」
□196	medium	[mí:diəm]	名「中間／中庸」
□197	scheme	[skí:m]	名「計画」
□198	theme	[θí:m]	名「主題／テーマ」 外来語
□199	fatigue	[fətí:g]	名「疲労」 アクセント ➡ルール〈1〉①
□200	technique	[tekní:k]	名「技術」 アクセント ➡ルール〈1〉①
□201	unique	[ju:ní:k]	形「独特の」 アクセント ➡ルール〈1〉①

⑬ [i] の発音

CD 35

□202	wilderness	[wíldərnəs]	名「荒野」
□203	image	[ímidʒ]	名「イメージ／姿」 外来語 アクセント
□204	damage	[dǽmidʒ]	名「損害」 外来語
□205	guilty	[gílti]	形「有罪の」
□206	prefer	[prifə́:r]	動「…を好む」
□207	women	[wímin]	名〈woman の複数形〉
□208	mischief	[místʃif]	名「いたずら」
□209	busy	[bízi]	形「忙しい」
□210	decision	[disíʒən]	名「決定」 アクセント ➡ルール〈2〉①
□211	business	[bíznəs]	名「事業／商売」
□212	hymn	[hím]	名「賛美歌」

⑭ [u:] の発音

CD 36

□213	choose	[tʃú:z]	動「…を選ぶ」
□214	mood	[mú:d]	名「気分」
□215	food	[fú:d]	名「食物」
□216	bloom	[blú:m]	名「(木・枝全体の)花」
□217	tool	[tú:l]	名「道具」
□218	approve	[əprú:v]	動「…に賛成する」
□219	tomb	[tú:m]	名「墓」
□220	routine	[ru:tí:n]	名「日課」 アクセント
□221	soup	[sú:p]	名「スープ」 外来語
□222	youth	[jú:θ]	名「青年期」
□223	group	[grú:p]	名「集団」
□224	fruit	[frú:t]	名「果物」
□225	rule	[rú:l]	名「規則」
□226	truth	[trú:θ]	名「真実」

⑮ [u] の発音

CD 37

□227	wool	[wúl]	名「羊毛／ウール」 外来語
□228	hood	[húd]	名「ずきん／フード」 外来語
□229	wood	[wúd]	名「木材」
□230	foot	[fút]	名「足」
□231	bosom	[búzəm]	名「胸」
□232	wolf	[wúlf]	名「オオカミ」
□233	bullet	[búlit]	名「弾丸」
□234	brook	[brúk]	名「小川」

⑯ [iər] の発音

CD 38

□235	queer	[kwíər]	形「奇妙な」 ➡ルール〈1〉⑤
□236	spear	[spíər]	名「やり」
□237	beard	[bíərd]	名「あごひげ」
□238	dear	[díər]	形「親愛な」
□239	gear	[gíər]	名「歯車」
□240	fierce	[fíərs]	形「どう猛な」
□241	pierce	[píərs]	動「…を刺す」
□242	career	[kəríər]	名「経歴／キャリア」 外来語 アクセント ➡ルール〈1〉⑤
□243	peer	[píər]	動「じっと見つめる」
□244	superior	[supíəriər]	形「すぐれて」

⑰ [eər] の発音

CD 39

□245	pear	[péər]	名「洋なし」
□246	wear	[wéər]	動「…を身につける」
□247	swear	[swéər]	動「…を誓う」
□248	affair	[əféər]	名「事務／事態」
□249	rare	[réər]	形「まれな」
□250	square	[skwéər]	名「四角」
□251	scare	[skéər]	動「…を怖がらせる」

Check! 次の①～④の中から，下線部の発音が異なる単語を１つ選びなさい。

(1)	① endow	② bowl	③ allow	④ plow
(2)	① arrow	② towel	③ drown	④ owl
(3)	① coast	② toast	③ road	④ abroad
(4)	① folk	② walk	③ control	④ comb
(5)	① author	② ghost	③ both	④ bureau
(6)	① grove	② soap	③ board	④ loan
(7)	① dawn	② hall	③ odo(u)r	④ pour
(8)	① courage	② hurt	③ heart	④ pearl
(9)	① purchase	② occur	③ worship	④ guard
(10)	① ancestor	② oasis	③ planet	④ pattern
(11)	① calm	② calendar	③ salad	④ comparison
(12)	① capacity	② cabbage	③ accurate	④ argue
(13)	① knowledge	② among	③ glove	④ above
(14)	① compass	② comfort	③ novel	④ oven
(15)	① son	② won	③ wonder	④ wander

(16) ① stomach ② tunnel ③ conquer ④ company
(17) ① monarch ② month ③ front ④ luck
(18) ① tongue ② policy ③ dove ④ government
(19) ① pleasant ② steak ③ steady ④ spread
(20) ① realm ② ready ③ create ④ cleanse
(21) ① leopard ② bury ③ prefer ④ preface
(22) ① police ② lively ③ unique ④ fatigue
(23) ① treat ② medium ③ mischief ④ creature
(24) ① violent ② wilderness ③ decision ④ guilty
(25) ① fever ② species ③ feature ④ threat
(26) ① image ② busy ③ women ④ previous
(27) ① evil ② ceiling ③ horizon ④ genius
(28) ① choose ② mood ③ tool ④ wool
(29) ① bosom ② tomb ③ rule ④ truth
(30) ① approve ② soup ③ group ④ wood
(31) ① youth ② wolf ③ bullet ④ brook
(32) ① career ② spear ③ wear ④ superior
(33) ① pear ② beard ③ scare ④ swear
(34) ① rare ② gear ③ affair ④ square

解答

(1) ① [endáu] (➡5) ② [bóul] (➡16) ③ [əláu] (➡3) ④ [pláu] (➡2)
(2) ① [ǽrou] (➡32) ② [táuəl] (➡7) ③ [dráun] (➡4) ④ [ául] (➡6)
(3) ① [kóust] (➡27) ② [tóust] (➡28) ③ [róud] (➡36) ④ [əbrɔ́:d] (➡43)
(4) ① [fóuk] (➡34) ② [wɔ́:k] (➡40) ③ [kəntróul] (➡21) ④ [kóum] (➡20)
(5) ① [ɔ́:θər] (➡52) ② [góust] (➡22) ③ [bóuθ] (➡19) ④ [bjúərou] (➡17)
(6) ① [gróuv] (➡13) ② [sóup] (➡30) ③ [bɔ́:rd] (➡49) ④ [lóun] (➡35)
(7) ① [dɔ́:n] (➡51) ② [hɔ́:l] (➡39) ③ [óudər] (➡37) ④ [pɔ́:r] (➡46)
(8) ① [kə́:ridʒ] (➡61) ② [hə́:rt] (➡56) ③ [hɑ́:rt] (➡66) ④ [pə́:rl] (➡59)
(9) ① [pə́:rtʃəs] (➡58) ② [əkə́:r] (➡57) ③ [wə́:rʃəp] (➡55) ④ [gɑ́:rd] (➡72)
(10) ① [ǽnsestər] (➡76) ② [ouéisis] (➡166) ③ [plǽnit] (➡87) ④ [pǽtərn] (➡84)
(11) ① [kɑ́:m] (➡69) ② [kǽləndər] (➡80) ③ [sǽləd] (➡91) ④ [kəmpǽrisən] (➡89)
(12) ① [kəpǽsəti] (➡90) ② [kǽbidʒ] (➡86) ③ [ǽkjərət] (➡81) ④ [ɑ́:rgju:] (➡74)
(13) ① [nɑ́lidʒ] (➡120) ② [əmʌ́ŋ] (➡97) ③ [glʌ́v] (➡106) ④ [əbʌ́v] (➡103)
(14) ① [kʌ́mpəs] (➡102) ② [kʌ́mfərt] (➡108) ③ [nɑ́vəl] (➡127) ④ [ʌ́vən] (➡109)
(15) ① [sʌ́n] (➡92) ② [wʌ́n] (➡93) ③ [wʌ́ndər] (➡107) ④ [wɑ́ndər] (➡121)
(16) ① [stʌ́mək] (➡116) ② [tʌ́nəl] (➡119) ③ [kɑ́ŋkər] (➡124) ④ [kʌ́mpəni] (➡99)
(17) ① [mɑ́nərk] (➡122) ② [mʌ́nθ] (➡94) ③ [frʌ́nt] (➡105) ④ [lʌ́k] (➡115)
(18) ① [tʌ́ŋ] (➡104) ② [pɑ́ləsi] (➡126) ③ [dʌ́v] (➡98) ④ [gʌ́vərnmənt] (➡100)
(19) ① [plézənt] (➡148) ② [stéik] (➡154) ③ [stédi] (➡135) ④ [spréd] (➡132)
(20) ① [rélm] (➡141) ② [rédi] (➡142) ③ [kriéit] (➡155) ④ [klénz] (➡146)
(21) ① [lépərd] (➡145) ② [béri] (➡151) ③ [prifə́:r] (➡206) ④ [préfəs] (➡153)
(22) ① [pəlí:s] (➡180) ② [láivli] (➡169) ③ [ju:ní:k] (➡201) ④ [fətí:g] (➡199)

(23) ① [trí:t] (➡183) ② [mí:diəm] (➡196) ③ [místʃif] (➡208) ④ [krí:tʃər] (➡176)
(24) ① [váiələnt] (➡171) ② [wíldərnəs] (➡202) ③ [disíʒən] (➡210) ④ [gílti] (➡205)
(25) ① [fí:vər] (➡193) ② [spí:ʃi(:)z] (➡195) ③ [fí:tʃər] (➡182) ④ [θrét] (➡140)
(26) ① [ímidʒ] (➡203) ② [bízi] (➡209) ③ [wímin] (➡207) ④ [prí:viəs] (➡179)
(27) ① [í:vl] (➡177) ② [sí:liŋ] (➡186) ③ [həráizən] (➡168) ④ [dʒí:njəs] (➡188)
(28) ① [tʃú:z] (➡213) ② [mú:d] (➡214) ③ [tú:l] (➡217) ④ [wúl] (➡227)
(29) ① [búzəm] (➡231) ② [tú:m] (➡219) ③ [rú:l] (➡225) ④ [trú:θ] (➡226)
(30) ① [əprú:v] (➡218) ② [sú:p] (➡221) ③ [grú:p] (➡223) ④ [wúd] (➡229)
(31) ① [jú:θ] (➡222) ② [wúlf] (➡232) ③ [búlit] (➡233) ④ [brúk] (➡234)
(32) ① [kəríər] (➡242) ② [spíər] (➡236) ③ [wéər] (➡246) ④ [supíəriər] (➡244)
(33) ① [péər] (➡245) ② [bíərd] (➡237) ③ [skéər] (➡251) ④ [swéər] (➡247)
(34) ① [réər] (➡249) ② [gíər] (➡239) ③ [əféər] (➡248) ④ [skwéər] (➡250)

Section 2 [子音]

1 [k] の発音

CD 40

□252	ache	[éik]	動「痛む」
□253	architect	[ɑ́:rkitèkt]	名「建築家」
□254	character	[kǽrəktər]	名「個性」
□255	chemistry	[kémistri]	名「化学」
□256	chaos	[kéiɑs]	名「無秩序」
□257	scholar	[skɑ́lər]	名「学者」
□258	anchor	[ǽŋkər]	名「いかり」
□259	psychology	[saikɑ́lədʒi]	名「心理学」
□260	epoch	[épək]	名「新時代」
□261	mosquito	[məskí:tou]	名「蚊」
□262	liquor	[líkər]	名「強い酒」

2 [tʃ] の発音

CD 41

□263	chamber	[tʃéimbər]	名「(建物の)特別室」
□264	search	[sə́:rtʃ]	動「捜す」
□265	coach	[kóutʃ]	名「コーチ」 外来語
□266	arch	[ɑ́:rtʃ]	名「アーチ」 外来語
□267	spinach	[spínitʃ]	名「ほうれん草」
□268	chalk	[tʃɔ́:k]	名「チョーク」 外来語
□269	approach	[əpróutʃ]	動「…に近づく」
□270	orchard	[ɔ́:rtʃərd]	名「果樹園」
□271	question	[kwéstʃən]	名「質問」 アクセント ➡ルール〈2〉①
□272	suggestion	[səgdʒéstʃən]	名「提案」 アクセント ➡ルール〈2〉①

③ [ʃ] の発音

CD 42

□273	machine	[məʃíːn]	名「機械」
□274	ratio	[réiʃou]	名「割合」
□275	social	[sóuʃəl]	形「社会の」 ➡ルール〈2〉③
□276	ocean	[óuʃən]	名「海洋」
□277	conscience	[kάnʃəns]	名「良心」 アクセント ➡ルール〈2〉⑧
□278	conscious	[kάnʃəs]	形「意識して」 アクセント ➡ルール〈2〉④
□279	mansion	[mǽnʃən]	名「大邸宅」 ➡ルール〈2〉①
□280	passion	[pǽʃən]	名「情熱」 ➡ルール〈2〉①
□281	mission	[míʃən]	名「使節(団)」 ➡ルール〈2〉①
□282	sugar	[ʃúgər]	名「砂糖」

④ [ʒ] の発音

CD 43

□283	leisure	[líːʒər]	名「暇」
□284	measure	[méʒər]	動「…を測る」
□285	rouge	[rúːʒ]	名「口紅」
□286	division	[divíʒən]	名「分配」 アクセント ➡ルール〈2〉①
□287	confusion	[kənfjúːʒən]	名「混乱」 アクセント ➡ルール〈2〉①
□288	occasion	[əkéiʒən]	名「(特定の)時」 アクセント ➡ルール〈2〉①
□289	vision	[víʒən]	名「視界」 アクセント ➡ルール〈2〉①
□290	pleasure	[pléʒər]	名「喜び」

⑤ [ð] の発音

CD 44

□291	smooth	[smúːð]	形「なめらかな／スムーズな」
□292	breathe	[bríːð]	動「息を吸う」
□293	worthy	[wə́ːrði]	形「価値のある」
□294	bathe	[béið]	動「入浴する」
□295	though	[ðóu]	接「…だけれども」
□296	northern	[nɔ́ːrðərn]	形「北の」 アクセント
□297	weather	[wéðər]	名「天気」
□298	clothe	[klóuð]	動「…を着る」
□299	clothing	[klóuðiŋ]	名「衣服」

⑥ [θ] の発音

CD 45

□300	bath	[bǽθ]	名「入浴」
□301	breath	[bréθ]	名「息」
□302	beneath	[biníːθ]	前「…の下に」
□303	cloth	[klɔ́(ː)θ]	名「布(地)」

□304	warmth	[wɔ́:rmθ]	名「暖かさ」
□305	through	[θru:]	前「…を通り抜けて」
□306	thorough	[θə́:rou]	形「完全な」
□307	worth	[wə́:rθ]	名「価値」
□308	width	[wídθ]	名「幅」
□309	theater	[θíətər]	名「劇場」

7 [s] の発音

CD 46

□310	cease	[sí:s]	動「…を止める」
□311	increase	[inkrí:s]	動「増加する」
□312	loose	[lú:s]	形「ゆるい／ルーズな」 外来語
□313	purpose	[pə́:rpəs]	名「目的」
□314	nuisance	[njú:səns]	名「迷惑行為／妨害」
□315	advice	[ədváis]	名「忠告／アドバイス」 アクセント 外来語

8 [z] の発音

CD 47

□316	advise	[ədváiz]	動「忠告する」
□317	disease	[dizí:z]	名「病気」
□318	lose	[lú:z]	動「…を失う」
□319	resolve	[rizálv]	動「…を決心する」
□320	scissors	[sízərz]	名「はさみ」
□321	possess	[pəzés]	動「…を所有する」 アクセント
□322	news	[njú:z]	名「ニュース」 外来語
□323	cosmos	[kázməs]	名「宇宙」

9 [ŋ] の発音

CD 48

語尾の **ng** のスペルは[ŋ]と発音される。

□324	king	[kíŋ]	名「国王」
□325	sing	[síŋ]	動「歌う」
□326	young	[jʌ́ŋ]	形「若い」
□327	strong	[strɔ́(:)ŋ]	形「強い」

10 [ŋg] の発音

CD 49

語中の **ng** のスペルは[ŋg] と発音される。ただし，**singer** [síŋər] や **singing** [síŋiŋ] のように動詞に **-er** / **-ing** がついたものは[ŋ]のまま。

□328	younger	[jʌ́ŋgər]	形〈young の比較級〉
□329	youngest	[jʌ́ŋgist]	形〈young の最上級〉
□330	single	[síŋgl]	形「ただひとつの」
□331	finger	[fíŋgər]	名「(手の)指」

⑪ [t] の発音

過去・過去分詞の **-ed** が[t]になるのは原形動詞の最後の音が[s] [ʃ] [k] [f] [p] [tʃ]の場合だけ。

□332	guessed	[gést]	動〈guess の過去・過去分詞〉
□333	wished	[wíʃt]	動〈wish の過去・過去分詞〉
□334	cooked	[kúkt]	動〈cook の過去・過去分詞〉
□335	laughed	[lǽft]	動〈laugh の過去・過去分詞〉
□336	stopped	[stápt]	動〈stop の過去・過去分詞〉
□337	touched	[tʌ́tʃt]	動〈touch の過去・過去分詞〉

⑫ [id] の発音

過去・過去分詞の **-ed** が[id]になるのは原形動詞の最後の音が[t] [d]の場合だけ。ただし，形容詞化したものは例外として覚える。

□338	hated	[héitid]	動〈hate の過去・過去分詞〉
□339	divided	[diváidid]	動〈divide の過去・過去分詞〉
□340	naked	[néikid]	形「裸の」
□341	wicked	[wíkid]	形「意地悪な／悪い」

Check! 次の①～④の中から，下線部の発音が異なる単語を１つ選びなさい。

	①	②	③	④
(1)	① ache	② chemistry	③ epoch	④ machine
(2)	① chalk	② chaos	③ arch	④ suggestion
(3)	① architect	② character	③ orchard	④ anchor
(4)	① chamber	② scholar	③ coach	④ search
(5)	① social	② mission	③ occasion	④ ocean
(6)	① rouge	② measure	③ leisure	④ conscience
(7)	① passion	② division	③ vision	④ confusion
(8)	① though	② through	③ bath	④ beneath
(9)	① thorough	② worth	③ clothing	④ width
(10)	① smooth	② cloth	③ bathe	④ weather
(11)	① theater	② breath	③ warmth	④ northern
(12)	① advise	② loose	③ cosmos	④ news
(13)	① possess	② purpose	③ advice	④ increase
(14)	① nuisance	② resolve	③ disease	④ scissors
(15)	① guessed	② touched	③ stopped	④ hated
(16)	① naked	② cooked	③ laughed	④ wished

解答

(1) ① [éik] (➡252) ② [kémistri] (➡255) ③ [épək] (➡260) ④ [məʃíːn] (➡273)
(2) ① [tʃɔ́ːk] (➡268) ② [kéiɑs] (➡256) ③ [ɑ́ːrtʃ] (➡266) ④ [səgdʒéstʃən] (➡272)

(3) ① [ɑ́:rkitèkt] (➡253) ② [kǽrəktər] (➡254) ③ [ɔ́:rtʃərd] (➡270) ④ [ǽŋkər] (➡258)
(4) ① [tʃéimbər] (➡263) ② [skɑ́lər] (➡257) ③ [kóutʃ] (➡265) ④ [sə́:rtʃ] (➡264)
(5) ① [sóuʃəl] (➡275) ② [míʃən] (➡281) ③ [əkéiʒən] (➡288) ④ [óuʃən] (➡276)
(6) ① [rú:ʒ] (➡285) ② [méʒər] (➡284) ③ [lí:ʒər] (➡283) ④ [kɑ́nʃəns] (➡277)
(7) ① [pǽʃən] (➡280) ② [divíʒən] (➡286) ③ [víʒən] (➡289) ④ [kənfjú:ʒən] (➡287)
(8) ① [ðóu] (➡295) ② [θru:] (➡305) ③ [bæθ] (➡300) ④ [biní:θ] (➡302)
(9) ① [θə́:rou] (➡306) ② [wə́:rθ] (➡307) ③ [klóuðiŋ] (➡299) ④ [wídθ] (➡308)
(10) ① [smú:ð] (➡291) ② [klɔ́(:)θ] (➡303) ③ [béið] (➡294) ④ [wéðər] (➡297)
(11) ① [θíətər] (➡309) ② [bréθ] (➡301) ③ [wɔ́:rmθ] (➡304) ④ [nɔ́:rðərn] (➡296)
(12) ① [ədváiz] (➡316) ② [lú:s] (➡312) ③ [kɑ́zməs] (➡323) ④ [njú:z] (➡322)
(13) ① [pəzés] (➡321) ② [pə́:rpəs] (➡313) ③ [ədváis] (➡315) ④ [inkrí:s] (➡311)
(14) ① [njú:səns] (➡314) ② [rizɑ́lv] (➡319) ③ [dizí:z] (➡317) ④ [sízərz] (➡320)
(15) ① [gést] (➡332) ② [tʌ́tʃt] (➡337) ③ [stɑ́pt] (➡336) ④ [héitid] (➡338)
(16) ① [néikid] (➡340) ② [kúkt] (➡334) ③ [lǽft] (➡335) ④ [wíʃt] (➡333)

Section 3 [黙字]

CD 52

b	□342	bom**b**	[bɑ́m]	名「爆弾」
	□343	com**b**	[kóum]	名「くし」
	□344	clim**b**	[kláim]	動「…を登る」
	□345	de**b**t	[dét]	名「借金」
	□346	dou**b**t	[dáut]	動「…を疑う」
	□347	su**b**tle	[sʌ́təl]	形「微妙な」
c	□348	mus**c**le	[mʌ́səl]	名「筋肉」
ch	□349	ya**ch**t	[jɑ́t]	名「ヨット」 外来語
d	□350	han**d**kerchief	[hǽŋkərtʃif]	名「ハンカチ」 外来語
	□351	han**d**some	[hǽnsəm]	形「ハンサムな」 外来語
g	□352	desi**g**n	[dizáin]	名「図案／下絵」
	□353	forei**g**n	[fɔ́(:)rən]	形「外国の」
	□354	rei**g**n	[réin]	動「支配する」
	□355	si**g**n	[sáin]	名「表れ／徴候」
gh	□356	bou**gh**	[báu]	名「大枝」
	□357	drou**gh**t	[dráut]	名「干ばつ」
	□358	nei**gh**bor	[néibər]	名「近所の人」
h	□359	ex**h**ibit	[igzíbit]	動「…を展示する」
	□360	**h**eir	[éə(r)]	名「相続人」
	□361	**h**onest	[ɑ́nəst]	形「正直な」
	□362	**h**onor	[ɑ́nər]	名「名誉」
	□363	r**h**ythm	[ríðəm]	名「調子／リズム」 外来語
	□364	shep**h**erd	[ʃépə(r)d]	名「羊飼い」
k	□365	**k**nee	[ní:]	名「ひざ」
	□366	**k**neel	[ní:l]	動「ひざまずく」

k	□367	**k**nife	[náif]	名「ナイフ」外来語
	□368	**k**nock	[nák]	動「ノックする」
l	□369	ca**l**f	[kǽf]	名「子牛」
	□370	fo**l**k	[fóuk]	名「人々」
	□371	sa**l**mon	[sǽmən]	名「サケ／サーモン」外来語
n	□372	autum**n**	[ɔ́:təm]	名「秋」
	□373	colum**n**	[káləm]	名「(新聞・雑誌の)コラム」外来語
	□374	condem**n**	[kəndém]	動「…を非難する」
	□375	hym**n**	[hím]	名「賛美歌」
	□376	solem**n**	[sáləm]	形「荘厳な」
p	□377	cu**p**board	[kʌ́bərd]	名「食器棚」
	□378	**p**sychology	[saikálədʒi]	名「心理学」➡ルール〈1〉②
	□379	recei**p**t	[risí:t]	名「領収書」
s	□380	ai**s**le	[áil]	名「通路」
	□381	i**s**land	[áilənd]	名「島」
t	□382	cas**t**le	[kǽsəl]	名「城」
	□383	ches**t**nut	[tʃésnʌ̀t]	名「クリ」
	□384	fas**t**en	[fǽsən]	動「…をしっかり固定する」
	□385	has**t**en	[héisən]	動「急ぐ」
	□386	lis**t**en	[lísən]	動「耳を傾ける」
w	□387	s**w**ord	[sɔ́:rd]	名「剣」
	□388	**w**rinkle	[ríŋkəl]	名「しわ」

Check! 次の①～④の中から，下線部の発音が異なる単語を１つ選びなさい。

	①	②	③	④
(1)	① bomb	② climb	③ knob	④ subtle
(2)	① bough	② cough	③ drought	④ neighbor
(3)	① inhabit	② exhibit	③ honest	④ honor
(4)	① autumn	② gymnastic	③ column	④ condemn
(5)	① castle	② listen	③ fasten	④ moisture

解答

	①	②	③	④
(1)	① [bám](➡342)	② [kláim](➡344)	③ [náb]	④ [sʌ́təl](➡347)
(2)	① [báu](➡356)	② [kɔ́(:)f]	③ [dráut](➡357)	④ [néibər](➡358)
(3)	① [inhǽbət]	② [igzíbit](➡359)	③ [ánəst](➡360)	④ [ánər](➡361)
(4)	① [ɔ́:təm](➡372)	② [dʒimnǽstik]	③ [káləm](➡373)	④ [kəndém](➡374)
(5)	① [kǽsəl](➡382)	② [lísən](➡386)	③ [fǽsən](➡383)	④ [mɔ́istʃər]

Part 6 アクセント・発音

Section 4 [同音異義語]

CD 53

No.	発音	単語	意味
□389	[áil]	aisle	名「通路」
		isle	名「島」
□390	[éə*r*]	air	名「空気」
		heir	名「相続人」
□391	[əsént]	assent	動「同意する」
		ascent	名「上昇」
□392	[blú:]	blue	形「青い」
		blew	動〈blow の過去〉
□393	[béə*r*]	bear	動「…に耐える」
		bare	形「裸の」
□394	[kɔ́:*r*s]	coarse	形「粗悪な」
		course	名「進路」
□395	[d*j*ú:]	dew	名「露」
		due	形「当然の／しかるべき」
□396	[dái]	die	動「死ぬ」
		dye	動「…を染める」
□397	[fláuə*r*]	flower	名「花」
		flour	名「小麦粉」
□398	[díə*r*]	dear	形「親愛な」
		deer	名「鹿」
□399	[féə*r*]	fare	名「運賃」
		fair	形「公正な」
□400	[hə́:*r*d]	herd	名「(動物の)群れ」
		heard	動〈hear の過去・過去分詞〉
□401	[héə*r*]	hair	名「毛髪」
		hare	名「ノウサギ」
□402	[hí:l]	heal	動「…を治す」
		heel	名「かかと」
□403	[hóul]	hole	名「穴」
		whole	形「全体の」
□404	[náit]	night	名「夜」
		knight	名「騎士」
□405	[léin]	lane	名「小道／路地」
		lain	動〈lie の過去分詞〉
□406	[rú:t]	root	名「根」
		route	名「道」

□407	[síːn]	scene	名「場面／光景」
		seen	動〈see の過去分詞〉
□408	[sél]	sell	動「…を売る」
		cell	名「細胞」
□409	[sélər]	seller	名「販売人」
		cellar	名「地下貯蔵庫」
□410	[sént]	scent	名「香り／におい」
		cent	名「セント(アメリカの貨幣単位)」
		sent	動〈send の過去・過去分詞〉
□411	[sóu]	sew	動「…を縫う」
		sow	動「(種)をまく」
		so	副「そのように」
□412	[sáit]	sight	名「見ること／視界／視力」
		site	名「場所」
		cite	動「…を引用する」
□413	[sóul]	soul	名「魂／人間」
		sole	形「唯一の」
□414	[stéər]	stair	名「階段」
		stare	動「じっと見つめる」
□415	[stíːl]	steal	動「…を盗む」
		steel	名「鋼鉄」
□416	[stréit]	straight	形「まっすぐな」
		strait	名「海峡」
□417	[swíːt]	suite	名「一続きの部屋」
		sweet	形「甘い」
□418	[véin]	vain	形「むだな」
		vein	名「静脈」
□419	[wéi]	weigh	動「…の重さを量る／重さが…である」
		way	名「道／方法／点」
□420	[wéist]	waste	動「…を浪費する」
		waist	名「腰」
□421	[wéit]	wait	動「待つ」
		weight	名「重さ」
□422	[wíːk]	weak	形「弱い」
		week	名「週」
□423	[wʌ́n]	one	名「１つ」
		won	動〈win の過去・過去分詞〉
□424	[lésən]	lessen	動「…を少なくする」
		lesson	名「授業」

□425	[méil]	mail	名「郵便」
		male	形「男性の／雄の」
□426	[máinər]	miner	名「鉱夫」
		minor	形「小さい方の／ささいな」
□427	[mí:t]	meat	名「(食用の)肉」
		meet	動「…に会う」
□428	[pí:s]	peace	名「平和」
		piece	名「1つ／作品」
□429	[pléin]	plane	名「飛行機」
		plain	形「明白な／わかりやすい」
□430	[réin]	reign	動「君臨する」
		rain	名「雨」
□431	[róul]	roll	動「転がって行く」
		role	名「役割」

Check! 各文の(　)に，発音が同じで綴りが異なる単語を書きなさい。

(1) a) Trees have large (　) under the ground.
b) There are five (　) to the top of the mountain.
(2) a) I couldn't (　) her smug attitude.
b) Don't walk on the road in your (　) feet.
(3) a) Those (　) go up to the bedrooms.
b) He often (　) at the ceiling when he is thinking.
(4) a) They are digging a big (　) in the ground.
b) You'd better tell me the (　) story.
(5) a) Not a (　) was to be seen in the station.
b) The baby was the (　) survivor.
(6) a) (　) contains about 21 percent oxygen.
b) When she died, her nephew was her only (　).
(7) a) The subway (　) has gone up.
b) A (　) decision is needed.
(8) a) He went to New York by (　).
b) The speech was given in (　) English.
(9) a) My dog (　) about 50 pounds.
b) In many (　), this book is much better than the other.
(10) a) The store (　) stylish shoes.
b) There are billions of (　) in the human body.
(11) a) He worked as a coal (　) in Pennsylvania.
b) There were only (　) objections to the plan.
(12) a) His (　) point is being too shy in public.

b) They have six English classes a(　　).

(13) a) She fell in love with him at first(　　).

b) This is the(　　)of a famous battle between France and England.

(14) a) I'll have to(　　)for Matthew to come.

b) He has lost some(　　)since he started jogging.

(15) a) The(　　)in front of us was very beautiful.

b) I've just(　　)him off at the airport.

解答

(1) a) roots, b) routes [rú:ts](➡406)
(2) a) bear, b) bare [béər](➡393)
(3) a) stairs, b) stares [stéərz](➡414)
(4) a) hole, b) whole [hóul](➡403)
(5) a) soul, b) sole [sóul](➡413)
(6) a) Air, b) heir [éər](➡390)
(7) a) fare, b) fair [féər](➡399)
(8) a) plane, b) plain [pléin](➡429)
(9) a) weighs, b) ways [wéiz](➡419)
(10) a) sells, b) cells [sélz](➡408)
(11) a) miner, b) minor [máinər](➡426)
(12) a) weak, b) week [wí:k](➡422)
(13) a) sight, b) site [sáit](➡412)
(14) a) wait, b) weight [wéit](➡421)
(15) a) scene, b) seen [sí:n](➡407)

(1) a) 木は地下に巨大な根を持つ。　b) その山の頂上へは5つの道がある。
(2) a) 私は，彼女の独善的な態度に我慢ならなかった。　b) 裸足で道を歩くな。
(3) a) あの階段が寝室につながっています。
b) 考えているときに，彼はよく天井をじっと見つめます。
(4) a) 彼らは地面に大きな穴を掘っている。　b) 僕に話全体を教えた方がいいよ。
(5) a) 駅には1人もいなかった。　b) その赤ちゃんが唯一の生存者だった。
(6) a) 空気は約21%の酸素を含む。
b) 彼女が亡くなった時，彼女の甥は彼女の唯一の相続人だった。
(7) a) 地下鉄の運賃が上がった。　b) 公平な決定が必要とされている。
(8) a) 彼は飛行機でニューヨークに行った。
b) そのスピーチはやさしい英語でなされた。
(9) a) 僕の犬は約50ポンドの重さだ。
b) 多くの点で，この本はもう1冊の本よりずっとよい。
(10) a) その店はおしゃれな靴を売っている。　b) 人体には何十億もの細胞がある。
(11) a) 彼はペンシルヴァニアで炭鉱夫として働いた。
b) その計画にはわずかな反対があっただけだ。
(12) a) 彼の欠点は公の場でものおじしすぎることだ。
b) 彼らは週に6回，英語の授業を受ける。
(13) a) 彼女は彼に一目ぼれした。
b) ここはフランスとイギリスの間の有名な戦いの場所です。
(14) a) 私は，マシューが来るのを待たなければいけないでしょう。
b) 彼は，ジョギングを始めてから，いくらか体重が減った。
(15) a) 私たちの目の前の光景はとても美しかった。
b) 空港でたった今，彼を見送ったところだ。

Section 5 [同綴異音語]

CD 54

□432	bow	[bóu]	名「弓」
		[báu]	動「おじぎをする」
□433	close	[klóuz]	動「…を閉める」
		[klóus]	形「接近した」
□434	desert	[dézərt]	名「砂漠」
		[dizə́:rt]	動「…を見捨てる」
□435	excuse	[ikskjú:z]	動「…を許す」
		[ikskjú:s]	名「弁解／理由」
□436	lead	[lí:d]	動「…を導く」
		[léd]	名「鉛」
□437	live	[láiv]	形「生きている」
		[lív]	動「住む」
□438	minute	[mainjú:t]	形「微細な」
		[mínət]	名「(時間の)分」
□439	row	[róu]	名「列」 動「(船を)こぐ」
		[ráu]	名「騒々しい議論」 動「口論する」
□440	tear	[tíər]	名「涙」
		[téər]	動「…を引き裂く」
□441	use	[jú:z]	動「…を用いる」
		[jú:s]	名「使用」
□442	used	[jú:st]	形「慣れて」
		[jú:zd]	動〈use の過去・過去分詞〉
□443	wind	[wínd]	名「風」
		[wáind]	動「曲る／…を巻く」
□444	wound	[wú:nd]	名「傷」 動「…を傷つける」
		[wáund]	動〈wind の過去・過去分詞〉

Check! 文中の単語で下線が施された部分の発音と同じ発音のものを，①～④から選びなさい。

(1) He had a row with his wife this morning.
① foul ② shoulder ③ arrow ④ bowl

(2) The school is close to my house.
① cosmos ② loose ③ island ④ leisure

(3) She had no choice but to tear a few pages from the magazine.
① dear ② fear ③ pear ④ rear

(4) This pipe is made of lead.
① spread ② heat ③ mean ④ legal

(5) She is used to getting up early.
① wicked ② laughed ③ divided ④ opened

(6) She had a good excuse for being absent.
① lose ② resolve ③ advice ④ aisle

(7) You have to wind this old watch once a month.
① guilty ② women ③ prefer ④ anxiety

(8) They bowed to each other as they passed in the street.
① crow ② blow ③ show ④ shower

(9) There are no live animals in the museum.
① fruit ② fatigue ③ business ④ tiny

(10) He got a slight wound in the arm.
① bosom ② hood ③ tomb ④ wool

(11) She described her vacation in minute detail.
① examine ② miner ③ minister ④ miracle

(12) He was almost overcome by the heat of the desert.
① destiny ② describe ③ desire ④ design

(13) The car is in use at present.
① resolve ② disease ③ cease ④ news

解答

(1) row [ráu] (➡439)
① [fául] (➡1) ② [ʃóuldər] (➡33) ③ [ǽrou] (➡32) ④ [bóul] (➡16)

(2) close [klóus] (➡433)
① [kʌ́zməs] (➡323) ② [lú:s] (➡312) ③ [áilənd] (➡380) ④ [lí:ʒər] (➡283)

(3) tear [téər] (➡440)
① [díər] (➡238) ② [fíər] ③ [péər] (➡245) ④ [ríər]

(4) lead [léd] (➡436)
① [spréd] (➡132) ② [hí:t] ③ [mí:n] ④ [lí:gəl]

(5) used [jú:st] (➡442)
① [wíkid] (➡341) ② [lǽft] (➡335) ③ [diváidid] (➡339) ④ [óupənd]

(6) excuse [ikskjú:s] (➡435)
① [lú:z] (➡318) ② [rizɑ́lv] ③ [ədváis] (➡315) ④ [áil] (➡389)

(7) wind [wáind] (➡443)
① [gílti] (➡205) ② [wímin] (➡207) ③ [prifə́:r] (➡206) ④ [æŋzáiəti] (➡172)

(8) bow [báu] (➡432)
① [króu] (➡31) ② [blóu] ③ [ʃóu] ④ [ʃáuər]

(9) live [láiv] (➡437)
① [frú:t] ② [fətí:g] (➡199) ③ [bíznəs] (➡211) ④ [táini] (➡175)

(10) wound [wú:nd] (➡444)
① [búzəm] (➡231) ② [húd] (➡228) ③ [tú:m] (➡219) ④ [wúl] (➡227)

(11) minute [mainjú:t] (➡438)
① [igzǽmin] ② [máinər] (➡426) ③ [mínəstər] ④ [mírəkəl]

(12) desert [dézərt] (➡434)
① [déstəni] ② [diskráib] ③ [dizáiər] ④ [dizáin] (➡352)

(13) use [jú:s] (➡ 441)
① [rizálv] (➡ 319)　② [dizí:z] (➡ 317)　③ [sí:s] (➡ 310)　④ [njú:z] (➡ 322)

(1) 彼は今朝，妻と口げんかをした。
(2) 学校は私の家の近くにある。
(3) 彼女は雑誌から 2， 3 ページ破りとるしかなかった。
(4) このパイプは鉛でできている。
(5) 彼女は早起きするのに慣れている。
(6) 彼女には欠席するのに十分な理由があった。
(7) 月に 1 回は，この古い腕時計のネジを巻かなくてはいけないよ。
(8) 道ですれ違った時，彼らはお互いに会釈した。
(9) 博物館には生きている動物はいない。
(10) 彼は腕に軽い傷を負った。
(11) 彼女は，非常に細かなところまで休暇の話をした。
(12) 彼は，砂漠の熱にほとんど打ち負かされるところだった。
(13) その車は現在，使用中です。

英語さくいん

太い数字は問題番号を示しています。そのうち赤の数字は主項目として扱っている問題番号です。また，斜体で *p.000* となっている数字は，ページ数を示しています。**整26** (*p.98*) とあるのは「*p.98* の【**整理26**】に掲載されている項目」という意味です。

A

D

G

I

O

Q

R

S

Y

日本語

日本語さくいん

太い数字は問題番号を示しています。斜体で *p.000* となっている数字は，ページ数を示しています。**整14**(*p.55*)とあるのは「*p.55* の【**整理14**】に掲載されている項目」という意味です。

◎英文校閲　Suzanne Schmitt Hayasaki
Karl Matsumoto
◎編集協力　株式会社 交学社

営業所のご案内

札幌 / 仙台 / 東京 / 東海 ………………… (03) 5302-7010
大阪 / 広島 / 福岡 ………………………… (06) 6368-8025

営業時間 9:00〜17:00（土日祝を除く）

Next Stage［ネクステージ］英文法・語法問題 4th edition

1999 年 11 月 25 日　初　版第 1 刷発行
2004 年 9 月 1 日　初　版第 23 刷発行
2004 年 11 月 20 日　第 2 版第 1 刷発行
2011 年 4 月 20 日　第 2 版第 40 刷発行
2011 年 11 月 10 日　第 3 版第 1 刷発行
2014 年 4 月 30 日　第 3 版第 11 刷発行
2014 年 11 月 10 日　第 4 版第 1 刷発行
2023 年 4 月 10 日　第 4 版第 29 刷発行
2024 年 1 月 10 日　第 4 版新版第 1 刷発行
2024 年 8 月 10 日　第 4 版新版第 3 刷発行

編著者　瓜生 豊／篠田 重晃
発行人　門間　正哉
発行所　株式会社 桐原書店
〒 114-0001
東京都北区東十条3-10-36
TEL：03-5302-7010（販売）
www.kirihara.co.jp
装　丁　塙　浩孝（1HR&SONS）
本文レイアウト　メディアリーフ株式会社
組　版　株式会社 新後閑
印刷＋製本　図書印刷株式会社

ISBN978-4-342-43119-7
Printed in Japan